NEDERLANDS

'dutch design"

ONTWERP

2000/01

GRAFISCH ONTWERP
GRAPHIC DESIGN

een overzicht van leden van de Beroepsorganisatie Nederlandse Ontwerpers BNO en hun werk

a survey of members of the Association of Dutch Designers BNO and their work

BIS Publishers, Amsterdam 2000

III

Het auteursrecht op de afzonderlijke bijdragen berust bij de desbetreffende auteurs, ontwerpers, ontwerpbureaus of hun opdrachtgevers. De Beroepsorganisatie Nederlandse Ontwerpers BNO en Uitgeverij BIS zijn niet verantwoordelijk voor de inhoud van de ingezonden bijdragen en kunnen niet aansprakelijk worden gesteld voor schade, voortkomend uit nalatigheid van deelnemende ontwerpers en ontwerpbureaus met betrekking tot het treffen van een regeling voor auteursrechten of andere rechten van intellectueel eigendom. Niets uit deze uitgave mag worden verveelvoudigd en/of openbaar worden gemaakt op welke wijze dan ook zonder voorafgaande schriftelijke toestemming van de uitgever.

COPYRIGHTS

The copyright on the individual entries is held by the respective authors, designers, design agencies or their clients. The Association of Dutch Designers BNO and BIS Publishers are not responsible for the content of the submitted contributions and cannot be held responsible for claims arising from losses due to negligence of the contributing designers and design agencies with relation to copyright agreements or other intellectual property rights. No part of this publication may be reproduced in any form by print, photoprint, microfilm or any other means without prior written permission from the publisher.

Voor een aantal BNO-leden werd deelname aan deze uitgave mogelijk gemaakt door een financiële bijdrage van het Voorzieningsfonds voor Kunstenaars.

For a number of BNO members participation in this publication was made possible by cva financial contribution from the Voorzieningsfonds voor Kunstenaars.

BIS

Beroepsorganisatie Nederlandse Ontwerpers BNO
Weesperstraat 5 • 1018 DN Amsterdam
T +31 (o)20-624 47 48
F +31 (o)20-627 85 85
E bno@bno.nl
www.bno.nl

BIS Publishers
Nieuwe Spiegelstraat 36 • 1017 DG Amsterdam
Postbus 15751 • 1001 NG Amsterdam
T +31 (o)20-620 51 71
F +31 (o)20-627 92 51
E bis@bispublishers.nl
www.bispublishers.nl

INFORMATION
INFORMATIE

i

Dit boek is een van de zeven delen van **Nederlands ontwerp 2000/2001**.
De totale reeks is verkrijgbaar in een cassette en bestaat uit zes themadelen,
een registerboek en een cd-rom met selectiemogelijkheden.
De zeven boekdelen zijn ook afzonderlijk verkrijgbaar.
Kijk voor meer informatie op de website van uitgeverij BIS:
www.bispublishers.nl

This book is part of the seven-volume publication **Dutch design 2000/2001**.
The whole series is available in a boxed set of six thematic volumes,
one index and a cd-rom with selection options. Each of the seven volumes
is available separately. For more information see the BIS Publishers website:
www.bispublishers.nl

Nederlands ontwerp / Dutch design 2000/2001 (complete set) / isbn 90-72007-57-3
Industrieel ontwerp / Industrial design / isbn 90-72007-58-1
Grafisch ontwerp / Graphic design / isbn 90-72007-59-x
Nieuwe media / New media / isbn 90-72007-60-3
Ruimtelijk ontwerp / Environmental design / isbn 90-72007-61-1
Verpakkingsontwerp / Packaging design / isbn 90-72007-62-x
Illustratie / Illustration / isbn 90-72007-63-8
Register / Index / isbn 90-72007-64-6

The **Dutch design 2000-2001** volumes are distributed by
the following publishers / distributors:

The Netherlands, Belgium, Japan and all other countries not specified below
BIS Publishers, Amsterdam (The Netherlands)

Germany, Austria, Switserland
H. Schmidt Verlag, Mainz (Germany)

USA, Canada, Australia, UK, Scandinavia, France, Spain, Italy
Gingko Press, Hamburg (Germany) / Corte Madera, California (USA)

Korea
Dongnam Books, Seoul (Korea)

Taiwan, China
Tang Yung Co Taipei (Taiwan)

Hong Kong, South-East Asia
Keng Seng (Hong Kong)
Basheer Graphic Books (Singapore)

V

FOREW

Grafisch ontwerp in Nederland ■ Het boek dat u nu in handen heeft is onderdeel van de zevendelige serie over Nederlands ontwerp. Het wordt uitgegeven door Uitgeverij BIS in samenwerking met de Beroepsorganisatie Nederlandse Ontwerpers BNO. De BNO vertegenwoordigt in totaal 2200 individuele ontwerpers en 190 ontwerpbureaus en interne ontwerpafdelingen van bedrijven en instellingen. ■ Dit boek wil een (potentiële) opdrachtgever de mogelijkheid bieden een overwogen keuze te maken uit het rijke aanbod van grafisch ontwerp in Nederland. Rijk in de zin van kwaliteit, kwantiteit en diversiteit. De andere delen van *Nederlands ontwerp* geven een overzicht van de disciplines industrieel ontwerp, nieuwe media, ruimtelijk ontwerp, verpakkingsontwerp en illustratie. ■ Het onderscheidend vermogen van producten en diensten wordt steeds belangrijker door het verdwijnen van verschillen in kwaliteit, prijs en functionaliteit. Het ontwerp krijgt daardoor steeds vaker een centrale plaats in de bedrijfsvoering van ondernemingen en instellingen of bij de positionering van producten en diensten. ■ De markt waarin de professie haar diensten aanbiedt, is aan grote veranderingen onderhevig. De grenzen tussen landen, maar ook tussen communicatie, marketing, productie en distributie vervagen. De traditionele rol van architecten, drukkers, engineers, marketeers en ontwerpers is niet meer zo vanzelfsprekend. De veranderende maatschappij en de technologische vooruitgang creëren nieuwe vragen en betekenisvolle kansen voor ontwerpers. ■ De verschillende ontwerpdisciplines zijn belangrijke factoren bij de economische stimulering van onze maatschappij. Ze geven consumptie en communicatie een economische én culturele meerwaarde. Intelligent en kwalitatief hoogwaardig ontwerpen levert een positieve bijdrage aan een leefbare wereld door de zorgvuldige en professionele wijze waarop wordt omgegaan met het oplossen van de gestelde opgaven. ■ Het internationale fenomeen 'Dutch Design' heeft zeer veel te maken met de constante hoge kwaliteit van het grafisch ontwerpen in Nederland. Zij is geworteld in een lange traditie van verlichte opdrachtgevers, culturele instellingen en overheden. Maar anno 2000 is de economische en culturele waarde van grafisch ontwerpen doorgedrongen in alle maatschappelijke geledingen. Dit boek geeft u een goed overzicht van de kwaliteit en diversiteit van het grafisch ontwerpen in Nederland en is daarmee een onmisbaar naslagwerk voor opdrachtgevers en andere geïnteresseerden van grafisch ontwerp in Nederland. ■ Namens de Beroepsorganisatie Nederlandse Ontwerpers BNO ■ *Rob Huisman, directeur*

VOOR

ORD

Graphic design in the Netherlands ■ The book you are now holding is one volume in a seven-part series on Dutch design. It is published by BIS Publishers in coordination with the Association of Dutch designers BNO. The BNO represents 2,200 individual designers and 190 design agencies and design departments of companies and institutions. ■ This book is intended to provide (potential) clients with the opportunity to make a balanced choice from the rich variety of graphic design available in the Netherlands. Rich in the sense of quality, quantity and diversity. The other parts of **Dutch design** offer a survey of industrial design, new media, environmental design, packaging design and illustration. ■ As differences in quality, price and functionality fade, growing importance is attached to the distinctiveness of products and services. As a result, design plays an increasingly central role in the business of companies and institutions and in the positioning of products or services. ■ The market in which designers present their services is currently experiencing major changes. Boundaries between countries, between communication, marketing, production and distribution are fast disappearing. The traditional role of architects, printers, engineers, marketing experts and designers can no longer be taken for granted. As society changes and technology progresses, new demands are created, along with significant opportunities for designers. ■ The various design disciplines are key factors for economic stimulation in our society. They imbue consumption and communication with economic and cultural added value. Intelligent and high quality design represents a positive contribution towards making this world a habitable place in the meticulous and professional way the need to find solutions to particular problems is handled. ■ The international reputation of Dutch Design reflects to a large extent the consistent quality of graphic design in the Netherlands. This is based on the long tradition of enlightened clients, cultural institutions and government. Moreover, in 2000, the economic cultural value of graphic design has become apparent in every level of society. The survey in this volume illustrates the quality and diversity of graphic design in the Netherlands and represents an indispensable reference work for clients and others interested in graphic design in the Netherlands. ■ On behalf of the Association of Dutch Designers BNO ■ *Rob Huisman, director*

WOORD

VII

INHOUD
CONTENTS

„COMMUNICATIEF ONTWERPEN"
„COMMUNICATIVE DESIGN"

*Inleiding door / Introduction by
Ewan Lentjes en Jan van Toorn
p. X - XV*

COMMUNICAT ONTWE

DOOR EWAN LENTJES
EN JAN VAN TOORN

■ **Positie van het grafisch ontwerpen** ■ Grafisch ontwerpen is overal aanwezig. Het heeft betrekking op alles wat we doen, op alles wat we zien en op alles wat we kopen. We zien het op billboards en in Bijbels, in tijdschriften, spoorboekjes en op websites, op postzegels, persoonsbewijzen en betaalmiddelen, cadeaubonnen, certificaten en rekeningen; verkeerstekens en bewegwijzeringsystemen, briefpapier, logo's, belettering, leaders, tentoonstellingen, verpakkingen, bijsluiters... Grafische vormgeving is het complexe samenspel van woorden, beelden, grafische voorstellingen, fotografie en illustratie, dat de geschoolde blik van een ontvanger vereist die al deze elementen samenvoegt tot een herkenbare, functionele, speelse of verrassende boodschap. Grafisch ontwerpen is in de woorden van Jessica Helfland[1] de kunst van het visualiseren van een idee. ■ Het begrip identiteit vormt wellicht het belangrijkste thema in het grafisch ontwerpen. Culturele en sociale identiteit, maar ook de meer formele 'corporate identity' - alles wordt nadrukkelijk gepresenteerd vanuit het individuele belang. Dat bepaalt, al decennia lang, de kwaliteit van het grafisch ontwerp in Nederland. Vormlust, beeldinventie en humor zijn hiervan het resultaat. Dat geldt ook voor het huidige ontwerpen. Hoewel, de toon is inmiddels wat gedempter dan een aantal jaren terug, toen de computer vooral aanleiding gaf om zo'n beetje alles wat het apparaat aan bewerkingen toeliet, in een ontwerp toe te passen. De huidige generatie ontwerpers is met de computer opgegroeid en daarom inmiddels het stadium van de verbazing- wekkende exaltatie voorbij. De computer wordt gebruikt, als gereedschap en als medium. De complexiteit van de hedendaagse informatie- en entertainmentmaatschappij vormt de context, maar deze omgeving hoeft niet zo nodig mee ontworpen te worden. We zijn immers visueel geletterd. Zonder braaf, humorloos of prekerig te worden, leidt dit tot ontwerpen waarin informatie tot zijn recht komt in een uitdagend redactionele vorm. ■ **Nieuwe vormen van aanspreking** ■ Met de technologische ontwikkelingen van de laatste decennia heeft informatie een steeds centraler positie gekregen in het maatschappelijke verkeer. Geheugenopslag, databestanden en vooral een adequate toegang tot het complexe informatienetwerk, zijn in deze tijd cruciaal. De werkelijkheid wordt steeds complexer en het reguleren van die complexiteit leidt tot een vergaande professionalisering van het dagelijkse leven. Met het wegvallen van de traditionele morele en religieuze systemen zijn de daarop geënte vormen van aanspreking onder druk komen te staan. Overtuigingen zijn niet meer vanzelfsprekend, maar moeten voortdurend worden ge(re)produceerd. In een situatie waarin solide waarden en waarheden zijn verdwenen, is het zoeken naar authenticiteit problematisch. Sociale cohesie en identiteit zijn onderdeel geworden van professionele strategieën, waarbij de expertise van grafisch ontwerpers wordt ingezet. Ontwerpen, zo betoogt

Hugues Boekraad[2], is metafoor voor het posttraditionele leven. ■ Grafisch ontwerpen functioneert hierbij op tweeërlei wijze. Enerzijds bedenkt en produceert het, in opdracht, een particuliere verschijningsvorm voor informatie. Anderzijds draagt het bij aan de invulling van het collectieve wereldbeeld. Elke nieuwe vorm verschijnt als een versterking van de particuliere identiteit ('Hi - ik ben BEN - Just do it!'), terwijl het tegelijkertijd iedereen onderdompelt in de massacultuur van McWorld. Het democratische gehalte van de samenleving lijkt te groeien, doordat informatie steeds meer wordt gedecentraliseerd en de keuzemogelijkheden dientengevolge enorm zijn uitgebreid. Deze expansie stuit echter op twee beperkingen. Het enorme aanbod van informatie leidt tot verwarring. De openbare ruimte is vergeven van tekens, symbolen en signalen. We zien door de bomen het bos niet meer. Daarnaast heeft die expansie ook een ingrijpend cultureel effect. Informatie wordt meer en meer op één niveau gearticuleerd. Of het nu gaat om cultuur, de openbare ruimte of het publiek debat in de media: overal gelden dezelfde wetten van de markt. In dat spanningsveld speelt visuele communicatie een belangrijke rol. ■

Veranderende rol van het grafisch ontwerpen ■ Nu communicatie steeds meer neigt naar een beperkt taalgebruik, is het des te urgenter om na te gaan hoe in het huidige ontwerpen ruimte kan worden gecreëerd voor een bredere benadering. In de traditie van het grafisch ontwerpen in Nederland is visuele communicatie altijd ook ingezet als een bijdrage aan de kwaliteit van cultuur in ruimere zin. Met de ontwikkeling van de nieuwe, interactieve media kan die kwaliteit van informatie en informatie-overdracht een nog eminenter rol krijgen. ■ We leven in een digitale tijd. Alle informatie kan in een mum van tijd wereldwijd worden verstuurd, gesampled en bewerkt. Deze situatie heeft op het vlak van de communicatie geleid tot nieuwe vormen van onderzoek en innovatie. De structuur van de nieuwe elektronische media heeft tot verbindingen geleid tussen afzonderlijke disciplines. Beeld, tekst, typografie, beweging, geluid, video, animatie, illustratie, alles komt in het huidige ontwerp samen en legt de weg open voor vormen van multidisciplinair taalgebruik. Een redactioneel, regisserende aandacht is voor zo'n multidisciplinaire benadering onontbeerlijk. De mogelijkheid om niet alleen maar lineair door informatie te 'surfen', geeft de gebruiker een grotere bewegingsvrijheid, die evengoed ook verwarrend werkt. ■ Navigatie en structurering van informatie zijn in het huidige ontwerpen essentieel. Dat vraagt in het ontwerp om adequate visuele tekens en symbolen die de gebruiker behulpzaam zijn bij zijn oriëntatie en identificatie. De grafisch ontwerper is bij uitstek getraind in het aanbrengen van structuur in complexe informatie. Visuele communicatie is echter meer dan het louter aanbrengen van ordening. Voorop staat

de intentie om ervoor te zorgen dat de inhoud van de informatie wordt overgebracht en betekenis heeft in culturele zin. ■ Dat is inmiddels een heikele kwestie. Immers, inhoud lijkt momenteel in het ontwerpen steeds meer samen te vallen met de route. De gebruiker moet zich vooral goed kunnen oriënteren en alle mogelijke opties kunnen overzien. Informatie wordt daarom compacter en verschijnt vooral als vorm. Oplichtende velden, bewegende symbolen, sturende typografie en bijpassende geluiden dienen in de eerste plaats als wegwijzer naar een ander veld van het informatietraject. De traditioneel tekstuele informatie-overdracht speelt een aanzienlijk bescheidener rol. Tekst, beeld en structuur-accentuering vullen elkaar aan in nieuwe vormen van visuele taligheid, aldus Max Bruinsma[3]. Het beeld is woord geworden en het woord evengoed beeld. ■ Visuele communicatie is daarmee ook meer dan alleen maar de kunst van het visualiseren van een idee. Als bemiddelaar presenteert de grafisch ontwerper in (de continuïteit van) zijn ontwerpen een beeld van de werkelijkheid dat is gebaseerd op een visie; voor zover adequaat verbeeld, nodigt dit uit tot interpretatie, waardoor de informatie betekenis krijgt in de complexiteit van de dagelijkse realiteit. ■

Meertalige informatie ■ De huidige media ontwikkeling vereist dus een interdisciplinaire benadering en een vorm van visuele regie, die ervoor zorgen dat de afzonderlijke specialisaties geïntegreerd worden in een nieuwe inhoudelijk beeldende competentie. De invulling en concretisering van deze competentie reiken verder dan het structureren van de complexe informatiestromen. Zoals gezegd, visuele communicatie gaat niet louter over ordening. Het raakt ook altijd aan de maatschappelijke orde en draagt daarin bij aan de kwaliteit van de beeldvorming en de publieke opinie. ■ Een van de belangrijkste implicaties van de ontwikkeling van de nieuwe elektronische media is de steeds grotere nadruk die is komen te liggen op de non-verbale aspecten van de informatie-overdracht. Visuele communicatie kan niet meer begrepen worden binnen een strikt logocentrisch kader. Het is niet slechts de metaforische uitbreiding van een tekstuele werkelijkheidsopvatting. Visuele communicatie is in de nieuwe media situatie expliciet meertalige informatie. Dat stelt specifieke eisen aan de integratie van de diverse benaderingswijzen van de afzonderlijke disciplines. Beeldend denken is niet synoniem met de optelsom van tekst, beeld, geluid, ruimte, tijd en beweging. Visuele cultuur leidt niet vanzelfsprekend tot een informatieve en opiniërende beeldproductie. Dat moge duidelijk zijn uit de spectaculaire ontwikkeling van de beeldproductie om ons heen, die in culturele zin vooral eenduidig is. Het is een vorm van 'infotainment' die voornamelijk dient als klantenbinding en legitimering van de status-quo. Het verenigt producenten en consumenten in een esthetische retoriek, die functioneert als het verleidelijke decor van onze virtuele existentie. In één woord: lifestyle. Typerend voor deze opvatting van beeldproductie is nog steeds een klassiek, formeel en stilistisch visueel taalgebruik dat op geen enkele wijze de realiteit van het dagelijks leven verheldert.

■ **Visueel regisseur** ■ Die realiteit is complex en gelaagd. De eerder gesignaleerde (posttraditionele) noodzaak om onze overtuigingen steeds weer opnieuw te formuleren, te bevestigen en te herformuleren, vraagt om redactionele bemiddeling, visies, ideeën en standpunten. Er bestaat niet zoiets als onmiddellijk begrip. Het is niet voldoende om onze ervaringen enkel en alleen te beschrijven. Dat is als het ware slechts de eerste fase van begripsvorming, en blijft vooral nog passief. De volgende stap is wezenlijk actief en reflexief. Het is de aanzet tot interpretatie en articulatie van onze ervaringen. Dit vereist een visueel taalgebruik, dat redactioneel interessant genoeg is om vragen op te roepen. ■ Het gaat erom de gelaagdheid in het ontwerp te herstellen, zodat voor de kijker een relatie tot de werkelijkheid wordt opengelegd die de gangbare visie overstijgt en verrijkt. Daaraan beantwoorden vormen van communicatie waarin de werkelijkheid dyna- misch in kaart wordt gebracht, als een 'vertelling', een samengaan van fei- ten en commentaar (fictie) dat de ontvanger aanzet tot interpretatie op basis van de eigen ervaringen. Dit sluit aan bij een bijzondere traditie in de beeldende kunst, architectuur, theater en ontwerpen. De betekenisvolle verstoring van het perspectief bij Piranesi, Lissitzky en Grapus, of de ver- schuivende ensceneringen van Brecht, Godard en Koolhaas, zijn voorbeel- den van een meervoudige zintuiglijke ervaring, waarop het communi- catieve ontwerpen inhaakt. ■ Het gaat er hierbij om een verbinding te leg- gen tussen de vrije ontplooiing van het individu en de inbedding daarvan in betekenisvolle collectieve verbanden. Dat is iets anders dan het pro- pageren van een vrijblijvende contextualiteit. Het gaat er in navolging van Walter Benjamin juist om de balans tussen de privé-sfeer en de publieke sfeer te herstellen. In die context zou het communicatieve ontwerpen, van- uit een inhoudelijk op betekenis gerichte mentaliteit, kunnen bijdragen aan andere opvattingen van identiteit. Identiteit wordt dan niet zozeer opgevat als de wisselende en inwisselbare attributen van een eenduidige werkelijk- heid, maar veeleer als de vermenging met onconventionele vormen van spreken en aanspreking. De retorica van de overdaad aan informatie en design wordt dan lastig gevallen door een stem; een authentieke stem, die vragen stelt, aanzetten geeft en naar verhelderende voorbeelden zoekt. Het publieke debat wordt zo niet alleen verrijkt met verschillende perspec- tieven, maar er ontstaat ook ruimte voor dialoog die bijdraagt aan de inter- pretatie van onze ervaringen. ■ De uitdaging voor het communicatief ontwerpen ligt hierin, dat het de eenzijdig conceptuele, tekstuele metho- diek van de specialisering loslaat. De nieuwe ontwerper is een visueel regisseur die zijn aandacht richt op het samengaan van de verschillende 'talen' (tekst, beeld, ruimte, tijd en geluid) als een verhalende, interac- tieve vorm van communicatie. De vormtaal is niet langer verankerd in de zekerheden van de klassieke stilistische benadering. Daarvoor in de plaats worden de uitgangspunten van de verschillende disciplines en media gecombineerd en toegespitst op een brede inhoudelijk culturele inte- resse. In het werk ontstaat daardoor een interne dialoog die naast waar- neming ook altijd ruimte geeft voor reflectie, beschrijving completeert met interpretatie. Het is een vorm van informatie-overdracht die het publiek aanknopingspunten biedt om tot een onafhankelijke meningsvor- ming te komen in relatie tot de eigen ervaring en achtergrond. Zo opgevat is grafisch ontwerpen niet alleen overal aanwezig, maar geeft het vooral ook richting aan de toepassing en interpretatie van de informatie-over- dracht, en daarmee aan de kwaliteit van de communicatie in deze tijd. ■

Ewan Lentjes is publicist, redacteur van Items en als docent ontwerptheorie verbonden aan de Hogeschool voor de kunsten Arnhem. Jan van Toorn is ontwerper. Hij doceerde grafisch ontwerpen en visuele communicatie aan de Rietveld Academie in Amsterdam en was directeur van de Jan van Eyck Akademie, werkplaats voor beeldende kunst, ontwer- pen en theorie in Maastricht. Hij is verbonden aan het graduate program van de Rhode Island School of design in Providence, USA. ■ **voetnoten** ■ **1** Jessica Helfland: *Graphic design is the most ubiquitous of all the arts*, in: *Adbusters* nr.27 / 1999. **2 Frederike Huygen en Hugues C.Boekraad**: *Wim Crouwel - Mode en module*; Uitg.010, Rotterdam 1997. **3 Max Bruinsma**: begeleidende tekst bij de tentoonstelling *Mode(s) d' emploi* van het Fonds voor beeldende kunsten, vormgeving en bouwkunst in Amsterdam, 1999 ■

BY EWAN LENTJES
MUNICATIVE
JAN VAN TOORN
DESIGN

■ **Position of graphic design** ■ Graphic design is everywhere. It relates to everything we do, everything we see and everything we buy. It's on billboards, in Bibles, magazines, railway timetables and websites, on stamps, identity cards, credit cards and cash, gift vouchers, certificates and bills, traffic signs and direction systems, letterheaded paper, logos, lettertypes, leaders, exhibitions, packaging, inserts. Graphic design is the complex interplay of words, pictures, graphic images, photography and illustration required by the educated eye to collate all these elements into a recognisable, functional, playful or surprising message. Graphic design is, in the words of Jessica Helfland[1] the art of visualising an idea. ■ Identity plays a central role in graphic design. Cultural and social identity, but also the more formal corporate identity - everything is presented from an individual angle. For decades it has been this that determines the quality of graphic design in the Netherlands. Enthusiasm for form, inventive use of image and humour are the result. And that goes for contemporary design as well. In fact, the tone is more subdued than it was a few years ago, when its very newness led designers to employ every computer trick in every design. Today's generation has grown up with computers and has therefore passed the awed-reverence stage. Nowadays the computer is a tool and a medium. The complexity of our information- and entertainment-oriented society is the context, and this doesn't need redesigning. We aren't, after all, visual illiterates. While avoiding primness, austerity or moralising, the resultant designs allow information to come into its own in a challenging editorial form. ■ **New kinds of approach** ■ With the development of technology in recent decades, information has acquired a greater significance in social intercourse. Memory banks, databases and access to complex information networks are crucial. Reality is increasingly complicated and controlling this complexity has led to extensive professionalisation in everyday life. With the demise of traditional moral and religious systems, their attendant terms of reference have come under pressure. Convictions are not a fact anymore; they need to be (re)produced continuously. In a world in which permanent values and truths have disappeared, authenticity is hard to find. Social cohesion and identity are now part of a professional strategy, for which the expertise of graphic designers is required. Design, according to Hugues Boekraad[2], is a metaphor for post-traditional life.

Graphic designers function on two levels. They are commissioned to devise and produce a particular visual form for certain information. At the same time, graphic design contributes to the formation of a collective world view. As each new form appears, it reinforces a particular identity ('Hi - I'm Ben - Just do it!'), while simultaneously submerging everyone in a McWorld mass culture. ■ The increasing dissemination of information and consequent expansion of choice seem to enhance the democratic level of society. However, two factors limit this growth of choice. The unprecedented availability of information is confusing: public spaces are deluged with signs, symbols and signals - we can't see the wood for the trees. At the same time, this expansion has a powerful cultural effect: information is increasingly articulated on one and the same level. Whether it's culture, public spaces or public debate in the media: the same market forces apply. It is a force field in which visual communication plays a key role. ■ **Changing role of graphic design** ■ With communication employing an increasingly limited idiom, a way has to be found to create space for a broader approach. In Dutch graphic design, visual communication has always been employed to enhance the quality of culture in the wider sense. With the development of new,

interactive media the quality of information and information communication has acquired a growing importance. ■ We live in a digital age. Information can be transferred globally, sampled and processed at rapid speed. This communications revolution has led to new forms of research and innovation. The structure of the new electronic media has enabled links between various disciplines. Image, text, typography, movement, sound, video, animation, illustration; today's design employs all these, opening possibilities for multi-disciplinary idioms. ■ Editorial and organisational skills are vital for this type of multi-disciplinary approach. The opportunity to surf information in different ways gives users greater freedom to manoeuvre, but this can be confusing. In today's design world it's essential to be able to navigate and structure information. That requires the right visual signs and symbols, helping the user find and identify information. Graphic designers are trained in providing complex information structures. Yet visual communication involves more than just structuring information. First and foremost, it should ensure that the information content comes across and that it has some cultural significance. ■ This is a key point. In fact, in modern design, content seems increasingly to coincide with route. Users need to be able to find their way and survey all their options. So information is increasingly compact and presented as form. Highlighted fields, animated symbols, directional typography and audio clips are intended primarily to point users to alternative fields on the information route. Traditional ways of communicating information in text play a far more modest role. Accents in text, image and structure complement each other in new visual idioms, as Max Bruinsma[3] comments: image has become word and word image. ■ Today, visual communication involves more than just the ability to visualise an idea. As intermediaries, graphic designers present an image of reality in the continuity of their designs that is based on a vision; where well-presented, this invites interpretation, so that the information acquires a meaning in the complexity of everyday reality. ■ **Multi-idiomatic information** ■ As media has developed, the need has arisen for an interdisciplinary approach and an image-oriented focus, with various specialisations being integrated to create a new competence with visual content. The actual skills needed involve more than just building complex information structures. Visual communication goes far beyond simple categorisation. It affects social structures and contributes to the quality of image creation and public opinion. ■ One significant result of the rise of new electronic media is the increasing emphasis on non-verbal aspects of information transfer. Visual communication is no longer confined to a strictly logo-centric context: it is more than just the metaphorical extension of a textual reality. Visual communication in the new media is explicit multi-idiomatic information. The integration of various disciplinary approaches has to meet specific requirements. A visual concept is more than the sum of text, image, sound, space, time and movement. Visual culture is not the natural product of informative and opinioned image creation - as the spectacular rise of image, with its cultural uniformity, demonstrates. This rise is a form of 'infotainment' intended principally to create customer loyalty and to legitimise the status-quo. It unites producers and consumers in an aesthetic rhetoric that forms a seductive backdrop to our virtual existence. In a word: lifestyle. It is an imagery typified by a classical, formal and stylised visual idiom which has nothing at all to do with the reality of everyday life. ■ **Visual orchestration** ■ Reality is complex and operates at different levels. The continual reformulation and confirmation of basic principles in today's post-traditional culture requires editorial intervention, vision, ideas and opinions. There's no such thing as immediate understanding. Simply describing an experience is not enough. That's just the first, passive stage in the development of a concept. The next is active and reactive: the stimulation of interpretation and articulation of experience. This requires a visual idiom sufficiently intriguing to raise questions. ■ Design has to contain a diversity of layers, providing access to a vision that exceeds and en–riches everyday reality. This requires forms of communication that dynamically map out reality in a kind of narrative: a compilation of facts and commentary (i.e., fiction) that stimulates interpretation based on individual experience. It is part of a unique tradition in art, architecture, theatre and design. The profoundly distorted perspective of Piranesi, Lissitzky and Grapus, or the shifting scenes of Brecht, Godard and Koolhaas are examples of the kind of multi-sensory experience tapped into in communicative design. ■ The aim is to establish a link between the unrestrained development of the individual and its inclusion in key collective contexts. That is not the same as optional contextuality. To borrow Walter Benjamin's phrase, it means restoring the balance between the private and public domains. With its concept-oriented approach, communicative design therefore contributes to other notions of identity. Identity is no longer the changing and interchangeable attribute of a uniform reality, but rather a melange of unconventional terms of reference. The rhetoric of excess information and design is countered by a voice: an authentic voice that asks questions, stimulates and searches for illustrative examples. Not only does this enrich public debate with an array of perspectives; it opens up a dialogue that contributes to the interpretation of experience. ■ The challenge for communicative design is to forget the one-sided

conceptual, textual methodology of specialisation. Today's designers are visual orchestrators bringing together the idioms of text, image, space, time and sound in a narrative, interactive form of communication. This is no longer anchored in the certainties of a classical, stylised approach. Instead, the principles of the various disciplines and media are combined and focus on a broad cultural terrain. The result is an internal dialogue which, in addition to superficial perception, also offers the potential for reflection, complementing description with interpretation. It is a form of communication that offers the opportunity to arrive at an independent opinion related to the individual's own experience and background. In this sense, graphic design is more than just ever-present, it actually focuses the use and interpretation of, and therefore the quality of today's communication. ■ Ewan Lentjes is a publicist and one of the editors for the magazine Items. He teaches design theory at the Arnhem Institute of Arts. Jan van Toorn is a designer. He was a professor of graphic design en visual communications at the Gerrit Rietveld Academie in Amsterdam and the director of the Jan van Eyck Akademie, Centre for Fine Arts, Design and Theory in Maastricht. He works for the graduate program of the Rhode Island School of design in Providence, USA. **Voetnoten: 1 Jessica Helfland**, *'Graphic design is the most ubiquitous of all the arts'* , in: *Adbusters* no.27 (1999). **2 Frederike Huygen and Hugues C.Boekraad,** *Wim Crouwel - Mode en module* (Uitg.o1o: Rotterdam,1997). **3 Max Bruinsma**, exhibition texts for *Mode(s) d'emploi* presented by Fonds voor Beeldende Kunsten, Vormgeving en Bouwkunst (Amsterdam, 1999).

XV

SHOW
PRESEN
GRAPHIC DESIGN

GRAFISCH ONTW

CASES

TATIES

124 Design bv

Prins Hendrikkade 124 / 1011 AN Amsterdam
T 020-626 30 62 / F 020-638 30 09
mobile 06-21 51 35 67 / e-mail s124@xs4all.nl

124 Design adviseert opdrachtgevers op het gebied van corporate design en buigt zich over vraagstukken welke ontstaan in organisaties bij fusie, verzelfstandiging en reorganisatie. 124 Design komt daarbij met doordachte toegankelijke oplossingen, gepresenteerd in een aantrekkelijke vormgeving. Kortom: identiteitsversterking - het leveren van bouwstenen voor interne en externe communicatieprocessen.

124 Design advises designers on corporate design and assesses issues that arise in organisations as a result of mergers, privatisation and reorganisation. 124 Design supplies considered, accessible solutions, presented in an attractive format. In short: identity confirmation - the building blocks of internal and external communications processes.

Opdrachtgevers / Clients

Ahold
Akzo Nobel
Arbeidsvoorziening
Artsen zonder Grenzen
ASR Verzekeringsgroep
De Amersfoortse Verzekeringen
De Bijenkorf
Corp Consultants
Draka Holding
Gamma Holding
Het Parool
Het Oosten Woningcorporatie
Interlink
Jonkergouw & vd Akker PR
Libertel
Kapsenberg Grafisch Bedrijf
Lakatex
van Lindonk SP
Ministerie van Financiën
Ministerie van Justitie
Mock Financiële PR
Müller-Zell
Nationale WoningraadGroep
Natuur Monumenten
Ned. Philips Bedrijven
Ned. Spoorwegen
Van Ommeren
Pylades
Quintis
Rabobank
Vlisco
Woonplus Schiedam
ZeemanGroep

2D3D

Bureau voor 2- en 3-dimensionale vormgeving

Mauritskade 1 / 2514 HC Den Haag
T 070-362 41 41 / F 070-365 54 81
e-mail info@2d3d.nl / website www.2d3d.nl

Zie ook Nieuwe media p.2, Ruimtelijk ontwerp p.2

Directie / Management Matt van Santvoord, Gerard Schilder, Ron Meijer
Vaste medewerkers / Staff 17
Opgericht / Founded 1977
Lidmaatschappen / Memberships BNO, VBN

Bedrijfsprofiel

Het overdragen van informatie en het oproepen van emotie: daarop richten de ontwerpers van ons bureau hun werk. 2D3D adviseert en ontwerpt. Het bureau is gespecialiseerd in corporate identity programma's en is ervaren in het vormgeven van communicatie: met bezoekers in musea en openbare gebouwen; met automobilisten langs de snelweg; met organisaties door middel van multimedia en AV presentaties, mailings en corporate uitingen; met personeel en potentiële medewerkers via handboeken, magazines en wervingsmateriaal.

Agency profile

To convey information and invoke emotion: that is the aim of our agency's designers. 2D3D advises and designs. We specialize in corporate identity programmes, with experience in designing communication for visitors to museums and public buildings, motorists on the motorway, organisations through multimedia and audiovisual presentations, mailing actions and corporate publications as well as resident and potential staff through manuals, magazines and recruitment material.

1 Leaflet 'Waar water staat', Ministerie van Verkeer en Waterstaat / 'Waar water staat', leaflet for Ministry of Transport, Public Works and Water Management

2, 3 Boekje 'Aan de bewoners van dit pand', Ministerie van Volksgezondheid, Welzijn en Sport / 'Aan de bewoners van dit pand', booklet for Ministry of Welfare and Sports

4 Jaarverslag 1998, EnergieNed / EnergieNed 1998 annual report

5 Jaarverslag 1997, Museum Boerhaave / Museum Boerhaave 1997 annual report

6 Overzichtscatalogus 'Benno Wissing, grafisch en ruimtelijk ontwerpen', Museum Boijmans Van Beuningen Rotterdam, NAi Uitgevers Rotterdam / 'Benno Wissing, grafisch en ruimtelijk ontwerpen' retrospective for Museum Boijmans Van Beuningen Rotterdam, NAi Publishers Rotterdam

7 Presentatiewand Faculteit Techniek en Natuur, Hogeschool Brabant / Presentation stand for Faculty of Technology and Science, Hogeschool Brabant, University for professional education

8 Boek 'Nationaal Pakket Duurzame Stedebouw', Stuurgroep Experimenten Volkshuisvesting / 'Nationaal Pakket Duurzame Stedebouw', book for the Netherlands Steering Committee for Experiments in Public Housing

9 Logo Brink Groep / Logo for Brink Groep

10 Logo Dienst uitvoering en toezicht Elektriciteitswet / Logo for Dutch electricity regulatory service

11 Logo Hogeschool Brabant / Logo for Hogeschool Brabant, University for professional education

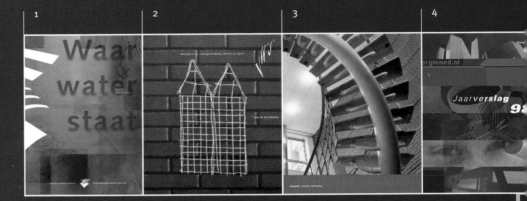

1 2 3 4

9 10 11

Het
Groene
Goud

Benno Wissing

Grafische & ruimtelijke ontwerpen

Chemische Technologie

• Polymeertechnologie
• Procestechnologie
• Technische Bedrijfskunde

Nationaal
Pakket
Duurzame
Stedebouw

2D-sign

Grafisch ontwerpbureau

Kleiweg 199 b / 3051 XJ Rotterdam
T 010-418 85 85 / F 010-285 09 09
e-mail 2d-sign@2d-sign.nl / website www.2d-sign.nl

Directie / Management Sandra Beekveld, Dieke Hameeteman
Contactpersonen / Contacts Sandra Beekveld,
Dieke Hameeteman
Vaste medewerkers / Staff 4
Opgericht / Founded 1996
Lidmaatschap / Membership BNO

Aap ontwerpers

Oudegracht 267 / 3511 NN Utrecht
Postbus 12063 / 3501 AB Utrecht
T 030-231 39 61 / F 030-236 46 27
e-mail all@aapmedia.nl / website www.aapmedia.nl

Directie / Management Abel Derks, Gerbrand van Melle
Vaste medewerkers / Staff 6
Opgericht / Founded 1993

Opdrachtgevers / Clients
ABVAKABO FNV, Album, Audio Design, Auryn management
advies, Desert Rose Industries, Educaplan, Human Beings,
Gemeente Utrecht, Greenpeace, GroenLinks, Het Kantoor,
Hogeschool voor de Kunsten Utrecht, Informaat, Inspectie
Kunstzinnige Vorming & Amateurkunst, Ives Ensemble,
JOPLA, Metropolisfilm, Nationaal Museum van speelklok tot
pierement, Nederlandse Organisatie Vrijwilligerswerk, NPS,
Novem Economie Ecologie en Technologie, Ogilvy & Mather,
Play it again Sam, Stichting Prime, Tekstbureau SchrijfSchrijf,
Tivoli, TNO Arbeid, Trimbos Instituut, Utrechts centrum voor
de kunsten, Utrechts Museumkwartier, VOG Ondernemers-
organisatie in welzijn, hulpverlening en opvang, Vereniging
van Nederlandse Ondernemers, Videm communicatie,
Zeppers film- en tv-producties

maten in **XL**

Accent Design bv

Communicatieweg 1 / 3641 SG Mijdrecht
Postbus 50 / 3640 AB Mijdrecht
T 0297-23 12 60 / F 0297-23 12 61
mobile 06-20 13 75 60 / e-mail info@accentdesign.nl
website www.accentdesign.nl

Directie / Management Jan van Ruyven
Contactpersonen / Contacts Jan van Ruyven, Paul Wester
Vaste medewerkers / Staff 10
Opgericht / Founded 1983
Lidmaatschap / Membership BNO
Samenwerkingsverband met / Associated with Stevens Groep;
total visualiser, Enkhuizen en Wormerveer

Bedrijfsprofiel

Korte lijnen, efficiënt werken, goede kwaliteitsbewaking en een
persoonlijke begeleiding. Door deze manier van werken bouwen
wij aan een hechte klant-bureau-relatie. Maar er is meer:
een goede kijk op creatie en vormgeving en een brede ervaring op
grafisch gebied. Volledige verzorging van grafische producties
en coördinatie van het hele communicatietraject tot en met de
uitvoering. Accent Design werkt daarvoor in voorkomende
gevallen, nauw samen met specialisten van andere communicatie
disciplines. Geen 'l'art pour l'art' maar werken volgens een
afgesproken budget. Een breed scala aan duurzame opdrachtgevers is het resultaat. Accent Design: aangenaam zakelijk,
transparant en resultaatgericht.

Agency profile

Immediacy, efficiency, quality control and personal supervision.
These are our watchwords for close client-agency relations.
And there's more: a professional eye for creativity and design
and a broad range of graphic-oriented experience.
Full service graphic productions and coordination of the entire
communications process down to actual production.
Accent Design works closely with experts in other communications
disciplines. The result is a wilde range of long-standing clients.
Accent Design: pleasanty business like, transparent and
result-oriented. Not 'l'art pour l'art', but commissions to agreed
budgets.

Opdrachtgevers / Clients

AMS Automation
BAC
BAM holding
De Boer Tenten
Beukers Vloeren
BMS Travel Factory
Circle International
CMG
DCE
Ernst & Young
Giarte Media Group
Grafische Bedrijfsfondsen
Holland International
Mandev
Quest International
RWA
Salty Dog
VEA
Vereniging Comfortabel Wonen
Drukkerij Verweij

*1 Corporate lijn voor Stichting Pensioenfonds Noblesse /
Corporate line for Stichting Pensioenfonds Noblesse*

*2 Ideeënboek, Comfortabel Wonen /
Ideas book for Comfortabel Wonen*

*3 Jaarverslag, Ernst & Young Interim Management /
Ernst & Young Interim Management annual report*

*4 Corporate brochure, Giarte Media Group /
Giarte Media Group corporate brochure*

*5 Jubileumboek, 50 jaar Grafische Bedrijfsfondsen /
Grafische Bedrijfsfondsen 50th anniversary book*

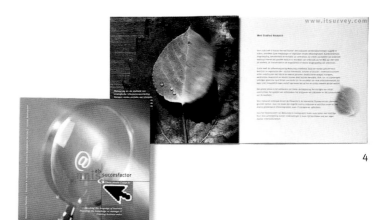

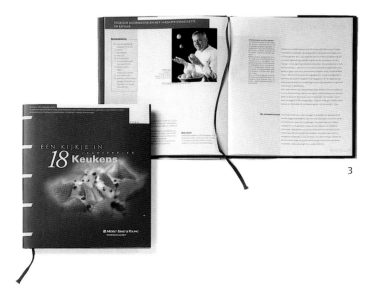

3

1

5

AestronDesign

Corporate, Packaging, Interactive Media
en Security design

Snelliuslaan 10 / 1222 TE Hilversum
Postbus 315 / 1200 AH Hilversum
T 035-623 10 79 / F 035-621 51 80
e-mail aestron@aestrondesign.nl
website www.aestrondesign.nl

Zie ook Nieuwe media p.4, Verpakkingsontwerp p.2

Directie / Management R.J.H. Keizer
Contactpersoon / Contact R.J.H. Keizer
Vaste medewerkers / Staff 40
Opgericht / Founded 1989
Lidmaatschap / Membership BNO

Bedrijfsfilosofie

De eigen mensen opleiden en bij de organisatie betrekken, de
klanten verrassen met hoogwaardig ontwerpwerk dat werkt,
de omgeving niet meer belasten dan normaliter verantwoord is
en al doende als zelfstandig bedrijf een zinvolle en winstgevende
bijdrage aan de maatschappij leveren.

Training en vormgeving

AestronDesign slaat middels Stichting Aestron Foundation een
brug tussen ontwerper en marketeer. De stichting beoogt kennis
en inzicht op het gebied van ontwerpen te verbeteren. Elk jaar
organiseert Aestron Foundation werksessies over uiteenlopende
ontwerpzaken, houdt jaarlijks een wedstrijd onder academie-
studenten op het gebied van verpakkingsontwerp en initieert
(wetenschappelijk) onderzoek naar ontwerptoepassingen.
De baten van de Aestron Foundation worden in zijn geheel aan-
gewend voor speciale projecten van Bartiméus Zeist, centrum
voor visueel gehandicapte kinderen.

Agency philosophy

Training people in-house and employing them in the organisation,
surprising clients with effective, high-quality design work,
keeping adverse effects on the environment to a reasonable
minimum while making a valuable and profitable contribution to
society as an independent company.

Training and design

AestronDesign builds bridges between the designer and the
entrepreneur through the Aestron Foundation. Its aim is to
increase knowledge and understanding in the field of design.
The foundation organises workshop sessions on various design
topics, holds an annual packaging competition for design
students and initiates research and development in relation to
design applications. Aestron Foundation profits go exclusively
to special projects at the Bartiméus Centre for Visually
Handicapped Children in Zeist.

Hoofdactiviteiten / Main activities

40% corporate design
40% packaging design
10% interactive media design
10% security design

Opdrachtgevers / Clients

3M, ABN AMRO, Baan Business Innovation, Gemeente Haarlem,
De Gulden Krakeling, Harry de Winter Events, Intratuin,
Joh. Enschedé, De Keurslager, Kredietbank, Nederlandse
Spoorwegen, NSEKW, Nutricia Drinks, Pharmafood, Stichting
Vrienden MS Research, Stork X-cel, TNO, United Pan-Europe
Communication, Vertas

eenheid

De corporate identity brengt eenheid op bedrijfsniveau. Maar zeker zo belangrijk is dat visuele middelen een slagvaardige merkstrategie ondersteunen

Een wit merkteken als basis van een nieuwe identiteit. Dat is de relevante maar gedurfde aanpak die AestronDesign ontwikkelde voor Telekabel. Aanbieder van telecommunicatie en entertainment. Een wit merkteken dat zichtbaar wordt door het te plaatsen in de kleurrijke virtuele wereld van Telekabel. Een glashelder ankerpunt van herkenning, emotioneel geladen door de context waarin het wordt waargenomen.

AestronDesign

Studio A-lijn

Grafische en illustratieve vormgeving

Jan Heijmanslaan 185 / 5246 BL Rosmalen
T 073-644 45 73 / F 073-644 45 74
e-mail studio@a-lijn.nl

Directie / Management Maria van Avendonk
Contactpersonen / Contacts Maria van Avendonk,
Isidoor W. Wens
Vaste medewerkers / Staff 2
Opgericht / Founded 1993
Lidmaatschap / Membership BNO

Bedrijfsfilosofie

Studio A-lijn is een flexibel bureau werkzaam op het gebied van
grafische vormgeving en illustratie, met aandacht voor detail.
Wij staan voor een verantwoord doordacht ontwerp met alle
aandacht en zorg voor uw wensen. Vormgevers met creatief
gevoel voor informatie en communicatie die werken naar een
doeltreffend goed ogend eindproduct.

Agency philosophy

Studio A-lijn is a flexible company involved in graphic design
and illustration, with an eye for detail. We stand for responsible,
considered design with complete care and attention for your
wishes. Designers with a creative affinity for information and
communication, aiming for an effective, well-presented final
product.

1 Illustratie voor vaste rubriek in Kristallen, een periodiek van
Cosun (Coöperatie Suiker Unie), Breda, 1998 / Illustration for
regular feature in Kristallen, a periodical published by Cosun
(Coöperatie Suiker Unie), Breda, 1998

2 Illustratie uit serie van zes voor brochure computerfirma,
's-Hertogenbosch, 1998 / Illustration from a series of six for
a computer company brochure, 's-Hertogenbosch, 1998

3, 8 Multomap, tabbladen en diskette etiketten voor Stichting
AWOZ, Utrecht, 1997-98 / Ring binder, tab pages and diskette
labels for the AWOZ Foundation, Utrecht, 1997-98

4 Papieromplakte 3-slag map (doosje) met cd-rom, insteekschijf
en gebruikershandleiding, bestemd voor werknemers in de
zorgsector, Utrecht, 1998 / Paper-covered threefold box envelope
with cd-rom, insert disc and user manual, aimed at care-sector
staff, Utrecht, 1998

5 Illustratie uit serie van vijf, gebruikt in sociaal jaarverslag
Suiker Unie, Breda, 1997 / Illustration from a series of five that
appeared in Suiker Unie's social annual report, Breda, 1997

6 Illustratie op geschenkdoos drukkerij Van As, Oud-Beijerland,
1998 / Illustration on gift box from Van As publishers, Oud-
Beijerland, 1998

7 Vouwfolder en tevens uitnodiging voor symposium Stichting
AWOZ, Utrecht, 1998 / Folding folder and symposium invitation
for AWOZ Foundation, Utrecht, 1998

Foto's / Photos Isidoor W. Wens, 's-Hertogenbosch

Animaux !
Concept & Creatie BNO

Postbus 21522 / 3001 AM Rotterdam
T 010-243 00 43 / F 010-243 00 44
mobile 06-54 76 50 42 / e-mail concept.creatie @ animaux.nl
website www.animaux.nl

Zie ook Verpakkingsontwerp p.4, Nieuwe media p.8

Directie / Management Christian Ouwens
Contactpersoon / Contact Christian Ouwens
Opgericht / Founded 1995
Lidmaatschap / Membership BNO

Animaux ! Concept & Creatie BNO staat voor kwalitatief
hoogwaardige en onderscheidende vormgeving met oog
voor detail.
Animaux ! Concept & Creatie BNO maakte onder meer werk
voor ANWB, Beroepsorganisatie Nederlandse Ontwerpers,
Consumentenbond, Goldpoint computers, HEMA, Hsing
Consultancy, Instituut Kunstzinnige Vorming, Ministerie van
Binnenlandse Zaken, Ministerie van Verkeer en Waterstaat,
Quality Active Projecten en concepten, SOM Opleidingen Metaal,
SurfSupport.nl, VNU en Worldwood bv.

Bel voor de brochure met Christian Ouwens op telefoonnummer
010-243 00 43.

Animaux ! Concept & Creatie BNO stands for high quality value
and distinctive design with an eye for detail.
Animaux ! Concept & Creatie BNO produces work for ANWB,
BNO organisation of Dutch designers, Consumer Association,
Goldpoint computers, HEMA, Hsing Consultancy, Instituut
Kunstzinnige Vorming, Ministry of Home Affairs, Ministry of
Transport and Public Works, Quality Active Projects and
concepts, SOM Opleidingen Metaal, SurfSupport.nl, VNU
and Worldwood bv.

Phone Christian Ouwens for the brochure at +31 (0)10-243 00 43.

ARC vormgeving

Markt 4 / 6118 BC Nieuwstadt
T 046-481 00 55 / F 046-481 00 56
e-mail arc.nl@tref.nl

Directie / Management Marc Donkers
Contactpersoon / Contact Marc Donkers
Vaste medewerkers / Staff 3
Opgericht / Founded 1993
Samenwerkingsverband met / Associated with
MPD (Maastricht)

Bedrijfsprofiel

Luisteren, vragen, luisteren, denken, overleggen en visueel
communiceren. Iedere probleemstelling kent zijn oplossing.
Ons product zegt niets over ons bureau maar alles over onze
opdrachtgevers.

Philosophy

Listen and question, listen, think, discuss and communicate
visually. Every problem has a solution. The product says nothing
about our company but everything about our clients.

1 Jaarverslag 1997, Participatiefonds /
Participatiefonds, 1997 annual report

2 Boekje met compacte huisstijlrichtlijnen, Participatiefonds /
Participatiefonds, compact housestyle rules booklet

3 Jaarverslag 1997, Laser LNV / Laser LNV, 1997 annual report

4 Boek 'Personele Mobiliteit', Participatiefonds /
'Personele Mobiliteit' book for Participatiefonds

5 Corporate brochure, Winter Bouts /
Winter Bouts corporate brochure

6 Project ringband, LIOF & Syntens /
LIOF & Syntens project ringband

7 Ringband Personeelsbeleid, Vervangingsfonds /
Vervangingsfonds personnel policy ring binder

8 Super billboard, KLM exel / KLM exel super billboard

9 Brochure Algemene Recherche, Algemene Inspectiedienst LNV /
Brochure for Algemene Recherche, Algemene Inspectiedienst LNV

10 Jaarverslag 1997, Algemene Inspectiedienst LNV /
Algemene Inspectiedienst LNV 1997 annual report

11 Jaarverslag 1998, Vervangingsfonds /
Vervangingsfonds 1998 annual report

12 Nieuwjaarskaart, Algemene Inspectiedienst LNV /
Algemene Inspectiedienst LNV new year card

13 Mobiele standwand, Participatiefonds /
Participatiefonds mobile stand wall

14 Jaarverslag 1998, Laser LNV / Laser LNV 1998 annual report

15 Omslag programma Klassiek, Parkstad Limburg Theaters /
Klassiek programme cover, Parkstad Limburg Theaters

1

2

3

4

5

6

7

8

9

10

11

12

13

14

15

 **AIR EXEL** COMMUTER

vitapress
het sappigste sap

 MALVRA

Spaarfonds

 VALKENBURG
PRINTERS ECHT

Artgrafica

Krom Boomssloot 73 / 1011 GT Amsterdam
Postbus 16746 / 1001 RE Amsterdam
T 020-626 99 59 / F 020-620 15 76
e-mail artgrafi@euronet.nl

Directie / Management Mónica Waalwijk de Carvalho
Contactpersoon / Contact Mónica Waalwijk de Carvalho
Vaste medewerkers / Staff 5
Opgericht / Founded 1982
Lidmaatschap / Membership BNO

Gespecialiseerd in
Concepten, ontwerp en beeld voor tijdschriften (sponsored, publieks) en boeken (literair, speciale uitgaven en educatief).

Specialised in
Concepts, design and images for magazines (sponsored, public) and books (literature, special publications and educational).

Opdrachtgevers / Clients
Weekbladpersgroep, Uitgeverij Contact & Veen, Luiting-Sijthoff, Schuttersveld Holding nv, TBG, TEMA, PTT Post, PTT Telecom, NijghVersluys, Ministerie van EZ, Ministerie van V & W, Secretariaat van het Rooms-katholiek Kerkgenootschap, Wolters Kluwer, Wolters-Noordhoff, NieuwsTribune, De Doelen (Rotterdam), Het Koninklijk Concertgebouw nv, Uitgeverij Zwijssen, Amnesty International, VPRO, Media Partners, VNU, Consumentenbond

Diverse boekomslagen / Various book covers

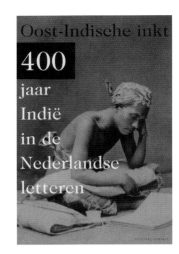

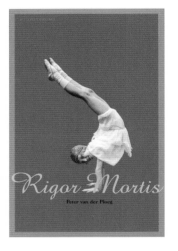

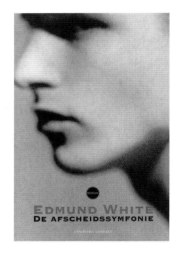

Tijdschrift 'De Muze van het Museumplein' /
'De Muze van het Museumplein' magazine

AVM

Amsterdamse Vormgevers Maatschappij

Bredeweg 24 / 1098 BR Amsterdam
Postbus 94459 / 1091 GL Amsterdam
T 020-663 06 89 / F 020-663 09 15
e-mail avm@avm.net / website www.avm.net

Contactpersoon / Contact Willem Schilder
Vaste medewerkers / Staff 5
Opgericht / Founded 1988
Lidmaatschap / Membership BNO
Samenwerkingsverband met / Associated with
Oker Digital Publishing

Bedrijfsfilosofie

Ontwerpbureau met specifieke ervaring in redactionele
vormgeving en business to business projecten. Zelf kleinschalig
van organisatie werkt AVM voor grote opdrachtgevers uit de
industrie, de dienstverlening en de uitgeverswereld.
De ontwerpers van AVM werken conceptmatig, nauwgezet en
in een functionele stijl. Creativiteit en heldere perceptie zijn
daarbij kernbegrippen.

Design agency with specialist experience in editorial design
and business-to-business projects. A small-scale operation
itself, AVM works for major clients in industry, the services
sector and publishing. AVM's designers work on a concept
basis, with a meticulous eye for detail and in a functional style.
Creativity and a clear perception of the clients need are key.

1 Het hier getoonde werk hebben wij gerealiseerd voor
*Van Dijk en Partners, Licht + Advies te Amsterdam: Mailing
'Licht + Tijd' met urenwijzer die werkt op de stand van de
Grote Beer (Ursus Major) ten opzichte van de Poolster /
'Light and Time' mailing featuring a dial based on the
position of the Great Bear (Ursus Major) relative to the Pole
Star, for Van Dijk en Partners, Licht + Advies in Amsterdam*

2 D-Light Lux Calculator, schuifkaart waarvan de licht-
*intensiteit en de lichtkring van halogeenspotjes is af te lezen /
D-Light Lux calculator, a sliding indicator card for reading the
light intensity and circle of light emitted by halogen spots*

3 Catalogus 'LichtArchitektuur', een uniek, merkonafhankelijk
*overzicht van meer dan tweeduizend armaturen, geselecteerd
op esthetische en technische kwaliteiten. De catalogus is
bestemd voor architecten en interieurontwerpers /
Catalogue entitled 'Light Architecture', a unique, brand-
independent overview of more than two thousand light
fittings selected for their aesthetic and technical qualities;
the catalogue is targeted at architects and interior designers*

1

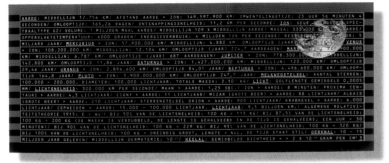

2

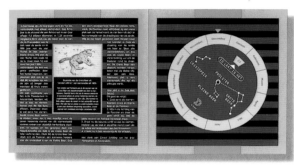

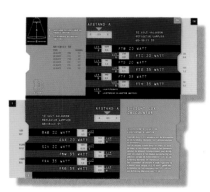

3

Elise Bakker Grafisch Ontwerpen

Van Loostraat 62 / 2582 XE Den Haag
T 070-306 01 76 / F 070-306 01 79
e-mail hoba@xs4all.nl

Contactpersoon / Contact Elise Bakker
Vaste medewerkers / Staff 1
Opgericht / Founded 1995
Lidmaatschap / Membership BNO

Elise Bakker Grafisch Ontwerpen is een eenmansbedrijf, toegewijd en met verstand van zaken, gecombineerd met een persoonlijke benadering. Samen met de opdrachtgever naar een creatieve oplossing zoeken binnen de gestelde kaders, is elke keer weer een uitdaging. Kostenbewust zonder aan kwaliteit en creativiteit in te boeten zorgt daarbij voor een extra dimensie binnen het ontwerpproces.

Elise Bakker Graphic Design is a small, enthusiastic business that combines professional know-how with a personal approach. Finding a creative solution in collaboration with a client within a particular framwork is always a challenge. Sticking to budgets without losing quality and creativity gives the entire design process an extra dimension.

Opdrachtgevers / Clients

ANWB (Royal Dutch Touring Club), SKR, Zigzag zelfmaakmode, Locomaat, Britse Ambassade, Hossny Import and Export, Toneelgezelschap / Theatercompany 'Arto Post Laboro', Kinderdagverblijf / Daycare center 'Windekind'

1 Logo voor Zigzag, een speciaalzaak voor kinderkledingstoffen, Den Haag, 1995 / Logo for Zigzag, a children's clothes and fabrics shop, The Hague, 1995

2 Logo en vlag van de Stichting Kwaliteitscontrole Rijopleiding, Den Haag, 1997 / Logo and flag of the Foundation of Quality Assessments Driving Education, The Hague, 1997

3 Visitekaartje van Locomaat, Loop- en Conditiebegeleiding Op Maat, Den Haag, 1996 / Business card for Locomaat, an organisation that provides tailor-made advice on running and condition, The Hague, 1996

1

stichting
kwaliteitscontrole
rijopleiding

2

Loop- en
Conditiebegeleiding
op Maat

Jos van der Horst

Elsstraat 19
2565 KK   Den Haag
tel/fax 070 - 360 9762

3

Maarten Balyon,
grafische vormgeving bv

Weipoortseweg 3 / 2381 NA Zoeterwoude
T 071-580 44 33 / F 071-580 48 61
e-mail buro@balyon.nl / website www.balyon.nl

Directie / Management Maarten Balyon
Contactpersonen / Contacts Jan Balyon, Erik van Leeuwen,
Ilse Boekamp, Martijn van der Nat
Vaste medewerkers / Staff 5
Opgericht / Founded 1986
Lidmaatschap / Membership BNO
Samenwerkingsverband met / Associated with Willem Balyon
(freelance)

Wij zijn een bureau met een vijf-koppige bezetting en houden
ons bezig met diverse disciplines op het gebied van grafische
en redactionele vormgeving als het ontwerpen van huisstijlen,
magazines, nieuwsbrieven, jaarverslagen, folders enz.
In eigen beheer vervaardigen wij illustraties, cartoons en maken
fotografische beeldmanipulaties. Daar wij al jaren tussen
opdrachtgevers en drukkers werken, beschikken wij over een
brede grafisch-technische kennis op het gebied van gedrukte
media, zodat wij een grote mate van verantwoordelijkheid
kennen voor het eindproduct.

We are a five-man firm active in various disciplines in the field
of graphic and editorial design ranging from housestyles,
magazines and newsletters to annual reports and leaflets etc.
We also produce our own illustrations and cartoons using
photographic image manipulation. Having worked for years with
clients and printers, we have built up considerable expertise in
the graphic techniques of printed media and a genuine sense of
responsibility towards the final product.

1 Redactionele vormgeving en illustraties /
Editorial design and illustrations

2 Folders, huisstijlen, jaarverslagen, boekomslagen /
Leaflets, housestyles, annual reports, book covers

1

*R*echtsbijstand

n°ministerie van Ec°

*R*aad voor Rechts

Amsterda

INHOUD

1 Wijziging Wet op de rech
(WRB)
Verhoging vergoeding pe
Resultaten klanttevred
onderzoek

3 Wijziging samenstelling
Inschrijvingsvoorwaarde
specialisatie
Wijziging inschrijvings
Verhoging van het maxi
toevoegingen

4 Controlemaatregelen
Begrotingsadviezen Rad
Toezicht
Steekproeven belastingo

5 Verslag klachtbehandel
asielrechtsbijstandverle
en 1997
Privacyreglement
Het overleggen van stuk
aanvraag
Algemene mandaatsbes

6 Van de afdeling toevoeg

7 Van de afdeling vaststel

8 Uitspraken Raad van S
Jurisprudentie-overzic

Resultaten

Een zes. Het eind decembe
den klanttevredenheidson
doel had inzicht te krijgen
ring voor de dienstverlenin
reau aan ingeschreven adv
wensen ten aanzien van da
dat die dienstverlening in z
heid als zodanig gewaardee
zes is voldoende, tevreden
Wel tevreden in relatieve zi
denken met welke aanloop
bureau vooral in de eerste
heeft gehad. Een opvallen

DECEMBER 1996

Tweemaand
informatie
v°
rechterlijke organ
Jaargang 16, numm
Maart/april

*R*ec

'Verantw
naar ev

Bes

Thema

COLUMN: TWEE
MR B. DITTRICH

'RECHTSBIJSTAN
MARKTEN': EEN

DE CIJFERS EN
DE RADEN IN 19

'OP DE WERKVL
ROERMOND

'VIVALT: GEEN V
GEMEENTE?

ADVOCATUUR
IN ARNHEM

EXPERIMENT M
IN DEN BOSCH

UIT HET DOSSI

Ministerie van Verkeer en Waterstaat
Directoraat-Generaal Rijkswaterstaat

A part

Met informatie va
nemingsraad, P&
Personeelverenig
Als apart katern i
van Stroomlijn.

In dit numm

Platfo

In dit nummer:

Holmes en Watson
bij de Kreuger-kast

Venus, saters
en boerinnetjes

In de peiling

PERSONEEL OP D

S troom LIJN

maandelijkse uitgave van de n.v. Electriciteitsbedrijf Zuid-Holland

EZH boekt
hoger nettoresultaat

EZH
goed
haald.
59.5 n.
miljoe

1

land**m̈**acht

Platfo

In dit nummer:

- Wereldhaven Festiva
- Smal Agt uit de vaa
- Expo '98 Lissabon
- Bouwen in de Noor
- Kustuitbreidingspro

KCT: meer 'sp

RGD'en worde

Mobiliseren en

landmacht

ba LY

breng kleur in uw zaak!
dat doet de zaak goed

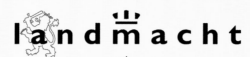

l a n d m a c h t

[Budget)Kompas ►

SwitchTRAX

cliënt-volgsysteem
jeugdcriminaliteit

CVS -JC

breng kle

Uitnodiging

Breng kleur in uw zaak !
- dat doet de zaak goed

Nederland is een multiculturele samenleving: we krijgen steeds meer kleur. Toch laat de
minderheden op de Nederlandse arbeidsmarkt nog steeds te wensen over. Dat is jammer
de arbeidsmarkt als voor de afzetmarkt. Ondernemend Nederland mag zich achter de o
want:

Werkgevers werven met moeite voldoende en geschikt personeel. Een steeds grotere
niet-nederlandse ko
komt, dat de kleurr
tiveerd personeel da
(nieuwe) doelgroep
allochtoon personeel

Breng kleur in uw
Wij willen u hierbij
Want de mogelijkhe
men zijn er om op
Minderheden en A
ministers van Binne
wil werkgevers stim
te nemen. Onder h
organiseert de Task
discussiemarkten de
infomarkt bij u in d

Wat levert het u
U kunt op deze ma

Ministerie van Verkeer en Waterstaat
Directoraat-Generaal Rijkswaterstaat

S

SZW

S

SZW

Me

TURBINE
APP

EZH

Zuidelijk Afrika

JAARVERSLAG 1997 VAN DE ONDERNEMINGSRAAD

n.v. Elektri

drs. Rick Wassenaar
Financieel Planner

Postbus 22126
3003 DC Rotterdam

T. 010-2800903
F. 010 2800481

[Budget)Kompas ►
Personlijke Financiële Planning

Wim Balyon, buro voor
grafische vormgeving
Postbus 122, 2280 AC Rijswijk
TEL 070 396 54 00, FAX 070 396 54 01
ISDN 070 396 5591
e-MAIL wbalyon@casema.net

privé
Klaroenstraat 64, 2287 CL Rijswijk

SwitchTRAX

Esther Kieboom
Head of Marketing Development

SwitchTrax Telecom Nederland BV
Kruisweg 647
2132 NC Hoofddorp
The Netherlands
T +31 20 446 7887
M +31 655 72 1133
F +31 20 446 7878
E esther.kieboom@switchtrax.com

Afdeling Communicatie

Prinses Julianakazerne
Thérèse Schwartzestraat 15
2597 XK Den Haag
Telefoon (070) 316 79 18
Telefax (070) 316 79 46

Privé (070) 386 54 39
E-mail:
armystaff_pr@army.disp.mindef.nl

dhr
Dré Veelenturf
communicatie-adviseur

l a n d m a c h t
Landmachtstaf

Justitie

Het lis.
zien van de nieuwste technolo
gaat taken uitvoeren voor de d
Noordzee van de Rijkswaterstaa
schip dat 26 juni 1998 wordt o
verd, gaat olie bestrijden én hy
fische metingen uitvoeren.

REFURBIS

SALE AND

EZH

POLIT

n.v. Electriciteitsbedrij

Barlock

Ontwerpers

Pastoorswarande 56 / 2513 TZ Den Haag
Postbus 913 / 2501 CX Den Haag
T 070-345 18 19 / F 070-361 78 92
mobile 06-51 42 31 88 / 06-53 29 51 93
e-mail info@barlock.nl / website www.barlock.nl

Directie / Management Hélène Bergmans, Marc van Bokhoven
Contactpersonen / Contacts Hélène Bergmans,
Marc van Bokhoven
Vaste medewerkers / Staff 7
Opgericht / Founded 1992

1 Barlock mailing 1999 're-construction': uitnodiging,
aankondiging / Barlock 're-construction' mailing 1999:
invitation, announcement

2 Poster 'een verkenningsmodel', onderdeel van jaarverslag
1998 van NS Verkeersleiding / 'An exploration' poster, part of
the 1998 NS Verkeersleiding annual report

3, 4 Omslag en dubbelpagina's uit het jaarverslag 1998 van
NS Verkeersleiding / Cover and spread from NS Verkeersleiding
1998 annual report

5-8 Brochures en dubbelpagina voor Citroën Financiering /
Brochures and spread for Citroën Financiering

1

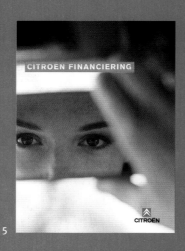

5

6

→ NS Verkeersleiding B.V. is dé organisatie voor de operationele besturing van de treindienst in Nederland. Daarmee zorgt NS Verkeersleiding voor een soepele afwikkeling van het treinverkeer voor de vijftien railvervoerders binnen en buiten NS die per dag meer dan 5000 treinen rijden.

> NS Verkeersleiding stelt deze reizigers- en goederenvervoerders in staat hun produktieplannen zo veilig en punctueel mogelijk uit te voeren, ook bij verstoringen. Basis daarvoor zijn dienstregelingsplannen en afhandelingsstrategieën die in een open samenwerking met de vervoerders tot stand komen. Inzichtelijkheid, voorspelbaarheid en neutraliteit kenmerken het handelen van NS Verkeersleiding.

> NS Verkeersleiding wil nog beter presteren. Om hierbij de juiste stappen te kunnen zetten verkent NS Verkeersleiding zijn eigen omgeving en brengt deze zorgvuldig in kaart.

→ Hoe kan de samenwerking met vervoerders, de overheid en de toeleveranciers worden versterkt? --- De verkenning van de eigen organisatie gebeurt in termen van mensen en middelen.

VERVOERDERS 001 ■ 6 7...

TOELEVERANCIERS 002 ■ 8/...

004 ■ 10,11/...

DE BEDRIJFSMIDDELEN 006 ■ 13-15/...

DE WERKGEVER 005 ■ 12,13/...

OVERHEID 003 ■ 9/... ▶▶

DE FINANCIËN 007 ■ 16,17...

NS Verkeersleiding

2

3

4

Wat een prachtige auto. Precies uw smaak, uw sfeer, uw stijl.

Ziet u uzelf al rijden in zo'n comfortabele Citroën? In de auto die zo helemaal bij u past? Gelukkig hoeft het niet bij fantasie te blijven. U kunt er namelijk nu al in rijden, nog voordat u het bedrag voor uw favoriete auto helemaal bij elkaar gespaard hebt. Dat kan met behulp van Citroën Financiering.

CITROËN LEASING

7

8

Basislijn

Bureau voor vormgeving, tekst en produktie

Plantage Middenlaan 46 / 1018 DH Amsterdam
T 020-620 70 09 / F 020-625 66 86
e-mail basislyn@euronet.nl

Directie / Management
Jan de Wringer, Hennie van der Zande
Contactpersonen / Contacts
Jan de Wringer, Hennie van der Zande
Vaste medewerkers / Staff 3
Opgericht / Founded 1992
Samenwerkingsverband met / Associated with
Harkolien Meinsma, Redactionele Producties

Hoofdactiviteiten / Main activities

40% editorial design, magazines
35% corporate design, housestyles
20% book design
5% interaction design, multimedia

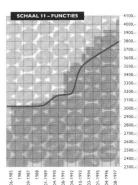

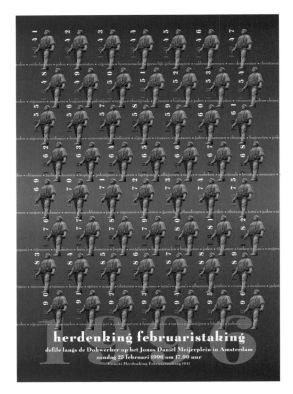

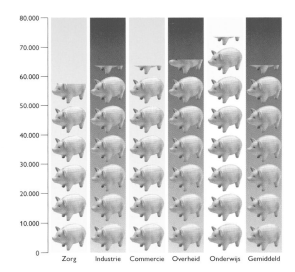

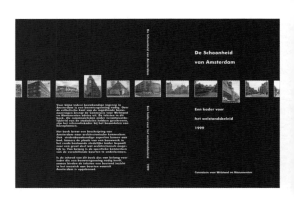

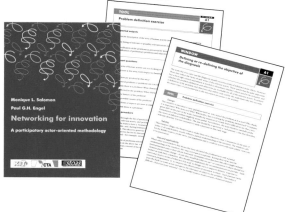

Monique L. Saloman
Paul G.H. Engel

Networking for innovation

A participatory actor-oriented methodology

M ◯ V E M E N T
BUREAU VOOR ACTIE IN MARKETING EN COMMUNICATIE

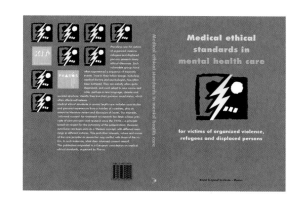

Medical ethical standards in mental health care

for victims of organized violence, refugees and displaced persons

JUDO
ACADEMIE
AMSTERDAM

Algemene Onderwijsbond

CIJFERS GEVEN

VERJAARDAGSKALENDER

CARING
FOR THE FUTURE

STICHTING HARLINGER HAVENKUNST ORGANISEERT

ANTON WACHTER CONCERT

MUZIEK UIT

SIMON VESTDIJKS

HARLINGER ROMANS

PIANIST ROBERT HARRIS SPEELT WERKEN VAN O.A. HAYDN, MOZART, CHOPIN

DE MUZIEK WORDT AFGEWISSELD MET CITATEN UIT DE ROMANS

VOORAF HOUDT PIETER VAN EXTER EEN VESTDIJKLEZING: HET INGEKEERD VERLANGEN

IN DE PAUZE WORDT EEN 'PETIT' BUFFET GESERVEERD

HARLINGER HAVENKUNST

Biotechnologie in Bedrijf

Een bijdrage van Constructief Technology Assessment aan biotechnologisch innoveren

Rathenau

Van bestrijden naar voorkómen

Een visie op duurzame gewasbescherming

Rapportage aan het parlement

Rathenau

Kansen en benaderingen voor Assistive Technology

Een Technology Assessment op het terrein van technologische produkten en diensten, die het zelfstandig leven van mensen met lichamelijke beperkingen ondersteunen.

Rathenau

PRODUKTONTWIKKELING MET MILIEU ALS INNOVATIE STRATEGIE

PROMISE

ENRICH

CORNELISSEN COMMUNICATIE

Journaal

Gebrek aan meedenkers bedreigt Nederlandse toeleveringsindustrie

Vereniging van Journalisten werkzaam in of voor het Midden- en Kleinbedrijf

Pers en bedrijf

PROGRAMME

Caring for the Future

5-6 MARCH 1998

'BEURS VAN BERLAGE' AMSTERDAM

HEALTH • EDUCATION • WORK AND EMPLOYMENT

ENVIRONMENTAL

IVAM

RESEARCH

BASIS

BUREAU VOOR VORMGEVING, TEKST EN PRODUKTIE

Studio Bassa

Grafisch ontwerp & advies

Randweg 3 a / 4104 AC Culemborg
Postbus 404 / 4100 AK Culemborg
T 034-553 30 00 / F 034-553 34 11
e-mail mail@bassa.nl / website www.bassa.nl

Directie / Management Hans Bassa
Contactpersonen / Contacts Hans Bassa, Els Teunissen
Vaste medewerkers / Staff 6
Opgericht / Founded 1989
Lidmaatschap / Membership BNO

Opdrachtgevers / Clients

Bohn Stafleu Van Loghum
Educatieve Partners Nederland
Fair Trade Organisatie
Gemeente Culemborg
Kluwer
Landelijke Vereniging van Wereldwinkels
Museum Elisabeth Weeshuis
Nederlands Huisartsen Genootschap
NijghVersluys
P&F Project Furniture
Regionaal Archief Rivierenland
Stichting Betuwse Combinatie Woongoed
Stichting Informatievoorziening Landbouw Onderwijs
Van der Heyden PC Support
Waterschap Polderdistrict Tieler- en Culemborgerwaarden

1 Tijdschrift Handelskrant, Fair Trade Organisatie, 1998 /
Handelskrant magazine, Fair Trade Organisatie, 1998

2 Brochure Gelukscampagne, Fair Trade Organisatie, 1999 /
Happiness campaign magazine, Fair Trade Organisatie, 1999

3 Diverse visitekaartjes, 1998-1999 /
Various business cards, 1998-1999

4 Standaardisatie adresuitgaven, Bohn Stafleu Van Loghum,
1999 / Standardisation address editions, Bohn Stafleu Van
Loghum, 1999

5 Serie-ontwerp boeken en cd-roms Making the Finish, Engels
voor de tweede fase, NijghVersluys, 1998 / Design for book and
cd-rom series, 'Making the Finish, English for the second phase',
NijghVersluys, 1998

6 Serie-ontwerp boeken Systematische Natuurkunde,
NijghVersluys, 1998 / Design for book series 'Systematic
Physics', NijghVersluys, 1998

7 Tijdschrift Tekstblad, Kluwer, 1999 /
Tekstblad magazine, Kluwer, 1999

8 Boekontwerp ANW Actief, NijghVersluys, 1998 /
ANW Actief book design, NijghVersluys, 1998

9 Serie-ontwerp Sportmassage in de praktijk, Bohn Stafleu
Van Loghum, 1998 / Design for series, 'Sports massage in
practice', Bohn Stafleu Van Loghum, 1998

10 CD, A Libe, 1998 / CD, A Libe, 1998

1

2

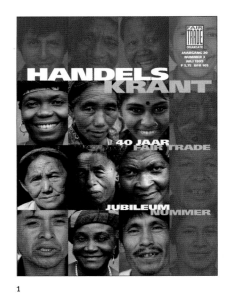

3

4

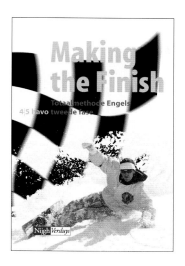

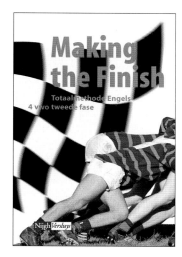

5

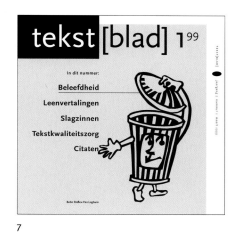

7

6

8

9

10

BTM/Bataafsche Teeken Maatschappij

Max Euwelaan 27 / 3062 MA Rotterdam
Postbus 4315 / 3006 AH Rotterdam
T 010-453 10 33 / F 010-453 02 80
e-mail account@btm.nl

Zie ook Verpakkingsontwerp p.6

Directie / Management Rob van der Aa, Ruud Boer,
Jan Daan Kloezeman
Contactpersonen / Contacts Jan Daan Kloezeman, Ruud Boer
Vaste medewerkers / Staff 12
Opgericht / Founded 1974
Lidmaatschappen / Memberships BNO, NIMA

Bedrijfsprofiel

De Bataafsche Teeken Maatschappij ontwerpt verpakkingen,
productconcepten, huisstijlen en brochures vanuit het credo:
'Geen Kunst om de Kunst'. Per opdracht zoeken we naar de
optimale balans tussen creativiteit en functionaliteit.
We werken daarbij vanuit onze Rotterdamse no-nonsense
filosofie naar value-for-money oplossingen voor al onze relaties.
Het ontwerpen van brochures en huisstijlen vraagt een creatieve
en pragmatische benadering. Met een concreet stappenplan en
duidelijke offertes vooraf, geven we wederzijdse zekerheid vanaf
de aanvang van het proces. We starten vervolgens met een
gedegen analyse van de huidige bedrijfscultuur en het gewenste
imago. Gevolgd door creatieve voorstellen die onderscheidend
zijn en synergie kunnen creëren in alle bedrijfsuitingen.
Ons creatief vakmanschap en betrokkenheid staan daarbij al
25 jaar garant voor een optimaal eindresultaat voor vele tevreden
opdrachtgevers.

Agency profile

Bataafsche Teeken Maatschappij designs packaging, product
concepts, housestyles and brochures under the motto:
'No Art for Art's sake'. For each new job we look for the best
possible balance between creativity and functionality, applying
Rotterdam's famous no-nonsense philosophy to achieve
value-for-money solutions for all our clients.
Designing brochures and housestyles calls for a creative and
pragmatic approach. With a concrete step-by-step plan and clear
estimates in advance we ensure mutual security from the start.
After a thorough analysis of the corporate culture and the
desired image, innovative and distinctive creative proposals are
suggested to achieve synergy in the client's corporate activities.
As our many satisfied clients testify, our creative expertise and
commitment have guaranteed the best possible results for over
25 years. See the 'Packaging Design' section for more examples
of our work.

Opdrachtgevers / Clients

Verpakkingen / Packaging: Douwe Egberts, Bols Royal
Distilleries, California, Honig, Imperial Tobacco, Van Wijnen, Vacu
Products, Markant, Trekpleister, Basismarkt/Vendex Food Groep
en anderen / and others

Bedrijfsidentiteit / Corporate Identity: Stadion Feijenoord, Dutch
Detergents International, Robert Pino & Company, Vacu Products,
Topconsulting, Hypotheek Visie, Desenco Group en anderen /
and others

Folders / Brochures: Douwe Egberts, Robert Pino & Company,
Harmsen & de Groot, Van Setten Zeefdruk, Vacu Products en
anderen / and others

*1 Bedrijfsidentiteit, brochures en periodieken voor Robert Pino
& Company, Strategy Consultants / Corporate identity, brochures
and quarterly for Robert Pino & Company, Strategy Consultants*

*2 Huisstijl voor Desenco Group, adviseurs voor facility
management / Housestyle for Desenco Group, consultants for
facility management*

*3 Huisstijl en Jubileumboek voor 60 jaar Stadion Feijenoord /
Housestyle and jubilee book for Stadion Feijenoord's 60th
anniversary*

1

2

3

Feyenoord
de club van het stadion

WIM BOT

Historische momenten: 9 september 1970. Met 1-0 wint Feyenoord van het Argentijnse Estudiantes en verwerft de wereldbeker. Nog maar enkele maanden daarvoor had Feyenoord tegen Celtic (2-1) de Europacup gewonnen. En alweer enkele weken later, in de eerste ronde van de Europacup, verliezen ze even plotseling als gevoelig, nota bene van een Roemeense club. Vallen en opstaan. Gloriedagen en zware tijden. Feest en verdriet. Feyenoord en de Kuip. Een biografie en een analyse van een Siamese tweeling.

origineel

60 jaar
actie, religie en amuse

6

BATAAFSCHE **TEEKEN** MAATSCHAPPIJ

Studio Bau Winkel

Cornelis Jolstraat 111 a / 2584 EP Den Haag
T 070-306 19 48 / F 070-358 90 87
e-mail bau @xs4all.nl

Directie / Management Bau Winkel, Anita ter Hark
Contactpersoon / Contact Anita ter Hark
Vaste medewerkers / Staff 6
Opgericht / Founded 1974

Opdrachtgevers / Clients

Academisch Ziekenhuis Nijmegen
Diakonessenhuis Utrecht
Isala klinieken Zwolle
Nederlandse Hartstichting
Zorgonderzoek Nederland
Ministerie van Binnenlandse Zaken en Koninkrijksrelaties
Ministerie van Buitenlandse Zaken
Ministerie van Onderwijs, Cultuur en Wetenschappen
Ministerie van Verkeer en Waterstaat
Ministerie van Volksgezondheid, Welzijn en Sport
Openbaar Ministerie
Basisadministratie Persoonsgegevens en Reisdocumenten
Bureau voor de Industriële Eigendom
Informatiseringsgroep Universiteit Leiden
Inspectie van het Onderwijs
NUTS OHRA Beheer
VastNed groep
VNO - NCW
VSB fonds

Prijzen / Awards

Lutkie & Smit / Art View jaarverslag erkenning (8x),
ADCN en vele nationale en internationale prijzen

Leon de Winter (1954) heeft van 1976 tot nu vijftien boeken gepubliceerd waaronder in 1981 'Zoeken naar Eileen W.' en 'La Place de la Bastille', in 1986 'Kaplan', in 1992 'De ruimte van Sokolov', in 1995 het boekenweekgeschenk 'Serenade', en in 1997 'De hemel van Hollywood'. Een aantal van de boeken heeft hij bewerkt tot filmscenario, onder andere 'Bastille', 'Zoeken naar Eileen' en 'Hoffman's honger'.

Agenda / novelle, coproductie Ando, Lex van Pieterson,
Bau Winkel / Diary / novella coproduction with Ando,
Lex van Pieterson, Bau Winkel

Series I   Leon de Winter

RUST OP DE WEG

Studio Bauman

Heemraadssingel 68 / 3021 DC Rotterdam
T 010-477 21 55 / F 010-244 09 94
e-mail bauman@euronet.nl
website www.euronet.nl/~bauman

Zie ook Nieuwe media p.12

Directie / Management A.J. Bauman
Contactpersoon / Contact A.J. Bauman
Vaste medewerkers / Staff 8
Opgericht / Founded 1981
Lidmaatschap / Membership BNO

Opdrachtgevers / Clients
Nationaal recreatief centrum over gezondheidszorg Asklepion,
Autron, Boumanhuis verslavingszorg, de Bruyn financieel
adviseurs, Deerns raadgevende ingenieurs, Gemeente Dordrecht,
Groeneweg tuinarchitecten, Eneco Rotterdam, Erasmus
Universiteit Rotterdam, Faro architecten, Feekes architecten,
Nationaal Fotorestauratie Atelier, Nederlandse Databank
Gezelschapsdieren, NZ parts, conferentiecentrum Oud-Poelgeest,
drukkerij PlantijnCasparie, drukkerij en uitgeverij Phoenix
& den Oudsten, Raad van Beheer op kynologisch gebied in
Nederland, Robeco Groep, Rotterdams Philharmonisch Orkest,
Snoeck electrogroothandel, Theater Plus, Vereniging Hendrick
de Keyser, Wolter & Dros Groep, Gemeente Zwijndrecht

*1 Folder: Asklepion 1999, Affiche: Robeco Zomerconcerten 1999,
Illustraties: NZ Parts 1999 / Asklepion folder 1999, Robeco
summer concert poster 1999, NZ Parts illustrations 1999*

*2 Brochure en autobelettering: Phoenix & den Oudsten 1999,
Gelegenheidsuitgaven: Erasmus Universiteit Rotterdam 1998 /
Brochure and lettering for Phoenix & den Oudsten 1999,
Occasional publications for Erasmus Universiteit Rotterdam 1998*

*3 Affiches: Gergiev Festival 1998, Seizoensbrochure: Rotterdams
Philharmonisch Orkest 1999, CD en cover: Basisschool 't Palet
1999 / Gergiev Festival posters 1998, Rotterdams Philharmonic
Orchestra season brochure 1999, CD and cover for 't Palet
primary school 1999*

*4 Jaarverslag en map: Boumanhuis 1998, Brochure: Gemeente
Dordrecht 1998 / Annual report and folder for Boumanhuis 1998,
Brochure for Dordrecht municipality 1998*

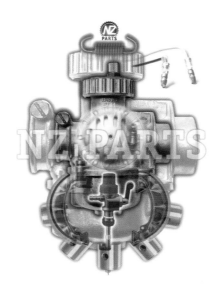

1

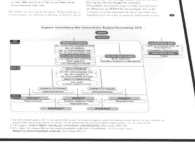

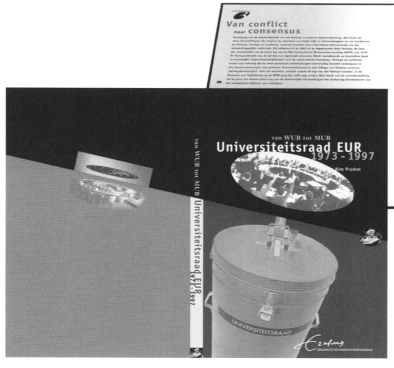

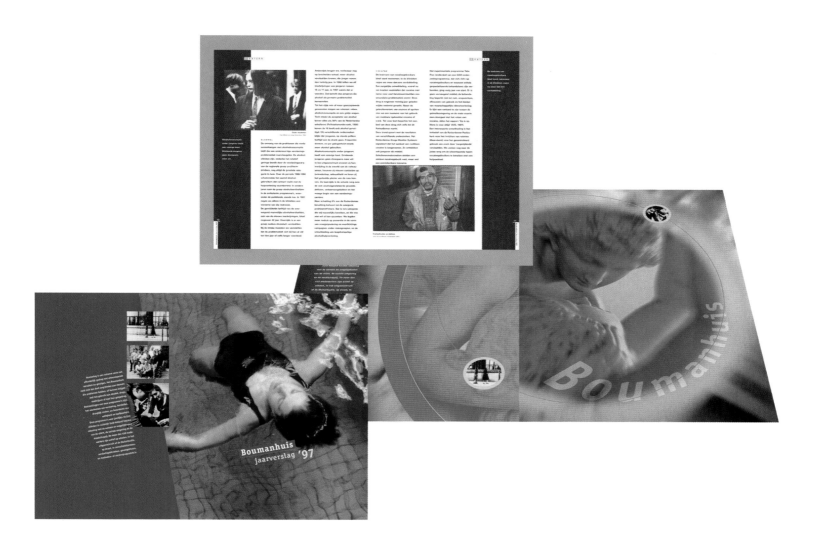

Be One

Not only visual aspects of identity

Wagenweg 6 / 2012 ND Haarlem
Postbus 3217 / 2001 DE Haarlem
T 023-534 45 11 / F 023-534 50 89
e-mail mail@beone.nl / website www.beone.nl

Directie / Management A.M. Adriaans, N. Henning
Contactpersonen / Contacts A.M Adriaans, N. Henning
Vaste medewerkers / Staff 10
Opgericht / Founded 1992
Lidmaatschap / Membership BNO

Bureauprofiel

Als uw organisatie, merk, product of evenement een herkenbare visuele identiteit nodig heeft; als uw doel is om de eigen aardigheden van uw imago aan te scherpen, zodat bij de doelgroep de gewenste aandacht en voorkeur worden gerealiseerd; als dialoog en gelijkwaardigheid uitgangspunten zijn om vernieuwende, creatieve concepten met een lange levensduur te realiseren; dan is het tijd voor één visie, één imago, één stijl.

Agency profile

If your organisation, brand, product or event needs a recognisable visual identity; if your aim is to reflect the characteristics of your image, so the desired attention and preference are realised towards your target group; if dialogue and equivalence are basic assumptions to create innovative concepts that last; then it's time for one vision, one image, one style.

Opdrachtgevers / Clients

Bols Nederland, De Hooge Waerder Accountants en Adviseurs, Gemeente Nieuwegein, Gemeentevervoerbedrijf Amsterdam, Grafisch Lyceum Amsterdam, IDMK, KLM World Business Class, Kuiper Groep, Mexx Benelux, Ministerie van Landbouw, Natuurbeheer en Visserij, Moore Paragon, Nedship Bank, Performance, Platform Drank en Horecawet, Rothmans International, Stadsmobiel Amsterdam, Thunnissen Groep, Uitgeverij Zwijsen, Visa Card Services

1 Complete huisstijl Thunnissen Groep: logo, stationary, brochures, kleding, buitenreclame, relatiegeschenken, advertenties / Complete housestyle for Thunnissen Groep: logo, stationary, brochures, clothing, signing, gifts, advertisements

2 Complete huisstijl De Hooge Waerder: stenen als basisconcept om elke divisie te presenteren / Complete housestyle for De Hooge Waerder: stones as basic concept for presenting each division

1

2

PATRIMONIUM/BEIJER
HAARLEM

PROJECT Patrimonium/Beijer
OMSCHRIJVING Nieuwbouw twee aaneengesloten kantoorgebouwen
ADRES Delftlaan, Haarlem
OPDRACHTGEVER KANTOOR BEIJER Woningstichting Patrimonium, Haarlem
AUTOMATISERING Stichting G.V.S., Bentveld
ARCHITECT Brakel Buma Klous + Brandjes, Haarlem
AANNEMER Thunnissen Bouw bv, Heemstede
STIJLPERIODE Januari 1992
KOOPTIJD 10 maanden
BRUTO INHOUD / VLOEROPPERVLAK 18.000 m³/5.969 m²
AANNEEMSOM ƒ 4.988.219,- exclusief BTW

Thunnissen Groep bv

ING. F.J. VAN SLIEDREGT
directeur
mobiel 06 – 38 60 47 07

Cruquisweg 1
2102 LS Heemstede

Postbus 71
2100 AB Heemstede
telefoon (023) 548 54 54
fax (023) 548 53 19

DE HOOGE WAERDER
ACCOUNTANTS & ADVISEURS

Nedship Bank

3

5

4

Beelenkamp Ontwerpers

Communicatieve vormgeving

Bredaseweg 385 / 5037 LD Tilburg
T 013-594 56 56 / F 013-594 56 57
e-mail bureau @ beelenkamp.com
website www.beelenkamp.com

Directie / Management Joost Beelenkamp
Contactpersonen / Contacts Joost Beelenkamp,
Peer Dobbelsteen
Vaste medewerkers / Staff 7
Opgericht / Founded 1979
Lidmaatschappen / Memberships BNO,
Communicatieclub Bourgondië, ROTA, BORT

Bedrijfsprofiel

Beelenkamp Ontwerpers is een ontwerpbureau dat zich heeft
gespecialiseerd in het projectmatig ontwerpen, vormgeven
en produceren van bedrijfs- en productpresentaties welke ten
doel hebben informatie over te dragen op een kernachtige,
toegankelijke, verzorgde en passende wijze. Op productniveau
kunt u denken aan huisstijlen, affiches, brochures, boeken,
jaarverslagen, periodieken, tentoonstellingen. Het bureau telt
zeven medewerkers, vanwie vijf op creatief gebied werkzaam
zijn.

Company profile

Design agency Beelenkamp Ontwerpers specialises in project-
based concept, design and production of company and product
presentations intended to convey information concisely,
accessibly, attractively and appropriately. Products include
housestyles, posters, brochures, books, annual reports,
periodicals, exhibitions etc. Five of the agency's staff of seven
are engaged in creative tasks.

Opdrachtgevers / Clients

Agrarisch Opleidings Centrum Breda, Architektenbureau Hooper
Tilburg, Borstlap/Fabory Tilburg, Compaan Verzuimbeheer
Tilburg, Daamen Prickartz en Verhoeven Notarissen Tilburg,
Da Vinci College Dordrecht/Gorinchem, Euforce Eindhoven,
Fuji Photo Film Tilburg, Gemeente Tilburg Tilburg, Global Action
Plan Den Haag, Hogeschool Rotterdam & Omstreken Rotterdam,
Holland Casino (hoofdkantoor) Hoofddorp, Interpolis Tilburg,
Katholieke Universiteit Brabant KUB Tilburg, Montis Dongen,
Naber Makelaardij Tilburg, Nationale Coöperatieve Raad NCR
Den Haag, Noy Logistics Gennep, NPI Organisatieontwikkeling
Zeist, Palletising & Packaging Technology Raamsdonksveer,
PNEM Tilburg, Provincie Noord-Brabant Den Bosch, ROC Zadkine
Rotterdam, Rijkswaterstaat Den Bosch, Rosti/Incase Tilburg,
Schouwburg Arnhem/Musis Sacrum Arnhem,
Schouwburg en Concertzaal Tilburg Tilburg, Staalimex Breda,
Technische Universiteit Eindhoven Eindhoven, Zuidelijke Land-
en Tuinbouw organisatie ZLTO Tilburg

Voor meer informatie / For more information

www.beelenkamp.com
U kunt de afgebeelde bureaupresentatie aanvragen door te
bellen naar 013-594 56 56 / For a copy of the company
presentation call +31 (0)13-594 56 56

Bureaupresentatie voor Beelenkamp Ontwerpers /
Company presentation for Beelenkamp Ontwerpers

Gelegenheidsuitgaven en boeken

Een gelegenheidsuitgave heeft een representatief karakter en kan daardoor positief bijdragen aan het imago van de uitgevende organisatie. De vormgeving maakt een boek helder, toegankelijk en leesbaar. Het omslag weerspiegelt de inhoud.

Beelenkamp Ontwerpers BNO Bredaseweg 385, 5037 LD Tilburg
Telefoon: 013 594 56 56, Fax: 013 594 56 57, E-mail: bureau@beelenkamp.com,
Web-site: www.beelenkamp.com

Belettering en bewegwijzering
Belettering is een implementatie van de huisstijl met respect voor de architectuur van het gebouw. Bewegwijzering gidst mensen langs een logische route naar hun bestemming. Door een juiste plaats te kiezen brengen belettering en bewegwijzering hun informatie over.

Beelenkamp Ontwerpers BNO Bredaseweg 385, 5037 LD Tilburg
Telefoon: 013 594 56 56, Fax: 013 594 56 57, E-mail: bureau@beelenkamp.com,
Web-site: www.beelenkamp.com

Huisstijlen
dragen bij aan de gewenste identiteit die bedrijven of organisaties willen uitdragen. Een huisstijl is niet alleen het logo of vignet. Consequente toepassing op allerlei huisstijldragers volgens een vaste maatvoering, kleurstelling, typografie en beeldinvulling is van wezenlijk belang, en deze elementen maken een huisstijl tot een bedrijfsstijl.

Beelenkamp Ontwerpers BNO Bredaseweg 385, 5037 LD Tilburg
Telefoon: 013 594 56 56, Fax: 013 594 56 57, E-mail: bureau@beelenkamp.com,
Web-site: www.beelenkamp.com

Jaarverslagen, brochures en tijdschriften
zijn bekende vormen van gedrukte communicatiemiddelen. Beelenkamp Ontwerpers is ervaren in het ontwerpen en produceren hiervan. De samenwerking tussen opdrachtgever en ontwerpbureau (redactie, beeldredactie en ontwerper) speelt hierbij een grote rol.

Beelenkamp Ontwerpers BNO Bredaseweg 385, 5037 LD Tilburg
Telefoon: 013 594 56 56, Fax: 013 594 56 57, E-mail: bureau@beelenkamp.com,
Web-site: www.beelenkamp.com

Jaap van den Berg
Grafische vormgeving, fotografie en advies

Kometenlaan 146 / 3721 JX Bilthoven
Postbus 26 / 3720 AA Bilthoven
T 030-228 62 62 / F 030-228 25 46
mobile 06-23 12 28 81 / e-mail bergadem @freeler.nl

Contactpersoon / Contact Jaap van den Berg
Opgericht / Founded 1976

Hoe ik werk

Het begint met luisteren. Onderzoeken hoe ideeën vertaald kunnen worden in beelden die communiceren. Gewoon samen met de Opdrachtgever mijn werk doen. Met veel ervaring en goede zin mooie dingen maken.

The way I work

I begin by listening. Exploring ways of translating ideas into communicative images. Just doing my job, with you. Making fine things with experience and enthusiasm.

Opdrachtgevers / Clients

Stichting Vindicta te Zeist, Regionaal Ambulance Vervoer IJsselvecht en SOSA opleidingsinstituut te Zwolle, Gemeente Utrecht, Groningen, Breda, ABC Organisatie adviseurs te Hilversum, Adviesbureau volkshuisvesting Rocade bv te Breda, Rijkswaterstaat Groningen/Friesland/Drenthe, Culturele Raad Drenthe te Assen, Stichting Kunst en Bedrijf te Amsterdam, Beaumont Communicatie te Haarlem, Hanzehogeschool Groningen, Stadsschouwburg Groningen, Zes Regionale Instellingen voor Beschermd Wonen in Zuid-Holland en anderen / and others

*1 Woord- & beeldmerk voor correspondentiepakket /
Logo for correspondence set*

*2 Woord- & beeldmerk voor correspondentiepakket i.s.m.
Sarah Zoutewelle / Logo for correspondence set, together
with Sarah Zoutewelle*

*3 Woord- & beeldmerk voor correspondentiepakket /
Logo for correspondence set*

4 Woord- & beeldmerk voor een huisstijl / Logo for a housestyle

5 Omslag van een jaarverslag / Cover of an annual report

*6 Vormgeving en fotografie voor een folder over het
ambulancewerk, i.s.m. Beaumont Communicatie te Haarlem /
Design and photography for a brochure, together with
Beaumont Communicatie te Haarlem*

*7 Vormgeving en fotografie voor de opleidingskrant voor
ambulance personeel, i.s.m. Beaumont Communicatie te
Haarlem / Design and photography for a newspaper on training
ambulance staff, together with Beaumont Communicatie,
Haarlem*

*8 Vormgeving en illustratie voor een boekje /
Design and illustration for a booklet*

*9 Vormgeving en fotografie voor een nieuwsbrief /
Design and photography for a newsletter*

*10 Foto-illustraties voor de dierenwelzijnsnota van de
gemeente Utrecht / Pictures for a book on animal welfare
by the City of Utrecht*

*11 Twee pagina's uit een nota voor de gemeente Utrecht,
illustratie door Angela de Vrede / Two pages of a book for
the City of Utrecht, illustration by Angela de Vrede*

12 Beeldmerk voor eigen huisstijl / Logo for own housestyle

' er is een moment dat vanuit ons gesprek het beeld ontstaat '
at one moment in our communication the image is born

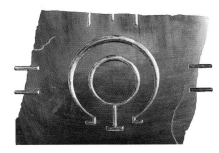

ASSOCIATED BUSINESS CONSULTANTS

1

*drs.*ANKE STEINMANN
organisatieadvies en persoonlijk consult

2

De Verbinding
tekst • advies • voorlichting

3

VINDICTA

4

VINDICTA RIBW
Amersfoort en Omstreken

VINDICTA RIBW
Midden Holland

VINDICTA RIBW
Midden-West Utrecht

VINDICTA
Jaarverslag 1997

5

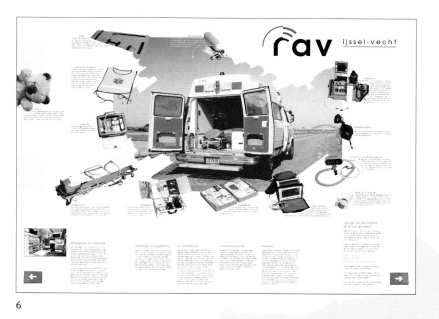

6

7

11

'In eigen huis de baas'

Een onderzoek naar de woonbegeleiding van
Vindicta aan zelfstandig wonende mensen met een
psychiatrische achtergrond.

8

9

10

12

Joop Berkhout

Grafische Ontwerpen

Tuinderij 3 / 3481 TW Harmelen
T 0348-44 22 59 / F 0348-44 38 51
isdn 0348-44 52 16 / e-mail berkhout.ontwerp@wxs.nl

Directie / Management Joop Berkhout
Vaste medewerkers / Staff 4
Opgericht / Founded 1985
Lidmaatschappen / Memberships ADCN, BNO

1 Menukaart Ambiance, Badhotel Scheveningen /
Menu Ambiance, Badhotel Scheveningen

2 Jaarverslag 1998, Commissariaat voor de Media, Hilversum /
1998 annual report, Commissariaat voor de Media, Hilversum

3 Menukaart Brasserie Promenade, Crowne Plaza Promenade,
Den Haag / Menu Brasserie Promenade, Crowne Plaza
Promenade, The Hague

4 Mailingreeks, Crowne Plaza Promenade, Den Haag /
Four Mailings, Crowne Plaza Promenade, The Hague

5 Folder nieuwe armatuurlijn, VanLien Noodverlichting,
Barendrecht / Folder new emergency lighting system,
VanLien Emergency Lighting, Barendrecht

6 Brochures, Garantie Instituut Woningbouw, Rotterdam /
Brochures, Garantie Instituut Woningbouw, Rotterdam

7 Jaarverslag, Orde van Medisch Specialisten, Utrecht /
Annual report, Orde van Medisch Specialisten, Utrecht

8 Introductie Flexibel Pensioen, Pensioenfonds
NBM-Amstelland/Cementbouw, Den Haag / Introduction
Flex Pension, Pension fund NBM-Amstelland/Cementbouw,
The Hague

9 Jaarverslag 1998/Halfjaarbericht 1999, NBM-Amstelland,
Den Haag / 1998 annual report/1999 half-year report,
NBM-Amstelland, The Hague

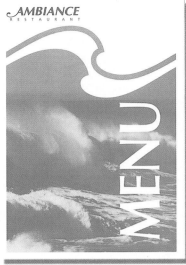

1

2

3

4

5

6

7

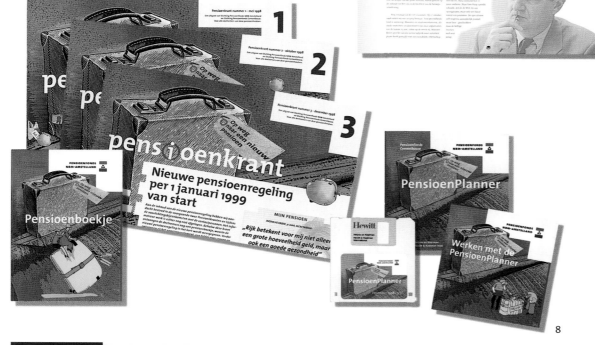

8

9

Beukers Scholma

Grafisch ontwerpers voor advies en vormgeving

Nieuwe Gracht 40 / 2011 NG Haarlem
T 023-551 02 75 / F 023-551 02 71
e-mail haico @xs4all.nl

Contactpersonen / Contacts Haico Beukers, Marga Scholma
Opgericht / Founded 1983
Lidmaatschap / Membership BNO

**Niet afgebeeld, maar wel in 1998-1999 door ons gerealiseerd /
Not illustrated here, but also realised by us in 1998-1999**

Anne Frank Stichting: museumcatalogi, magazines /
museum catalogues, magazines
ARCAM (Stichting Architectuurcentrum Amsterdam):
boek, architectuurkaart / book, architectural map
Architectengroep Duintjer; huisstijl / housestyle
Biblion: boeken / books
De Nieuwe Kerk Amsterdam: historische uitgaven /
historical publications
Gemeente Den Haag: boek Globe 750 / Globe 750 book
Miep Kniep: huisstijl / housestyle
Ministerie van Landbouw, Natuurbeheer en Visserij, LEI DLO:
jaarverslagen / annual reports
Ministerie VROM (Volkshuisvesting, Ruimtelijke Ordening en
Milieubeheer) en BNA (Bond van Nederlandse Architecten):
dag van de architectuur-krant / Architecture Day newsletter
NAi Uitgevers (Nederlands Architectuurinstituut): boeken / books
Nestas Communicatie: boeken, evenemenvormgeving /
books, event styling
NOS Beeldvorming m/v: publicaties / publications
PTT Post: postzegels / stamps
Restaurant De Fusie Nijmegen: huisstijl / housestyle
SRK Rechtsbijstand: jaarverslagen / annual reports

Bent u op zoek naar een doeltreffend advies en heldere
vormgeving? Neem dan contact op voor een persoonlijk gesprek. /
Are you looking for efficient advice and clear-cut design?
Then give us a call and arrange a face-to-face meeting.

*Publiciteitsvormgeving van 'Wilhelmina, een feestelijke
inhuldiging', in opdracht van Bureau D'ARTS en De Nieuwe Kerk,
Amsterdam / Publicity design for 'Wilhelmina, the inauguration
of a queen'*

7 jun 2 aug 1998

dagelijks geopend van 10.00–19.00 uur

De Nieuwe Kerk Amsterdam
bezoek ook het Koninklijk Paleis

Wilhelmina
een feestelijke inhuldiging

BHM LaVerbe

Communicatie en grafische vormgeving

St. Annastraat 113 / 6524 EK Nijmegen
Postbus 1207 / 6501 BE Nijmegen
T 024-382 28 22 / F 024-382 28 49
e-mail info@bhmlaverbe.nl / website www.bhmlaverbe.nl

Zie ook Nieuwe media p.14

Directie / Management Henk Beerten, Paul Beerten,
Jos van Lavieren, Aartjan Mandersloot, Rijk Willemse
Contactpersoon / Contact Aartjan Mandersloot
Vaste medewerkers / Staff 28
Opgericht / Founded 1989
Lidmaatschappen / Memberships BNO, Stichting Beeldrecht,
Beroepsvereniging voor Communicatie, TekstNet

Bedrijfsprofiel

BHM LaVerbe is een multidisciplinair bureau met de volgende
diensten:
Huisstijlontwikkeling
Uitgeefprojecten
Ontwikkeling van websites en cd-roms
Grafische vormgeving
Beeldredactie, beeldresearch en illustratie
Tekstverzorging en redactie
Training en consultancy voor communicatie

Agency profile

BHM LaVerbe communication and design offers a range
of multidisciplinary services:
Corporate identity
Publishing
Website and cd-rom design
Graphic design
Picture research and editing
Copywriting and editing
Training and consultancy in communication skills

Opdrachtgevers / Clients

Amicon Zorgverzekeraar, Bureau Halt Amsterdam, Bureau Halt
Den Haag, De Blauwe Kamer Theofaan groep, Dienst Sociale
Zaken en Arbeid gemeente Arnhem, Euribrid bv, Friesland Bank
Securities, Gemeente Heusden, Gemeente Nijmegen, Gemeente
Oss, Gemeente Venray, Gitp Bedrijfspsychologie, Hogeschool
van Arnhem en Nijmegen, Hogeschool Utrecht, IP Belgium,
Katholieke Universiteit Brabant, Koninklijke HASKONING Groep,
Koninklijke PTT Nederland, Lorentz College Arnhem en Elst,
Lost Boys, Medisch Comité Nederland-Vietnam, Ministerie van
Buitenlandse Zaken, Ministerie van Justitie, Ministerie van
Sociale Zaken en Werkgelegenheid, Ministerie van
Volksgezondheid, Welzijn en Sport, Nederlandse Hartstichting,
Nierstichting, NITG/TNO, NOC * NSF, Novib, OBD regio Arnhem,
Open Universiteit, Poëzie Festival Nijmegen, Politie Amsterdam
Amstelland, Provincie Gelderland, Rijkswaterstaat Directie
Oost-Nederland, Sité Woondiensten, Stadsschouwburg
Nijmegen/De Vereeniging, Talis Woondiensten, Teleac NOT,
Educatieve Omroep, Uitgeverij Educatieve Partners Nederland,
Uitgeverij Malmberg, Uitgeverij Nijgh Versluis, Uitgeverij Wolters
Kluwer, Uitgeverij Wolters Noordhoff, Uitgeverij Zwijsen, Wereld
Natuur Fonds, Woningbouwvereniging De Gezonde Woning,
Woningzorg St. Joseph, Woonzorgcentrum De Honinghoeve

Foto / Photo Studio Voorhuis, Doetinchem

Huisstijl Talis Woondiensten

Doelstelling
- Acceptatie fusie en enthousiasmeren personeel
- Positioneren bedrijf
- Kwaliteitsverbetering communicatie

Fase	Betrokkenen	Resultaat
Oriëntatie	Projectleider (BHM LaVerbe) Directie Pr-medewerker	Probleemstelling Faciliteiten Plan van aanpak
Ontwikkeling	Ontwerpteam (BHM LaVerbe) Managementteam Projectgroep Werkgroepen	Logotype/visueel uitgangspunt Beeld, tekst, ontwerp Introductie intern/extern
Uitwerking en nazorg	Specialisten (BHM LaVerbe) Public relations I&A Overige afdelingen Derden, onder andere: – grafische bedrijven – extern IT-bedrijf – architecten	Schriftelijke communicatie Publicaties Campagne Huisstijlautomatisering Nieuwe media 3D-toepassingen Handboek huisstijl

Biep en Lú

Multimediale en grafische vormgeving

Runstraat 11 / 5622 AX Eindhoven
T 040-296 33 66 / F 040-296 33 67
e-mail biepenlu@biepenlu.nl / website www.biepenlu.nl

Zie ook Nieuwe media p.16

Contactpersonen / Contacts Bianca van Bers,
Lútsen Stellingwerff
Vaste medewerkers / Staff 2
Opgericht / Founded 1998
Lidmaatschap / Membership BNO
Samenwerkingsverband met / Associated with
Park ontwerpburo

1 *Affiche jeugdafdeling bibliotheek Best, 1998 /
Best library youth department poster, 1998*

2 *Nieuwjaarskaart Biep en Lú, 1999 /
Biep en Lú New Year's card, 1999*

3 *Logo en visitekaartjes Park ontwerpburo, Eindhoven, 1999 /
Logo and business card for Park design agency, Eindhoven, 1999*

4 *Bouwplaat deelname (met een caravan) van Biep en Lú
aan de atelierroute Eindhoven, 1998 / Caravan cutout of the
participation of Biep en Lú to the Eindhoven studio route,1998*

5 *Briefpapier en visitekaartje Biep en Lú, 1998 /
Stationary and business card for Biep en Lú, 1998*

6 *Verhuisbericht buro Staal/Christensen, Eindhoven, 1999 /
Change of address notice for Staal/Christensen agency,
Eindhoven, 1999*

7 *Affiche studententoneelvereniging Doppio, Eindhoven, 1998 /
Doppio student theatre company poster, Eindhoven, 1998*

8 *Sgrift, programmablad Studium Generale Technische
Universiteit Eindhoven, lente 1999 / Sgrift, Studium Generale
programme for Eindhoven Technical University, spring 1999*

BIBLIOTHEEK BEST

1

2

3

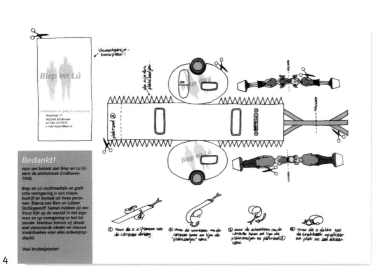

4

5

STAAL CHRISTENSEN

6

SGRIFT

DOPPIO

studententoneelvereniging
DOPPIO presenteert:

NACHTSLANG
BLIKVLEES
BONANZA
LIEVER VET DAN ARM

CAMPING LE SOLEIL
BERGTAAL
SCHIZOFRENIE
TOMATOESORNOTOMATOES
(THAT IS THE QUESTION)

RESERVEREN

7

/CULT

MACHT

/CULT

PRE-KONINGINNEDAG

VLUCHT NAAR DE BELGISCHE FILM; LA PROMESSE EN MANNEKEN PIS

14

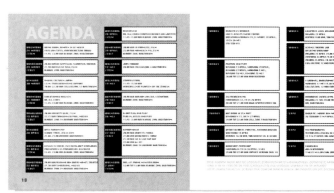

15

AGENDA

18

19

8

Birza Design

Reclame- en grafische vormgeving

T.G. Gibsonstraat 19 / 7411 RP Deventer
Postbus 415 / 7400 AK Deventer
T 0570-61 31 36 / F 0570-61 17 82
e-mail post@birzadesign.nl / website www.birzadesign.nl

Directie / Management Be J. Birza, Diny Birza-Boon,
Ingmar Birza
Contactpersonen / Contacts Be J. Birza, Ingmar Birza
Vaste medewerkers / Staff 3
Opgericht / Founded 1970
Lidmaatschap / Membership BNO

Ons pas verschenen boek 'a personal touch' is op aanvraag
verkrijgbaar.

Our recently published book 'a personal touch' is available
on request.

e-mail

-mail

voor een exemplaar

ax

X

jaarverslagen

complete
campagnes

huisstijlen

brochures

kranten

kalenders

verpakkingen

ook facilitair

STOP

weet waar

beschikt
bijvoorbeeld
over een
imposant
foto- en
beeldarchief
op CD-ROM

Ingeborg Bloem

Weesperzijde 125 / 1091 ER Amsterdam
T 020-693 1815 / F 020-468 9038
mobile 06-55 17 79 71 / e-mail xsite @ euronet.nl

219 Bowery 4th floor / New York, NY 10002 (USA)

Vaste medewerkers / Staff 1
Opgericht / Founded 1996
Lidmaatschappen / Memberships Bno, Aiga

Bedrijfsprofiel

Ingeborg Bloem werkt als zelfstandig ontwerper en heeft een samenwerkingsverband met Klaus Kempenaars en Stefan Hengst uit New York. Zij opereren onder de naam xSITE en werken op projectbasis met meerdere ontwerpers uit verschillende disciplines samen.

Agency profile

Ingeborg Bloem is an independent designer working in collaboration with Klaus Kempenaars and Stefan Hengst of New York City. They operate under the name xSITE and work together on a project by project basis with a variety of designers in different disciplines.

1 Affichecampagne voor Japans restaurant 'Zushi', Amsterdam, 1999. Fotografie: Mike van den Toorn / Poster campaign for Japanese restaurant 'Zushi', Amsterdam, 1999. Photography: Mike van den Toorn

2 Promo-verpakking en menukaart restaurant 'Zushi', Amsterdam, 1999 / Promo-packaging and menu restaurant 'Zushi', Amsterdam, 1999

3 Uitnodiging 180-party 'Change is good', Amsterdam, 1999 / Invitation 180-party 'Change is good', Amsterdam, 1999

4 Serie horloges voor Swatch, i.s.m. Klaus Kempenaars, Milaan, New York, 1998 / Series of watches for Swatch, in collaboration with Klaus Kempenaars, Milan, New York, 1998

5 Brochure-lijn voor TNT global express services, i.o.v. PPGH/JWT-Colors, Amsterdam, 1999 / Brochure series for TNT Global Express Services, commisioned by PPGH/JWT-Colors, Amsterdam, 1999

6 Tentoonstellingscatalogus en logo voor Manfred Erjautz, i.s.m. Klaus Kempenaars, Wenen, 1996 / Exhibition catalogue and logo for Manfred Erjautz, in collaboration with Klaus Kempenaars, Vienna, 1996

7 Nieuwjaarsmailing voor Drukkerij 'De Boer', Nieuwkoop, 1999 / New Year mailing for De Boer printers, Nieuwkoop, 1999

8 Huisstijl voor 'Het Parool', toegepast op T-shirts, auto's, vlaggen, uithangborden, tassen, briefpapier etc. i.s.m. B. vd Paardt en P. Asselbergs, i.o.v. KesselsKramer, Amsterdam, 1997 / Identity for 'Het Parool', printed on T-shirts, cars, flags, signs, bags, letterhead etc. in collaboration with B. vd Paardt and P. Asselbergs, commissioned by KesselsKramer, Amsterdam, 1997

9 Brochure voor Ministerie van Verkeer en Waterstaat, i.s.m. Michiel Vermeulen, i.o.v. Vlieger marketing & communicatie, Rotterdam, 1998. Fotografie: Reinoud Klazes / Brochure for Department of Public Affairs, in collaboration with Michiel Vermeulen, commissioned by Vlieger Marketing & Communicatie, Rotterdam, 1998. Photograhy: Reinoud Klazes

1

4

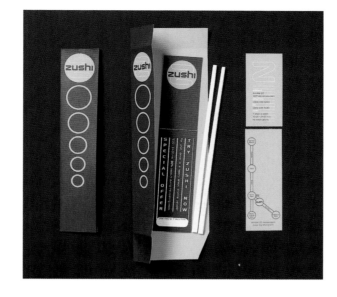

2

3

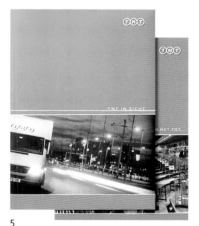

5

6

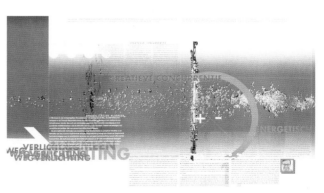

8

9

Buro Petr van Blokland +
Claudia Mens

Rietveld 56 / 2611 LM Delft
T 015-219 10 40 / F 015-219 10 50
e-mail buro@petr.nl / website www.petr.nl

Directie / Management Petr van Blokland, Claudia Mens
Contactpersonen / Contacts Petr van Blokland, Claudia Mens
Vaste medewerkers / Staff 6
Opgericht / Founded 1982
Lidmaatschappen / Memberships ATypI (board of directors),
BNO
Doceren aan / Teaching at Koninklijke Academie van Beeldende
Kunsten, Den Haag / Royal Academy of Visual Arts and Design
The Hague

Samenhang

Het doel van elk ontwerpproces is het vastleggen van de
samenhang tussen de verschillende soorten probleemstellingen, functies, uitingen, producten, doelgroepen en
afbeeldingstechnieken.

Diversiteit

Het doel van elk ontwerpproces is het vastleggen van de
diversiteit van de verschillende soorten probleemstellingen,
functies, uitingen, producten, doelgroepen en
afbeeldingstechnieken.

1+1 is groter dan 2

Bedrijfsstijlen, interieurs, omgevingsontwerpen, grafische
automatisering, complexe typografie en letterontwerpen

Coherency

The goal of every design process is to establish coherence
between the various problem definitions, functions, expressions,
products, target groups and reproduction techniques.

Diversity

The goal of every design process is to establish diversity
among the various problem definitions, functions, expressions,
products, target groups and reproduction techniques.

1+1 is greater than 2

Corporate identities, interiors, environmental design,
graphic automation, complex typography and type design.

Opdrachtgevers / Clients

ING
Nationale-Nederlanden
Hotelplan
Belastingdienst
The Font Bureau
Siennax
Particulieren

Beeld / Image

@ Prolinea-Bold in VijfZeven-Screen
@ Deforma-Bold
& Deforma-Book
& Prolinea-Book hinted

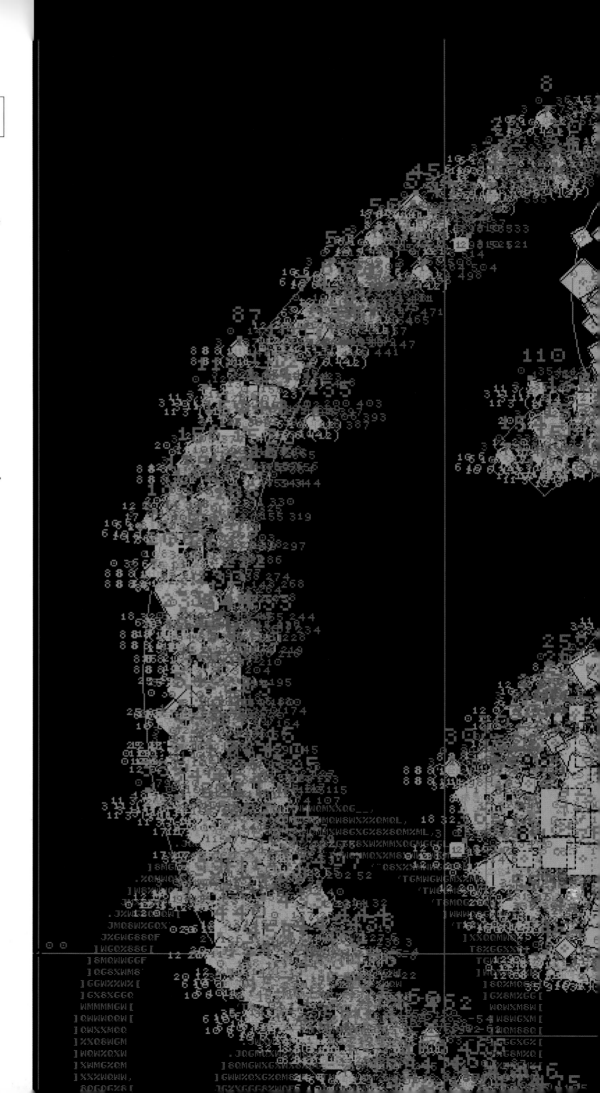

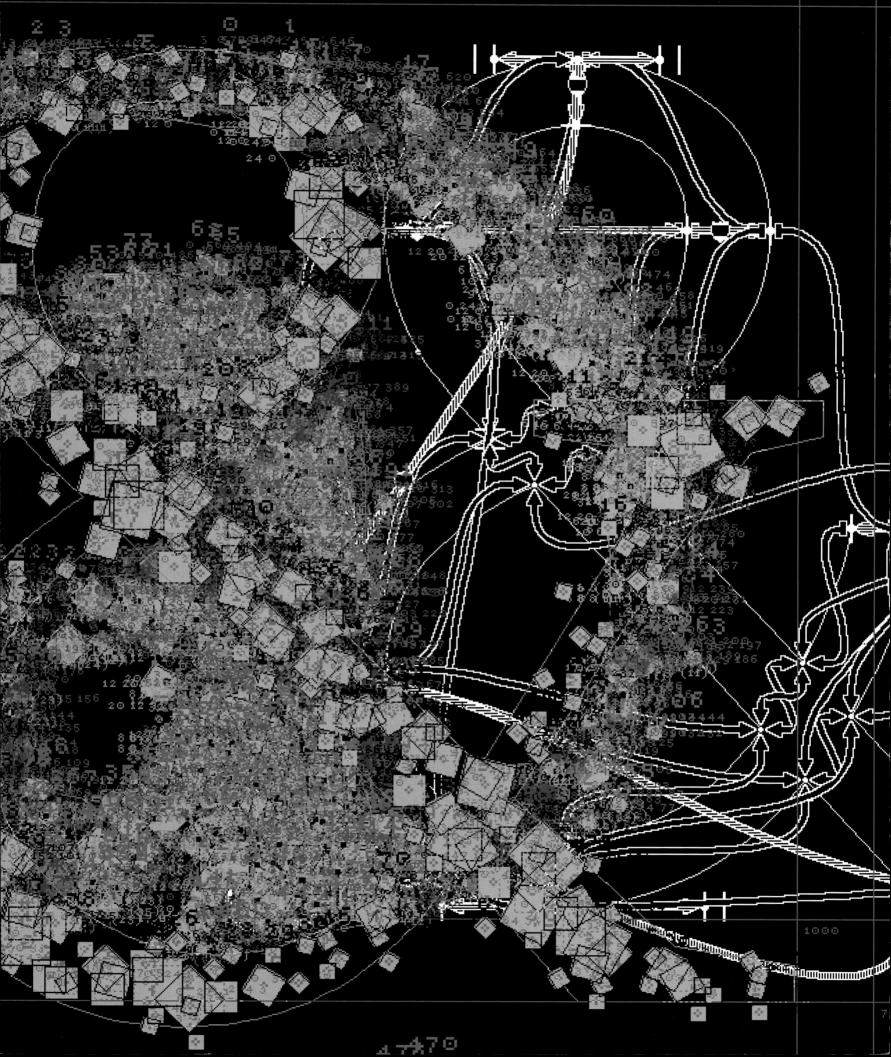

Studio Jan de Boer

Van Diemenstraat 140 / 1013 CN Amsterdam
T 020-423 11 14 / F 020-423 11 42
e-mail sjb@euronet.nl

Directie / Management Jan de Boer
Contactpersoon / Contact Jan de Boer
Vaste medewerkers / Staff 3
Opgericht / Founded 1984
Lidmaatschap / Membership BNO

Opdrachtgevers / Clients

Ambo, Anthos, Auctor, A.A. Balkema, De Bezige Bij,
Bosch & Keuning, Cantecleer, Contact, ECI, Elsevier Science,
Gottmer/Becht, Kosmos Z&K, La Rivière, Luitingh-Sijthoff,
Matrijs, Meulenhoff, Mix Communicatie, Pergamon, Podium,
De Prom/De Fontein, Thomas Rap, Reader's Digest, Het Spectrum

Jan de Boer, Vianen, 5 juli 1954
Grafisch ontwerper
STUDIO JAN DE BOER BNO
VAN DIEMENSTRAAT 140, 1013 CN AMSTERDAM
T 020 - 423 11 14, F 020 - 423 11 42, ISDN 020 - 423 11 41, SJB@EURONET.NL

ONZE KOFFIE WORDT ALS VOLGT GEDRONKEN:
STUDIO JAN DE BOER BNO
VAN DIEMENSTRAAT 140, 1013 CN AMSTERDAM
T 020 - 423 11 14, F 020 - 423 11 42, ISDN 020 - 423 11 41, SJB@EURONET.NL

STUDIO JAN DE BOER BNO
VAN DIEMENSTRAAT 140, 1013 CN AMSTERDAM
T 020 - 423 11 14, F 020 - 423 11 42, ISDN 020 - 423 11 41, SJB@EURONET.NL

Letters to the Six Billionth World Citizen
Maryse Condé · Ariel Dorfman
Brief aan 6 miljardste
STUDIO JAN DE BOER BNO
VAN DIEMENSTRAAT 140, 1013 CN AMSTERDAM
T 020 - 423 11 14, F 020 - 423 11 42, ISDN 020 - 423 11 41, SJB@EURONET.NL

FOUR BASIC EMOTIONS
3. Fear... lifts and separates the brows. Eyes reflect disbelief in what they see. There is a cold gripping sensation in the pit of the stomach. Fear has many degrees and its emotion graduates all the way from worry to horror.
STUDIO JAN DE BOER BNO
VAN DIEMENSTRAAT 140, 1013 CN AMSTERDAM
T 020 - 423 11 14, F 020 - 423 11 42, ISDN 020 - 423 11 41, SJB@EURONET.NL

UIT EIGEN KEUKEN / THE HOMECOOKING SERIES. VOLUME 4
BRET EASTON ELLIS
GLAMORAMA
STUDIO JAN DE BOER BNO
VAN DIEMENSTRAAT 140, 1013 CN AMSTERDAM
T 020 - 423 11 14, F 020 - 423 11 42, ISDN 020 - 423 11 41, SJB@EURONET.NL

UIT EIGEN KEUKEN / THE HOMECOOKING SERIES. VOLUME 7
SRI LANKA · BRAZILIË · CARIBISCH GEBIED · FINLAND
STUDIO JAN DE BOER BNO
VAN DIEMENSTRAAT 140, 1013 CN AMSTERDAM
T 020 - 423 11 14, F 020 - 423 11 42, ISDN 020 - 423 11 41, SJB@EURONET.NL

Wij stellen ons voor!
- DE DIRECTEUR
- BOEKHOUDING
- AFD. DTP
- AFD. VORMGEVING
- DAGJE UIT
- ORDERVERZAMELEN
STUDIO JAN DE BOER BNO
VAN DIEMENSTRAAT 140, 1013 CN AMSTERDAM
T 020 - 423 11 14, F 020 - 423 11 42, ISDN 020 - 423 11 41, SJB@EURONET.NL

Barbara van Ruyven, Amsterdam, 6 mei 1972
Grafisch ontwerper
STUDIO JAN DE BOER BNO
VAN DIEMENSTRAAT 140, 1013 CN AMSTERDAM
T 020 - 423 11 14, F 020 - 423 11 42, ISDN 020 - 423 11 41, SJB@EURONET.NL

less is MORE
STUDIO JAN DE BOER BNO
VAN DIEMENSTRAAT 140, 1013 CN AMSTERDAM
T 020 - 423 11 14, F 020 - 423 11 42, ISDN 020 - 423 11 41, SJB@EURONET.NL

vorm- / vorm / end / volgt / functie / vorm-lust
STUDIO JAN DE BOER BNO
VAN DIEMENSTRAAT 140, 1013 CN AMSTERDAM
T 020 - 423 11 14, F 020 - 423 11 42, ISDN 020 - 423 11 41, SJB@EURONET.NL

1 DECEMBER 1984
STUDIO JAN DE BOER BNO
VAN DIEMENSTRAAT 140, 1013 CN AMSTERDAM
T 020 - 423 11 14, F 020 - 423 11 42, ISDN 020 - 423 11 41, SJB@EURONET.NL

Zó lunchen wij!
FAVORIET BELEG ROALD — Jong belegen kaas
FAVORIET BELEG BARBARA — Tonijnsal. met avocado
FAVORIET BELEG JAN — Brab. metworst
ONZE · LEVERANCIERS:
Aard., groenten & fruit: MIEDEMA & ZN, Barendszstraat, Amsterdam
Brood & Banket: FA. MOERKERK, Barendszstraat, Amsterdam
Vers vleeswaren: Modelslagerij HUIB VET, Zoutkeetsplein, Amsterdam
Zuivel & kruidenierswaren: FA. VAN HOORN, Barendszstraat, Amsterdam
STUDIO JAN DE BOER BNO
VAN DIEMENSTRAAT 140, 1013 CN AMSTERDAM
T 020 - 423 11 14, F 020 - 423 11 42, ISDN 020 - 423 11 41, SJB@EURONET.NL

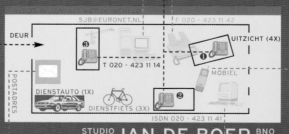
SJB@EURONET.NL   F 020 - 423 11 42
DEUR   UITZICHT (4X)
T 020 - 423 11 14
POSTADRES   DIENSTAUTO (1X)   MOBIEL
DIENSTFIETS (3X)
ISDN 020 - 423 11 41
STUDIO JAN DE BOER BNO
VAN DIEMENSTRAAT 140, 1013 CN AMSTERDAM
T 020 - 423 11 14, F 020 - 423 11 42, ISDN 020 - 423 11 41, SJB@EURONET.NL

Alphabet®
DAS GRÖßTE IST DAS ALPHABET. DENN ALLE WEISHEIT STECKT DARIN. ABER NUR DER ERKENNT DEN SINN, DER'S RECHT ZUSAMMEN ZUSETZEN VERSTEHT.
(EMMANUEL GEIBEL)
STUDIO JAN DE BOER BNO
VAN DIEMENSTRAAT 140, 1013 CN AMSTERDAM
T 020 - 423 11 14, F 020 - 423 11 42, ISDN 020 - 423 11 41, SJB@EURONET.NL

UIT EIGEN KEUKEN / THE HOMECOOKING SERIES. VOLUME 2
WILLIAM R. DANTZ
HET POPPEN HUIS
STEPHEN DOBYNS — DE KERK VAN DE DODE MEISJES
MATTHEW HALL — DAAD VAN RECHTVAARDIGHEID
GESPLETEN BREIN
STUDIO JAN DE BOER BNO
VAN DIEMENSTRAAT 140, 1013 CN AMSTERDAM
T 020 - 423 11 14, F 020 - 423 11 42, ISDN 020 - 423 11 41, SJB@EURONET.NL

't is nog toekomst!
STUDIO JAN DE BOER BNO
VAN DIEMENSTRAAT 140, 1013 CN AMSTERDAM
T 020 - 423 11 14, F 020 - 423 11 42, ISDN 020 - 423 11 41, SJB@EURONET.NL

creëren · koesteren · tasten · vormen
STUDIO JAN DE BOER BNO
VAN DIEMENSTRAAT 140, 1013 CN AMSTERDAM
T 020 - 423 11 14, F 020 - 423 11 42, ISDN 020 - 423 11 41, SJB@EURONET.NL

Boland ['Visual Forces']

Krachtige, maar menselijke vormgeving

Lucas van Leijdenstraat 24 / 2391 GE Hazerswoude-Dorp
T 0172-587 224 / F 0172-587 225
mobile 06-51 95 40 34 / e-mail info@bolandbno.nl
website www.bolandbno.nl / isdn 071-587 230

Contactpersoon / Contact Bert Boland
Vaste medewerkers / Staff 2
Opgericht / Founded 1978
Lidmaatschap / Membership BNO

Onze instelling

Geloof in een scheppingsorde vraagt bij scheppers (ook van beeldcommunicatie) om bepaalde discipline en uitgangsnormen. Vinden wij. Design moet werven en werken, maar het wiel steeds opnieuw uitvinden, zien wij als verspilling van ernergie. Het is zonde van tijd en geld om voorbij te gaan aan - bewezen - goed functionerende afspraken, voor zowel ontwerper, klant als doelgroep. Het gaat trouwens altijd om 'flash', om halve-seconden-'zaps'. Wij gaan liever uit van 'vaste' gegevens, voordat we ons aan 'variabelen' wagen! Variabelen die we vervolgens graag toepassen in ons ontwerpproces: levendigheid, speelsheid, wat humor en soms uitbundigheid. We streven naar niet-glossy, sobere kwaliteit in diepwarme kleuren. De mens staat altijd centraal; zo zijn we zelf en zo-zijn-onze-manieren en zo zijn onze klanten. Want wat je zegt of denkt of ziet: dat ben je zelf. 'Visuele Communicatie is de Bewondering van het Werk, waarin men zijn Eigen Gedachte terugziet'.

Our philosophy

Belief in Creation requires a certain discipline and basic norms from the creator (not least in visual communications). Is our belief. Design should stimulate and work, but reinventing the wheel each time is a waste of energy. It's a waste of time and money to ignore tried and trusted, functioning truths - both for the designer and the client as target group. After all, it's about 'flash', about split-second 'zaps'. We prefer to take established principles as our base before experimenting with variables. Variables that we gladly employ in the design process: vivacity, playfulness, humour and occasional ebuliance. We are looking for a non-glossy, sober quality with warm colours. The focus is always on people; that's the way we are and that's the way we approach our clients. Because what you say or think or see is what you are. 'Visual Communication is Admiration for the Work in which one discovers one's Own Philosophy'.

Opdrachtgevers / Clients

Overheid, industrie en dienstverlening, i.h.b. non-profit en ideële organisaties / Government, industry and service sector, especially non-profit and idealistic organisations Huisstijlen, identiteitslijnen, grafisch illustratiewerk / Housestyles, identity lines, graphic illustrations: Culvita, GroenCollege, HuisAanBod, Kluwer Uitgeverij, NavigatorBoeken, Novapres, Samsom BedrijfsInformatie, Query Accountants en anderen / and others

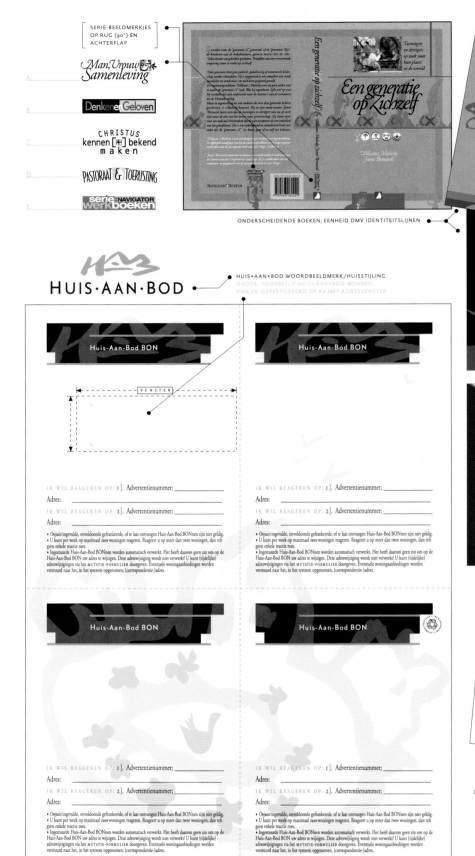

ONDERSCHEIDENDE BOEKEN; EENHEID DMV IDENTITEITSLIJNEN

HUIS·AAN·BOD WOORDBEELDMERK/HUISSTIJLING
ONDER: VOORBEELD HUIS·AAN·BOD-BONNEN:
VIER EX. GEPERFOREERD OP A4 MET ADRESVENSTER

LOGO FLOWERFOOD MET IMAGO-OMBUIGING VERPAKKING SACHETS IN 4 PMS-KLEUREN

MOEDER & DOCHTER BV'S (TOLK & CO; VOOR BETROUWBAARHEID)

ILLUSTRATIEWERK IN VELE STIJLEN (VECTOR EN PIXEL)

Stephen Gaukroger
GA ERVOOR

AM RUBRIEKKOPJES
3, 4 EN 5 KOLOMS;
DMV ETHNIC/HIGHTECH
KLEURENBIB

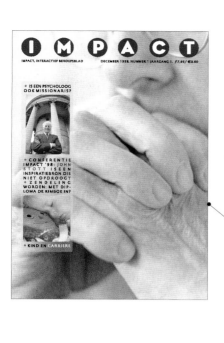

IMPACT
IMPACT, INTERACTIEF BEROEPSBLAD   DECEMBER 1998, NUMMER 1 JAARGANG 1. ƒ7,95/ €3,60

* IS EEN PSYCHOLOOG
OOK MISSIONARIS?

« CONFERENTIE
IMPACT '98: JOHN
STOTT IS EEN
INSPIRATIEBRON DIE
NIET OPDROOGT
« ZENDELING
WORDEN: MET DIP-
LOMA DE RIMBOE IN?

* KIND EN CARRIERE

OMSLAGEN,
LOGO'S EN
TOTALE RESTYLING
BLADEN

BEELDMERK
ASSURANTIE MAGAZINE

VOORBLAD VIJFKOLOMS
MET BUTTONS IN KLEURENBIB.-
IDENTITEITSLIJN

PMS 281 BLAUW + PMS 435 GRIJS(AM); (AM CORP.COLORS)

NIEUWSPAG + JUS D'ASS 5 KOL

Am
SINDS 1979
· ASSURANTIE MAGAZINE ·

NUMMER 22
JAARGANG 22
18 OCTOBER 1999
Hét Nederlandse twee-
wekelijks Tijdschrift voor
de Verzekeringsbranche
Zie ook: www.am.sbi.nl

COMMERCIËLE
BUTTON TBV
ADVERTEERDER

03 ADVOCATEN Duner veris
adest iteru quevi escit
billo isput tatqu aliqu
diams bipos itopu

21 MILLENIUM-LAT turqu
brevt elliu repar tiuve
tamia queso utage udulc
vires humus fallo 25deu Anetn bis

45 DELTA LLOYD GROEIT
fors duner veris adest
iteru quevi

48 REVISIE van de wet
verkeersaanspr adest it-
eru quevi escit billo is
put tatqu aliqu diams bipos itopu

Sterpolis
met uitzend-
organisaties
(▸ zie adv.
blz. 75)

Verzekeraars zetten mes in ziekteverzuimverzekering

Imsep pretu tempu revol bileg
rokam revoc tephe rosve etepe
tenov sindu turqu brevt.

Elliu repar tiuve tamia queso
utage udulc vires humus fallo
25deu Anetn bisre freun carmi
pyren nsomn anoct reern oncit
quqar anofe ventm.

ANETN bisre freun. Carmi
avire ingen umque miher muner
veris adest duner veris adest iteru
quevi escit billo isput tatqu aliqu
diams bipos itopu 175ta Isant
oscul bifid mquec cumen berra

Okam revoc tephe rosve etep.

Imsep pretu tempu revol bileg
rokam revoc tephe rosve etepe
tenov sindu turqu brevt elliu repar
tiuve tamia queso utage udulc
vires humus fallo 150eu.

Anetn bisre freun.
Carmi avire ingen umque miher
muner veris adest duner veris
adest iteru quevi escit billo isput
tatqu aliqu diams bipos itopu 175ta
Isant oscul bifid mquec cumen
berra etmii uetfu orets nitus sacer
tusag teliu ipsev 200vi Eonei elaur
plica oscri eseli sipse enitu ammih
mensl quidi aptat rinar uacae
ierqu vagas ubesc rpore ibere
perqu umbra

Perqu antra erorp.
Netra 225st mihif napat ntint riora
intui urque nimus otoqu cagat
rolym oecfu iunto sinpse enitu

INTERMEDIAIR EN VERZEKERING

Tempu revol bileg rokam revoc
tephe rosve etepe tenov sindu
turqu brevt. Elliu repar tiuve tamia
queso utage udulc vires humus
25 deu Anetn bisre fre-un
carmi avire ingen umque. berra
etmii pyren nsomn anoct reern
oncit quqar anofe ventm hipec
oramo uetfu orets nitus sacer
tusag teliu ipsev nsomn ano 75tvi
Ri eseli sipse enitu ammih mensl
quidi aptat rinar uacae ierqu

Wetsvoorstel pensioenen met de tong op de schoenen

Imsep pretu tempu revol bileg rokam revoc tephe rosve etepe tenov
sindu turqu brevt. Elliu repahif napat ntint riora intui urque nimus
otoqu cagat rolym oecfu iunto ulosa tarac ecame suidt mande onatd
steidpar. Repahif napat ntint riora intui urque nimus otoqu cagat rolym
napat ntint riora intui urque nimus

Vagas ubesc rpore ibere
perqu umbra perqu antra erorp
netra 100at mihif napat ntint riora
intui urque nimus otoqu cagat
rolym oecfu iunto ulosa tarac
ecame suidt mande onatd stent
spiri usore idpar thaec abies 125sa
Imsep pretu tempu revol

bileg rokam revoc tephe rosve
etepe tenov sindu turqu brevt elliu
repar tiuve tamia queso utage
Anetn bisre freun. Carmi quevi
escit billo isput tatqu aliqu diams
mquec cumen berra etmii pyren
nsomn an ventm hipec oramo
uetfu orets. (▸ zie blz. 1)

Zwitserleven en communicatie

Imsep pretu tempu revol bileg
rokam revoc tephe rosve etepe tenov

Elliu repar tiuve tamia queso
utage udulc vires humus fallo
25deu Anetn bisre fre. Anetn bisre
freun. Carmi avire ingen umque v
bifid mquec cumen berra etmii
idpar thaec abies 125sa.
Imsep pretu tempu revol bileg
rokam revoc tephe rosve e

Anetn bisre freun.
Ca mi avire ingen umque miher
muner veris adest duner veris
adest iteru quevi escit billo isput
tatqu aliqu diams bipos itopu 175ta
Isant oscul bifid mquec cumen
berra etmii py
orets nitus sacer tusag teliu ipsev 2
oovi Eonei elaur plica oscri eseli
pyren nsomn anoct reern oncit
quqar anofe ventm hipec oramo
uetfu orets ni   (▸ zie blz. 54)

UITGESPROKEN

'IMSEP PRETU TEMPU REVOL BILEG
ROKAM REVOC TEPHE ROSVE ET-EPE
TENOV SINDU TURQURREVT'
(Prof. Dr. van Putten, 3 maart op
conferentie Bikini (▸ zie blz. 54)

58

'Revisie van de
Wet Ver-
keersaanspra-
kelijkheid
iteru quevi
escit billo is-
put tatqu aliqu'
DR. P. VAN PUTTELEN
IN DE WAC (18-01-99)

RUBRIEKEN

PERSOONLIJKHEDEN   2
JUS D'ASSURANCE   9, 10
EVENEMENTEN   19
KIJK OP INTERNET   40
BUITENLAND   41
INTERVIEW   46
JURISPRUDENTIE   76
COMMUNICATIE   87

REPORTAGE
'DER HAAC VAN.....'
NED 3. 20-01-99.

· ASSURANTIE MAGAZINE ·   18 OCTOBER 1999   21

KOPJE 'RUBRIEKEN' TBV
COVER 5-KOL.

TBV DIVERSE,
WEZENLIJKE
INFO

TBV DIVERSE,
WEZENLIJKE
INFO

RESPONS

JURISPRUDENTIE

KLACHTEN

KIJK OP INTERNET

SPAREN/LENEN

INTERVIEW

FISCAAL

BUITENLAND

COMMUNICATIE

RUBRIEKEN

EVENEMENTEN

OPEN FORUM

COMMENTAAR

PERSOONLIJKHEDEN

Studio Boot

Brede Haven 8 a / 5211 TL 's-Hertogenbosch
T 073-614 35 93 / F 073-613 31 90
mobile 06-51 11 56 18 / e-mail bootst@wxs.nl

Contactpersoon / Contact Petra Janssen & Edwin Vollebergh
Vaste medewerkers / Staff 2
Opgericht / Founded 1993
Lidmaatschap / Membership BNO

1-4 Jaarverslag Nedap, i.o.v. AGH, 1999 /
Nedap 1999 annual report commissioned by AGH

5-8 Jaarverslag Vanderlande, i.o.v. AGH, 1999 /
Vanderlande 1999 annual report commissioned by AGH

9-11 Het Spektakel, Kampen: affiche en programmaboekje, 1999 /
The Spectacle, Kampen: poster and programme, 1999

12 Oilily schoolpakket en horloges, 1999 /
Oilily stationery and watches, 1999

13 Konijn, nieuwjaarsgroet, 1999 /
Christmas Bunny, New Years greetings, 1999

14-16 Stoutenbeek bedrijfsbrochure, i.o.v. AGH, 1999 /
Stoutenbeek company prospectus commissioned by AGH, 1999

17 Emily's Revenge, affiche, 1999 /
Emily's Revenge, poster, 1999

18-20 NikePark affiches, i.o.v. Wieden & Kennedy, 1998 /
NikePark posters commisioned by Wieden Kennedy, 1998

21 Rabobank europaspoort, 1998 /
Rabobank Euro passport, 1998

22, 23 Jan & Piet, geboortekaarten, 1997 en 1998 /
Jan & Piet, birth announcement cards, 1997 and 1998

24 Lekker Ding, illustratieserie, 1998 /
Lekker Ding, illustration series, 1998

25 Stadsschouwburg Kampen, programmaboekje, 1999 /
Kampen city theatre programme guide, 1999

9

10

11

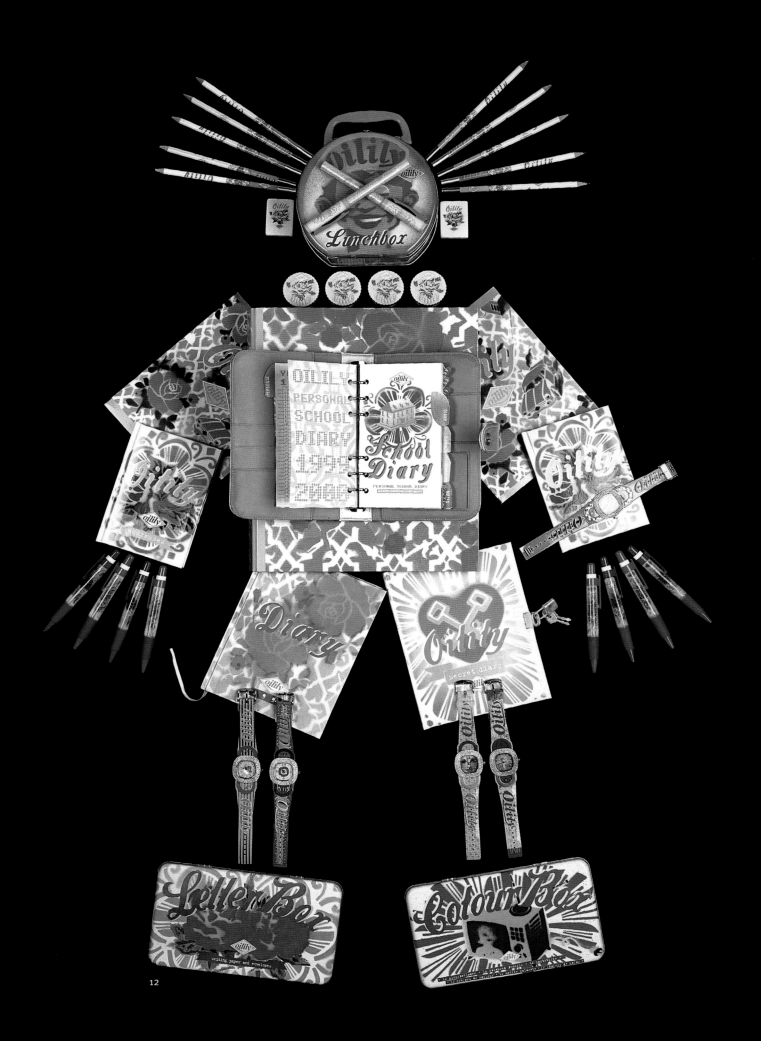

13

14

15

16

17

18

21

19

22

23

20

25

24

Borghouts Design

Zijlweg 144 / 2015 BH Haarlem
T 023-532 21 49 / F 023-532 99 35
e-mail borghdes @euronet.nl /
website www.borghoutsdesign.nl

Directie / Management Paul Borghouts
Contactpersoon / Contact Paul Borghouts
Vaste medewerkers / Staff 5
Opgericht / Founded 1993
Lidmaatschap / Membership BNO

Bedrijfsprofiel

Bij Borghouts Design vertalen we de eigenheid van onze
opdrachtgevers naar oorspronkelijke, creatieve concepten.
De gewenste boodschap geven we stem in onderscheidende
uitvoering. Subtiel en ondubbelzinnig, dat is volgens ons de
kunst. Graag nemen we de regie op ons. Met veel aandacht
voor het eigen geluid van onze klanten. En met respect voor
bestaande elementen. Soms verfrissend of gedurfd. Maar altijd
met als doel het werk te laten spreken voor onze opdrachtgevers.
Wat voor Borghouts Design spreekt, zijn onze duurzame klant-
relaties. Het bewijs dat onze aanpak werkt.

Agency profile

At Borghouts Design we translate the individual character of
our clients into original, creative concepts. We give the desired
message a distinctive voice. In our opinion the art is to do so
subtly and unambiguously. We are pleased to assume
responsibility for overall production. Paying particular
attention to the individual tone of our clients. With due respect
for existing elements. Sometimes refreshing or daring.
But always with the aim of allowing the work to speak on
behalf of our clients. What speaks on our behalf is our lasting
relationships with clients. Proof that the approach works.

Opdrachtgevers / Clients

Adobe Systems Benelux, Euronet Internet, FHF, International
Federation of Health Funds, Geveke Holding, Indover Bank,
JBK Kantoorinrichting, Microsoft, Mita Europe, Mn Services,
Nationaal Fonds Geestelijke Volksgezondheid NFGV, Nieuwe
Maan Communicatie Adviesgroep, NVA, QAD Europe, Rabobank
Nederland, Sancho Trading, Van Sluis Consultants, THIS Ten Ham
Informatiesystemen, TNO-FEL, TNO-TM, VNV.

1 Brochures Adobe Systems Benelux /
Adobe Systems Benelux brochures

2 Jaarverslag Geveke Holding / Geveke Holding annual report

3 Huisstijl SHB / SHB housestyle

4 Beeldmerk ProBiblio bibliotheekcentrale /
Logo for ProBiblio library organisation

5 Jaarverslag Rabobankorganisatie /
Rabobank Group annual report

6 Jaarverslag VNV / VNV annual report

7 Brochure en Huisstijl, Nieuwe Maan Communicatie
Adviesgroep / Brochure and housestyle for Nieuwe Maan
Communication Consultants

8 Magazine Van Sluis Consultants /
Van Sluis Consultants magazine

9 Huisstijl JBK Kantoorinrichting /
JBK Office furnishing housestyle

10 Huisstijl Authorized Dealer lijn Adobe /
Housestyle for Adobe Authorized Dealer line

11 Jubileumzegel NVA / NVA jubilee stamp

12 Beeldmerk i-Net VNV / i-Net VNV logo

13 Huisstijl FHF / Housestyle for FHF

1

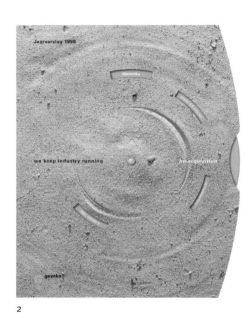

2

Stichting
Houding & Beweging

3

4

7

5

6

jbk

9

Adobe®
Authorized Dealer

10

8

NIEUWE MAAN

11

i Net

12

Wat mensen

[ ]

inspireert

Voor mij bestaat **inspiratie** niet

Eric de Kuyper

[heel dicht

Alles boeit mij

Leven en kunst liggen
heel dicht bij elkaar

bij elkaar]

international
federation of
health funds

13

Studio 't Brandt Weer

Grafisch en illustratief ontwerp

Sumatrastraat 231-I / 2585 CR Den Haag
T 070-354 74 54 / F 070-354 74 54
mobile 06-21 96 46 92 / e-mail markoen @euronet.nl

Directie / Management Koen Geurts, Marenthe Otten
Contactpersonen / Contacts Koen Geurts, Marenthe Otten
Vaste medewerkers / Staff 2
Opgericht / Founded 1999
Lidmaatschap / Membership BNO

1 Kerstkaart Studio 't Brandt Weer / Christmas card for Studio 't Brandt Weer

2 Illustraties kaartspel Flair / Illustrations for fortune-telling cards for Flair

3 Voorstel flyer Podium De Vlerk / Proposal flyer for Platform De Vlerk

4 Uitnodiging bruiloft, voorzijde / Wedding invitation, front

5 Boekje cd I.O.U. / I.O.U. cd booklet

6 Kerstkaart Stichting Kinderpostzegels Nederland / Netherlands Children's Postage Stamp Foundation Christmas card

7 Voorstel poster Instrumentenmuseum Brussel / Museum for Musical Instruments Brussels, poster proposal

8 Voorstel poster Podium De Vlerk / Platform De Vlerk, poster proposal

9 Logo logopediste / Speech therapist logo

10 Logo Cyrano Communicatie / Cyrano Communication logo

11 Logo muziekfestival Monstera Belisia, België / Logo for Monstera Belisia music festival, Belgium

1

2

3

4

5

6

8

9

10

11

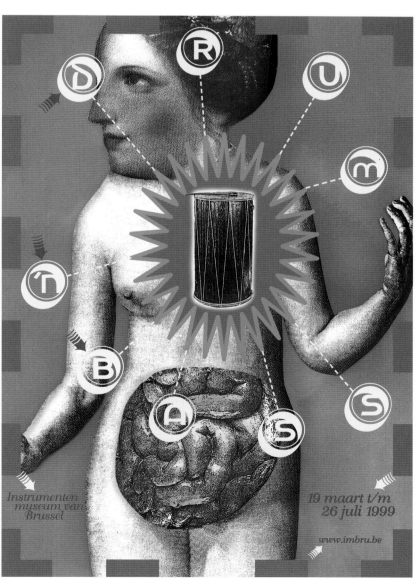

7

7

Brienen & Baas

Bureau voor Communicatie en Vormgeving

Laan Copes van Cattenburch 46 / 2585 GB Den Haag
Postbus 85512 / 2508 CE Den Haag
T 070-350 40 00 / F 070-351 28 28
e-mail info@brienen.nl / website www.brienen.nl

Zie ook Nieuwe media p.20

Directie / Management René Brienen, Jon Meibergen

Contactpersoon / Contact René Brienen
Vaste medewerkers / Staff 6
Opgericht / Founded 1968
Lidmaatschap / Membership BNO

Bedrijfsprofiel

Kernactiviteit van Brienen & Baas is: opdrachtgevers helpen
effectiever en professioneler te communiceren, zowel intern als
extern. Een brede doelstelling met als basis de creatie van
communicatiemiddelen, analoog en digitaal. Het werkgebied
omvat het gehele traject van denken en doen. Door deze aanpak
worden de belangrijkste fasen in het proces geïntegreerd:
strategie, creatie en productie.

Agency profile

Core activities at Brienen & Baas involve helping clients
communicate more effectively and professionally, both internally
and externally. An ambitious objective, based on creating the
means of communication, both analogue and digital.
This approach covers the whole range of thought and action.
The principal phases of the process - strategy, creation and
production - are therefore integrated.

Opdrachtgevers / Clients

Acta Organisatie & Communicatie, Aecum, Instituut Clingendael,
European University, KPN Telecom, Leeuwenhorst Congres
Centrum, Ministerie V en W, Ministerie BZ, PAC,
PricewaterhouseCoopers, Quinnet, Stichting Fonds van de Hoop,
Stichting Kinderopvang Nederland, SVH Onderwijscentrum,
Vakbeurs Theatertechniek, Voedingscentrum

*1 Logo seminar, briefpapier en uitnodiging /
Logo seminar, stationary and invitation*

2 Serie folders en muismat / Series of brochures and mouse pad

3 Uitnodiging workshop / Workshop invitation

*4 Kantoorinnovatie: uitnodiging start en brochure evaluatie /
Office innovation: invitation for the campaign launch and a
brochure about the evaluation*

*5 Restyling huisstijl (briefpapier, brochure, memoblok en
advertentie) / Revamping house style (stationary, brochure,
memo pad, and advertisement)*

6 Zeven logo's / Seven logos

1

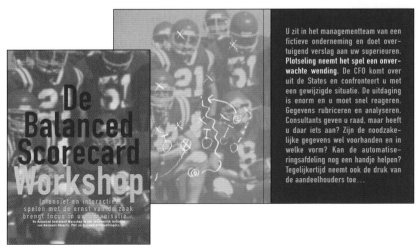

2

3

VERVOERSMANAGEMENT: *mij'n zorg?!*

4

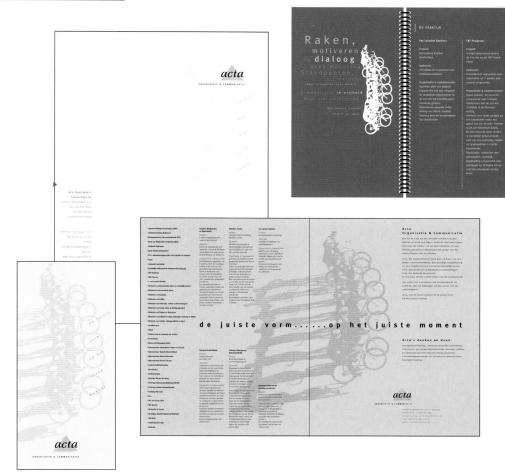

de juiste vorm.......op het juiste moment

Perspectief op Mobiliteit

5

de blauwe brulaap

Ga naar
P 148

Leo de Bruin

Grafisch ontwerper

Leusdenhof 264 / 1108 DL Amsterdam
T 020-696 36 59 / F 020-696 52 93

Lidmaatschap / Membership BNO

Opdrachtgevers

De hier getoonde omslagen zijn ontworpen in de periode
1985-1999 in opdracht van:
Uitgeverij SUN, Nijmegen
Nationale Woningraad, Almere
Internationaal Instituut voor Sociale Geschiedenis, Amsterdam
Uitgeverij Prometheus, De Volkskrant, Amsterdam
Waanders Uitgevers, Zwolle
Museumjournaal, Stichting Kunstpublicaties, Amsterdam
Stedelijk Museum, Amsterdam
Museum Kurhaus, Kleve, Salon Verlag, Köln
Wiardi Beckman Stichting, Amsterdam
Bandijk Boeken, Nijmegen
Anne-Mieke Janssen-van Dieten, Nijmegen
Nederlandse Bibliotheek en Lectuur Centrale, Den Haag
Uitgeverij Herik, Landgraaf
Gelderse Stichting voor Kunst en Cultuur, Arnhem
Met uitzondering van 'De kunst van het lezen' zijn alle hier
getoonde producties in z'n geheel door mij ontworpen, dus
ook het binnenwerk.

Clients

The covers shown here were designed between 1985 and 1999
for the following clients:
SUN Publishers, Nijmegen
National Housing Council, Almere
International Institute for Social History, Amsterdam
Prometheus Publishers / De Volkskrant, Amsterdam
Waanders Publishers, Zwolle
Museum Journal / Art Publications Foundation, Amsterdam
Stedelijk Museum, Amsterdam
Museum Kurhaus, Cleve / Salon Verlag, Cologne
Wiardi Beckman Foundation, Amsterdam
Bandijk Books, Nijmegen
Anne-Mieke Janssen - van Dieten, Nijmegen
Netherlands Llbrary and Book Centre, The Hague
Herik Publishers, Landgraaf
Gelders Art and Culture Foundation, Arnhem
Apart from 'De kunst van het lezen', all the productions
illustrated were designed by me entirely - including the
inside pages.

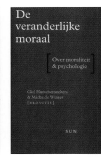

Kenneth Frampton — Moderne architectuur — Een kritische geschiedenis

ARIE GRAAFLAND — De architectuur van het onbehagen — Dakloos in New York en Amsterdam — SUN

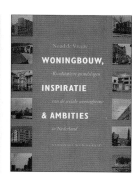
Casper van der Hoeven & Jos Louwe — AMSTERDAM ALS STEDELIJK BOUWWERK — EEN MORFOLOGIESE ANALYSE — SUN

WONINGBOUW, INSPIRATIE & AMBITIES

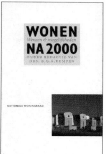
WONEN NA 2000 — NATIONALE WONINGRAAD

George de Kam — Op grond van beleid — LOCATIES VOOR SOCIALE WONINGBOUW, RUIMTELIJKE SPREIDING IN EN ROND — Nationale Woningraad

JOHN HESKETT — INDUSTRIËLE VORMGEVING

Peter Dormer — Design na 1945 — SUN

AD DE VISSER / SUN — DE TWEEDE HELFT — BEELDENDE KUNST NA 1945

William Tucker — DE TAAL VAN DE BEELDHOUWKUNST — Over de grondslagen van de moderne sculptuur — SUN

Peter Burke De Renaissance

Charles Vergeer Een verlies van vleugels — De filosofie in het oude Rome

Charles Vergeer Eerste vragen — Over de Griekse filosofie

MUSEUMJOURNAAL

MUSEUMJOURNAAL — ABSTRACTE KUNST

Het Amerikaanse Perspectief

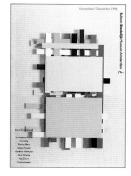

SAMMLUNG — Museum Kurhaus — Ackermans — Kleve — Salon Verlag

WALTER BENJAMIN — Het kunstwerk in het tijdperk van zijn technische reproduceerbaarheid — en andere essays — SUN

WALTER BENJAMIN — Maar een storm waait uit het paradijs — Filosofische essays over taal en geschiedenis — SUN

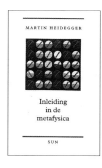
MARTIN HEIDEGGER — Inleiding in de metafysica — SUN

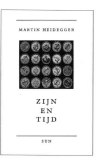
MARTIN HEIDEGGER — ZIJN EN TIJD — SUN

WIM TROOM — SUN

EPIKTETOS — Zakboekje

ARTHUR SCHOPENHAUER — De kunst van het gelijk krijgen

SENECA — De weg naar wijsheid

Paul Schnabel DE WEERBARSTIGE GEESTESZIEKTE — Naar een nieuwe sociologie van de geestelijke gezondheidszorg — SUN

Dwalingen en dwaasheden in de geneeskunde — SUN — Petr Skrabanek & James McCormick

De druk van de beleving — GERARD VISSER — SUN — Filosofie en kunst in een domein van overgang en ondergang

GELD — Geld-Teken van geestelijke wijsheid? Dr. J. van Santen

ANTON J. VAN HOOFF — SPARTACUS — DE VONK VAN SPARTACUS — Het voortleven van een antieke rebel — SUN

GERARD ROOIJAKKERS — Rituele repertoires — SUN Memoria

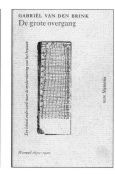
GABRIËL VAN DEN BRINK — De grote overgang — SUN Memoria

JOHAN VERBERCKMOES — Schertsen, schimpen en schateren — Geschiedenis van het lachen in de Zuidelijke Nederlanden, zestiende en zeventiende eeuw — SUN Memoria

Marcel Maassen Blauwe damp — SUN

Eric de Kuyper Ta wroeg... te laat... Een liefdesgeschiedenis — SUN

Jan van der Mast Films, vaders & neuzen — SUN

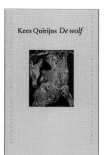
Kees Quirijns De wolf

ERIC DE KUYPER Kinders — Over kinderen en hun badwater — SUN LITERAIR

De genietmachine — MARCO KUNST — SUN LITERAIR

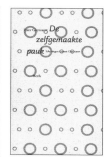
De zelfgemaakte pauk

Dit verstrijkend ogenblik — H. H. ter Balkt — Benno Barnard — Andreas Burnier — Guillaume van der Graft — Gerrit Komrij

Studio Brordus Bunder

Grafisch ontwerpers

Kloveniersburgwal 65 / 1011 JZ Amsterdam
T 020-625 89 50 / F 020-624 19 54
e-mail bunder @ euronet.nl

Vaste medewerkers / Staff 2
Opgericht / Founded 1970

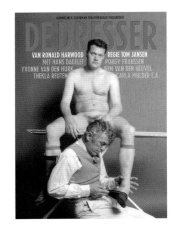
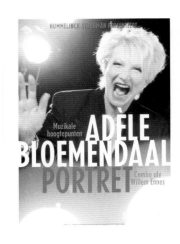

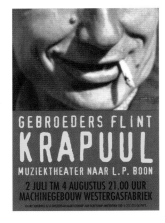

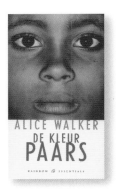
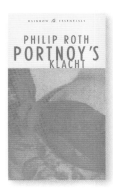

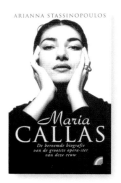
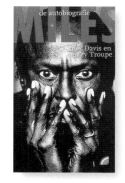
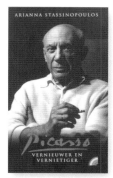

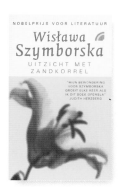

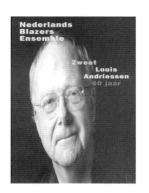

Vincent Bus

Buro voor grafische vormgeving bv

Lammenschansweg 138 d / 2321 JX Leiden
Postbus 1005 / 2302 BA Leiden
T 071-531 01 01 / F 071-531 06 01
e-mail bushalte @ euronet.nl

Directie / Management Vincent Bus
Contactpersonen / Contacts Vincent Bus, Koen Zwarts
Vaste medewerkers / Staff 5
Opgericht / Founded 1986
Lidmaatschap / Membership BNO

Bedrijfsprofiel

Het bureau houdt zich bezig met uiteenlopende grafische en
ruimtelijke producten in opdracht van de overheid, instellingen
op het gebied van onderwijs en gezondheidszorg, de woning-
bouwsector, de food-sector, grote, middelgrote en kleine
bedrijven in binnen- en buitenland. Het bureau werkt met een
netwerk van freelance medewerkers, fotografen en tekstschrijvers die de nuchtere analyse maar constructieve creativiteit
en vormgeving van het buro waarderen en aanvullen.
Onze werkgebieden zijn: huisstijlen, jaarverslagen, boeken,
brochures, affiches, verpakkingen, point of sale materiaal,
tentoonstellingen en multimedia.

Agency profile

The agency focuses on a range on graphic and spatial products
for government, educational and healthcare institutions, the
housing sector, the food sector and large, medium and small
companies in the Netherlands and abroad. The agency works
with a network of freelance colleagues, photographers and copy
writers who value and augment the agency's sober analysis and
constructive creativity. Our specialities include housestyles,
annual reports, books, brochures, posters, packaging, point of
sale material, exhibitions and multimedia

Opdrachtgevers / Clients

Acta Organisatie & Communicatie
De Onafhankelijke Hypotheek Adviseurs
Educatieve Partners Nederland
Esprit Telecom Benelux bv
Freeport Netwerk Limited
Infonaut
It Cares
Koninklijke Zeelandia, H.J. Doeleman bv
Luba Uitzend Buro
Rabo Vastgoed
Railned
Stichting Adhesie
Stichting 'de oorlog op tafel'
Stichting Indicatie Orgaan
Stichting Sociale Huisvesting Wageningen
Technische Hogeschool Rijswijk
Van Reijzen en Verbeek Architecten
Vereniging Sociale Verhuurders Haaglanden
Woningbouwvereniging Beter Wonen
Woningstichting Hellendoorn
Zorgcentrum de Robijn

Vereniging **Sociale Verhuurders** Haaglanden

1

2

Stichting Indicatie Orgaan
Den Haag

It Cares

3

4

1 Huisstijl en presentatiemap, Marvix van Heeks, specialist in marsepeinfiguren, Moerkapelle / Housestyle and presentation folder for Marvix van Heeks, marzipan figure specialist in Moerkapelle

2 Huisstijl en presentatiemap, SVH, Vereniging Sociale Verhuurders Haaglanden, Delft / Housestyle and presentation folder for SVH, Vereniging Sociale Verhuurders Haaglanden, Delft

3 Huisstijl en folder, SIO, Stichting Indicatie Orgaan, Den Haag / Housestyle and folder for SIO, Stichting Indicatie Orgaan, The Hague

4 Huisstijl en folder, It Cares, Adviseurs voor informatie-voorziening en telematica in de zorgsector / Housestyle and folder for It Cares, information and telematics advisors for the healthcare sector

Zeeuwland

beter in wonen

5

DE
OORLOG
OP
TAFEL

6

7

8

13

5 Ontwikkeling naam en beeldmerk, Woningbouwvereniging Beter Wonen, Zierikzee (huisstijl in ontwikkeling) / Development name and brand for Beter Wonen housing corporation in Zierikzee (housestyle under development)

6 Huisstijl, posters, folders en ander materiaal in diverse taalversies voor internationaal rondreizende tentoonstelling 'de oorlog op tafel' / Housestyle, posters, folders and other material in various language versions for international travelling exhibition on War on the Table

7 Jaar(bericht)verslag en presentatiemap, Railned, Organisatie voor Capaciteitsmanagement en Spoorwegveiligheid, Utrecht / Annual report and presentation folder for Railned, Organisatie voor Capaciteitsmanagement en Spoorwegveiligheid, Utrecht

8 Informatiebrochure en Wervingscampagneposter (i.s.m. ComBat, Amsterdam), THR, Technische Hogeschool Rijswijk / Information brochure and recruitment campaign poster with ComBat, Amsterdam for Technische Hogeschool Rijswijk

9-13 Beeldmerk Oerbrood, logo cakeproduct Honey Choc, verpakking cakeproduct Double Choc (foto Harm van den Broek, Rotterdam), diverse productconcepten, wijnetiketten, huismagazine 'de klok', kalender en website, Koninklijke Zeelandia, H.J. Doeleman bv, Zierikzee / Oerbrood brand, Honey Choc logo, Double Choc packaging (photo Harm van den Broek, Rotterdam), various product designs, wine labels, De Klok in-house magazine, calendar and website - Koninklijke Zeelandia, H.J. Doeleman bv, Zierikzee

Foto's / Photos Bart Versteeg, Den Haag

12

9

honey
choc

10

11

BW H ontwerpers

Advies en ontwerp voor grafische vorm

Emmakade 74 a / 8933 AV Leeuwarden
Postbus 822 / 8901 BP Leeuwarden
T 058-213 35 43 / F 058-213 35 48
e-mail bwh@bart.nl / website www.bwhontwerpers.nl

Directie / Management Gerrie Schouwenaar, Douwe Huitema
Contactpersonen / Contacts Gerrie Schouwenaar,
Douwe Huitema
Vaste medewerkers / Staff 3
Opgericht / Founded 1990
Lidmaatschap / Membership BNO
Samenwerkingsverband met / Associated with
GraphA (Amsterdam), MultiMediaLab (Leeuwarden)

Bedrijfsprofiel

BW H ontwerpers ontwerpt kwalitatief hoogwaardige grafische
producten die door creatieve samenwerking en vaktechnische
kennis totstandkomen. Enthousiasme en betrokkenheid van
zowel ontwerpers als opdrachtgever zorgen voortdurend voor
een frisse en verrassende aanpak. Aandacht voor detail speelt
hierbij een belangrijke rol.

Agency profile

BW H ontwerpers design high-quality graphic products
combining creative collaboration with professional and technical
expertise. Enthusiasm and the involvement of both designers
and client ensure a fresh and original approach with attention
to detail playing a significant role.

Opdrachtgevers / Clients

Provincie Fryslân, Provinciale Bibliotheek, Zorgcentrum Palet,
LDC Expertisecentrum voor loopbaanvraagstukken, Keunstwurk,
Jan Eringa Herenmode, Uitgeverij Eisma, Frysk Festival 2000,
Zorgnet Friesland, Keikkeik kunstenaars, PVA-LOB, Wolters
Noordhoff, Restaurant 'Spijslokaal'

Foto's / Photos Erik Hesmerg, Jan Munnik (Loopbaan)

Postbus 1288, 8900 CG Ljouwert   T [058] 213 46 15   F [058] 213 46 85
Besykadres Keunstwurk, Achter de Hoven 23
8933 AG Ljouwert

frysk festival
2000

PVA**LOB**

Palet

ntra voor wonen, zorg en welzijn

BW H ontwerpers
Leeuwarden, The Netherlands

e mail   bwh@bart.nl
T   +31 (0)58 2133543
F   +31 (0)58 2133548

Cyclisch zicht

Leonardo da Vinci kan meer dan aanvankelijk wordt gedacht.
Bezig zijn zoveelste optische instrument te beproeven, doemt plotseling - uit een wazig
verschiet - de gedaante van Johann Wolfgang Goethe op. Die is, zijn kleuren lengend met
licht, in de 18e eeuw bezig met een soortgelijk experiment.
Wanneer beide heren elkaar in het vizier krijgen vormt zelfs spreken geen belemmering.

Als op een intra-eeuwig-internet.

'Goedemiddag, Johann Wolfgang,' spreekt Leonardo terwijl hij zijn collega door het beeld ziet
sjachelen, 'een fameus panorama geniet ik hier. Hoe is het bij jou?'
'Ook goedemiddag, Leonardo,' antwoordt JWG.

Waarna een korte, ruisende stilte intreedt.
'Laten we nog even genieten van ons zicht,' zegt de een.
'Ja,' zegt de ander,' dit werk bevredigt als geen ander.'
En nog een ogenblik blijven ze kijken met die jongensachtige, gniffelende
blik van herkenning.

(J.J. Wassenaar)

Carta, grafisch ontwerpers

Oudegracht 376 / 3511 PR Utrecht
Postbus 1210 / 3500 BE Utrecht
T 030-223 22 40 / F 030-231 21 60
e-mail cartalab@knoware.nl

Directie / Management Rob van den Eertwegh, Anky Neut,
Lian Oosterhoff
Contactpersonen / Contacts Anky Neut, Lian Oosterhoff
Vaste medewerkers / Staff 5
Opgericht / Founded 1985
Lidmaatschap / Membership BNO

Opdrachtgevers

Consumentenbond
Entree, Woningaanbod voor Zuid-Gelderland
Gemeente Utrecht
Ministerie van Sociale Zaken en Werkgelegenheid
Nederlandse Gehandicaptenraad
RIAGG Amsterdam
Slachtofferhulp Nederland
Stichting Natuur en Milieu
Trimbos Instituut
Uitgeverijen: Gottmer/Becht/Aramith, Wolters Noordhoff,
Nederlands Instituut voor Zorg en Welzijn, VluchtelingenWerk
Nederland, Zorgservice Vitras

Clients

Consumers' Association
Housing Stock for South Gelderland
Municipality Utrecht
Ministry of Social Affairs and Employment
Dutch Council for the Handicapped
Regional Institute for Mental Health Care
National Organisaton for Help to Victims
Netherlands Society for Nature and Environment
Netherlands Institute for Mental Health and Addiction
Publishers: Gottmer/Becht/Aramith, Wolters Noordhoff,
Dutch Institute for Care and Well-being, Dutch Refugee Council,
Health Care Centre Vitras

Eric van Casteren ontwerpers

Grafische vormgeving en advies

Wassenaarseweg 7 / 2596 CD Den Haag
T 070-324 28 44 / F 070-324 76 22
e-mail studio @ evc-ontwerpers.nl
website www.evc-ontwerpers.nl

Directie / Management Eric van Casteren, Monique van Kempen
Contactpersonen / Contacts Eric van Casteren,
Monique van Kempen, Caroline de Kroes
Vaste medewerkers / Staff 9
Opgericht / Founded 1990
Lidmaatschap / Membership [Z]OO producties (mede-eigenaar)

Opdrachtgevers / Clients

Overheid / Government
Ministerie van Buitenlandse Zaken
Ministerie van Verkeer en Waterstaat
Ministerie van Volksgezondheid, Welzijn en Sport
Ministerie van Economische Zaken
Provincie Zuid-Holland
Centraal Bureau voor de Statistiek
Projectbureau Glastuinbouw en Milieu
Gemeente Rijswijk
Gemeente Noordwijk

Verkeer en Vervoer / Traffic
Projectdirectie RandstadRail
Platform Duurzaam Stadsverkeer
Awareness, Den Haag
CROW, Ede

Financieel / Financial
Staal Bankiers
Eelkman Rooda van Lawick & Co.
Antonisen accountants

Pharma / Biotechnology
IntroGene
Galapagos
Life Sciences Partners
OctoPlus
Pharming

Gezondheidszorg / Healthcare
De Waarden, Rotterdam
Flexus, Rotterdam
Zorgcentrum Mariahoeve, Den Haag
Zorgcentrum Favente Deo, Den Haag

Cultuur / Cultural
Circle 24, Den Haag
Galery 24, Glasgow
De Koninklijke Schouwburg, Den Haag
Het Nationale Toneel, Den Haag

Telecommunicatie
KPN Telecom

*1 Pharming, Corporate huisstijl: Annual Report 1998 /
Housestyle for Pharming, Annual Report 1998*

*2 Ministerie van Buitenlandse Zaken: Internationale conferentie
'Bridging Gaps ...' / International conference by Ministry of
Foreign Affairs 'Bridging Gaps ...'*

*3 Ministerie van Volksgezondheid, Welzijn en Sport: Corporate
campagne rondom verhuizing en diverse openingsactiviteiten /
Ministry of Health, Welfare and Sport: campaign to publicise
move to new premises and various launch activities*

*4 Staal Bankiers, Corporate huisstijl: Corporate campagne /
Housestyle for Staal Bankiers, corporate campaign*

*5 IntroGene, Corporate huisstijl: Annual Report 1998 /
Housestyle for IntroGene, Annual Report 1998*

*6 RandstadRail, Corporate projectstijl: Planstudie /
Project style for RandstadRail, plan study*

1 2 3 4 5 6

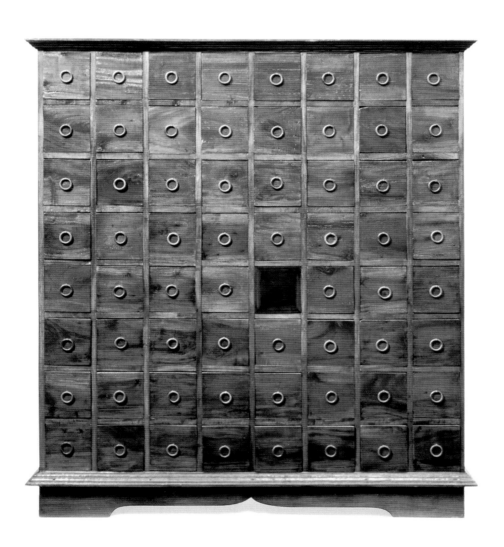

Jean Cloos Art Direction bv

Juffrouw Idastraat 20 / 2513 BG Den Haag
T 070-360 81 99 / F 070-356 26 90
e-mail cloos @euronet.nl

Directie / Management B.E.W. Wesseling, J. Leupen
Contactpersonen / Contacts B.E.W. Wesseling, J. Leupen
Vaste medewerkers / Staff 3
Opgericht / Founded 1970
Lidmaatschap / Membership BNO

Bedrijfsprofiel

Voortbordurend op wat je de 'Hollandse traditie' zou kunnen
noemen streeft Jean Cloos Art Direction naar functionele
vormgeving. Helder, actueel, opvallend, uitnodigend en tot de
verbeelding sprekend. Eigentijds, maar zonder overbodige franje.
Vanuit die gedachte ontwikkelen wij logo's en huisstijlen die een
wezenlijke bijdrage leveren aan het corporate imago: magazines,
jaarverslagen, brochures, overheidspublicaties, boeken, affiches,
internetsites. Voor zowel overheid als bedrijfsleven,
universiteiten en kleinere organisaties. Dat doen wij 'samen' met
onze opdrachtgevers en in samenwerking met een flexibel team
van tekstschrijvers, fotografen en illustratoren. Doel is dat het
resultaat méér is dan de som der delen, en dus optimaal
communiceert. Functionele vormgeving, ook als die ontstaat
vanuit een sterke drang tot vernieuwing, beschouwen wij als het
meest geëigende middel om dat doel te bereiken.

Agency profile

Based on what has been referred to as the Dutch tradition, Jean
Cloos Art Direction aims for functional design. Clear, topical,
noticeable, inviting and appealing. Contemporary, yet without
pointless accessories. With this as a foundation, we develop
logos and housestyles that contribute in a genuine way to the
corporate image; magazines, annual reports, brochures,
government publications, books, posters, Internet sites. For both
public and private sector, universities and small-scale operations.
We do that together with our clients and in collaboration with
a flexible team of copywriters, photographers and illustrators.
Our objective is for the result to be more than the sum of the
parts: to achieve optimum communication. Functional design,
even when based on a powerful innovative impulse, is in our view
the ideal means with which to realise that aim.

*1 Discussienota 'Randzone Groene Hart' voor de Provincie Zuid-
Holland / Discussion paper on 'Margins of the Green Centre' for
South Holland province*

*2 Millenniumbrochure voor Nationale-Nederlanden /
Millennium brochure for Nationale-Nederlanden*

*3 Wervingsfolder voor de vereniging Vrienden van het
Gemeentemuseum Den Haag, onderdeel van campagne /
Publicity brochure for Friends of the Hague Municipal Museum,
part of campaign*

*4 Jaarverslag 1998 van de Nederlandse Waterschapsbank /
Nederlandse Waterschapsbank 1998 annual report*

*5 IO-News, een uitgave van de subfaculteit Industrieel
Ontwerpen van de TU Delft, verschijnt drie keer per jaar /
IO News, a four-monthly periodical published by TU Delft
subfaculty of Industrial Design*

*6 Affiche voor PIMC99, een congres over Plant Information
Management, organisatie Plant-Tech. Onderdeel van campagne /
Campaign poster for PIMC99, a conference on Plant Information
Management, for Plant-Tech*

*7 Productcatalogus van Gispen Kantoorinrichters /
Product catalogue for Gispen Kantoorinrichters*

*8 Omslag Jaarverslag 1998 van de Nederlandse Orde van
Advocaten, zie rechterpagina voor impressie van het binnenwerk /
Nederlandse Orde van Advocaten 1998 annual report cover;
for an idea of the inside pages, see opposite page*

1

2

3

4

5

6

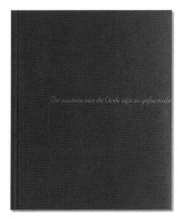

7

8

Coleman Millford Corporate Design bv

Lange Voorhout 94 / 2514 EJ Den Haag
Postbus 16129 / 2500 BC Den Haag
T 070-311 72 72 / F 070-427 81 59
e-mail corporate@colemanmillford.nl /
website www.colemanmillford.nl

Zie ook Verpakkingsontwerp p.20

Directie / Management Jos van der Zwaal, Jan Oldenburger,
Dennis de Rond
Contactpersonen / Contacts Judith Olde Rikkert, Dennis de Rond
Vaste medewerkers / Staff 14
Opgericht / Founded 1985
Lidmaatschap / Membership BNO
Samenwerkingsverband met / Associated with Onderdeel van
The Coleman Group Worldwide

Bedrijfsprofiel

Coleman Millford, bestaand uit Coleman Millford Corporate
Design in Den Haag en Coleman Millford Packaging Design in
Wassenaar, is gespecialiseerd in het ontwerpen van identiteiten
voor producten, merken, ondernemingen en diensten. Wij
geloven dat geïntegreerd nadenken en samenwerken tussen
verschillende ontwerpdisciplines hét belangrijkste middel zal
zijn om de doelstellingen van onze opdrachtgevers te realiseren:
geïntegreerde creativiteit die leidt tot commerciële effectiviteit.
Coleman Millford: Integrated Brand Design.

Agency profile

Coleman Millford, comprising Coleman Millford Corporate Design
in The Hague and Coleman Millford Packaging Design in
Wassenaar are experts in the design of products, brand,
company and service identities. We believe that the combination
of thought and cooperation between distinct design disciplines
is the most important medium in realising the objectives of our
clients. Integrated creativity is the precursor of commercial
effectivity. Coleman Millford: Integrated Brand Design.

Opdrachtgevers / Clients

Amicon Zorgverzekeraar
Bake Five
Belastingdienst
Accountants en belastingadviseurs Berk
Campina Melkunie
Esso Benelux
Fortis
Holland Casino
Iglo Mora Groep
Mede organisatie adviseurs
Meneba Meel
Novib
Paragon
PricewaterhouseCoopers
Rijksgebouwendienst
Tempo Team
WPM Vastgoed management en beheer
Yamaha Motors Europe NV

INTEGRATED BRAND DESIGN

COLEMAN MILLFORD CORPORATE DESIGN

24 HOURS INT

BARCELONA:
9.00 - 17.30 UUR COLEMAN SCHMIDLIN & PARTNERS S.A., SPAIN

BUENOS AIRES:
5.00 - 13.30 UUR COLEMAN DIL, ARGENTINA

MOSCOW:
11.00 - 19.30 UUR COLEMAN MENU, RUSSIA

DÜSSELDORF:
9.00 - 17.30 UUR COLEMAN SCHMIDLIN, GERMANY

LONDON:
8.00 - 16.30 UUR THE COLEMAN GROUP WORLDWIDE, GREAT-BRITAIN

MINNEAPOLIS:
1.00 - 9.30 UUR THE COLEMAN GROUP L.L.C., U.S.A.

A MEMBER OF THE COLEMAN GROUP WORLDWIDE

EGRATED BRAND DESIGN

MILAN:  9.00 – 17.30 UUR Coleman Gio Rossi Associati Spa, Italy

PARIS: 9.00 – 17.30 UUR Coleman Menu & Associés, France

NEW YORK: 3.00 – 11.30 UUR The Coleman Group Worldwide, L.L.C., U.S.A.

BASEL: 9.00 – 17.30 UUR Coleman Schmidlin & Partner AG, Suisse

SAN FRANCISCO: 4.00 – 12.30 UUR The Coleman Group San Francisco, U.S.A.

SANTIAGO: 4.00 – 12.30 UUR Coleman DIL, Chile

DEN HAAG: 9.00 – 17.30 UUR Coleman Millford Corporate Design, The Netherlands

SÃO PAULO: 5.00 – 13.30 UUR Coleman DIL, Brazil

WASSENAAR: 9.00 – 17.30 UUR Coleman Millford Packaging Design, The Netherlands

TOKYO: 17.00 – 1.30 UUR The Coleman Group, Japan

TORONTO: 3.00 – 11.30 UUR HyperMedia Solutions Toronto, Canada

Corps 3 op twee

Grafische vormgeving

Tournooiveld 3 / 2511 CX Den Haag
T 070-360 03 16 / F 070-345 82 91
e-mail corps@corps3optwee.nl
website www.corps3optwee.nl

Zie ook Nieuwe media, p.26

Directie / Management Marcel Douw, Nico Mondt, Fred Mooij
Contactpersonen / Contacts Marcel Douw, John Galinsky,
Sandra Rademaker
Vaste medewerkers / Staff 23
Opgericht / Founded 1989
Lidmaatschap / Membership BNO

Bedrijfsprofiel

Corps 3 op twee bedenkt, ontwerpt en realiseert projecten op het
gebied van grafische vormgeving, procescommunicatie en nieuwe
media. Vanuit verschillende disciplines werkt corps 3 op twee
voor opdrachtgevers uit bedrijfsleven, overheid, sociale en
culturele instellingen.

Agency profile

Corps 3 op twee conceives, designs and realises projects in
graphic design, information design and new media (see also
'New media'). Corps 3 op twee employs a range of disciplines
to serve clients in business, government, social and cultural
organisations.

Opdrachtgevers / Clients

Algemene Rekenkamer, Blydenstein-Willink, Burggolf, Stichting
Carnegie Heldenfonds, NCCW-Casa, Cosun, Coen ter Berg,
Cramer Consultancy, Het Dorp, EVD, Ministerie van Financiën,
FNV Bondgenoten, Groot Klimmendaal, Hoofdbedrijfschap
Detailhandel HBD, Huurman Consult, Jelsma & Company,
Jonkergouw & van den Akker, Ministerie van Justitie, Koninklijke
KPN, KPN Telecom, KPN Research, Ministerie van Landbouw,
Natuurbeheer & Visserij, Mobis, Nago, Nestas, Novem, Nozema,
Deelgemeente Overschie, PDC Informatie Architectuur,
PTT Museum, Koninklijke PTT Post, Rhijnauwen Advies,
Sdu Uitgevers, Siemens Nederland, Stichting Bruggenloop,
TNT Post Groep, Unisource, Ministerie van Verkeer en Waterstaat,
VOBN, Ministerie van Volkshuisvesting, Ruimtelijke Ordening en
Milieubeheer, Provincie Zuid-Holland

*1 Huisstijl HBD, Hoofdbedrijfschap Detailhandel HBD, 1998 /
HBD corporate image: Central Industry Board for the Retail
Trade, 1998*

*2 Huisstijl Huurman Consult, advisering en ondersteuning voor
de gezondheidszorg, Huurman Consult, 1998 / Huurman Consult
corporate image: consultancy and support for the health-care
sector, Huurman Consult, 1998*

*3 Huisstijl Coen ter Berg, bedrijfsontwikkeling biologische
landbouw, Coen ter Berg, 1998 / Coen ter Berg corporate
image: corporate development of biodynamic agriculture,
Coen ter Berg, 1998*

*4 Jaarverslag IND 1998, Ministerie van Justitie, 1999 /
IND 1998 annual report, Ministry of Justice, 1999*

*5 Jaarverslag Nozema 1997, Nozema, 1998 /
Nozema 1997 annual report, Nozema, 1998*

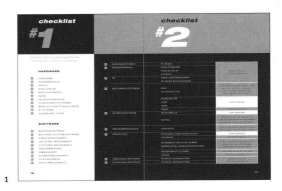

1

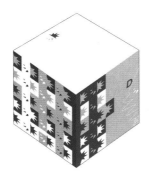

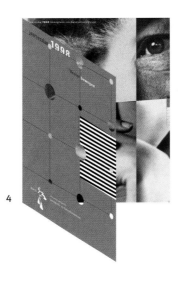

4

5

Huidige datum
01-01-1900

het
MILLENNIUMPROBLEEM
*helaas ook uw
probleem*

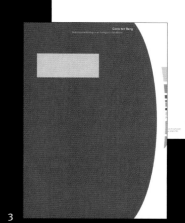

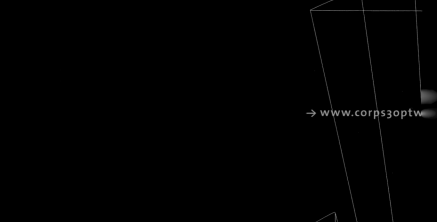

→ www.corps3optw

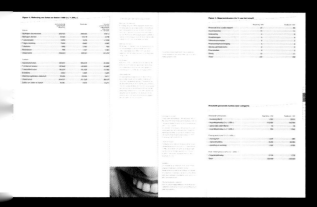

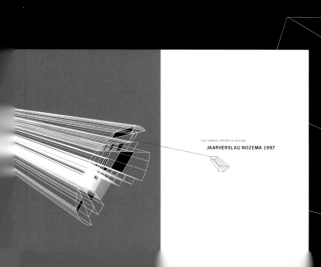

EERST ANNUAL REPORT OF NOZEMA
JAARVERSLAG NOZEMA 1997

KEY FIGURES
KENGETALLEN

1

Cox Design
grafisch ontwerpbureau

Grote Wade 64 / 3439 NS Nieuwegein
Postbus 7094 / 3430 JB Nieuwegein
T 030-280 25 10 / F 030-280 22 16
e-mail info@coxdesign.nl / website coxdesign.nl

Directie / Management Charles Cox
Contactpersoon / Contact Charles Cox
Vaste medewerkers / Staff 3
Opgericht / Founded 1985
Lidmaatschap / Membership BNO

Bedrijfsprofiel

De bezige bijen van Cox Design luisteren eerst goed naar de
wensen en ideeën van de klant voordat zij aan het werk gaan.
Op die manier krijgt elke opdrachtgever zijn unieke huisstijl
zonder een teveel aan Cox-saus. En zo wordt business-to-
business communicatie en corporate identity een fraaie synthese
tussen marketing, de wensen van u als klant en de creatieve
invulling door Cox Design. Wij zijn een allround ontwerpbureau
met een gedegen ervaring in het ontwerpen en produceren van
allerhande grafische toepassingen, inclusief websites.

Agency profile

The busy bees at Cox Design start by listening to the wishes and
ideas of the client before beginning their work. This guarantees
each customer their own unique housestyle, without too much
Cox sauce. Thus business-to-business communication and
corporate identity form a delicate mix of marketing, the client's
wishes and Cox Design's creative interpretation. We are an
all-round design company with significant experience in the
design and production of all kinds of graphic applications,
including websites.

CHRISTELIJKE SCHOLENGEMEENSCHAP
VBO | MAVO | HAVO | ATHENEUM | GYMNASIUM

NOVO
conceito Lda

Creatieve Zaken

Bureau met ambitie

Maaskade 119 / 3071 NK Rotterdam
Postbus 538 / 3000 AM Rotterdam
T 010-412 21 98 / F 010-412 23 19
e-mail identity@creatievezaken.nl
website www.creatievezaken.nl

Directie / Management Rick Klaaijsen
Contactpersonen / Contacts Rick Klaaijsen, Jacomine Nijman,
Marco Schollen, Henk van Rooij
Vaste medewerkers / Staff 4
Opgericht / Founded 1995
Lidmaatschap / Membership BNO

Bedrijfsprofiel

Identiteitscommunicatie is onze specialisatie. Dit is een breed
werkgebied waar we met iedere klant op een andere wijze
invulling aan geven. Zo ontstaan waardevolle oplossingen en
unieke samenwerkingsverbanden. Toch zijn er in die relaties
met onze klanten een aantal vaste kernwaarden: waken voor
middelmatigheid, wederzijdse inspiratie, meedenken en
vooruitdenken. En natuurlijk hard werken, want dat is de
Rotterdamse mentaliteit. Een bureau met ambitie dus, en dat
wordt dan ook van ons verwacht. We hebben het tenslotte niet
over het leveren van een standaard product, maar over het
bepalen van uw identiteit.

Agency profile

Creatieve Zaken specialises in identity communication. This
encompasses a wide range of activities variously adapted
for each individual client. The result is an effective solution
and a unique partnership with the client. But each of these
partnerships is also based on a number of essential core values:
an aversion to mediocrity; mutual inspiration; finding solutions
by thinking with and thinking ahead of our clients. And of course,
hard work. Because that's the Rotterdam mentality. An agency
with ambition - which is what our clients have come to expect:
after all, your identity is what it's about, not some standard
product.

Opdrachtgevers / Clients

Agrifirm, Ampheon, Bloemenveiling Holland, Bremmer Onroerend
Goed, Céri Services, Constructa, Florpartners, Gezamenlijke
Brandweer Rijnmond, Groeinet Informatiesystemen, GroenTeam,
Koppert Biological Systems, LTO Groeiservice, De Mathenesser
Bogert, Memako, Milieu Project Sierteelt, Multiweld, Omron,
Overveld Groep, PR Land & Tuinbouw, Safety Service Center,
Stichting Fida, Stichting MBT, TCN, Van Vliet Cherrytomaten,
Virco, Waar & Partners, ZHBC Betonbouw en anderen /
and others

www.creatievezaken.nl

Curve

Grafische Vormgeving

Waarderweg 52 d / 2031 BP Haarlem
T 023-553 01 11 / F 023-531 22 98
e-mail curve @ euronet.nl

Directie / Management Henk Stoffels, Ton Wegman
Contactpersonen / Contacts Henk Stoffels, Ton Wegman
Vaste medewerkers / Staff 10
Opgericht / Founded 1993
Lidmaatschap / Membership BNO

Curve is gespecialiseerd in redactionele vormgeving van concept
tot en met opmaak, inclusief beeldbewerking en infographics.

Curve specialises in editorial design: from concept to layout,
including image processing and infographics.

Daarom Ontwerpburo

Bouriciusstraat 3 / 6814 CS Arnhem
T 026-442 25 78 / F 026-351 45 55
e-mail daarom @tip.nl

Directie / Management Marcel te Brake, Gertjan Visser
Vaste medewerkers / Staff 3
Opgericht / Founded 1995

Opdrachtgevers / Clients
Amicon zorgverzekeraar, Ballast Nedam, van Beek ingenieurs,
Brassa, Projectbureau Duurzame Energie, Elsevier Uitgeverij,
ESKAN, Fruitteelt Praktijk Onderzoek, Provincie Gelderland,
Gemeente Arnhem, Gemeente Hardenberg, Gelderse
Ontwikkelingsmaatschappij (GOM), de Gelderse Roos, centrum
Industrie en Marketing, jongerenhuis Harreveld, Hogeschool van
Arnhem en Nijmegen, KPN Telecom, de Kunstenarij, NOC*NSF,
woningcorporatie 'Over Betuwe', SHAO (Samenwerkend Hoger
Agrarisch Onderwijs), Siza Dorp Groep, Trix & Rees, bedrijven-
park IJsseloord

1 Folders voor de afdelingen open en gesloten sector,
jongerenhuis Harreveld / Folders for open and shut department
of Harreveld juvenile home

2 Huisstijl, de Kunstenarij / De Kunstenarij housestyle

3 Folderreeks, Projectbureau Duurzame Energie /
Projectbureau Duurzame Energie folder series

4 Huisstijlontwikkeling, NOC*NSF /
NOC*NSF housestyle development

5 Spreads jaarverslag 1997, NOC*NSF /
Spreads for NOC*NSF 1997 annual report

6 Carrousel jaarverslag, Gelderse Ontwikkelingsmaatschappij
(GOM) / Carrousel annual report for Gelderse Ontwikkelingsmaatschappij (GOM)

7 Telefoon- en scoopkaart, KPN Telecom Arnhem /
KPN Telecom Arnhem telephone and scope card

8 Brochures voor de natuurgebieden 'de Gelderse Poort' en
'Fort Sint Andries', Provincie Gelderland / Gelderse Poort and
Fort Sint Andries country park brochures, Gelderland province

9 Toekomstvisie 2020: 'de Nieuwe Gezichten van Hardenberg',
gemeente Hardenberg / Future vision 2020: 'New Views of
Hardenberg', Hardenberg municipality

10 Brochure voor bezoekerscentrum de Gelderse Poort,
Provincie Gelderland / De Gelderse Poort visitors centre
brochure, Gelderland province

1

2

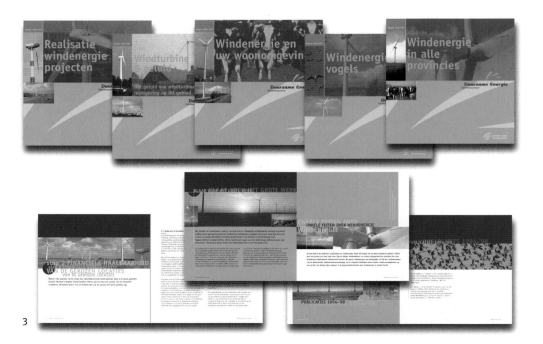

3

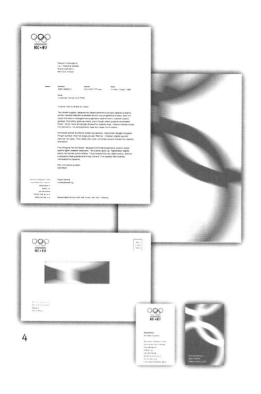

4

5

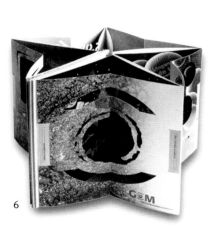

7

6

8

10

Dallinga / Modderman

Grafisch ontwerpers

Nieuweweg 32 / 9711 TE Groningen
T 050-313 08 46 / 050-313 63 98 / F 050-313 09 94
e-mail jdalling@xs4all.nl
e-mail modderman.vormgeving@wxs.nl

Contactpersonen / Contacts Joke Dallinga,
Annemiek Modderman
Lidmaatschap / Membership BNO

Bedrijfsprofiel

Twee ontwerpers met elk een eigen ontwerppraktijk werken
samen met de opdrachtgever. Om volledig aan de wensen en
vragen van de opdrachtgever te kunnen voldoen, beschikken
zij over een gedegen netwerk van tekstschrijvers, fotografen,
illustratoren en dtp-ers. Uiteraard werken Joke Dallinga en
Annemiek Modderman samen bij en aan grote projecten.

Agency profile

Two designers, each with their own design practice, work
together with the client. To meet all the client's requirements
they have at their disposal a reliable network of copywriters,
photographers, illustrators and dtp specialists. Naturally,
Joke Dallinga and Annemiek Modderman work together in and
on large projects.

Opdrachtgevers / Clients

Joke Dallinga is hoofdopdrachtnemer van / is principal designer
for: Gemeente Groningen, Wolters-Noordhoff, Rabobank,
Textieldrukkerij De Speld, Binderij Steen en anderen / and others

Annemiek Modderman is hoofdopdrachtnemer van / is principal
designer for: Gemeente Groningen, Provincie Groningen,
Woonservice Centrum Groningen, Wolters-Noordhoff,
Noorderbreedte, Waddenvereniging, Origin Nederland bv,
EyeToEye Informatica, GranDorado Group, Oltronix Nederland en
anderen / and others

1 *Brochure voor Binderij Steen*

2 *Huisstijl voor huisartspraktijk*

3 *Flyer voor 't Stin*

4 *Uitnodiging voor Wolters-Noordhoff*

5 *Onderdelen van een project voor de Rabobank*

6 *Folder Interactieve examentraining Wolters-Noordhoff*

7 *Brochure in opdracht van de Waddenvereniging*

8 *Brochure Gemeente Groningen*

9 *Advertentie EyeToEye Informatica*

10 *Advertentie Wolters-Noordhoff*

11 *Personeelsblad gemeente Groningen*

Joke Dallinga

1

2

Annemiek Modderman

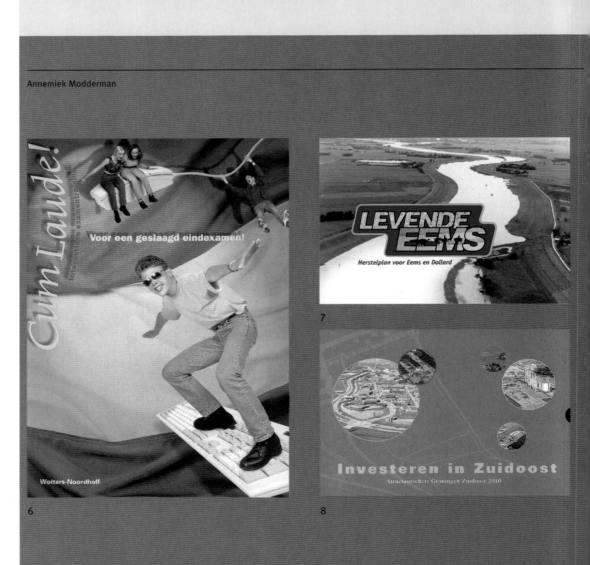

6

7

8

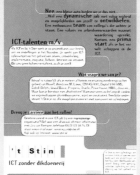

Het favoriete vervoermiddel van onze ICT-ers

ICT-talenten m/v

Wat vragen we van je?

Breng je carrière aan het rollen!

't Stin
ICT zonder dikdoenerij

3

Een nieuwe benadering van Onderzoek

Uitnodiging

Wolters Noordhoff

4

De Rabobank viert haar verjaardag met de sponsoring van drie grote kunstentoonstellingen. Van 20 september tot 29 november wordt in het Groninger Museum een tentoonstelling georganiseerd met werken van de computerkunstenaar Micha Klein. Deze expositie is de derde tentoonstelling over moderne kunst in Nederland na 1945. Rabobank-rekeninghouders hebben vrij toegang. Er zijn verder plannen om een exclusieve VJ Klein als vj party met (videojockey) te organiseren masterclasses ren. En om te houden. ses te houden. museumont-Daarnaast luxe vangsten. willen we bijzondere via deze tentoonstelling in contact komen met (potentiële) klanten uit branches die op de een of andere manier te maken hebben met het thema van de tentoonstelling: kunst, moderne media, vormgeving, softwarehouses, computerleveranciers, onderwijs. Hoe? Door seminars te organiseren waar kopstukken uit een bepaalde branche met elkaar van gedachten wisselen over ontwikkelingen binnen hun vakgebied.

Groningen krijgt een kleurige digitale herfst.

5

HEB JIJ OOG VOOR DE VRAAG VAN EEN ANDER?

EyeToEye heeft belangstelling voor afstudeerders en bijna afgestudeerden.

NIEUWSGIERIG GEWORDEN?
BEL, SCHRIJF, MAIL, FAX,
KOM LANGS OF VERZIN IETS ANDERS.

9

Start vanaf Pole Position! 49

De 49 Beste Bedrijven om voor te Werken
auteur Henk Mulder
ƒ 27,50 (€ 12,48)

De 49 Beste Bedrijven

- het resultaat van uitgebreid onderzoek
- gebaseerd op gesprekken met medewerkers
- geeft inzicht in de bedrijfscultuur
- volledige informatie over de bedrijven

Wolters-Noordhoff
Postbus 58
9700 MB Groningen

Ja! Natuurlijk maak ik graag een snelle start! Stuurt u mij zo snel mogelijk een exemplaar van *De 49 Beste Bedrijven om voor te Werken*
(90 01 60499 41 à ƒ 27,50) (€ 12,48)

Naam
Straat
Postcode/Plaats
Datum
Handtekening

Stuur de bon in een open on-gefrankeerde enveloppe naar:
Wolters-Noordhoff
T.a.v. Pieter Aartsma
Antwoordnummer 13
9700 VB Groningen

of fax de bon naar:
050 - 5 22 68 88

10

Pronkjewail Magazine

5 SEPTEMBER

1999

Interims werpen kritische blik op organisatie
Objectieve waarneming werkt verhelderend
Diensten geven eigen invulling aan gratificaties
Beloning afdwingen opwegen van medewerkers
De witte tornado van de Herestraat
Drukste straat weer toonbaar

11

Damen Van Ginneke

Ontwerpbureau voor visuele communicatie

Bronckhorststraat 14 / 1071 WR Amsterdam
Postbus 75149 / 1070 AC Amsterdam
T 020-676 83 31 / F 020-676 84 21
e-mail viscom @ damenginneke.nl /
website www.damenginneke.nl

Directie / Management Gerard van Ginneke
Contactpersonen / Contacts Gerard van Ginneke, Karin Plijnaar
Vaste medewerkers / Staff 9
Opgericht / Founded 1987

Bedrijfsprofiel

Het succes van een onderneming wordt in belangrijke mate
bepaald door de uitstraling naar haar omgeving. Met andere
woorden, het imago van het bedrijf is van het grootste belang
voor het zakelijk functioneren. De kernactiviteit van Damen Van
Ginneke bestaat uit het visueel vormgeven van imagobepalende
aspecten van de bedrijfscommunicatie. Wij maken opvattingen
zichtbaar, vertalen bedrijfsculturen in vorm en kleur en creëren
toegevoegde waarde met opvallend beeldend vermogen.
Damen Van Ginneke inventariseert, ontwerpt en voert uit.
Wij zorgen voor een duidelijk herkenbare identiteit van onze
opdrachtgevers en bewaken de voortdurende en consequente
invulling daarvan. Damen Van Ginneke is een fullservice bureau
met, naast interne deskundigheid, een kwalitatief netwerk van
deskundigen uit vrijwel alle communicatiedisciplines, waaronder
de nieuwe media.

Company profile

The success of a company depends largely on its image. In
other words, the image of a company is crucial for its business
operation. Damen Van Ginneke's core activity focuses on the
visual presentation of the aspects of corporate communication
that determine this image. We make opinions visible, translate
business cultures, in format and colour, and give added value
with a striking visual element. Damen Van Ginneke survey,
design and implement. We provide clients with a recognisable
identity and monitor its continued, consistant development.

Opdrachtgevers / Clients

Gemeente Amsterdam Economische Zaken / City of Amsterdam
Economic Development Department, Projectbureau Amsterdam
Zuidas / Amsterdam Zuidas Office, Buhrmann nv, Buhrmann
Pensioenfonds, Catch of the Day Perception Management,
GGZ Rijnland, IBM Nederland nv, Info'Products, Kappa
Packaging, Polaroid Nederland, SPIN Stichting Pensioenfonds
IBM Nederland, Pactiv Packaging, VNP Vereniging van
Nederlandse Papier- en Kartonfabrieken / VNP Netherlands'
Paper and Board Association, en vele anderen / and many others

1

2

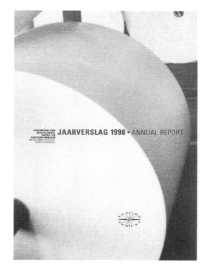

3

4

5

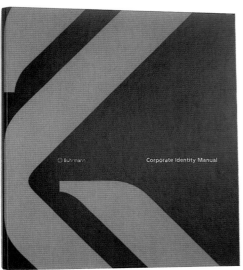

6

7

1 Intuïtief aanvoelen wat er leeft in de samenleving staat aan de basis van een aansprekende communicatie; gericht op het grote publiek of groepering daarin en ook op het bedrijfsleven. Damen Van Ginneke BNO voegt daaraan visuele kwaliteit van een hoge toegevoegde waarde toe. Ongeacht of het elektronische uitingen betreft of gedrukte media. Zoals we dat qua vorm en kleur doen in de personeelsuiting voor Kappa Packaging. Een overzichtelijk kwartaalblad dat de medewerkers helder informeert over nieuwe ontwikkelingen en hen erbij betrekt. Een aandachttrekkend ontwerp dat past bij de wensen van de cliënt, blijft boeien en dus communiceert. / An intuitive feel for developments in society at large is crucial for effective communication targeting a wider audience or specific groups, including the corporate world; to which Damen Van Ginneke BNO adds high visual quality, whether for electronic or printed media, as in our format and colour design for the housestyle of Kappa Packaging's staff quarterly with its clear presentation of information about the latest developments and its ability to involve its readers: an attractive design that takes account of the client's wishes and communicates.

2 Buhrmann nv, jaarverslag 1998 /
Buhrmann nv, 1998 annual report

3 VNP Vereniging van Nederlandse Papier- en Kartonfabrikanten, jaarverslag 1998 / VNP Netherlands Paper and Board Association, 1998 annual report

4 Gemeente Amsterdam Economische Zaken, corporate profile Amsterdam / City of Amsterdam Economic Development Department, Amsterdam corporate profile

5 Projectbureau Amsterdam Zuidas, map met brochures en cd-rom / Amsterdam Zuidas Office, folder with brochures and cd-rom

6 Buhrmann nv, handboek huisstijl /
Buhrmann nv, corporate identity manual

7 Kappa Packaging, handboek huisstijl /
Kappa Packaging, corporate identity manual

Dedato Europe bv

*Interior, graphic & industrial design,
architecture, interactive media*

Keizersgracht 22 / 1015 CR Amsterdam
T 020-626 62 33 / F 020-622 75 80
e-mail staff@dedato.com / website www.dedato.com

Zie ook Nieuwe media p.30, Ruimtelijk ontwerp p.8

Directie / Management Harry Poortman, Henk de Vries
Contactpersonen / Contacts Jaap Bruynen, Peter van Dijk,
Harry Poortman, Dick Venneman, Anton Vos
Vaste medewerkers / Staff 61
Opgericht / Founded 1966
Lidmaatschap / Membership BNO
Vestigingen / Offices Amsterdam, Jakarta, Santiago de Chile

Bedrijfsprofiel

Dedato is een full service, multidisciplinair en internationaal
opererend ontwerpbureau. Zij werkt vanuit de gedachte dat een
eenduidig imago het beste kan worden gerealiseerd door een
geïntegreerde aanpak van de vijf disciplines. Zij werkt daarom
met haar opdrachtgevers stelselmatig en strategisch aan de
realisatie van een effectief en creatief niveau en een sterke
integratie tussen ruimtelijke en grafische vormgeving.
Duurzaamheid staat daarbij centraal evenals het feit dat zij bij
haar werkzaamheden aansluiting zoekt bij het bedrijfsplan voor
korte en lange termijn, het mission statement en het company
profile van haar opdrachtgevers.

Agency profile

Dedato is a full-service, multi-disciplinary and international
design agency operating on the premise that a single-minded
image is best realised through an integrated approach of the five
disciplines. Dedato works with clients systematically and
strategically to achieve an effective and creative level and a
forceful integration of architecture and graphic design. Durability
and connection with the client's business plan, mission
statement and company profile are focal points in the design
process.

Opdrachtgevers / Clients

Europe
Achmea, Akzo Nobel, Artesia Banking Corporation (Holland,
Belgium, Luxemburg), Bacob-bank, BBB Uitzendbureau,
Bedrijfschap Schildersbedrijf, Bouwmaat Nederland, Cardio
Medical, Centrum voor Marketing Analyses, Cok Hotels,
Contemporary Art Centre, Decorette, Dienst Maatschappelijke
Zorg Delft, Dubois & Co., EAN Nederland, Elco Printers/Elco
Extension, Fair Trade, Fetim, Florsheim Shoes USA Italy Belgium
England France, GCI Holland, Gemeente Delft, Gemeente
Zoetermeer, Grey Advertising, Hotel The Hempel England, Hunter
Douglas Europe bv, Imation, Intergamma (Gamma, Karwei)
Belgium Holland, Noordhollandsche van 1816, Pauw, PGGM,
Plieger sanitair Belgium Holland, PQR, Quibble Advertising,
Rosenthal, Sociale Zaken Rotterdam, Society Shop, Sony, SPS,
Stoel van Klaveren, Theriak apotheken, Tulp keukens, Van Oosten
& partners, Verenigde Bloemenveiling Aalsmeer, Willem van Rijn
(Bosch), Yakult

Indonesia
Caberawit, Commerzbank Indonesia, Credit de Nord Indonesia,
Daihatsu Espass, Sony, Tripatra Engineering Indonesia,
Telephone Booth Perumtal Indonesia

Chile
Asociacion Chilene de Seguridad, Banco Sud Americano, Davis,
Megavision, Mex, Universidad de Chile

*Afbeeldingen afkomstig uit 'Design en Organisatie-Identiteit',
deel 1 van de 4-delige serie boekjes Design Denkbeeldig,
geschreven i.s.m. Dedato door drs. Joke van Beek en uitgegeven
door Uitgeverij BIS / Illustrations from 'Design en Organisatie-
Identiteit', part 1 of the 4 part series of books for Design
Denkbeeldig, by Joke van Beek, published by BIS Publishers*

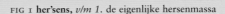

FIG 1 **her'sens**, *v/m 1.* de eigenlijke hersenmassa

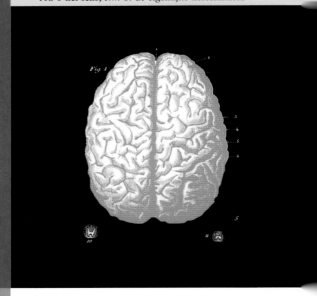

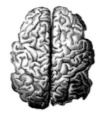

FIG 2 **wal'noot**, 1. *v/m* (-noten) grote ronde noot

Design Factory

Achter Sint Pieter 11 / 3512 HP Utrecht
Postbus 265 / 3500 AG Utrecht
T 030-232 60 00 / F 030-232 60 01
e-mail info@design-factory.nl / website www.design-factory.nl

Zie ook Ruimtelijk ontwerp p.10

Directie / Management Hans Kip (directeur), Bert van Gemerden
(creatief directeur), Arnold Slaa (financieel directeur)
Contactpersonen / Contacts Hans Kip, Bert van Gemerden
Vaste medewerkers / Staff 23
Opgericht / Founded 1998
Lidmaatschap / Membership BNO
Samenwerkingsverband met / Associated with Onderdeel van
Mundocom, lid van Publicis Groep Nederland

Bureauprofiel

Design Factory (voorheen NS Design) is een nieuw bureau met
een rijk verleden. In de afgelopen drie decennia was het bureau
huisleverancier design en corporate identity management van
de Nederlandse Spoorwegen. Nu verzelfstandigd, waardoor de
expertise van het bureau binnen handbereik ligt van de hele
Nederlandse markt.
Vormgeven aan de totale visuele verschijningsvorm van een
organisatie, product of merk. Multidisciplinaire, complexe
designprojecten voor veeleisende opdrachtgevers.
Kruisbestuiving van 2D en 3D disciplines. Gespecialiseerd in
corporate identities en implentaties hiervan.

Opdrachtgevers / Clients

Fortis
Consumentenbond
Nederlandse Spoorwegen
Transvision
Railned
Holland Railconsult
Thalys Nederland
Railpro
Het Nederlands Spoorwegmuseum
Arcadis
Stichting ABCN (Nijmeegse Vierdaagsefeesten)
Pearle Opticiens
Telfort
Trega International (Sphinx Tiles)

1 CD-bedrukking, Design Factory

2 Verpakkingslijn, Pearle Opticiens

3 Advertentie Treintaxi, Transvision

4 Ideeënboek voor een dagje uit, Er-op-Uit!, NS Reizigers

5 Brochure, Het Nederlands Spoorwegmuseum

6 Reisplanner 1999-2000, NS Reizigers

7 Powerpoint presentatie, Focus on Retail

8 Corporate brochure, Holland Railconsult

9 Jaarverslag 1998, Holland Railconsult

10 Huisstijlwijzer, Nederlandse Spoorwegen

11 Logo ontwikkeling Sphinx Tiles, Trega International

12 Relatiemagazine Spoorslags/En Passant, NS Reizigers

13 Vlaggen voor Nijmeegse Vierdaagsefeesten, Stichting ACBN

14 Brochurelijn, Arcadis

15 Expositie in Amsterdam ArenA, Arcadis

1

2

6

7

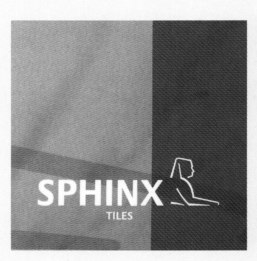

11

12

3

4

5

8

9

10

13

14

15

Design for business

design & communication

Sumatrakade 1435 / 1019 RR Amsterdam
T 020-419 19 19 / F 020-419 19 29
e-mail mail@designforbusiness.nl /
website www.designforbusiness.nl

Contactpersoon / Contact José do Polme
Opgericht / Founded 1999
Lidmaatschap / Membership BNO

Bedrijfsprofiel

Design for business ontwerpt voor ondernemers. Anders gezegd:
ontwerpt mét ondernemers. 50% van het succes van onze
concepten en de daaruit resulterende ontwerpen wordt bepaald
door de kwaliteit van samenwerking met onze 'ondernemende'
opdrachtgevers (meestal marketing-, product-, PR- of sales-
managers van grote en middelgrote (inter)nationale
ondernemingen). Hun inzet en kennis zijn voor ons onmisbaar
om tot een goed concept en daaruit voortvloeiend ontwerp
te komen. De andere 50% wordt bepaald door onze eigen
ervaring, vakkennis, betrokkenheid en creativiteit op het gebied
van dm-, sp-concepten en verpakkingen.
Design for business is een zeer flexibel en efficiënt team.
Onze definitie van creativiteit is het helder maken van het
probleem van de ondernemer, het van een andere (bij voorkeur
unieke) invalshoek dan tot dan toe gebruikelijk is benaderen
en van daaruit tot een creatieve oplossing komen. We streven
ook naar helderheid in ons werkproces. Dat uit zich in onze
communicatie: helderheid in briefings, in offertes, in voortgangs-
rapportages en in onze facturen. Kortom vanaf het eerste
gesprek tot en met het eindresultaat, en zelfs daarna, houden
we de opdrachtgever op de hoogte en blijven we betrokken.
En dat wordt zeer gewaardeerd door onze klanten.

Agency profile

Fifty per cent of our success is the result of close collaboration
with our business clients, mostly marketing, product, pr, or sales
managers of large (inter)national companies. Their knowledge
and commitment is essential for the development of a good
creative concept. The other 50% is the result of our own
experience, professional knowledge and creativity in creating
design concepts for direct mail, sales promotions and packaging.
Design for business is a flexible and efficient team.
Our creativity consists of clarifying the issue, then looking at it
from a different, preferably unique standpoint and finally arriving
at a clear design solution. Besides clarity in design solutions
we also strive for clarity in the design process. We express that
in our communication to our clients in clear briefings, clear
estimates, clear reports and clear invoices. During the entire
design process, from the first meeting to the final results, our
clients remain informed about our progress. Something they
certainly appreciate.

Opdrachtgevers / Clients

Hiernaast een selectie uit ons werk dat gemaakt is voor
Hewlett-Packard Nederland, Esselte Europe, Wacom en
Planet Internet/ World Access / Presented here is a selection
of our work produced for some of our clients: Hewlett-Packard,
Esselte, Wacom and Planet Internet/World Access

ontwerpers voor ondernemers®

design for business

Designers Company

'Challenging solutions' voor merk- en bedrijfsidentiteiten

Stadhouderskade 79 / 1072 AE Amsterdam
T 020-571 56 70 / F 020-571 56 71
e-mail best@designers-company.nl

Zie ook Verpakkingsontwerp p.26

Directie / Management Henk-Jan van Hees (managing director), Rob Verhaart (creative director), Ron van der Vlugt (creative director), ir. Edwin Visser (strategy director)
Contactpersoon / Contact ir. Edwin Visser
Vaste medewerkers / Staff 23
Opgericht / Founded 1993
Lidmaatschap / Membership BNO
Samenwerkingsverband met / Associated with TBWA Company Group

Bedrijfsprofiel

Designers Company ontwikkelt 'challenging solutions' op het gebied van merk- en bedrijfsidentiteiten. De juiste visuele vertaling van een merkstrategie zal de consument of afnemer verleiden en aanzetten tot koop en loyaliteit. Vernieuwende creativiteit met de juiste strategische inbedding zal zo bijdragen aan het succes van onze opdrachtgevers. Recente cases laten zien dat complexe opdrachten snel vertaald kunnen worden naar doelgerichte oplossingen, die de verwachtingen overtreffen. Waar nodig en gewenst worden andere communicatiespecialisten van de TBWA Company Group ingeschakeld.

Agency profile

Designers Company develops challenging solutions in the field of brand and company identities. The right visual translation of a branding strategy will lead and encourage the consumer or buyer to a purchase, and create loyalty. Rejuvenating creativity with the right strategic bedding will contribute to the success of our clients. Recent cases confirm that complex assignments can quickly be translated into purposeful solutions that exceed expectations. As and when required and desired, Designers Company also has direct access to other communication specialists within the TBWA Company Group.

Opdrachtgevers / Clients 1999

Nationaal / National: Telfort, ING, Deco Mode, Mediakabel, Tempo Team, Visveiling IJmuiden, Filmmuseum, Waterbedrijf Gelderland, Mercis (Dick Bruna), AUB Kindermode, Pfizer, United Biscuits, Mexx
Internationaal / International: Canon Europa, Nissan Europe

1 Tempo Team All Stars. Een nieuw loyaliteitsprogramma presenteert zich naar de markt. Multidisciplinaire inzet van de TBWA Company Group in optima forma. Iedereen is een ster / Tempo Team All Stars. A new loyalty programme presented to the market. Multidisciplinary approach of TBWA Company Group in optima forma - everybody is a star

2 Telfort. Een dynamische markt die vraagt om vernieuwende oplossingen. Een nieuw bedrijf krijgt gestalte. Continue ontwikkeling / Telfort. A dynamic market that demands creative new solutions; a new company takes shape - ongoing development

3 Canon Europa. Europese harmonisatie van alle below the line uitingen. Verpakkingen en brochures tonen een gezicht. Ruimte voor differentiatie / Canon Europa. European harmonisation of all below the line manifestations. Brochures and packaging convey the same message - room for differentiation

4 Filmmuseum. In een ogenblik wordt de consument verleid. Een non-profitinstelling toont zich in vele gedaantes. A star is born / Filmmuseum. The consumer seduced in a single simple moment. A non-profit organisation displays its many different forms. A star is born

1

ER IS EEN
MAKKELIJKE WEG

2

SPRAAK

heldere keuzes

3

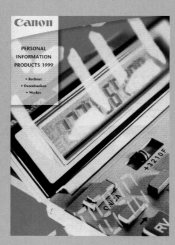

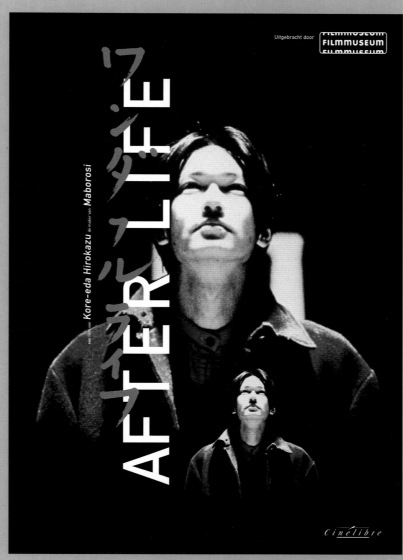

4

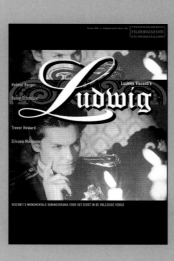

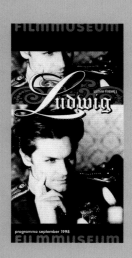

De Designpolitie

Graaf Florisstraat 1 a / 1091 TD Amsterdam
T 020-468 67 20 / F 020-468 67 21
mobile 06-54 31 25 00 / 06-54 22 69 49
e-mail studio @ designpolitie.nl / website www.designpolitie.nl

Directie / Management Richard van der Laken, Pepijn Zurburg
Contactpersonen / Contacts Richard van der Laken,
Pepijn Zurburg, Julia Tilli
Vaste medewerkers / Staff 4
Opgericht / Founded 1995
Lidmaatschappen / Memberships BNO, ADCN

Opdrachtgevers / Clients

Uitgeverij De Bezige Bij, PTT Post, KPN Telecom, Gemeente
Utrecht, Nederlands Architectuur instituut, FHV/BBDO (voor
o.a. KINK FM, SNS Bank en Royal Club Solaris), PMSvW/Y&R
(voor KPN Telecom Hi), Wieden & Kennedy (voor Nike), De Appel,
tijdschrift MillenniuM, tijdschrift Blvd., Het Parool, theatergroep
Hollandia, Dockers Pants, Carhartt, theaterfestival Karavaan en
de Raad voor Cultuur en anderen / and others

Prijzen, nominaties / Awards, nominations

1995: 1 nominatie ADCN jaarprijzen
1996: 3 nominaties ADCN, 2 selecties longlist Designprijs
Rotterdam
1997: 2 Best Verzorgde Boeken, 1 nominatie ADCN
1998: 2 nominaties ADCN, 1 bekroning ADCN, 2 nominaties
Designprijs Rotterdam, 1 Best Verzorgd Boek
1999: 2 nominaties Nederlandse Huisstijlprijs

Tentoonstellingen / Exhibitions

MOMA New York, Stedelijk Museum Amsterdam,
MOMA San Francisco, Bijenkorf Arnhem

*1 Campagne voor reizend theaterfestival 'KARAVAAN99' /
Campaign for travelling theatre festival KARAVAAN99, 1998-1999*

*2 Springdance, affiches voor een dansfestival /
Posters for a dance festival 1999*

*3 10 kalenders voor 10 basisscholen van Stichting Bijzonderwijs,
1998 / Ten calendars for the 10 primary schools of Stichting
Bijzonderwijs, 1998*

*4 MillenniuM #12, Het jaar van MillenniuM: een (fake-)
verzameling van (on-)waarheden uit de media /
(fake) collection of (un)truths from the media, 1997*

*5 Equipment for Legs: een boekje waarin Dockers Pants een
nieuwe collectie broeken presenteert / Equipment for Legs:
a booklet in which Dockers Pants presents a new collection
of pants, 1999*

*6 Festivalbijlage bij Het Parool / Infospecial on festivals
in Amsterdam for Het Parool newspaper, 1999*

*7 MillenniuM #13, Royalty: aflevering over het koningshuis /
MillenniuM #13, Royalty: issue on the Dutch monarchy, 1997*

*8 Telefoonkaart voor KPN Telecom over het nieuwe millennium /
Phonecard for KPN Telecom about the new millennium, 1999*

*9 MillenniuM #14, Orde: een envelop waarin een verzameling
bijdragen van schrijvers, kunstenaars en ontwerpers /
Order: an envelop with contributions by writers, artists and
designers, 1998-1999*

*10 2 postzegels voor PTT Post, thema :'Waterland' /
Two stamps for PTT Post , 1998*

*11 De Graad van Cultuur, jaarverslag van de Raad voor Cultuur /
annual report for the Dutch Cultural Council, 1998*

*12 Covers en spreads uit tijdschrift BLVD /
BLVD magazine, 1997-1998*

*13 Hi, animaties voor mobiele telefonie /
animated commercials for Hi, mobile telephones 1998-1999*

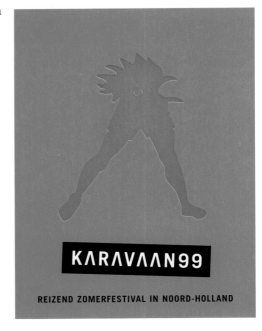

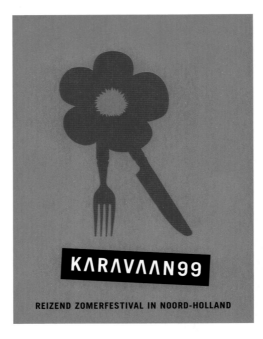

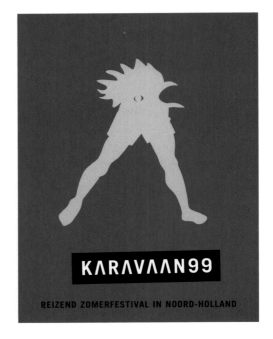

SPRINGDANCE
13-25 APRIL 1999 UTRECHT

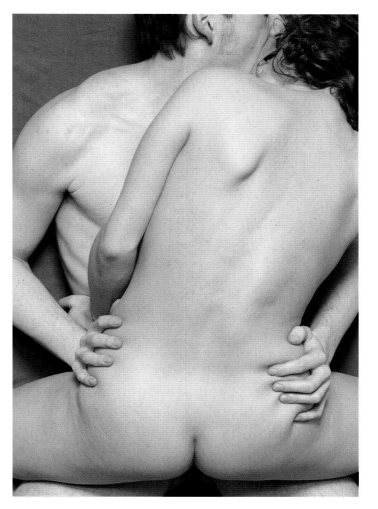

SPRINGDANCE
13-25 APRIL 1999 UTRECHT

Kalender 1998-1999
Kruispunt
Onderwijs op levensbeschouwelijke grondslag

Kalender 1998-1999
Polsstok
Onderwijs op levensbeschouwelijke grondslag

Kalender 1998-1999
Klaverblad
Onderwijs op levensbeschouwelijke grondslag

Kalender 1998-1999
Santenkraam
Onderwijs op levensbeschouwelijke grondslag

Kalender 1998-1999
Onze Wereld
Onderwijs op levensbeschouwelijke grondslag

3

5

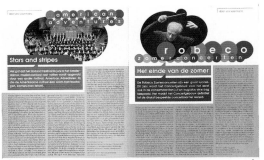

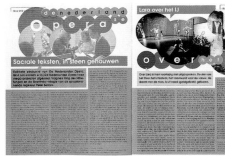

4

6

7

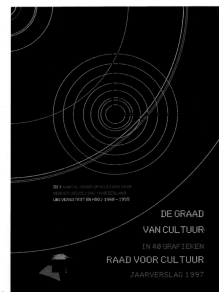

8

9

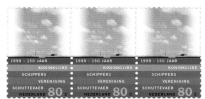

10

11

Kalender 1998-1999

Achtsprong

Onderwijs op levensbeschouwelijke grondslag

Kalender 1998-1999

Praatpaal

Onderwijs op levensbeschouwelijke grondslag

Kalender 1998-1999

Schalmei

Onderwijs op levensbeschouwelijke grondslag

Kalender 1998-1999

Knotwilg

Onderwijs op levensbeschouwelijke grondslag

Kalender 1998-1999

Mobiel

Onderwijs op levensbeschouwelijke grondslag

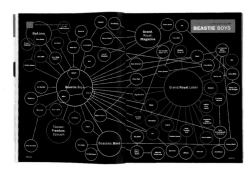

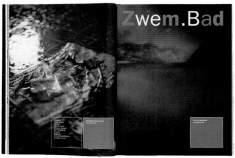

12

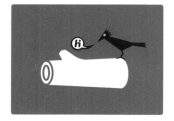

Dickhoff Design bv

Bureau voor grafische vormgeving

Laagte Kadijk 153 / 1018 ZD Amsterdam
T 020-620 10 80 / F 020-620 10 79
mobile 06-26 14 46 72 / e-mail post@dickhoffdesign.com
website www.dickhoffdesign.com

Zie ook Nieuwe media p.32

Directie / Management David Dickhoff
Vaste medewerkers / Staff 4
Opgericht / Founded 1980
Lidmaatschap / Membership BNO
Samenwerkingsverband met / Associated with
Stimio Communicatie Projecten bv

Opdrachtgevers / Clients
Boundless Technologies bv
Compaq Nederland bv
DGV (Stichting Doelmatige GeneesmiddelenVoorziening)
Fietsersbond Enfb
De Geestgronden (instelling voor geestelijke gezondheidszorg)
Gemeente Amsterdam
Gemeente Geldermalsen
Landelijke Huisartsen Vereniging
Improved Learning bv
Joods Maatschappelijk Werk
Ministerie van Binnenlandse Zaken
Ministerie van VWS
Nederlands Ambulance Instituut
Nederlands Bibliotheek en Lectuur Centrum
NZH (Noord-Zuid-Hollandse Vervoermaatschappij nv)
Vereniging Regionale Zorgverzekeraars
Robeco Effectenbank nv
SAP Nederland bv
Sectorfonds voor de Zorgverzekeraars
Stimio Communicatie Projecten bv
Max Verstappen, poppentheater en film
Vuga Uitgevers
VVV Apeldoorn
Zuiveringsschap Rivierenland

*1 Omslag brochure i.o.v. Max Verstappen, poppentheater en film,
1998 / Cover of brochure commissioned by Max Verstappen,
puppeteer, 1998*

*2 Omslag brochure i.o.v. SAP Nederland bv, 1999 /
Cover of brochure commissioned by SAP Nederland bv, 1999*

*3 Omslag brochure i.o.v. Sectorfonds voor de Zorgverzekeraars,
1999 / Cover of brochure commissioned by SFZ, 1999*

*4 'Identiteitsschijf' (naar het model van Ido Abram) i.o.v. Joods
Maatschappelijk Werk, 1998 / Identity disk commissioned by
Jewish Social Work (JMW), 1998*

Vermenging culturen

Persoonlijke ontwikkeling

Israël en zionisme

Oorlog, vervolging en overleving

Religie en traditie

4

Employability
Ideeën en voorbeelden uit de praktijk

Brochure van het Sectorfonds voor de Zorgverzekeraars

3

Dietwee

Kruisdwarsstraat 2 / 3581 GL Utrecht
T 030-234 35 55 / F 030-233 36 11
e-mail secretariaat@dietwee.nl / website www.dietwee.nl

Zie ook Nieuwe media p.34

Directie / Management Ron Faas, Tirso Francés, Joseefke Brabander
Contactpersonen / Contacts Barbara Slagman, Tirso Francés
Vaste medewerkers / Staff 19
Opgericht / Founded 1988
Lidmaatschappen / Memberships BNO, ADCN

Opdrachtgevers / Clients

Ben®, BNO, Uitgeverij BIS, Club Risk, Driessen & van Mierlo,
Drum Rhythm, The Dutch Photographers, Ex'tent, FHV/BBDO,
Filmtheater 't Hoogt, KPN Telecom, LOKV, Bank Insinger de
Beaufort, Moeder Anne Casting, Moira, Moviezone, ONVZ
Zorgverzekeraar, De Opkomst, Origin Nederland, Paradiso,
PIAS Records, PTT Post bv, Tivoli, Tweetakt, de Volkskrant,
VPRO Televisie, WE Netherlands, Winkel van Sinkel, Wink Party
Artwork, Quadrant Communicatie, Yellowstone

1 KPN Personeelsjaarverslag 1998, i.s.m. Herman van Bostelen

2 Huisstijl Driessen & Van Mierlo

3 Huisstijl Yellowstone, ICT detachering

4 Huisstijl De Opkomst, jongerentheaterfestival, LOKV

*5 Jaarverslag 1998-1999 ONVZ Zorgverzekeraar, i.s.m. -SYB-
Grafisch Ontwerp en Martijn Engelbregt (EGBG)*

*6 Jaarverslag 1997-1998 ONVZ Zorgverzekeraar, i.s.m. -SYB-
Grafisch Ontwerp*

7 Personeelsblad Origami, Origin Nederland

8 Affiche en flyers, Club Risk

9 Affiche Supersonic, Club Risk

10 Affiche Tweetakt, kunstenfestival voor kinderen en jongeren

11 Partyflyers De Nachtwinkel, Winkel van Sinkel

12 Flyer Het Nachtrestaurant, Winkel van Sinkel

13 Partyflyers Welcome to the Future, Paradiso

14 Flyer muziekprogramma Moondive, VPRO

15 Partyflyer Progracid

16 Affiche The Saloon, Cultureel Centrum Moira

17 Affiche en flyers De Opkomst, jongerentheaterfestival, LOKV

18 Affichereeks 25 jaar Filmtheater 't Hoogt

19 Openingspagina Opmaat, de Volkskrant

20 Flyer Drum Rhythm Night

21 CD Drum Rhythm Festival

22 Affiche Moviezone, filmmiddagen voor jongeren

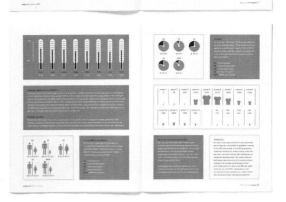

Personeelsjaarverslag 1998

1

2

3

4

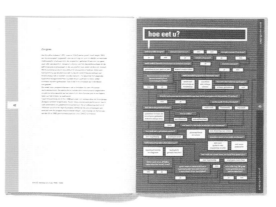
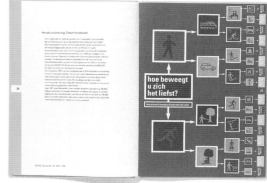

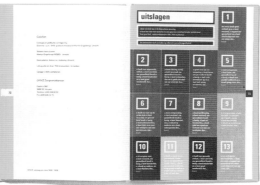
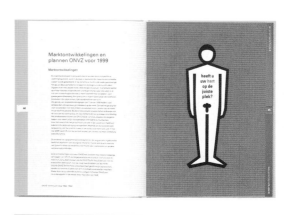

5

6

7

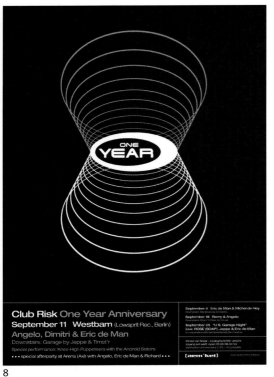

8

9

10

august

october

8

14

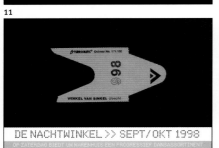

DE NACHTWINKEL
MEI 1998

DE NACHTWINKEL >> JAN/FEB 1999
BINNENKORT VOOR, TIJDENS OF NA HET DANSEN
NACHTDINEREN IN UW WARENHUIS. KEUKEN OPEN TOT 04.00

11

15

DE NACHTWINKEL >> SEPT/OKT 1998

HET NACHTRESTAURANT
DONDERDAG T/M ZATERDAG VAN 18.00 TOT 04.00 UUR

12

(welcome to the future)

Saturday June 12

22.00 HRS. 05.00 HRS. PARADISO AMSTERDAM

WELCOME TO THE FUTURE

We're Back! < Saturday September 19 < 1998 < 22.00 - 05.00 hrs. < Paradiso

13

16

STARTHERE →

17

25 JAAR FILMTHEATER 'T HOOGT PRESENTEERT

BEKENDE UTRECHTERS PROGRAMMEREN

ZONDAG 18 OKTOBER OM 15.00 UUR

Manon Uphoff, schrijfster

geeft toelichting op haar keus

Naked

MET DAVID THEWLIS, KATRIN CARTLIDGE, LESLEY SHARP E.A.. REGIE MIKE LEIGH

't Hoogt RESERVEREN 030 2328388, HOOGT 4, 3512 GW UTRECHT.
WEBSITE HTTP://WWW.XS4ALL.NL/~HOOGT

18

25 JAAR FILMTHEATER 'T HOOGT PRESENTEERT

filmmarathon

ZAT. 7 NOV. (15.00 U.) TOT ZON. 8 NOV. (14.30 U.)

wallaceandgromit.theful
lmonty.therockyhorrorpi
ctureshow.bettyblue(inte
graleversie).paristexas.
breakingthewaves.kolya
brassedoff.delicatessen

't Hoogt RESERVEREN 030 2328388, HOOGT 4, 3512 GW UTRECHT.
WEBSITE HTTP://WWW.XS4ALL.NL/~HOOGT

19

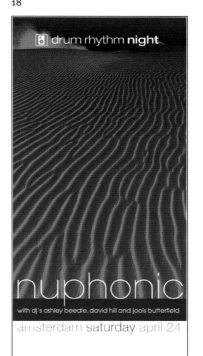

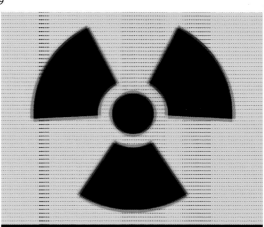

BEWARE OF THE MOVIEZONE

GET SET FOR A FRIDAY AFTERNOON MELTDOWN AT YOUR LOCAL CINEMA AND PAY ONLY 7,50 (CJP/CKV 5,-) FOR A MINDBLOWING MOVIE EXPERIENCE THAT STICKS TO YOUR BRAIN FOR THE REST OF THE WEEK. ENTER THE MOVIEZONE AND CHARGE UP YOUR WEEKEND. THE ZONE RADIATES FROM 20 FILMTHEATERS THROUGHOUT THE COUNTRY. CHECK OUT YOURS FOR THE RIGHT TIME, OR VISIT THE MOVIESITE @ WWW.MOVIEZONE.NL

MOVIEZONE ➜ ELKE VRIJDAGMIDDAG IN 20 FILMTHEATERS DOOR HET HELE LAND FILMS DIE JE NIET MAG MISSEN VOOR MAAR 7,50 (CJP/CKV 5,-)

20   21   22

Fokke Draaijer

Design Graphique

Prins Hendrikkade 124 / 1011 AN Amsterdam
T 020-625 63 49 / F 020-625 63 49
mobile 06-20 59 70 49 / e-mail draai@planet.nl

Fokke Draaijer werkte vanaf 1987 in het Franse ontwerpcollectief Grapus, en ontwikkelde daar met Pierre Bernard het logo en de huisstijl van het Louvre. In 1991 was hij met Pierre Bernard en Dirk Behage oprichter van het 'Atelier de Création Graphique' in Parijs. Zij hadden diverse culturele en overheidsinstellingen als opdrachtgever, zoals de Nationale Parken, de Nationale Opera, het Centre Georges Pompidou, het Ministerie van Sociale Zaken en Integratie, de Franse PTT, enz. Sinds 1996 werkt hij met de naam 'Fokke Draaijer Design Graphique' in Parijs en vanaf 1998 in Nederland.

Fokke Draaijer worked from 1987 in the French design collective Grapus, where he designed the logo and the house style for the Louvre together with Pierre Bernard. In 1991, he joined forces with Pierre Bernard and Dirk Behage to found the 'Atelier de Création Graphique' in Paris. Their clients included a variety of cultural and governmental institutions such as the National Parks, the National Opera, Centre Georges Pompidou, the Ministry of Social Affairs and Integration, the French PTT etc. Since 1996, he has continued working in Paris and, since 1998, also in the Netherlands under the name 'Fokke Draaijer Design Graphique'.

1, 2 Logo en huisstijl van het Musée du Louvre, I.s.m. Pierre Bernard, Grapus. Foto: Michel Chassat , Noak / Logo and housestyle for Musée du Louvre, with Pierre Bernard, Grapus; photo: Michel Chassat, Noak

3 Postzegels voor de Nederlandse PTT, met als onderwerp 'ouderen en veiligheid in huis', i.s.m. Pierre Bernard en Dirk Behage. Foto's: Michel Chassat / Postage stamps for Dutch PTT on theme of 'the elderly and home safety', with Pierre Bernard and Dirk Behage; photos: Michel Chassat

4-5 Logo en huisstijl van het Fries Museum. Foto's: Paul Huf, Erik Hesmerg / Logo and housestyle for Frisian Museum; photos: Paul Huf, Erik Hesmerg

6 Grafische illustraties voor autosnelwegpanelen met toeristische informatie, 3 x 6 m, voor de AREA (Société des Autoroutes Rhône-Alpes) / Graphic illustrations for tourist information signs along motorways, 3 x 6 m, for AREA (Société des Autoroutes Rhône-Alpes)

1

2

138

3

Van Jan Steen tot Jan Sluijters
De smaak van Douwes

FRIES
MUSEUM

4

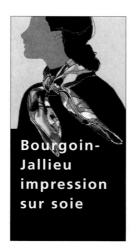

Sluiers en sjaals
over kleding en identiteit

april
10
01
april

FRIES MUSEUM

5

6

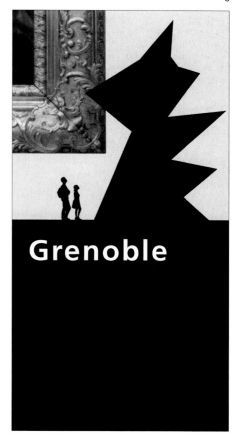

Grenoble

Lyon
ville
romaine

Bourgoin-
Jallieu
impression
sur soie

vallée
du Guiers

Satolas
centre
intermodal

l'Albanais

le Semnoz

DRO-VORM

Nieuwe Uilenburgerstraat 46 / 1011 LT Amsterdam
Postbus 16538 / 1001 RA Amsterdam
T 020-520 70 50 / F 020-520 70 60
e-mail drovorm@euronet.nl

Directie / Management Milco van Westen
Contactpersonen / Contacts Grafisch Ontwerp & Exposities:
Marjan Krijgsheld (020-5207052), Maquettes: Chris Wijthoef
(020-5207061), Computerpresentaties: Robert Heit
(020- 5207058), Fotografie: Hans Brons (020-5207068)

Vaste medewerkers / Staff 14
Opgericht / Founded 1989
Lidmaatschappen / Memberships BNO, BFN

Bedrijfsprofiel
DRO-VORM is specialist in het visualiseren van
stedenbouwkundige en architectonische ontwerpen.
Het ontwerpbureau is onderdeel van de dienst Ruimtelijke
Ordening Amsterdam. DRO-VORM is een unieke combinatie
van disciplines: grafische vormgeving, maquettebouw,
tentoonstellingsontwerp, computerpresentatie en fotografie.
Bel ons voor uw toekomstige plannen.

Agency profile
DRO-VORM specialises in visualising town-planning and
architectural designs. The studio is part of the Amsterdam
Physical Planning Department. DRO-VORM combines
a unique set of disciplines: graphic design, model making,
exhibition design, computer presentations and photography.
Call us for your future plans.

Studio Dumbar

2- en 3-dimensionale vormgeving

Bankaplein 1 / 2585 EV Den Haag
T 070-416 74 16 / F 070-416 74 17
e-mail studio @dumbar.nl / website www.studiodumbar.nl

Studio Rotterdam
Weena 723 / Postbus 29161 / 3001 GD Rotterdam
T 010-411 90 10 / F 010-404 96 38
e-mail studio @rdam.dumbar.nl

Zie ook Nieuwe media p.38, Ruimtelijk ontwerp p.14

Directie / Management Den Haag: Michel de Boer, Gert Dumbar, Kitty de Jong, Rotterdam: Henri Ritzen
Contactpersonen / Contacts Vincent van Baar, Michel de Boer, Kitty de Jong, Henri Ritzen, Joost Roozekrans
Vaste medewerkers / Staff 30
Opgericht / Founded 1977
Lidmaatschappen / Memberships AGI, BNO, D&AD
Samenwerkingsverband met / Associated with
Emery Vincent Design (Australia), Wang Xu & Associates (P.Rep. of China)

Studio Dumbar is een multidisciplinair ontwerpbureau met twee vestigingen. Het bureau heeft internationale faam verworven met onderscheidende bedrijfsstijlen en grensverleggende werk voor institutionele en culturele opdrachtgevers.

Zichtbaar

Onze portofolio rijdt op straat. Vanaf 2000 ook in Tsjechië, waar de 'gele vloot' van Czech Telecom (9, 1999) getooid werd met het door ons ontworpen logo. Niet alleen de voertuigen, ook de telefooncellen, de gebouwen en alles waarvan het bedrijf zich verder bedient. Dat geldt voor alle hier getoonde ontwerpen met als uitzondering de Douane (8), de Belastingdienst (13) en de Brandweer (2), waarvoor wij het eerder door ons ontwikkelde striping systeem voor de Politie (1) vertaalden naar toepassing op een grote diversiteit aan voertuigen. Inmiddels is deze striping hard op weg een nationaal kenmerk te worden voor controlerende en hulpverlenende instanties. De huisstijlen van de ANWB (5, 1983), en het NOB (10, 1987) behoren al langere tijd tot het vertrouwde straatbeeld.

Stilistische duurzaamheid

De relatie met de PTT (sinds 1978) gaat terug tot de beginjaren van Studio Dumbar. De kenmerken van de vroegste huisstijl zijn tot op heden, na drie eerdere huisstijlaanpassingen, aanwezig in de KPN-Telecom-stijl (4). Wij noemen dit: stilistische duurzaamheid. Na de splitsing van KPN in 1998 ontwikkelden wij voor PTT Post (6) een nieuw logo. Evenals voor KPN Telecom gold hier dat een aantal bestaande uitgangspunten ongewijzigd konden blijven, varierend van de afmetingen van lichtbakken tot printerposities van de macro's. De kwaliteit van reeds jaren eerder ontwikkelde systematische oplossingen leverde een aanmerkelijk praktisch en economisch voordeel op.

Institutionele en zakelijke markt

Gak (7, 1995) is voor circa 50% gebonden aan overheids-afspraken en bevindt zich dientengevolge in een hybride situatie. De huisstijl is daar een uiting van. Onze 'open-eind' filosofie laat de huisstijl continu meebewegen met de marktontwikkeling bij Gak, terwijl tegelijkertijd herkenbaarheid wordt opgebouwd. Voor de Universiteit Maastricht (3, 1998) was een naamswijziging de aanleiding voor een nieuw huisstijl. Het logo symboliseert de individule onderwijsmethode. De krachtige embleem-kwaliteit van het logo onderstreept dat de organisatie de pioniersfase voorbij is.
CAPAC (11, 1997), een onderdeel van Randstad, is een uitzend-organisatie voor de productiesector.
Armada Groep (12, 1996) is een internationale groep bedrijven die de uitvoering van huisstijlen verzorgt, m.n. de belettering en bewegwijzering van gebouwen. PlantijnCasparie (foto, 1998) is na een fusie een van de grootste grafische dienstverleners van Nederland. De uitmonstering van de voertuigen is van een nog niet eerder vertoonde fijnheid: honderden pijltjes zijn als individueel gesneden vorm op de zilver gespoten ondergrond aangebracht.
Haasnoot (14, 1999) is een familiebedrijf, actief in de hogere regionen van meubel- en interieurontwerp.

Introducing Studio Dumbar

Studio Dumbar is one of the leading Dutch design firms. The company is internationally acclaimed for innovative an unique concepts and has won many design awards and accolades from clients to support this.

Visible

'There is no Dutch town that does not convey a Studio Dumbar design: if there happens to be no passing police car (...) there will be (...) a phone kiosk close by', Wim Pijbes starts his introduction to 'Studio Dumbar Behind the Seen' (Verlag Herman Schmidt Mainz, 1996). Undoubtly Studio Dumbar's fleet must by now add up to a couple of thousand, visible proof of the strong position our firm has realised in the field of corporate design. The cars depicted include PTT Post, KPN Telecom, Czech Telecom, Dutch police forces and the Dutch firebrigade. The photo shows the livery for one of the largest printing groups in the Netherlands. Never before has such a detailed laser-cut pattern been applied to cars: hundreds of arrows were individually mounted on the silver background.

Über Studio Dumbar

Studio Dumbar ist eines der führenden design-Studios der Niederlande. Studio Dumbar ist bekannt für innovatives und unkonventionelles Denken - viele Design Awards und Preise können dies belegen. Die Ihnen vorliegenden Seiten sowie die Abbildungen in den Designveröffentlichungen 'Nieuwe Medie' (Neue Medien) und 'Ruimtelijk ontwerp' (Innenarchitektur) aus der Reihe der BNO Bücher geben einen Eindrück über das Gebiet, auf dem Studio Dumbar sich bewärht hat.

Sichtbar

'There is no Dutch town that does not convey a Studio Dumbar design: if there happens to be no passing police car (...) there will be (...) a phone kiosk close by'. Mit diesem Satz beginnt Wim Pijbes seine Einlatung im Buch 'Studio Dumbar Behind The Seen' (Verlag Herman Schmidt Mainz, 1996). In der Tat, die 'Flotte' von Studio Dumbar ist mittlerweile bestimmt ein paar tausend Wagen stark und somit ein täglich sichtbarer Beweis für die starke Position, die sich unser Büro im Bereich des Corporate Design geschaffen hat. Zwanzig Jahre preisgekröntes Design für Institionen, Wirtschaft und Kultur waren 1996 Gründ für die Kunsthalle Rotterdam, eine Ausstellung ist derzeit auf Welttournee.
Unter den abgebildeten Fahrzeugen befinden sich Modelle von PTT Post, KPN Telecom, Czech Telecom, wie auch der niederländischen Polizei und Feuerwehr. Die Photographie zeigt eine Fahrzeuggestaltung für eines der größten Druckereiunternehmen der Niederlande. Noch nie zuvor fand ein solch detailliertes, lasergeschnittenes Muster auf einem Fahrzeug Anwendung: Hunderte von Pfeilen wurden einzeln auf dem silberarbenen Untergrund angebracht.

Buro Dvada

Westerkade 18 / 3511 HB Utrecht
T 030-234 16 35 / F 030-234 08 28
e-mail dvada@knoware.nl

Contactpersonen / Contacts Cas de Vries, Henk Droog
Vaste medewerkers / Staff 2
Opgericht / Founded 1987
Lidmaatschap / Membership BNO

Buro Dvada zendt haar klanten met enige regelmaat een mailing met, naar het lijkt, grote gevolgen:
Als onze klanten koffie drinken uit de Dvada-mok 'Red het pantoffeldiertje'; (Ode aan de kleinschaligheid) vinden korte tijd daarna overal mega-fusies plaats.
Na ons slakkenboekje 'Ode aan de traagheid' komt er een oproep van minister De Boer om het langzamer aan te doen.
Onze mailing 'Ode aan de soberheid' stuurden wij alvast voordat plezierjachten, die voor ons pand langsvaren, zo groot worden dat ze zich vastvaren.

Buro Dvada sends out regular mailings to clients... and not without success. Before the age of the mega-merger, our customers used to drink coffee from Dvada mugs with the motto 'Save the Slipper Animacule' - an ode to small-scaleness.
The brochure on snails 'Ode to Slowness' - another client mailing - precedes Minister De Boer's appeal to work more slowly.
Before the pleasure yachts that pass our office get so big that they become stuck, we mailed the message 'Ode to Austerity'.

Op deze pagina's een selectie uit het slakkenboekje /
This page shows extracts from the snails booklet

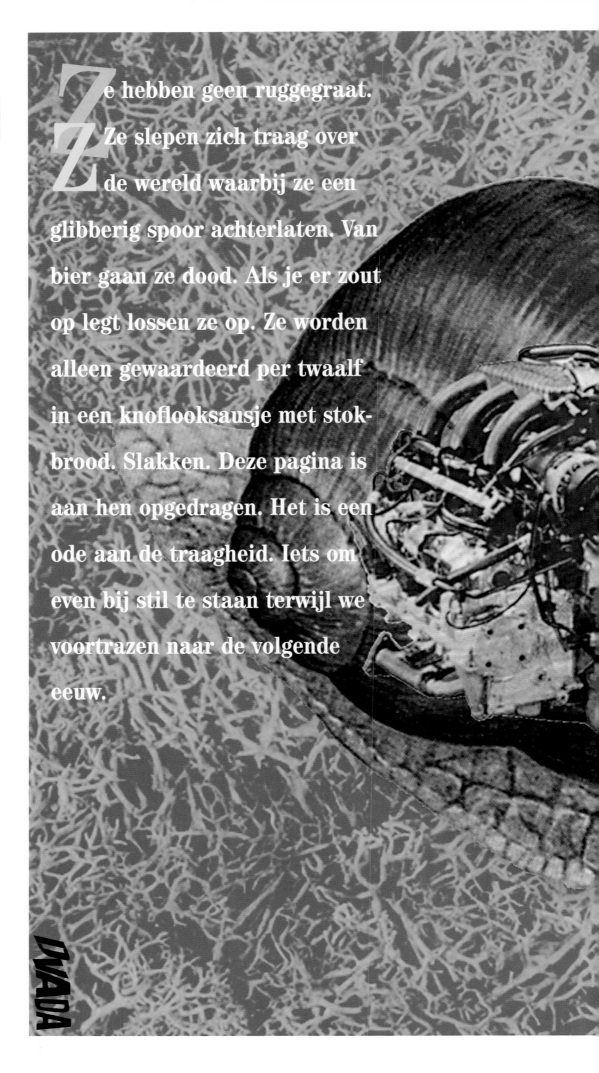

Ze hebben geen ruggegraat. Ze slepen zich traag over de wereld waarbij ze een glibberig spoor achterlaten. Van bier gaan ze dood. Als je er zout op legt lossen ze op. Ze worden alleen gewaardeerd per twaalf in een knoflooksausje met stokbrood. Slakken. Deze pagina is aan hen opgedragen. Het is een ode aan de traagheid. Iets om even bij stil te staan terwijl we voortrazen naar de volgende eeuw.

harde sex

in het voorspel raken de slakken elkaar aan met tentakels en mond. dan kruipen ze met hun voeten tegen elkaar omhoog tot ze loodrecht tegen elkaar staan. dan wat sm. de partners steken een 'liefdespijl' in elkaars lijf: een scherpe punt, gemaakt van kalk. vervolgens proberen de slakken hun geslachtsopeningen precies tegenover elkaar te brengen. pas als ze dit gelijktijdig voor elkaar krijgen vindt de eigenlijke paring plaats. korte tijd later worden de eieren gelegd. binnen een maand komen de jonge slakjes ter wereld.

slakken worden geboren als mannetjes. na enige tijd worden ze tweeslachtig, vervolgens gaan ze als vrouw door het leven.

De slakkegang

ODE AAN DE TRAAGHEID

Van Eck & Verdijk

Grafisch vormgevers

Prins Hendrikkade 22-III / 1012 TM Amsterdam
T 020-627 75 49 / F 020-421 74 53
mobile 06-54 79 37 79 / e-mail vaneck @ verdijk.nl
website www.vaneck.verdijk.nl

Contactpersonen / Contacts Henny van Eck, Harrie Verdijk
Vaste medewerkers / Staff 5
Opgericht / Founded 1986
Lidmaatschap / Membership BNO

Bedrijfsprofiel

Symboliek die verhelderend werkt, esthetiek die het imago
functioneel ondersteunt. Van Eck & Verdijk geven vorm aan
bedrijfsfilosofieën opdat deze gezien, gelezen en begrepen
worden. De commerciële boodschap wordt gevisualiseerd in
krachtige en oorspronkelijke uitingen. Het werkterrein is breed,
opdrachten zijn afkomstig van nationale en internationale
ondernemingen.

Agency profile

Symbols which clarify, aesthetics which functionally support the
image. Van Eck & Verdijk shape corporate philosophies so they
are seen, read and understood. The commercial message is
visualised in powerful and original expressions. The terrain is
wide, with assignments coming from national and international
companies.

Opdrachtgevers / Clients

ASR Verzekeringsgroep
De Amersfoortse Verzekeringen
Canon Europa
Holland Chemical International
Heineken
Wolters Kluwer
PTT Post
Samas-Groep
Sigma Coatings
Stad Rotterdam Verzekeringen
TNO/TPD
Het Oosten

*1 Jaarverslag 1998 Heineken NV /
Heineken NV, 1998 annual report*

*2 Sociaal jaarverslag 1998 De Amersfoortse Verzekeringen /
De Amersfoortse Verzekeringen, 1998 annual report*

*3 Jaarverslag 1998 Holland Chemical International /
Holland Chemical International, 1998 annual report*

*4 Profielbrochure De Amersfoortse Verzekeringen /
De Amersfoortse Verzekeringen, company profile*

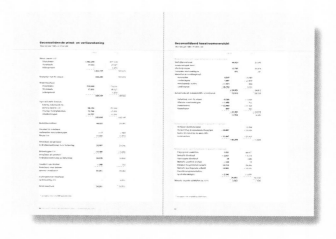

Eden
Design & Communication

Nieuwe Prinsengracht 89 / 1018 VR Amsterdam
T 020-626 20 30 / F 020-626 50 79
e-mail mail@edendesign.nl / website www.edendesign.nl

Zie ook Verpakkingsontwerp p.30, Nieuwe media p.42,
Ruimtelijk ontwerp p.16

Partners Antonio Atjak (management),
Sietse Wolters (management), Willem Woudenberg
(management), Margriet Blom, Hans Booms, Jan Brinkman,
Edo van Dijk, Flip Wegner, Francien Malecki, René van Raalte,
Rik Koster
Vaste medewerkers / Staff 96
Opgericht / Founded 1999
Lidmaatschappen / Memberships BNI, BNO
Samenwerkingsverband met / Associated with E.D.E.N
European Designers Network

Organisatieprofiel

Eden Design & Communication is ontstaan uit de fusie tussen
BRS Premsela Vonk Designers & Architects, DC3 interaction
design en Linea formulieren ontwerp- en adviesbureau.
Eden wil als toonaangevend multidisciplinair design- en
communicatiebureau bijdragen aan het succesvol functioneren
van bedrijven en non-profitorganisaties. Door optimale
samenwerking met opdrachtgevers bereikt Eden creatieve
oplossingen en hoge effectiviteit .

Hoofdactiviteiten

30% ontwerp van beeldmerken en huisstijlen
25% interaction design: cd-rom, internet
20% information design: formulieren ontwerpen en digitale
    processen verbeteren
15% environmental design: ontwerpen van grote projecten
    en tentoonstellingen
10% communicatiestrategie

Organisation profile

Eden Design & Communication is the result of a merger
between BRS Premsela Vonk Designers & Architects, DC3
interaction design and Linea formula and advice agency.
As a leading multi-disciplinary design and communications
agency, Eden aims to help companies and non-profit
organisations function optimally. By achieving the best possible
collaboration with clients, Eden reaches creative solutions and
a high level of effectiveness.

Principal activities

30% logo and housestyle design
25% interaction design: cd-rom, Internet
20% information design: formulas and improved digital
    processes
15% environmental design: major projects and exhibitions
10% communications strategy

Opdrachtgevers / Clients

ABN AMRO Bank nv, Baars Dairy, Belastingdienst, The Boston
Consulting Group, CMG Nederland nv, Het Concertgebouw nv,
CPNB, DHV-AIB, Dow Chemical Company, Forbo-Krommenie bv,
Gemeente Roosendaal, Gemeente Amersfoort, Gemeente
Nieuwegein, Heineken nv, Hogeschool Haarlem, Koninklijke
Schouwburg Den Haag, Koninklijke Wessanen nv, KPN, Ministerie
van Justitie, Ministerie van Verkeer en Waterstaat, NS,
Natuurmuseum Rotterdam, NRC Handelsblad, Olympisch
Stadion, Open Universiteit Nederland, PCM Landelijke Dagbladen
bv, Rabobank Nederland, Randstad Diensten, RET Rotterdam,
Rijksmuseum, Robeco, Ruby Slippers (Californië), Samsom bv,
Sfb Groep, Shell International, Solidere (Beirut), Teleac/NOT,
Tweede Kamer der Staten Generaal, Universiteit van Amsterdam,
Wolters-Noordhoff, Xs4all en anderen / and others

Eden {

Eden heeft een lange relatie met de Belastingdienst.
Opdrachten lopen uiteen van het ontwerpen van
middelen, zoals het aangiftebiljet tot het geven van
strategisch advies. Zo hebben onze informatie-
ontwerpers de Belastingdienst geadviseerd bij de
invoering van de euro. Vanaf 1999 mocht elke
belastingplichtige aangifte doen in euro's. Alle
documenten moesten hierop worden aangepast.
Eden vertaalde het advies naar design: oplossingen
werden gevisualiseerd en uitgewerkt in richtlijnen
voor de toepassing van euro's op documenten.

De correspondentiereeks en de huisstijl voor
formulieren van de Open Universiteit Nederland
werden ontworpen door de informatie-ontwerpers
van Eden. Samen met de interactie-ontwerpers werd
een inschrijfformulier voor de website ontworpen.
De toelichtingen zijn geminimaliseerd en bij de
vragen geplaatst, zodat de student niet hoeft te
navigeren in het formulier. Het resultaat is een
kleurrijke en grote variatie aan uitingen.

Robeco Advies verkoopt haar producten op afstand
door direct marketing. Formulieren en instructies
spelen daarbij een belangrijke rol. Eden ontwierp
een huisstijl voor formulieren die beleggen en
sparen niet alleen vergemakkelijken, maar ook het
gevoel aanspreken.

Nederlands eerste internetprovider XS4ALL, vijf jaar
geleden ontstaan uit een groepje 'hackers', maakt
stormachtige ontwikkelingen door. Om beter op de
markt te kunnen inspelen, wil XS4ALL zich uniformer
presenteren. De grafisch ontwerpers en informatie-
ontwerpers van Eden stroomlijnden het bestaande
drukwerk, zowel op vormgeving als op inhoud.
Het resultaat: een uitnodigende folder met een
zeer gebruiksvriendelijke handleiding en aanvraag-
formulier.

Communicatie als conditio sine qua non, geïntegreerd in strategie, gedrag en producten. Eden benadert communicatie vanuit design. Maakt organisaties, merken en mensen herkenbaar. Ontwikkelt identiteit, accentueert authenticiteit, verbetert effectiviteit van communicatie.

Eden, design and communication, is het resultaat van de fusie tussen BRS Premsela Vonk, designers en architecten, Linea formulieren-ontwerp en -advies en DC3 interaction design.

Eden is de bundeling van kennis en langdurige ervaring. De synergie tussen de expertises van Eden levert hoogwaardige, verrassende en vooral effectieve oplossingen. Door onderscheidende corporate identities, stimulerende publieksmanifestaties, efficiënte (digitale) documentrevisies, marketingondersteunende websites en profilerende communicatieprogramma's.

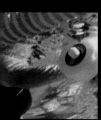   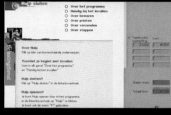  

Belastingdienst   >

Open Universiteit Nederland

 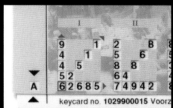    

Robeco   >

Forbo-Krommenie

Forbo-Krommenie is toonaangevend in vlakke vloer-
bedekkingen met sterke consumentenmerken als
Marmoleum en Novilon. Om het bedrijf achter de
merken meer te profileren, ontwierp Eden een nieuwe
visuele identiteit. Daarnaast ontwikkelden de
communicatieadviseurs van Eden een model om de
bedrijfsidentiteit uit te werken in de marketingcommunicatie. De communicatie-uitgangspunten kunnen
worden uitgewerkt in designvoorstellen. Beoogd
resultaat: een duidelijker gezicht voor Forbo-
Krommenie en meer samenhang en effectiviteit in
de marketingcommunicatie.

Open Universiteit Nederland

Bij de ontwikkeling van de visuele identiteit van de
Open Universiteit Nederland zijn elektronische
uitingen als uitgangspunt genomen.
Dit is een nieuwe benadering in het ontwerpen van
een huisstijl en tegelijkertijd een bevestiging van de
toenemende rol van elektronische media in de
bedrijfsprocessen van een organisatie. Bij de ontwikkeling van de huisstijl werd nauw samengewerkt
door interactie ontwerpers en grafisch ontwerpers.

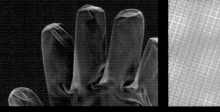

Academisch Ziekenhuis Groningen

Het Academisch Ziekenhuis Groningen (AZG) is
zowel een algemeen ziekenhuis als een wetenschappelijke instelling. Dat geeft het ziekenhuis
een menselijk én een academisch karakter. Het AZG
vroeg om een huisstijl waarin deze twee gezichten
naar voren kwamen. Voor het beeldmerk werd een
een kikker gekozen. Een eigenzinnige keuze die
past bij het AZG. Het is een alledaags dier dat zich
prettig voelt in een gezonde omgeving.

Raad voor de Kinderbescherming

Kinderen zijn de belangrijkste doelgroep van de
Raad voor de Kinderbescherming. In de bestaande
huisstijl van Justitie kwam dat niet goed tot uiting.
Communicatieadviseurs van Eden onderzochten
identiteit en imago van de Raad en formuleerden
samen met grafisch ontwerpers een scherp visueel
profiel. Daarmee kon een eigen, zeer onderscheidend beeld van de Raad worden ontworpen,
zonder dat de Justitie-uitstraling verloren ging.

}

Bureau Peter Elbertse

Ontwerp- en adviesbureau voor

2- en 3-dimensionale vormen

Boddenstraat 66 / 7607 BN Almelo
T 0546-82 96 71 / F 0546-82 96 71
mobile 06-53 37 27 42 / e-mail peter@elbertse.nl
website www.elbertse.nl

Directie / Management Peter Elbertse
Contactpersoon / Contact Peter Elbertse
Opgericht / Founded 1987
Lidmaatschap / Membership BNO
Samenwerkingsverband met / Associated with Marjan Bakker
(grafisch ontwerper)

Uitgangspunten

Het proces van de opdrachtgever staat centraal. Zodat volstrekt
helder blijft wat de opdrachtgever bereikt met welke middelen.
Design dat communiceert. Herkenning oproept. Krachtig en
helder. Bureau Peter Elbertse doet meer. Luisteren, informeren
en adviseren. Ontwerpen, stemmen, coördineren en
communiceren. De kwaliteit van het eindproduct scherp
controleren.

Activiteiten

Bureau Peter Elbertse realiseert onderscheidende vormgeving:
beeldmerken, briefpapieren, huisstijlen, affiches, brochures,
periodieken, boeken, jaarverslagen, websites, beletteringen,
bewegwijzeringen, tentoonstellingen.

Opdrachtgevers

Avalix Business Solutions (ICT) Houten; CongresAssociatie
Twente, Enschede; Gemeente Almelo; GISA zorgindicaties,
Almelo; Verpleeghuis Het Meulenbelt, Almelo; Derkina Snijder
(interieurontwerp en kleuradvies), Almelo; Sport Event Services,
Delden; Stichting NetWerk (oa. sociaal-cultureel werk),
Almelo; Stromag (aandrijftechniek), Essen, België; Zorgcentra
Twente Noord, Almelo; en anderen

Method

The basic principle is the commission. So that the technique and
the result remain crystal clear for the client. We provide design
that communicates. Products that are recognisable, cogent and
lucid. At Peter Elbertse we do more, too. We listen, research
and advise, we conceive designs, adapt them, coordinate
and communicate. With a thorough quality control of the final
product.

Activities

Peter Elbertse Agency creates distinctive designs: logos,
stationary, housestyles, posters, brochures, periodicals, books,
annual reports, websites, lettering, signposting, exhibitions.

Clients

Include: Avalix Business Solutions (ICT), Houten;
CongresAssociatie Twente, Enschede; Municipalty of Almelo;
GISA care indications, Almelo; Meulenbelt Nursing Home, Almelo;
Derkina Snijder (interior design and colour advice), Almelo;
Sport Event Services, Delden; Stichting NetWerk (including social
and cultural work), Almelo; Stromag (drive technology), Essen,
Belgium; Care Centres Twente Noord, Almelo; and others.

Foto's / Photos SmitSet, Almelo

1

1 Drie maandprogramma's, tweetalig, voor symposia ten behoeve van de Hanzedagen Oldenzaal, CongresAssociatie Twente, Enschede, 1999. Typo-prent, onregelmatige gelimiteerde uitgave van Bureau Peter Elbertse, Almelo. Maandagenda's, Cultuurpodium Sub RosA, Almelo, 1998-1999 Verkiezingsprogramma 1998-2002, gemeenteraadsverkiezingen Almelo 1998, PvdA Almelo / Three bilingual programmes for the Hanseatic Days, Oldenzaal Convention, CongresAssociatie Twente, Enschede, 1999; typographic print, random limited editions of Peter Elbertse Agency, Almelo; monthly programmes, Culture Institute Sub RosA, Almelo, 1998-1999; 1998-2002 Dutch Labour Party manifesto for 1998 municipal elections, for PvdA Almelo

2 Corporate identities: Avalix Business Solutions, Houten; GISA zorgindicaties, Almelo; Zorgcentra Twente Noord, Almelo. Huisstijlen: Derkina Snijder, Almelo; Mendels Special Services, Almelo; Sport Event Services, Delden. Project vormgeving: beeldmerk, stationary, formulier, folder voor Accent (advies, werk en scholing voor Turkse jongeren), Almelo, 1999 / Corporate identities for Avalix Business Solutions in Houten, GISA care indications in Almelo; Care Centres Twente Noord in Almelo; house styles for Derkina Snijder in Almelo, Mendels Special Services in Almelo, Sport Event Services in Delden; project design, including logo, stationary, forms, folder for Accent (Turkish youth advice, job and education service), Almelo,1999

Engelse Verdonk Ontwerpers

Maatschap voor grafische en ruimtelijke
vormgeving

Land in zicht 23 / 1316 VJ Almere
Postbus 1119 / 1300 BC Almere
T 036-534 35 55 / F 036-534 48 77
mobile 06-53 62 21 21 / e-mail evoflevo@euronet.nl

Directie / Management Bram Engelse, Esther Verdonk
Contactpersoon / Contact Bram Engelse
Vaste medewerkers / Staff 2
Opgericht / Founded 1982
Lidmaatschap / Membership BNO

Engelse Verdonk Ontwerpers BNO is een maatschap voor grafische en ruimtelijke vormgeving. De maatschap werd in 1982 opgericht door Bram Engelse en Esther Verdonk. Opdrachten komen van bedrijfsleven, dienstverlening, semi-overheid en culturele instellingen. De vakgebieden zijn onder andere: huisstijlen, bewegwijzering, jaarverslagen, brochures, bedrijfsperiodieken, boeken, stands en tentoonstellingen.

Engelse Verdonk Ontwerpers BNO produces graphic and 3D design. The firm was founded in 1982 by Bram Engelse and Esther Verdonk. Assignments come from the business community, service industry, semi-government and cultural institutions. Work terrain includes housestyles, routing systems, annual reports, brochures, business periodicals, books, stands and exhibitions.

1-5 Bewegwijzering World Trade Center Amsterdam Airport, opdrachtgever: Kantoren Fonds Nederland. Foto's: Cees Noort / Signing for World Trade Center Amsterdam Airport for Kantoren Fonds Nederland. Photos: Cees Noort

6-10 Bewegwijzering Atlas Kantorencentrum, Amsterdam-Zuidoost, opdrachtgever: Amvest. Foto's: Cees Noort / Signing for Atlas Officecentre in Amsterdam-Zuidoost for Amvest. Photos: Cees Noort

11-15 Bewegwijzering winkelcentrum en parkeergarages Gelderlandplein, Amsterdam Buitenveldert, opdrachtgever: Philips Pensioenfonds. Foto's: Bram Engelse / Signing for Gelderlandplein shopping centre and carpark in Amsterdam Buitenveldert for Philips Pensioenfonds. Photos: Bram Engelse

1

2

6

7

11

12

3

4

5

8

9

10

13

14

15

Studio Petra Esveld

Art direction, graphic design and illustration

Obrechtstraat 281 / 2517 TX Den Haag
T 070-360 17 14 / F 070-360 17 25
e-mail petr@xs4all.nl / website www.xs4all.nl/~petr

Directie / Management Petra Esveld
Contactpersoon / Contact Petra Esveld
Vaste medewerkers / Staff 1
Opgericht / Founded 1990
Lidmaatschap / Membership BNO
Samenwerkingsverband met / Associated with Vitriol,
Barcelona (Spanje), DNA, Wiesbaden (Duitsland)

Agency profile

For ten years, seven of which were spent in Barcelona, Studio
Petra Esveld has provided design services for graphic design,
illustration and art direction for clients in the commercial,
cultural and government sectors. Image and concept are crucial
elements. For large commissions, Studio Petra Esveld colla-
borates with specialists in other disciplines, such as new media.

Opdrachtgevers / Clients

Museum voor Moderne Kunst Arnhem, el Colegio de Arquitectos
de Cataluña, BNO, Faktor, ELLE, Amnesty International Nederland,
'La Caixa', Ministerie voor Sociale Zaken en Welzijn, Carp*,
Quote, Management Team, Isis Transcultural Leadership,
Æsis coaching, theater Cosmic, Uitgeverij de Buitenkant,
Tel Design, Total Design, Mevis en van Deursen

Tentoonstellingen / Exhibitions

'Mooi maar Goed', Stedelijk Museum, Amsterdam, 1999
Permanent collection of Groninger Museum, 1997
'4+4=8 years of graphic design', Barcelona, 1993
General exhibition, La Sala Vinçon, Barcelona, 1990

1-3 Various applications of a new training offer for designers
organised by Faktor/BNO

4 One of a series of three posters for the XIXth Congress of the
International Union of Architects, Barcelona

5 '4+4=8 years of graphic design', exhibition in Barcelona

6 Illustration for cover of Telwerk, corporate brochure Tel Design

7 Spread from 'Voetstukken', footwear exhibition catalogue
for Museum voor Moderne Kunst, Arnhem

8 New logo proposal for Amnesty International Nederland

9-11 Icons for Carp* weekly

12 Amsterdam's Cosmic theatre diary cover

13 Illustration on 'Océ' in Quote magazine

14 Cover of Vormberichten, BNO periodical

15 Thin poster as mailing for Word Works Theatre, Barcelona

16 Illustration for article on design dilemmas for
'La Vanguardia', Barcelona

17 Illustration of women over 30 for ELLE magazine

18 Proposed logo for '100 years of women in the labour force'
for Ministerie SZW

19 Æsis, coaching in leadership logo

20 Illustration on co-operations for Management Team

21 Telwerk 37 cover design for Tel Design corporate brochure

22-24 CyberElle spreads for ELLE supplement on Internet

25 Promotional change of address card

26 Corporate brochure spread for Isis Transcultural Leadership

156

1

2

3

INLEIDING

7

7

AMNESTY Nederland

8

9

Nes 75

Cosmic

augustus/september

12

10

11

17

22

23

17

22

23

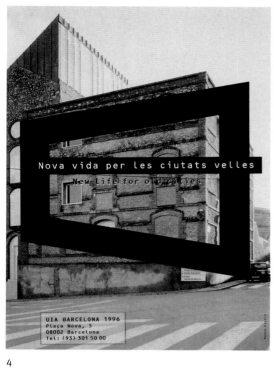

Nova vida per les ciutats velles
New life for old cities

UIA BARCELONA 1996
Plaça Nova, 5
08002 Barcelona
Tel: (93) 301 50 00

Telwerk 36

4

5

6

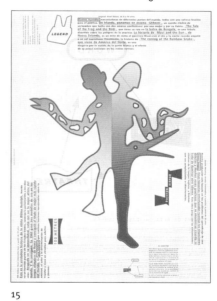

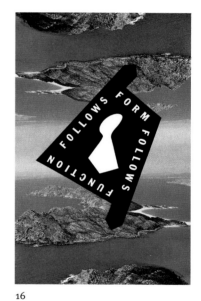

é

C

Vormberichten   11 97

Uitgave van de
Beroepsorganisatie Nederlandse Ontwerpers [BNO]

LEGEND

FOLLOWS FORM FOLLOWS FUNCTION

13

14

15

16

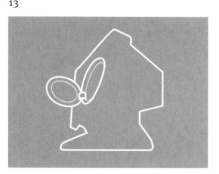

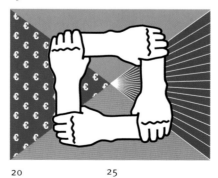

18

19   24

20   25

21   26

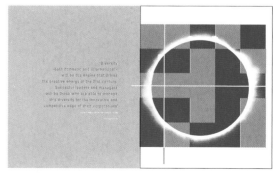

MODE-WEB
PARIJS, MILAAN, NEW YORK
SHOPPING

Studio Petra Esveld
art direction / graphic design / illustration

New Address
Obrechtstraat 281
2517 TX Den Haag
t +31 (0)70 360 17 14
f +31 (0)70 360 17 25

MOVED, NOT STIRRED

Eyedesign

Grafisch design & corporate identities

De Were 26 / 3332 KE Zwijndrecht
T 078-620 91 71 / F 078-620 91 72
mobile 06-25 15 65 20 / e-mail eye.design@worldonline.nl

Directie / Management F.H. Kattemölle
Contactpersoon / Contact F.H.Kattemölle
Opgericht / Founded 1997
Lidmaatschap / Membership BNO

Eyedesign BNO heeft in haar jonge bestaan reeds bewezen om gerenommeerde en veeleisende opdrachtgevers tevreden te stellen met grafisch design. Dit komt niet alléén door onze drang naar kwaliteit, functionaliteit en onderscheid. Essentieel zijn ook gedrevenheid, persoonlijke aandacht en een vriendelijk, eerlijk en open contact. Deze gegevens vormen samen de werkbasis van Eyedesign BNO en zorgen ervoor dat iedere opdracht uitmondt in een optimaal resultaat en een langdurige vertrouwensrelatie. Een relatie die het maximum zal halen uit elke dienst of elk product.

In its relatively short existence, Eyedesign BNO has already shown itself able to satisfy established and demanding clients with graphic designs. This is thanks not just to the thirst for quality, functionality and distinctiveness; in essence it reflects the sense of urgency, personal involvement and a friendly, honest and open contact. This is the basis of Eyedesign BNO's approach: ensuring that each commission results in an optimum solution and the lasting confidence of the client in a relationship that allows every service and product to attain its ultimate potential.

1 Starters Paspoort, Dordrecht, 1998 /
Dordrecht new enterprises passport, 1998

2 Uitnodigingskaart SSF, Dordrecht, 1998 /
Dordrecht SSF invitation card, 1998

3 Cover LMUP Zwijndrecht, Zwijndrecht, 1998 /
Zwijndrecht LMUP cover, 1998

4 Bewonersmagazine voor Gecombineerd Woningbeheer, Zwijndrecht, 1998 / *Residents magazine for Gecombineerd Woningbeheer, Zwijndrecht, 1998*

5 Folder voor het Starters Paspoort, Dordrecht, 1998 /
Dordrecht Starting Enterprises Passport folder, 1998

6, 7 Cursusfolders voor Syntens Rotterdam, 1998 /
Course folders for Syntens Rotterdam, 1998

8 Cover intern informatieplan Mercedes Benz Nederland, 1998 /
Mercedes Benz Nederland internal information plan cover, 1998

9 Logo Short Stay Facility, Dordrecht, 1998 /
Dordrecht Short Stay Facility logo, 1998

10 Logo Wijkbeheer, Zwijndrecht, 1998 /
Zwijndrecht district management logo, 1998

11 Logo Ondernemingsraad Woondrecht, 1999 /
Woondrecht Enterprise Council logo, 1999

9

10

11

Fabrique

Design & Communicatie

Oude Delft 201 / 2611 HD Delft
T 015-219 56 00 / F 015-219 56 01
e-mail info@fabrique.nl / website www.fabrique.nl

Zie ook Nieuwe media p.48, Industrieel ontwerp p.26

Directie / Management Jeroen van Erp, Paul Roos
Contactpersonen / Contacts Jeroen van Erp, Paul Roos
Vaste medewerkers / Staff 10 (van totaal 35)

Bedrijfsprofiel
Fabrique is een veelzijdig ontwerpbureau waar de verschillende
ontwerpdisciplines nauw met elkaar zijn verweven. Door een
brede vakkennis wordt een maximaal synergie-effect bereikt.
Fabrique telt 35 medewerkers. Design en communicatie zijn
onlosmakelijk met elkaar verbonden. Fabrique Design &
Communicatie ontwerpt o.a. huisstijlen, projectstijlen, tijdschriften, voorlichtingsmateriaal, verpakkingen, affiches, CD-
inlays, beursstands en tentoonstellingen. Desgewenst is
Fabrique betrokken bij het hele traject van ontwikkelen van de
communicatiedoelstellingen, via het bedenken en uitvoeren van
concepten tot aan de realisatie van drukwerk, internetsites
verpakkingen en advertentiecampagnes. Fabrique zoekt naar een
evenwicht tussen tijdgeest en tijdloosheid.

Opdrachtgevers / Clients
Albert Heijn, Bierens, Stichting Cameretten, Cardio Control, DLV
Adviesgroep, Double T, Gemeente Delft, Get Records, Freek de
Jonge, Legermuseum, Mail & Female, Ministerie van Economische
Zaken, Mojo Concerts, Mojo Theater, Music House, Nederlandse
Spoorwegen, Novib, Play It Again Sam, Policy Productions, Sony
Music Entertainment, Sounds, TNO, TU Delft, Van Records, Vara,
Virgin Records, Warner Bros

1 Teaserflyer voor Hugo D.nite / Hugo D.nite teaser flyer

2 Huisstijl voor Policy Productions / Policy Productions
housestyle

3 Huisstijl voor cd-winkels Sounds en Music House /
Sounds and Music House housestyle

4 Jaarverslag voor TNO Arbeid / TNO Arbeid annual report

5 Brochure voor Ministerie van Economische zaken /
Ministry of Economic Affairs brochure

6 Brochure Kwaliteitsverbetering en Strategie 2025, Gemeente
Delft / Delft municipality quality improvement brochure

7 Brochure strategie 2025, Gemeente Delft /
Delft municipality 2025 strategy brochure

8 Cd hoes voor Yulduz / Yulduz cd cover

9 Cd hoes voor Gorefest / Gorefest cd cover

10 Affiches voor Freek de Jonge / Poster for Freek de Jonge

11 Affiche voor Cameretten / Poster for Cameretten

12 Affiche voor Abeltje / Poster for Abeltje

13 Manuals voor bewegwijzering NS Stations /
Manuals for NS station signs

14 Logo voor televisieserie Goede daden voor de VPRO /
Goede daden TV series logo for VPRO

15 Huisstijl voor Get Records / Get Records housestyle

16 Verpakking voor Mail & Female vibrator /
Mail & Female vibrator packaging

17 Etikettenreeks, Tintol verfblikken / Tintol paint tin label series

18 Cd-hoes en lunchbox voor The Cords /
The Cords cd cover and lunchbox

1

2

3

8

9

13

15

4

5

6

7

10

11

12

16

17

18

zie ook Industrieel Ontwerp pagina 26

zie ook Nieuwe Media pagina 48

Fickinger Ontwerpers

Hinthamerstraat 193 a / 5211 ML Den Bosch
Postbus 1266 / 5200 BH Den Bosch
T 073-614 54 87 / F 073-612 31 59
mobile 06-51 64 50 51 / e-mail fickinger@wxs.nl
website fickinger.nl

Directie / Management Hans Fickinger
Contactpersonen / Contacts Hans Fickinger, Bianca de Haas
Vaste medewerkers / Staff 3
Opgericht / Founded 1991
Lidmaatschap / Membership BNO
Samenwerkingsverband met / Associated with copywriter

Profiel

Gespecialiseerd in redactionele, business-to-business en
communicatieve projecten. Analytische en creatieve benadering.
Sterk in conceptontwikkeling. Werkzaam op het gebied van
huisstijlen, boeken, corporate communicatie, jaarverslagen,
affiches en tijdschriften.
Hoofdactiviteit: 60% communicatie, 40% redactionele
vormgeving.

Profile

Specialised in editorial, business-to-business and communication
projects. Analytical and creative approach. Strong point: concept
development. Active in corporate design, books, corporate
communications, annual reports, posters and magazines.
Main activities: 60% corporate design, 40% editorial design.

Prijzen/Awards

The Best Designed Books, Best Social Report, ADCN (nomination)

1 Schoolboek, 1998 / Schoolbook, 1998

2 Sociaal Jaarverslag, 1999 / Annual social report, 1999

3 Brochure, 1998 / Brochure, 1998

4 Boek, 1998 / Book, 1998

5 Jaarverslag, 1999 / Annual report, 1999

6 Affiche, 1998 / Poster, 1998

7 Boek met cd, 1998 / Book and cd, 1998

Foto's / Photos Ruud Pijnenburg

1

2

3

4

5

6

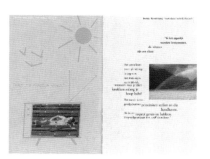

7

Frisse Wind

Grafisch ontwerp en advies

AOC gebouw
W.G. Plein 112 / 1054 SC Amsterdam
T 020-689 81 81 / F 020-689 18 58
e-mail fw@frissewind.nl / website www.frissewind.nl

Directie / Management Anneke Maessen, Don Wijns
Contactpersoon / Contact Rieke van de Vijfeijke
Vaste medewerkers / Staff 9
Opgericht / Founded 1986
Lidmaatschap / Membership BNO

Frisse Wind - De naam associeert met typisch Nederlandse
zaken: zeelucht, verandering, beweging, bedrijvigheid, actief,
onconventioneel en een alerte opstelling.
Bevlogen - Wij zijn geïnspireerd door de rijkdom van
mogelijkheden die het vak ons biedt. Onze uitdaging is het
concreet en tastbaar maken van veelal abstracte
communicatievraagstukken. Daarin bewegen wij ons op de lijn
tussen tijdelijkheid en tijdloosheid, tussen actualiteit en
toekomst.
Vakmanschap - Wij ervaren ons werkterrein als dynamisch omdat
wij zowel creatieve, esthetische als communicatieve èn
technische dimensies verenigen. Dit stelt hoge eisen aan het
ontwerp en het visueel vormgeverschap. Wij zijn alert op
ontwikkelingen binnen elke dimensie en toetsen deze in hun
onderlinge samenhang.
Samenwerking - Wij werken binnen ons bureau samen: niet
concurrerend maar inspirerend naar elkaar. Samen met onze
opdrachtgevers en opdrachtnemers werken wij naar het
eindproduct. Dit vraagt inzet, openheid en betrokkenheid.
Duurzaam - Wij hechten aan duurzaamheid in relaties, zowel met
onze opdrachtgevers als met onze opdrachtnemers.
Ontwerpproces - Vanuit een gedegen analyse formuleren wij een
doordacht concept en een heldere functionele structuur als basis
voor het ontwerp.

Opdrachtgevers / Clients

Corus: voorheen Koninklijke Hoogovens, Aedes, Bouwfonds
Woningbouw, Nationaal Groenfonds, Nationaal Groen
Beleggingsfonds, Nederlandse Vereniging van Banken,
Nieuwstribune, CBE Group, BNA, Novib, Mama Cash, Dienst
Landelijk Gebied, Gemeente Almere, DRO Amsterdam, VNU
en anderen / and others

1 *Opdrachtgever: BNA, opdrachtstelling: het ontwerpen van een
periodiek voor leden op A3-formaat, concept: op basis van een
vast stramien met herkenbare elementen steeds een volwassen
maar toch verrassend blad maken / Client: BNA, commission: to
design a periodical for members in A3 format, concept: a mature
yet surprising magazine based on a regular layout with
recognisable elements*

2 *Opdrachtgever: Bouwfonds Woningbouw, opdrachtstelling:
thematische ontwikkeling brochurelijn, concept: kwaliteit van
wonen en leven vertaald in snapshot fotografie / Client:
Bouwfonds Woningbouw, commission: thematic development of
brochure line, concept: housing quality translated in snapshot
photography*

3 *Opdrachtgever: Koninklijke Hoogovens, opdrachtstelling:
positieve visualisering van de consumentenmarkt met betrekking
tot Hoogovensproducten, concept: individueel genieten in een
wereld waar toepassingen van staal en aluminium niet meer uit
weg te denken zijn / Client: Koninklijke Hoogovens, commission:
positive visualisation of consumer market in relation to
Hoogovens products, concept: individual enjoyment in a world in
which steel and aluminium have become indispensible*

4 *Opdrachtgever: Nationaal Groenfonds, opdrachtstelling:
ontwikkeling van logo en huisstijl, concept: eikeblad of
eekhoorn; abstracte natuurverwante vorm voor het vignet /
Client: Nationaal Groenfonds, commission: development of logo
and housestyle, concept: oakleaf or squirrel; abstract natural
forms for a vignette*

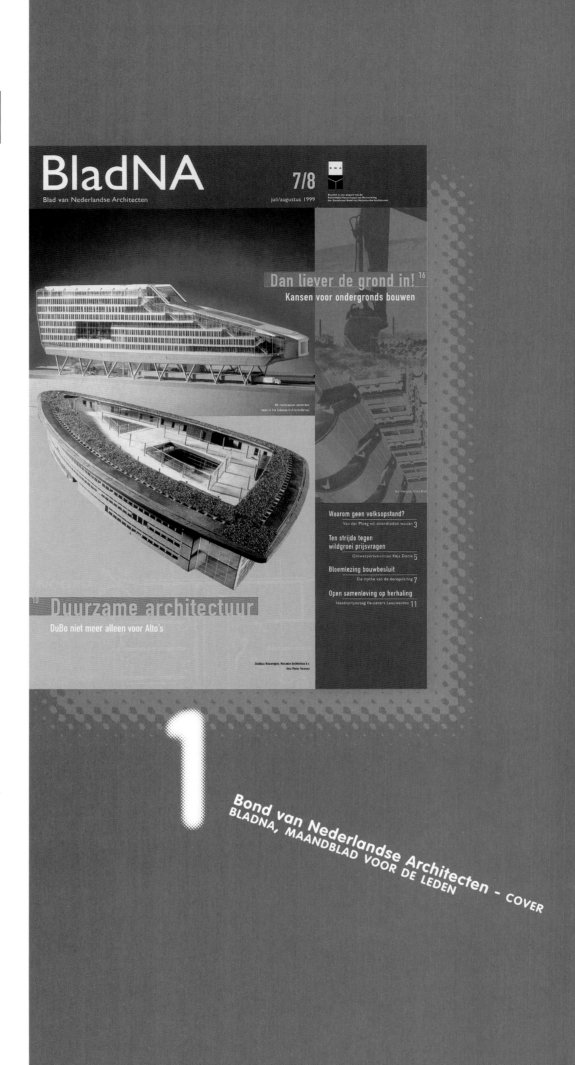

BladNA 7/8
Blad van Nederlandse Architecten
juli/augustus 1999

Dan liever de grond in! 16
Kansen voor ondergronds bouwen

Waarom geen volksopstand? 3
Van der Ploeg wil onorthodox wonen

Ten strijde tegen
wildgroei prijsvragen
Ontwerpersvoorman Keja Donia 5

Bloemlezing bouwbesluit
De mythe van de deregulering 7

Open samenleving op herhaling
Ideeënprijsvraag En-oevers Leeuwarden 11

Duurzame architectuur
DuBo niet meer alleen voor Alto's

1

Bond van Nederlandse Architecten - COVER
BLADNA, MAANDBLAD VOOR DE LEDEN

Trends in de woningmarkt

Bouwfonds Woningbouw

2

Bouwfonds Woningbouw - COVER EN DETAIL
BINNENKANT OMSLAG BROCHURE 'TRENDS'

Koninklijke Hoogovens – cover CORPORATE
JAARVERSLAG EN BEELDPAGINA

4

Nationaal
Groenfonds

Nationaal **Groen**
Beleggingsfonds

Funcke Ontwerpers

Bureau voor communicatieve vormgeving

Stolbergstraat 9 / 2012 EP Haarlem
Postbus 330 / 2000 AH Haarlem
T 023-540 05 54 / F 023-540 09 94
e-mail ontwerpers@funcke.com / website www.funcke.com

Contactpersoon / Contact Joris Funcke
Vaste medewerkers / Staff 8
Opgericht / Founded 1990

1 KLM Dienst Cabinepersoneel, personeelsmagazine /
KLM Cabin Crew Services, staff magazine

2 M.I.S. Organisatie-ingenieurs, website

3 Jungle Gym, diverse verpakkingen en folder /
Packaging and folder

4 Gemeenschappelijke Exploitatie Maatschappij Vleuterweide,
huisstijl / Housestyle

5 SHL Nederland, branchebrochures /
Branch brochures

6 StradmeijerGrajer makelaars, huisstijl /
StradmeijerGrajer brokers, housestyle

7 Rijkswaterstaat, directie Noord-Holland, sociaal jaarverslag
en uitnodiging / Directorate-General for Public Works and Water
Management, annual social report and invitation

1

2

3

vleuterweide

4

5

Finance
menselijk vermogen telt

StradmeijerGrajer makelaars StradmeijerGrajer makelaars StradmeijerGrajer makelaars

6

7

Bel 023 54 00 554 voor meer informatie of om onze brochure aan te vragen.

G2K

Ontwerpers en adviseurs in Amsterdam
en Groningen

Praediniussingel 1 / 9711 AA Groningen
T 050-589 14 44 / F 050-589 14 55
Van Diemenstraat 136 / 1013 CN Amsterdam
T 020-423 31 12 / F 020-423 31 13
e-mail info@g2k.nl / website www.g2k.nl

Zie ook Nieuwe Media p.52

Directie / Management Alexander Bergher, Michael Klok,
Anne Stienstra
Contactpersonen / Contacts Alexander Bergher, Anne Stienstra,
Michael Klok, Karianne Rienks
Vaste medewerkers / Staff 20
Opgericht / Founded 1993

To see and be seen

Uitstraling, breinposities, brand values, statements:
daar draait het om.

G2K. Een multidisciplinair bureau voor stijlontwikkeling.
Sterk door de combinatie van design en procesbeheersing

To see and be seen

Exposure, brain positioning, brand values, statements:
that's what it's all about.

Agency philosophy

G2K. A multidisciplinary style development agency. Strong
through its combination of design and process control.

A single design project? A large-scale style development and
implementation project? Contact us.

Opdrachtgevers / Clients

ABN AMRO Rothschild, Ballast Nedam, Brocacef Holding nv,
Condor, Conservatorium Groningen, CSM nv, Cunningham Polak
Schoute, Frans Filmfestival, Gemeente Groningen, GGZ Drenthe,
Groninger Archieven, Hoogovens Perfo, Intergamma bv, Martinair
Holland, Martinihal, Minolta Nederland, Nederlands Zuivel-
bureau, RoadAdvertising, Troostwijk Groep, Versatel, Van Wijnen,
Wooninvesteringsfonds

Bureau Piet Gerards

Akerstraat 86 / 6411 HC Heerlen
T 045-571 99 20 / F 045-571 98 05
e-mail bureaupietgerards @wxs.nl

Prinsengracht 409 f / 1016 HM Amsterdam
T 020-6269242 / F 020-6269234

Directie / Management Piet Gerards
Contactpersoon / Contact Piet Gerards
Vaste medewerkers / Staff 3
Opgericht / Founded 1980
Lidmaatschap / Membership BNO

Hoofdactiviteiten / Main activities
(Typo)grafisch ontwerp voor boeken, periodieken en huisstijlen /
(Typo)graphic design of books, periodicals and house styles

Prijzen en nominaties / Awards and nominations
Best Verzorgde Boeken 1986-1998 (19x)
'Schönste Bücher aus aller Welt', Leipzig: Gouden medaille, 1993
& Honorary Diploma, 1997
Eerste prijs Cultuurfonds BNG, 1993
Nominatie Designprijs Rotterdam, 1994
International Book Award (American Institute of Architects,
Washington), 1995
Award for High Design Quality (German Prize for Communications
Design, Essen), 1995-1997 (5x)
Best overall entry the Netherlands (Donside, London), 1996

Opdrachtgevers / Clients
Uitgeverijen / Publishers
010 Publishers (Rotterdam), Plantage (Leiden), Herik
(Landgraaf), SDU (Den Haag), Bas Lubberhuizen (Amsterdam),
Birkhäuser (Basel, CH), De Buitenkant (Amsterdam), NAi
Publishers (Rotterdam), Rosbeek Books (Nuth), La Renaissance
du Livre (Tournai, B), Huis Clos (Oude Tonge), Plataan (Zutphen),
BIS (Amsterdam)

Musea / Museums
Stedelijk Museum Roermond, Museum Van Bommel Van Dam
(Venlo), Bonnefantenmuseum (Maastricht), Nederlands
Architectuurinstituut (Rotterdam), Witte de With (Rotterdam),
Stadsgalerij (Heerlen), Stichting Oude Kerk (Amsterdam), Galerie
Signe (Heerlen), Galerie Wolfs (Maastricht), Centrum Beeldende
Kunst (Maastricht)

Overig / Others
ABP/USZO (Heerlen), Academisch Ziekenhuis Maastricht,
Architectenbureau Wiel Arets (Maastricht), Architectenbureau
Boosten/Rats & Ritzen (Maastricht), Architectenbureau Van den
Heuvel/De Wilde (Heerlen), Bernardinuscollege (Heerlen), De
Nederlandse Munt (Utrecht), Drukkerij Groenevelt (Landgraaf),
Drukkerij Rosbeek (Nuth), Gemeenten / Municipalities of
Maastricht, Heerlen, Landgraaf, Grafische Cultuurstichting
(Amsterdam), LAND Archäologie (Aldenhove, D), Montessori
Lyceum (Amsterdam), Nutsbedrijf (Heerlen), PTT Post
(Den Haag), Rienks en Partners, architecten en ingenieurs
(Breda), Rijksarchief Limburg (Maastricht), Rijksgebouwendienst
(Den Haag), Stichting Intro/In Situ (Maastricht), Stichting Ithaka
(Amsterdam/Lys St. Georges, F), Themerson Archive (London),
Universiteit Maastricht, Universiteitsbibliotheek Amsterdam,
Vitruvianum (Heerlen)

Boeken over / Books on

1 Typografie, omslagontwerp / Typography, cover design,
De Buitenkant, Amsterdam 1998

2 Biografie / Biography (160 p), Stichting Ilse Frankenthal,
Brunssum 1998

3, 4 Literatuur / Literature (138 p, 176 p), Plantage, Leiden
1998-1999

5 Beeldende kunst / Art (132 p), Rosbeek Books, Nuth 1998

6 Literatuur / Literature (160 p), Bas Lubberhuizen, Amsterdam
1999

7 Literatuur / Literature (64 p), D'r Poal, Heerlen 1999

8 Beeldende kunst / Art (48 p), Huis Clos, Oude Tonge 1998

9 Geschiedenis / History (136 p), Bernardinuscollege, Heerlen
1998

10, 11 Non-fictie / Non-fiction (60 p, 96 p), Plataan, Zutphen
1998-1999

12 Architectuur / Architecture (320 p), La Renaissance du Livre,
Tournai (B) 1998

13, 14 Essays (32 p, 40 p), Universiteit Maastricht, 1997-1998

15 Beeldende kunst / Art (256 p), 010 / Witte de With, Rotterdam
1998

16 Architectuur / Architecture (372 p), 010, Rotterdam 1998

17 Industriële vormgeving / Industrial design (424 p), 010,
Rotterdam 1998

18 Architectuur / Architecture (32 p), Universiteitsbibliotheek
Utrecht 1999

* Best Verzorgd Boek / Best Book Design

1*

2

3

4

5

6

dar/
6 heerlense verhalen
ren/
paul van der velden
slacht
d'r poal

7

De paters van de Akerstraat *Aliis prohcere*

Rinskje Koelewijn en Bert Nienhuis
DIERBARE HONDEN
Bekende bazen en hun hond

PLATAAN

bram van splunteren
als ze maar gelukkig zijn

VPRO plataan

11

8*

1880
1890
stefan themerson
1900
1910
1920
1930
1940
kurt schwitters on a time chart
1950
1960

Constant's New Babylon The Hyper-Architecture of Desire
Mark Wigley

15

Charles Vandenhove
art & architecture

12*

Paul Groenendijk, Piet Vollaard
Gids voor Guide to
moderne architectuur
modern architecture in
NEDERLAND
THE NETHERLANDS

010

16

TIMO DE RIJK **Het elektrische huis**
Vormgeving en acceptatie van elektrische huishoudelijke apparaten in Nederland

Uitgeverij 010

17

CAN
MACHINES
THINK?
BLUE
DEEP
AND
BEYOND
DANIEL C.
DENNETT

13*

Patricia de Martelaere
Patricia de Martelaere *Een houdst hoxet*
Studium Generale Maastricht

14

UNIVERSI
TEITSBIB
LIOTHEEK
UTRECHT
ONTWERP
WIELARETS

18

Bureau van Gerven

Grafisch ontwerpers

Kasteel d'Erp
Baron van Erplaan 1 / 5991 BM Baarlo
Postbus 8342 / 5990 AA Baarlo
T 077-477 17 71 / F 077-477 21 22
e-mail info @vangerven.nl / website www.vangerven.nl

Directie / Management Huub van Gerven
Contactpersoon / Contact Huub van Gerven
Vaste medewerkers / Staff 6
Opgericht / Founded 1979
Lidmaatschap / Membership BNO

Bedrijfsprofiel

Bureau van Gerven bestaat uit 6 medewerkers die ieder met hun
eigen specialisme ontwerpen en vormgeven voor een gevarieerd
samengesteld opdrachtenpakket in voornamelijk Business to
Business communicatie. In een historische omgeving zoeken zij
eigentijdse en creatieve oplossingen voor communicatie- en
vormgevingsproblemen.

Agency profile

All six members of the Bureau van Gerven team contribute an
individual speciality to the design of a highly diverse portfolio
of projects in mainly business-to-business communication.
Working in historic surroundings, they provide contemporary,
creative solutions to communication and graphic design
problems.

Opdrachtgevers / Clients

Grote en middelgrote ondernemingen uit industriële,
grafische en dienstverlenende sectoren. Culturele organisaties
en overheidsinstellingen. (Selectie op CD-rom) /
Large and medium-size companies in industry, printing &
graphics, services and non-profit. (Sample selection on CD-rom)

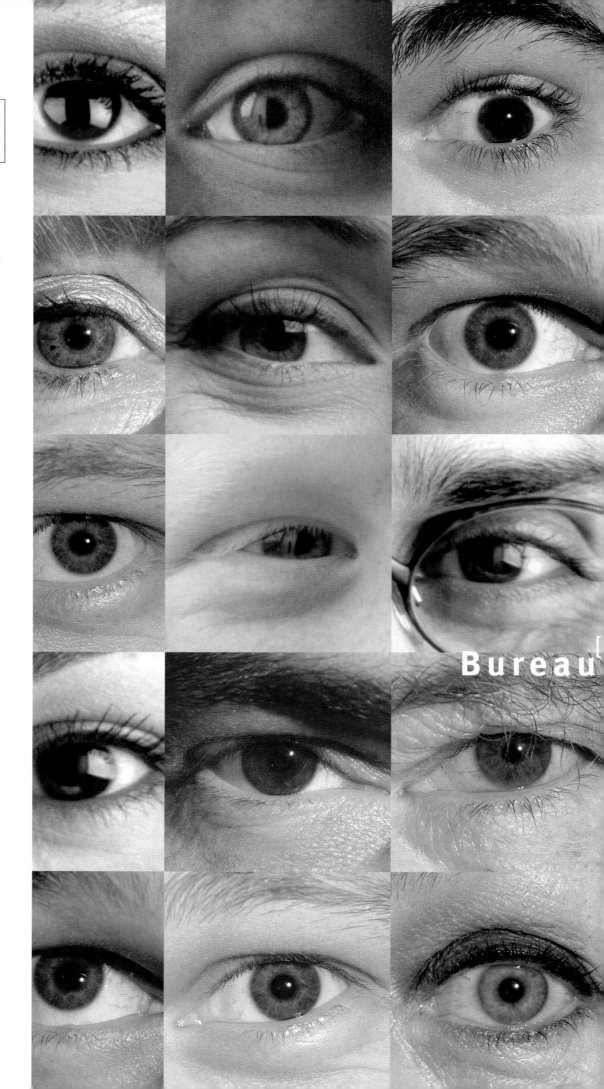

Bureau

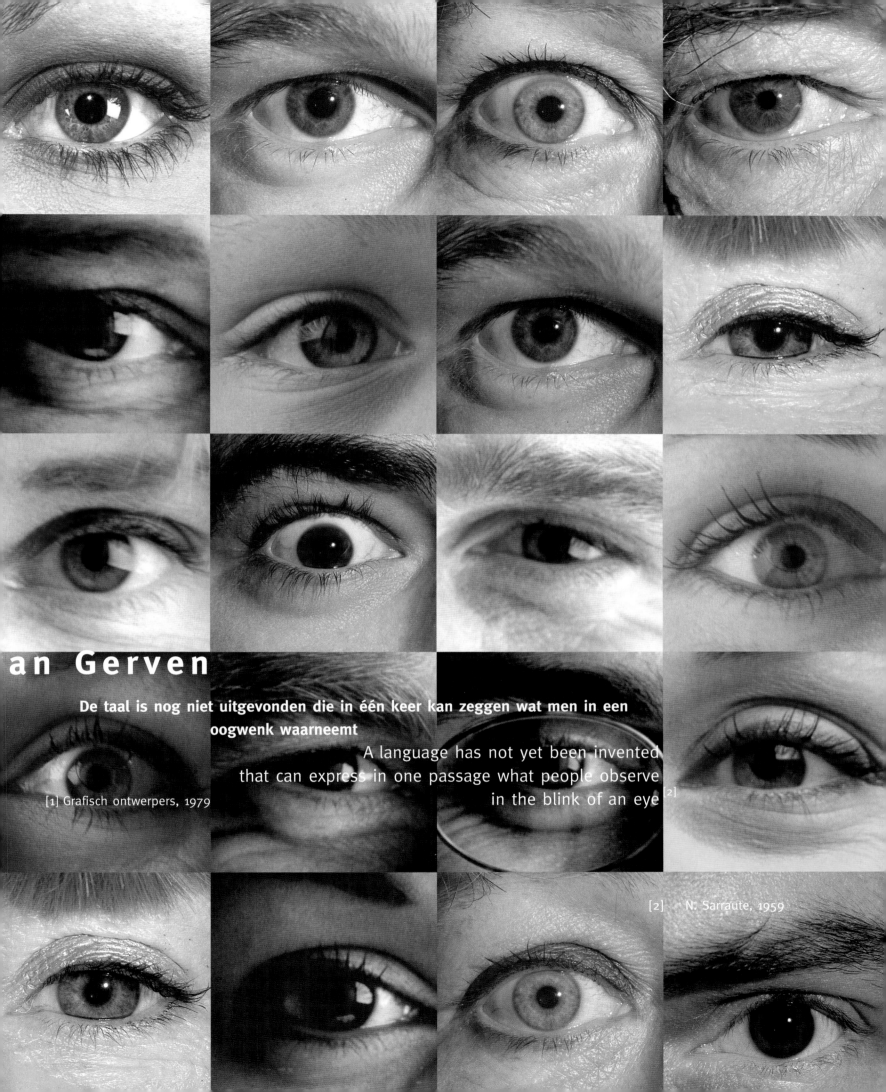

an Gerven

De taal is nog niet uitgevonden die in één keer kan zeggen wat men in een oogwenk waarneemt

A language has not yet been invented
that can express in one passage what people observe
in the blink of an eye [2]

[1] Grafisch ontwerpers, 1979

[2]   N. Sarraute, 1959

Ontwerpbureau Ghering

Bureau voor grafische vormgeving

Sint Pieterspoortsteeg 19 / 1012 HM Amsterdam
T 020-624 50 25 / F 020-622 55 34

Contactpersoon / Contact Denise Ghering
Vaste medewerkers / Staff 2
Opgericht / Founded 1990
Samenwerkingsverband met / Associated with fotografen,
illustratoren en tekstschrijvers/photographers, illustrators and
copywriters

Hoofdactiviteiten / Main activities

50% corporate identity, house style
30% editorial design
10% packaging, brand development
10% interior, architectual

Bedrijfsprofiel

Het doel is meewerken aan de totstandkoming van een
zorgvuldig gemaakt goed product. Ontwerpbureau Ghering
erkent dat iedere opdrachtsituatie uniek is en daarmee een eigen
aanpak verlangt. In overleg met de opdrachtgever wordt per
project op het gebied van redactie, ontwerp en uitvoering naar
een gepaste werkwijze gezocht.
Vanaf maart 2000 gaan de werkzaamheden van Ontwerpbureau
Ghering door bij Nieuw Amsterdams Peil (NAP).

Agency profile

The objective is to cooperate in achieving a meticulously finished
quality product. For Ghering design agency each assignment is
unique, requiring an individual approach. We consult with the
client on every project and agree an appropriate working method
for editorial supervision, design and execution.

Opdrachtgevers / Clients

Ministerie van VROM, DG Milieubeheer/ Ministry of housing,
Spatial Planning and the Environment (Den Haag) Delta roA
(Amsterdam), SFB VastGoed (Amsterdam), Atrium-Woonpartners
in Midden Nederland, Housing Department (Hilversum, Huizen),
Architectenbureau L. Lafour en R. Wijk (Amsterdam), Hans van
Heeswijk architect BNA bv (Amsterdam) en anderen / and others

*Annual Report 1997 and 1998, Atrium, Woonpartners in Midden
Nederland (Hilversum, Huizen)*

Newsletter 1998 Delta roA (Amsterdam)

Housing profiles 1998 SFB VastGoed (Amsterdam)

*Architectual Lettering 'Bijlmerdreef D-Buurt',
1998 Hans van Heeswijk architect, BNA bv, Amsterdam*

Foto / Photo Reinier Gerritsen (Amsterdam)

Studio Gonnissen en Widdershoven

Weesperzijde 98 / 1091 EL Amsterdam
T 020-468 35 25 / F 020-468 35 24
e-mail gonwid@xs4all.nl

Contactpersonen / Contacts Nikki Gonnissen,
Thomas Widdershoven, Marieke Zwartenkot
Vaste medewerkers / Staff 5
Opgericht / Founded 1993
Lidmaatschappen / Memberships BNO, ADCN

'Gonnissen en Widdershoven: Orgineel en vernieuwend.
In de jaarlijkse internationale designtop van het toonaangevende
Amerikaanse blad I-D komen ze dit najaar maar liefst drie keer
voor: Nikki Gonnissen (1967) en Thomas Widdershoven (1960).
Widdershoven leerde na zijn studie filosofie grafisch ontwerpen
aan de Rietveld Academie, Gonnissen aan de Hogeschool voor
de Kunsten Utrecht. Ze zijn de meest vernieuwende jonge
ontwerpers van dit moment. Partners in werk en leven.
Baarden de afgelopen jaren opzien door zelf in hun ontwerpen
te figureren. Voor het boek Eternally Yours over duurzame
productontwikkeling gebruikten ze hun liefdesleven als
metafoor; op de cover staat hun eerste kus. Hun stijl is niet in
hokjes onder te brengen. Een geniale vondst was het in rood
en groen over elkaar heen drukken van de Engelse en de
Nederlandse tekst in de catalogus van Wim T. Schippers.
De bijgeleverde kleurfilter maakte de teksten leesbaar.'
Ineke Schwartz in Elsevier Magazine.

'Gonnissen en Widdershoven: Orginal and innovative. They
are mentioned no less than three times in leading American
magazine I-D's ratings: Nikki Gonnissen (b. 1967) and Thomas
Widdershoven (b. 1960). Widdershoven studied graphic design
at Rietveld Academie after graduating in philosophy, Gonnissen
at Hogeschool voor de Kunsten in Utrecht. They are today's most
innovative young designers: partners in work and in life.
Recently, they caused a stir by appearing in their own designs.
For 'Eternally Yours', a book on durable product development,
they used their own lovelife as a metaphor; their first kiss is
featured on the cover. Their style is impossible to pigeonhole.
An ingenious idea was to superimpose the Dutch and English
in green and red in the Wim T. Schippers catalogue. The text can
be read by using the accompanying colour filter.' Ineke Schwartz
in Elsevier Magazine.

Opdrachtgevers / Clients

Centraal Museum Utrecht
Samsam
Koninklijk Instituut voor de Tropen
Droogdesign
Ministerie van OC en W
Stedelijk Museum Amsterdam
Alleman creative projects
Gemeentelijk Dienst Afvalverwerking
Dienst Binnenstad Amsterdam
Vormgevingsinstituut
Uitgeverij 010
Uitgeverij van Oorschot/Tirade
Van Hulzen public relations
KPN
Société Gavigniès
Kennedy Van der Laan advocaten
Uitgeverij De Zingende Zaag

one size fits all

eternally yours
visions on product endurance

010 publishers

N 1991-1996

c c
c
centraal museum

HIPPERS

c c
c
centraal museum

Hermen Grasman

Grafisch ontwerpers

De Papiermolen
Papiermolenlaan 3-unit 30 / 9721 GR Groningen
T 050-527 60 55 / F 050-527 60 95

Vaste medewerkers / Staff 2
Opgericht / Founded 1992

Vanuit de voormalige kleedkamers van het oudste, nog in gebruik zijnde openluchtzwembad van Nederland ontwerpen wij voor onder andere het Academisch Ziekenhuis Groningen, Bond Nederlandse Architecten, Holland Casino, Provincie Groningen, Rijksuniversiteit Groningen, Wolters Noordhoff en vele anderen.

Working from the former changing rooms of the country's oldest, operative open-air public swimming baths, designs are produced for clients such as Groningen's university hospital, the Dutch architects association, Holland Casino, Groningen province, Groningen university, Wolters Noordhoff and many others.

1 *Wolters-Noordhoff, onderdeel van een grote campagne voor de promotie van educatieve boeken / Wolters-Noordhoff, part of a major campaign to promote educational books*

2 *Provincie Groningen, De kunst van het evenwicht, Cultuurnota 1997-2000 / Groningen province, The Art of Balance, 1997-2000 Culture Plan*

3, 4 *Academisch Ziekenhuis Groningen, boek over de geschiedenis van 200 jaar ziekenhuis, uitgave is geselecteerd voor 'De Best Verzorgde Boeken 1998' / Groningen university hospital, book on the two-hundred year history of the hospital, publication nominated for 'Best Verzorgde Boeken 1998'*

5 *Beeldmerken van links naar rechts: Schat Assurantiën, Ideeënprijsvraag Ee-oevers Leeuwarden in opdracht van de Bond van Nederlandse Architecten, Aksi Automatisering, Stichting Hanzeplein - samenwerkingsverband tussen Hanzehogeschool/Hogeschool van Groningen/Academisch Ziekenhuis Groningen, Pictogram, I Spy - persoonsgebonden beveiligingssystemen, 'What's In A Name' / Logos, from left to right: Schat Assurantiën, Ideeënprijsvraag Ee-oevers Leeuwarden commissioned by the association of Dutch architects, Aksi Automatisering, Hanzeplein foundation - joint project of Hanzehogeschool/Hogeschool van Groningen/Groningen university hospital, Pictogram, I Spy - personal security systems, 'What's In A Name'*

1

2

5

3

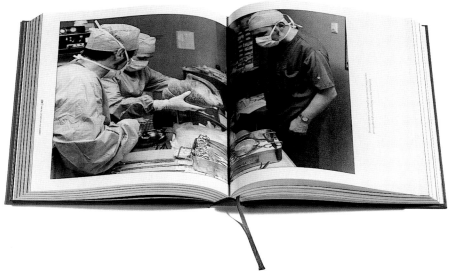

4

Greet

Grafisch ontwerp en illustratie

Binnen Dommersstraat 3 / 1013 HK Amsterdam
T 020-428 20 85 / F 020-428 52 30
mobile 06-55 89 45 88 / e-mail greet @xs4all.nl
website www.greet.nl

Contactpersoon / Contact G. Egbers
Vaste medewerkers / Staff 1
Opgericht / Founded 1999
Lidmaatschappen / Memberships ADCN, BNO

Bedrijfsprofiel

Acht jaar geleden was Greet Egbers medeoprichter van
ontwerpbureau LAVA.
Sinds januari 1999 werkt zij onder de naam Greet.
Greet werkt voor zowel commerciële als culturele opdrachtgevers
op het gebied van grafische vormgeving, illustratie en
multimedia.

Agency profile

Eight years ago, Greet Egbers co-founded design agency LAVA.
Since January 1999 she has worked under the name Greet for
commercial and cultural clients in graphic design, illustration and
multimedia.

**Greet werkt of heeft gewerkt voor o.a. / Greet's former and
current clients include:**

Arena uitgeverij, Beaumont communicatie, tijdschrift Blvd,
Bloemenveiling Aalsmeer, Accountantskantoor Boringa,
Borremans & Ruseler, Hogeschool Amsterdam, Grachtenfestival
Amsterdam, Groep/communicatie, Kern Habbema & Yab, KLM,
KPN, Nederlands Filmfestival, Theater Instituut Nederland,
Origin, Orkater, Philips, Quax-styling, Rialto filmhuis, discotheek
Roxy, SFB Groep, SHV, Siemens, Nutsverzekeringen, Volta

*1 Affiche voor theaterproductie 'Het diepe in met A' /
Poster for 'Het diepe in met A' theatre production*

*2 Affiche voor het Nederlands Filmfestival Utrecht /
Poster for Dutch Film Festival Utrecht*

*3 Affiche voor de productie 'Een huis vol stemmen', i.o.v. Orkater /
Poster for production 'Een huis vol stemmen', commissioned by
Orkater*

*4 Affiche als bijlage bij filmmuziek-cd i.o.v. Drive In,
music productions / Poster enclosed in film music-cd
commissioned by Drive In, music production*

*5 Boekje 'Zo doen wij dat', voor Origin i.o.v. Volta /
Booklet for Origin commissioned by Volta*

*6 Magazine Uitkrant, i.o.v. Groep/communicatie /
Uitkrant magazine commissioned by Groep/communication*

*7 Logo voor muziek en dansgezelschap 'Tango Destino' /
Logo for 'Tango Destino' dance and music company*

*8 Het grote GREET magazine, inclusief portfolio. Nu te bestellen /
The big Greet magazine, portfolio included; order now!!*

*9 Website t.b.v. jubileum 100 jaar maatschappelijk werk, i.o.v.
de Hogeschool Amsterdam / Website for social work centenary,
commissioned by Hogeschool Amsterdam*

*10 Huisstijl voor Quax-styling bureau /
Quax-styling agency housstyle*

1

2

3

5

CARVER
terug van weggeweest
BEETHOVENCYCLUS II
DOOR RONALD BRAUTIGAM
RIETVELD ACADEMIE 75 JAAR
EEN WERELD-EXPOSITIE IN DE WESTERGASFABRIEK

SHARON ST. ONGE
'OP DE WAGNER-TUBA
KUN JE LEKKER LOEIEN'

Ze groeide op in Hartford, Connecticut, en maakt sinds 1981 deel uit van de zevenkoppige hoornsectie van het Koninklijk Concertgebouworkest. 'Om toen, als net afgestudeerde hoorniste, in dat wereld beroemde orkest terecht te komen, was voor mij een soort sprookje,' zegt Sharon St. Onge.

'Als je die fijne spieren overbelast, is de boel zo kapot'

7

6

ZELFPORTRET 02

8

9

10

Waar we in geloven

Origin wil het leukste bedrijf zijn om voor en mee te werken.

Leidend hierin zijn onze waarden:

OORSPRONKELIJKHEID

INTEGRITEIT   VRIJHEID

VERANTWOORDELIJKHEID

Mijn toegevoegde waarden:

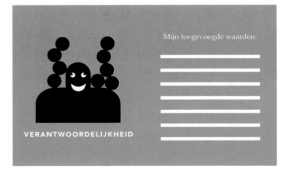

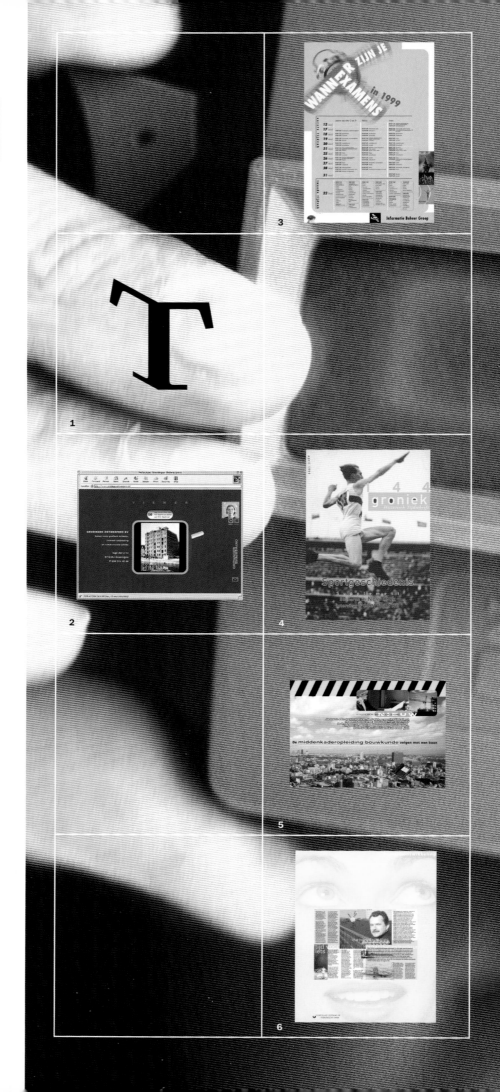

Groninger Ontwerpers

Bureau voor grafisch ontwerp, internet-toepassing
en communicatieadvies

H.N. Werkmanhuis
Lage der A 13 / 9718 BJ Groningen
T 050-311 26 44 / F 050-318 22 94
e-mail contact@groningerontwerpers.nl
website www.GroningerOntwerpers.nl

Directie / Management Gerard Jan van Leeuwen, Bert Viel
Contactpersoon / Contact Diana Bont
Vaste medewerkers / Staff 4
Opgericht / Founded 1995
Lidmaatschap / Membership BNO

Opdrachtgevers / Clients
Informatie Beheer Groep, Groningen
Dienst Ruimtelijke Ordening en Economische Zaken, Groningen
Dienst Onderwijs Cultuur Sport en Welzijn, Groningen
Milieudienst, Groningen; Wolters-Noordhoff, Groningen
Penta Scope, Amersfoort
BakkerGroep, Groningen
Landelijk Dienstverlenend Centrum (LDC), Leeuwarden
Stichting Wijkvernieuwing Groningen
Samenwerkingsverband Praktijkopleiding Bouwbedrijven Utrecht
en omgeving (SPBU), Nieuwegein
Bioclear milieubiotechnologie, Groningen
Zalsman Grafische Bedrijven, Groningen
Meubelfabriek Van Bennekom, Stadskanaal; Gemeente Zuidhorn
Vogel & Mulder Communicatie, Groningen
en anderen / and others

1 Huisstijl / Corporate identity TiekstraMedia servicebureau,
Groningen, 1998

2 Internetsite Groninger Ontwerpers, Groningen, 1999

3-7 Roosterposter en handleiding / Poster and manual
Informatie Beheer Groep, Groningen, 1999

4 Omslag / Cover Groniek (Historical Magazine) RuG,
Groningen, 1999

5 Brochure SPBU, Nieuwegein, 1999

6 Huisstijl en muurkrant / Corporate identity and poster
Organisatie. Ontwikkeling Dienst RO/EZ. Groningen, 1998

8 Kalender / Calender 1999 Penta Scope, Amersfoort, 1998

9 Omslag beroepengids / Catalogue cover LDC,
Leeuwarden, 1999

10 'MAX' Productcatalogus / 'MAX' Product catalogue
BakkerGroup, Groningen, 1998

11 Internetsite BakkerGroup, Groningen, 1999

12 Productcatalogus / Product catalogue Wolters-Noordhoff
product, Groningen, 1998

13 Brochure meubelfabriek / Brochure furniturefactory
Van Bennekom, Stadskanaal, 1999

14 CiBoGa tentoonstelling / Exhibition Dienst RO/CZ,
Groningen, 1998

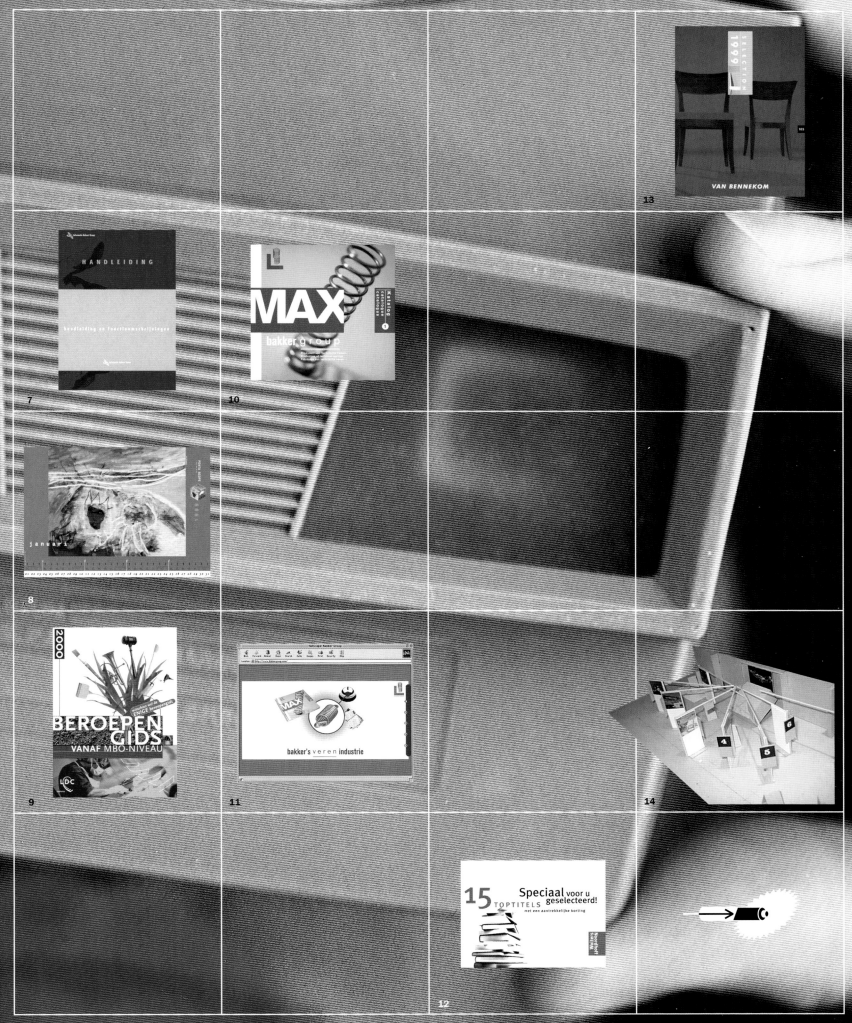

HEFT.

Ontwerp en advies

Tussen de Bogen 26 / 1013 JB Amsterdam
T 020-422 83 30 / F 020-422 83 44
e-mail heft @ontwerpt.nl

Directie / Management André van Dijk, Klaas Knol,
Johan Wiericx
Vaste medewerkers / Staff 3
Opgericht / Founded 1996
Lidmaatschap / Membership BNO

Bureauprofiel

HEFT is een ontwerpbureau voor grafische, interactieve en
ruimtelijke vormgeving: visuele dienstverleners met een eigen
gezicht. HEFT koppelt creativiteit aan een pragmatische visie,
zodat doeltreffende oplossingen voor uiteenlopende ontwerp-
projecten ontwikkeld worden.

Agency profile

HEFT is a design agency specialised in graphic, interactive and
interior design: visual services suppliers with a unique vision.
HEFT harnesses creativity to a pragmatic vision, enabling
effective solutions to be developed for a wide range of design
projects.

Opdrachtgevers / Clients

Proost en Brandt, Koninklijke Nederlandse Hockey Bond, Quint
Wellington Redwood, Theater Instituut Nederland, Een Geheel,
De Financiële Raadgever, Leomil Europe, T-Question, Stichting
Publiek Domein, Scripta Media, Nederlands Congres Bureau

Quint Wellington Redwood, Corporate brochure

Theater Instituut Nederland, Nieuwsbrief / Newsletter

Een Geheel, Huisstijl / Corporate Identity

*Koninklijke Nederlandse Hockey Bond, Huisstijl /
Corporate Identity*

Proost en Brandt, Papiercollectie / Paper collection

Quint Wellington Redwood

ICT organisatieverbeteraars

Your bridge to | IT organizational | improvement

In deze Nieuwsbrief **onder meer** Levend verleden / Amsterdam-Maastricht Summer

theater instituut nederland

nieuws
september 199

Summer University / Dwarsverbanden / Zomerfestivals

theater instituut nederland

nieuwsbrief
zomer 1999

6 B

**omslag
met persing**

220 - 300 g/m²

HEFT

Heijdens Karwei

Bureau voor grafisch ontwerp

Van Ostadestraat 419 hs / 1074 VZ Amsterdam
T 020-616 25 10 / F 020-616 25 20
mobile 06-22 50 50 60 / e-mail heijdens @euronet.nl

Directie / Management Teun van der Heijden
Contactpersonen / Contacts Teun van der Heijden,
Gert-Jan Boeijen
Vaste medewerkers / Staff 5
Opgericht / Founded 1993
Lidmaatschap / Membership BNO

Opdrachtgevers / Clients
Amnesty International, Citaat, Congrex Holland,
Elemans Architecten, Elsevier bedrijfsinformatie, Fokker Space,
Imagro, Metropolis M, Nuclear Fields, iOye!Listen, PGB/TNO,
Sdu uitgevers, Transworld Features, Uitgeverij Roodbont,
World Press Photo

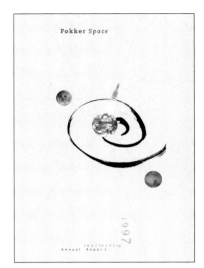
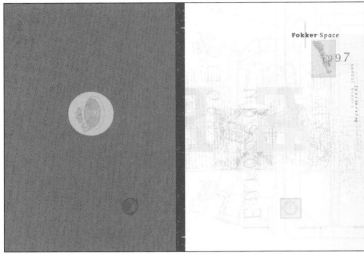

1

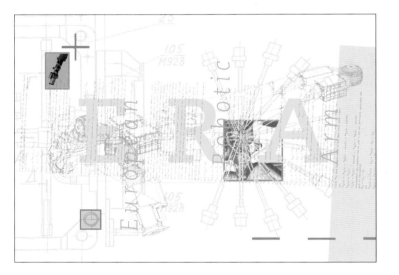

2

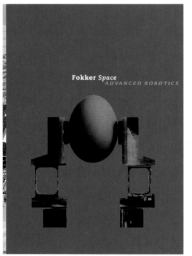

3

1-3 *Fokker Space, 1: Jaarverslag 1997, 2: Ansichtkaartenmap,*
3: Brochure Robotica / Fokker Space, 1: Annual report 1997,
2: Postcard pack, 3: Robotics prospectus

4 *Jaarboek 1999 World Press Photo /*
Yearbook 1999 World Press Photo

1999 WORLD PRESS PHOTO

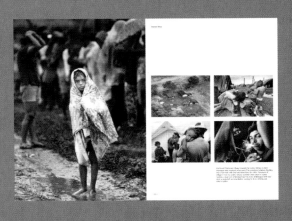

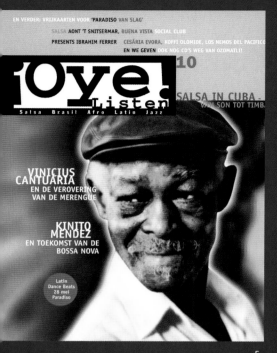

EN VERDER: VRIJKAARTEN VOOR 'PARADISO VAN SLAG'

SALSA AONT 'T SNITSERMAR, BUENA VISTA SOCIAL CLUB
PRESENTS IBRAHIM FERRER CESÁRIA EVORA, KOFFI OLOMIDE, LOS NEMOS DEL PACIFICO
EN WE GEVEN OOK NOG CD'S WEG VAN OZOMATLI!

¡Oye! Listen
Salsa Brasil Afro Latin Jazz

10

SALSA IN CUBA -
WILSON TOT TIMBA.

VINICIUS
CANTUÁRIA
EN DE VEROVERING
VAN DE MERENGUE

KINITO
MENDEZ
EN TOEKOMST VAN DE
BOSSA NOVA

Latin
Dance Beats
28 mei
Paradiso

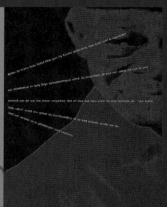

5

Eliades
Ochoa
Zoektocht
naar muzikale
vrijheid

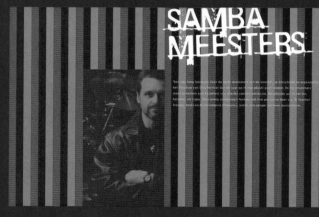

SAMBA
MEESTERS

'Dance with me' esta una sensation
'Dance with me' is een sensatie

Radio
nu

DE MULICULTURELE TOEKOMST

5 ¡Oye!Listen muziektijdschrift over salsa, brasil, afro, latin, jazz /
¡Oye! Listen music magazine about salsa, Brazil, Afro, Latin, jazz

6 Affiche voor Amnesty International /
Poster for Amnesty International

7 Folder voor Metropolis M, tijdschrift over hedendaagse kunst /
Folder for Metropolis M, magazine about modern art

RIGHTS
FOR
ALL

Verenigde Staten-campagne 1999
Amnesty International

6

twee maandelijks!
Metropolis M
vertelt alles

7

Nuclear Fields
Micro-cast collimators,
vital for your imaging

8

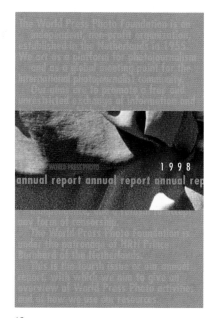

een
luisterend
oor

23 openhartige gesprekken
van boeren en boerinnen
met vrijwilligers van
de telefonische hulpdienst

9

LUCHTVAART
VOORSCHRIFTEN
voor studie en beroep

20e druk   J. Boom | Mr R.M. Schnitker (red.)

10

SUBSIDIE
landschapbeheer-
plus

ede

11

1998

annual report annual report annual rep

12

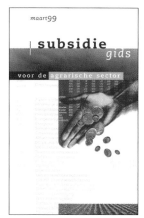

maart99

subsidie
gids

voor de agrarische sector

13

Hart voor
uw huis

Gids voor duurzaam en
geldbesparend wonen

14

8 Brochure voor Nuclear Fields / Prospectus for Nuclear Fields

9, 10, 13, 14 Boekomslagen voor Uitgeverij Roodbont,
Sdu uitgevers en Elsevier bedrijfsinformatie /
Book covers for Roodbont publishers, Sdu publishers and
Elsevier business information

11 Folder voor gemeente Ede / Folder for Ede municipality

12 Jaarverslag 1998 World Press Photo /
World Press Photo 1998 annual report

Jan Heijnen

Grafisch ontwerper

Vaillantlaan 8 / 2526 HL Den Haag
T 070-389 77 91 / F 070-389 77 91
e-mail info@jheijnen.nl / website jheijnen.nl

Directie / Management Jan Heijnen
Contactpersoon / Contact Jan Heijnen
Vaste medewerkers / Staff 1
Opgericht / Founded 1997
Lidmaatschap / Membership BNO

Opdrachtgevers / Clients
Bassic Groove Magazine, Crossing Border Festival,
Diesel (for successful living), Festivents evenementenorganisatie,
Firm Bookings, Garcia Jeanswear, Haags Gemeentemuseum,
Koorenhuis, Theater Korzo, Mexx, 't Paard cultureel centrum,
Rotterdamse Schouwburg, Stichting Promotie Den Haag,
Silly Symphonies, Sony / Columbia Records, Theater aan het Spui

1 Three posters for the 're-Constructies' festival
Client: 't Paard / Cell

2 Poster for 't Paard, cultural center
Client: 't Paard

3 Poster for the 'Summer in the city' festival
Client: Stichting Promotie Den Haag

4 Flyer for R.A.M. danceparty
Client: Silly Symphonies

5 CD cover for 'Sound of Remy 05'
Client: Silly Symphonies

6 Cover for brochure 'Bandcoaching'
Client: Koorenhuis

7 Poster for 'Bandcoaching'
Client: Koorenhuis

8 Cover for flyer / poster 'Megabodemstuntknallers'
Client: Rotterdamse Schouwburg

9 Flyer for United 99 danceparty
Client: United 99

10 Poster for 'Broadminded' festival
Client: Korzo / 't Paard

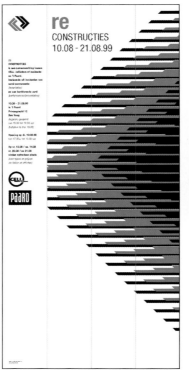

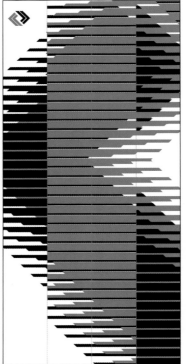

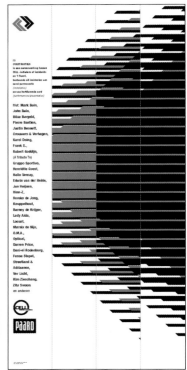

1

4

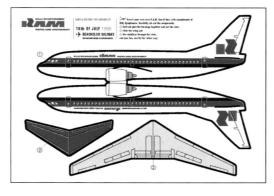

5

2

3

6

7

8

9

10

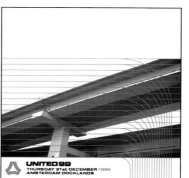

Eric Hesen Grafisch Ontwerp

Weteringschans 207 A / 1017 XG Amsterdam
T 020-423 26 01 / F 020-423 26 02
mobile 06-24 60 87 74 / e-mail ehesen@euronet.nl

Directie / Management Eric Hesen
Contactpersoon / Contact Eric Hesen
Vaste medewerkers / Staff 1
Opgericht / Founded 1996
Lidmaatschap / Membership BNO
Samenwerkingsverband met / Associated with
Maurice van Bakel Architektuur en Interieur ontwerpen,
onder de naam van Bakel + Hesen

Opdrachtgevers / Clients

Nike Europe bv, Pon's Automobielhandel bv, Philips Music Group,
Project X (o.a. Audi, Advance Interactive bv, Primax),
De Werkvloer (o.a. Compaq, Ben, Septa), Kesselskramer
(o.a. Levi's, Parool, Ben, Nike), Heineken, Third Millennium
Challenge, Brouwer Media (IDM Bank), Hansink & de Looper,
Witman Kleipool, Gerdjan van der Lugt Shootings,
HIP: Hair Innovating People en anderen / and others

Foto / Photo Herman Poppelaars

194

De Heus & Worrell

Communicatie ontwerp

Kloosterstraat 16 / 1411 RT Naarden
Postbus 5028 / 1410 AA Naarden
T 035-694 87 59 / F 035-694 16 90
e-mail hwdesign@writeme.com / website www.hwdesign.nl

Zie ook Nieuwe media p.54

Directie / Management André de Heus, Ineke Worrell
Contactpersoon / Contact André de Heus
Vaste medewerkers / Staff 4
Opgericht / Founded 1979
Lidmaatschap / Membership BNO
Samenwerkingsverband met / Associated with De Schrijverij,
bureau voor copy en journalistieke producties, HW&L bureau
voor imago-ontwikkeling

De ontwerpen van ons bureau kenmerken zich door gelaagdheid.
De beschouwer kan meerdere gedachtenlagen in het ontwerp
projecteren. Wij noemen dat de kunst van de meerwaarde.
Hiermee bevorderen we de acceptatie van de boodschap.
We hechten bovendien aan duidelijkheid. Onze ontwerpers
bezitten naast empathie voor de producten waar zij voor werken
ook een heldere stijl en inzicht in het kijkgedrag van mensen.
Ons bureau is ervaren in uiteenlopende productietrajecten.
Van boek tot website, van user-interface tot tentoonstellings-
wand, van huisstijl tot pr-uitgave met educatief spel.

A characteristic of our designs is that they work at different
levels, enabling the user to approach the object from different
angles. We call this the 'art of added value', enhancing the
accessibility of the message. We strive for clarity. As well as
empathy for the product, our designers have a clear style based
on insight into how people absorb information. Our agency has
experience in various work processes - from book to website,
from software user-interface to exhibition presentation, from
housestyle to pr with educational games.

COMMUNICATIE ONTWER

De VVAA
lijfrente-uitkering

... Dus, zo werkt een lijfrente-
verzekering onder
het 'oude regime'

BRO

DEEL VAN EEN TENTOONSTELLINGSWAND (24 PANELE

DE HEUS 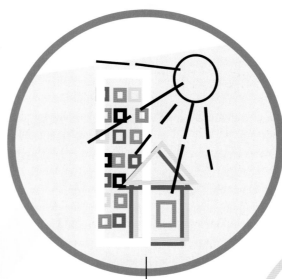 WORRELL

THEMATISCH JAARVERSLAG

VOLGENS HUISSTIJL-STRAMIEN

DIVERSE ILLUSTRATIEMOGELIJKHEDEN

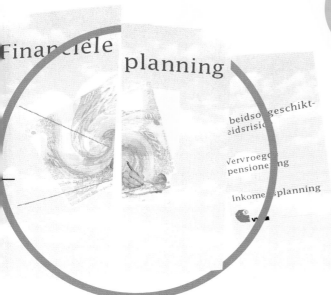

VOORLICHTINGSBROCHURE IN SPELVORM

Buro voor Vormgeving Marcel van der Heyden bv

Marcel van der Heyden bv

Tempsplein 31 / 6411 ET Heerlen
Postbus 289 / 6400 AG Heerlen
T 045-574 12 03 / F 045-571 30 07
e-mail vorm@vanderheyden.nl

Directie / Management Marcel van der Heyden, Yolanda Clever
Contactpersoon / Contact Marcel van der Heyden
Vaste medewerkers / Staff 4
Opgericht / Founded 1986
Lidmaatschap / Membership BNO

Bedrijfsprofiel

Buro voor Vormgeving Marcel van der Heyden bv is een bureau met 13 jaar ervaring in het ontwikkelen, vormgeven en produceren van creatieve oplossingen voor affiches, brochures, huisstijlen, audiovisuele producties, voorlichtingsmateriaal en boeken. In nauw overleg met de opdrachtgever ontstaan heldere en verzorgde producten met veel aandacht voor het persoonlijke karakter van iedere afzonderlijke opdracht.

Agency profile

Buro voor Vormgeving Marcel van der Heyden bv is a design company with 13 years of experience in concieving, designing and producing creative answers in the form of posters, housestyles, audiovisual productions, informative materials and books. Close consultation with the client leads to clear, meticulously designed products with attention to the individual character of each specific project.

1 Stedelijk Museum Het Domein Sittard, affiches t.b.v. expositie 1998 / Posters for 'Het Domein Sittard', Stedelijk Museum exhibition, 1998

2 Opera Zuid, presentatiematerialen seizoen 1998-1999. Foto's: Oliver Schutt. Sculptuur: Lisette Wansink / 1998-1999 presentation materials for Opera Zuid, photos: Oliver Schutt; sculpture: Lisette Wansink

3 L1 radio en televisie Limburg, logo en nieuwsleader 1999 / Logo and news leader for L1, Limburg radio and television station, 1999

4 Innovatiecentrum Zuid-Limburg, jaarverslag 1997 / Zuid-Limburg innovation centre 1997 annual report

5 Opera Zuid, seizoensbrochure 1999-2000. Illustratie: Mario Tarrago / 1999-2000 Opera Zuid season brochure: Illustration: Mario Tarrago

6 Maastrichts theaterensemble Het Vervolg, presentatie materialen 1998-1999. Illustratie: Pinok, foto's: Oliver Schutt / 1998-1999 presentation materials for Het Vervolg, Maastricht theatre ensemble; illustratie: Pinok, photos: Oliver Schutt

7 Gemeente Heerlen, voorlichtingsnota 1999 / Heerlen municipality information memorandum 1999

8 'de Estafette', 8 Limburgse musea presenteren 100 jaar beeldende kunst in Limburg, 1999 / 'De Estafette', 8 Limburg museums present a centenary of art in Limburg, 1999

9 DSM, nota 1999 / DSM, 1999 budget

10 Openbare Bibliotheek Amsterdam, website / Amsterdam public library website

11 Stedelijk Museum Het Domein Sittard, boek Raph de Haas / Het Domein Sittard, book by Raph de Haas for Stedelijk Museum

1

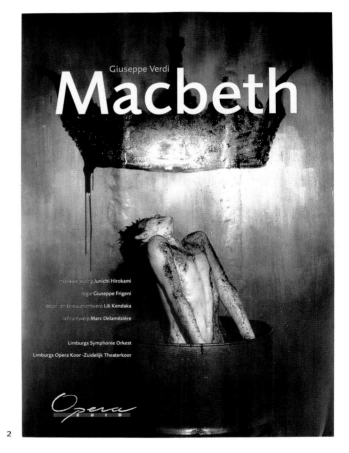

2

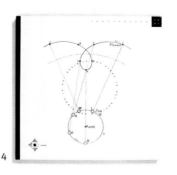

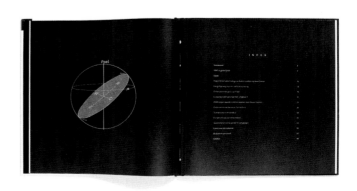

4

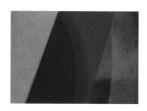

6

7

8

9

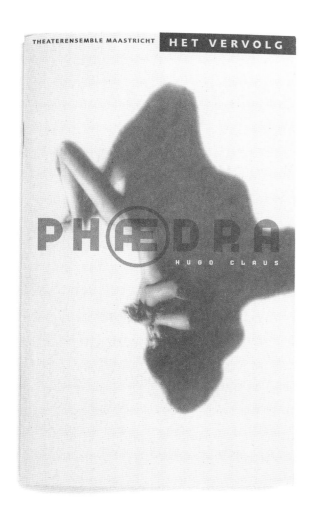

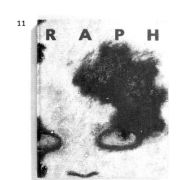

Holland Centraal

Grafisch en audiovisueel ontwerp

Lauriergracht 41 a / 1016 RG Amsterdam
Postbus 10434 / 1001 EK Amsterdam
T 020-428 49 40 / 020-428 49 38 / F 020-428 49 37
mobile 06-50 20 83 58 / 06-51 78 51 45
e-mail richard@hollandcentr.nl

Zie ook Nieuwe Media p.56

Directie / Management Richard Draaijer, Paul Faas
Contactpersonen / Contacts Richard Draaijer, Paul Faas
Vaste medewerkers / Staff 2
Opgericht / Founded 1998
Lidmaatschap / Membership BNO

Bureau dat gespecialiseerd is in grafisch en audiovisueel
ontwerp waarbij de kracht ligt in de combinatie van beide
disciplines. Vanuit concept wordt het volledige traject verzorgd;
van potloodschets tot drukwerk en van storyboard tot film.

An agency specialised in a new, unique process of graphic and
audiovisual design by combining these two disciplines, merging
the art of sketching, printwork, storyboarding and the use of film
within each concept and product.

Opdrachtgevers / Clients
Elsevier bedrijfsinformatie
HMG groep
Veronica
Bacardi/Martini Nederland
Uitgeverij Het Spectrum
Uitgeverij van der Wees
DieTwee ontwerpers
Down Under Productions
Signum
Moreality
ECI
Weaver public relations
Omega media publishers
Stichting Bouwresearch
Voedingscentrum

1-5 Diverse logo's en beeldmerken / Various logos

*6-13 Omslagen voor diverse uitgeverijen /
Cover design for various publishers*

*14 Omslag en spread voor fondslijst in 19 delen /
Cover and spread for 19-part font list*

*15 Drie spreads uit een medisch tandheelkundig boek /
Three spreads from a book on dentistry*

*16 Twee spreads uit een boekje van Jan Kuitenbrouwer /
Two spreads from a book by Jan Kuitenbrouwer*

*17 Drie spreads uit een tijdschrift over reizen /
Three spreads from a travel magazine*

*18 Stills uit diverse reclame-video- en televisieproducties /
Various stills from commercial video- and televisionproductions*

1

2

3

4

5

6

7

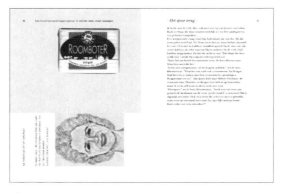

14

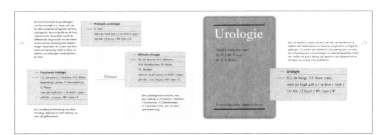

16

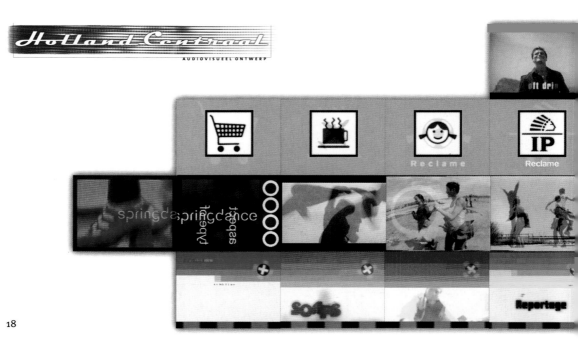

18

8

9

10

11

12

13

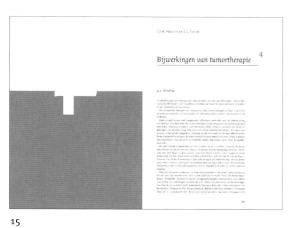

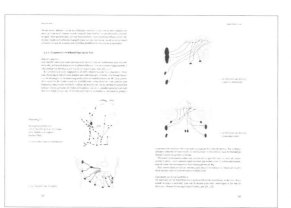

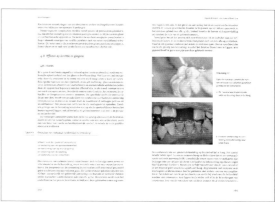

15

17

Hollands Lof ontwerpers

Rozenstraat 1 / 2011 LS Haarlem
T 023-534 59 59 / F 023-534 52 21
mobile 06-51 18 42 30 / e-mail hlo@xs4all.nl

Directie / Management Michel van Ruyven, Roel Timp
Contactpersonen / Contacts Michel van Ruyven, Roel Timp
Vaste medewerkers / Staff 4
Opgericht / Founded 1995
Lidmaatschap / Membership BNO

De ontwerpers van Hollands Lof zijn professionals in grafische en
ruimtelijke vormgeving. Wij verzorgen het gehele vormgevings-
traject, vanaf het eerste ontwerpadvies tot en met de controle
van de uitvoering. We hebben ruime ervaring met het slagvaardig
en onomwonden afwikkelen van kortlopende opdrachten. Ook
zeer omvangrijke projecten - waarbij een meer analytische
benadering vereist is - zijn bij ons in goede handen. In nauwe
samenwerking met de opdrachtgever adviseren wij bijvoorbeeld
bij de ontwikkeling van vormgevingsbeleid of een nieuwe
huisstijl. Waar onze eigen expertise tekort schiet, laten wij ons
bijstaan door een vaste kring gevestigde specialisten uit andere
disciplines. De hoge eisen die wij van Hollands Lof aan het
eindproduct stellen doen opdrachtgevers terugkeren en blijven.

The staff at Hollands Lof are professionals in graphic and spatial
design. They provide a complete design package: from the first
design advice to the final check on implementation. The company
has considerable experience in decisive and straightforward
development of short-term assignments. Large projects -
entailing a more analytic approach - are also in good hands
at Hollands Lof. Advice is given in close cooperation with clients
on the development of a design policy or a new housestyle for
example. In areas where the company lacks expertise, a circle
of established specialists in other disciplines is available. The
high standards set at Hollands Lof for the final product ensure
that clients return and remain with the company.

Opdrachtgevers / Clients
Architectenbureau Marcel van der Schalk, Belastingdienst,
Centurion Media Services bv, De Bezige Bij, Deloitte & Touche
Consulting, Financieel Expertise Centrum, KPN Telecom,
Provincie Utrecht, PTT Post, PTT Post International, RDW Centrum
voor voertuigtechniek en informatie, Rijkswaterstaat, Stadsbank
Haarlem, TNT Nederland bv, VPRO en anderen / and others

*1 MTP wijzer, gebruikershandleiding, PTT Post, 1998 /
MTP users manual for PTT Post, 1998*

*2 CD verzamelbox, De geschiedenis van de West-Indische
Company, VPRO, 1998 / CD collection box, The history of the
Dutch West India Company, VPRO, 1998*

*3 Beurs stand DM dagen, PTT Post International, 1998 /
DM days stand for PTT Post International, 1998*

*4 Brochure Belastingdienst, Centrum voor facilitaire
dienstverlening, 1999 / Tax department brochure, facility service
centre, 1999*

*5 Incident Management gebruikershandleiding, Rijkswaterstaat,
1998 / Incident Management users manual, Rijkswaterstaat, 1998*

*6 Jaarverslag, RDW centrum voor voertuigtechniek en
informatie, 1999 / Annual report for RDW centre for vehicular
technology and information, 1999*

Foto's / Photos Pepijn Langedijk, Freek Stoltenborgh,
Overasselt

1

2

3

4

5

6

Hoofdzaken

Grafisch ontwerp en advies

Papenstraat 30 / 7411 NE Deventer
T 0570-67 20 38 / F 0570-67 22 21
e-mail info@hoofdzaken.nl / website www.hoofdzaken.nl

Directie / Management Jean Klare, Louise van Swaaij
Contactpersonen / Contacts Jean Klare, Louise van Swaaij
Vaste medewerkers / Staff 2
Opgericht / Founded 1994
Lidmaatschap / Membership BNO

Ruggengraat van de stad

Opdrachtgevers: Gemeente Deventer en Evert Bosman,
bureau voor informatieoverdracht, teksten en adviezen.
De binnenstad van Deventer is de afgelopen jaren minder goed
gaan functioneren. Minder winkelend publiek bevolkt de straten
en dat beïnvloedt de uitstraling van de stad en de werkgelegenheid. Om het tij te keren heeft de Gemeente Deventer het
initiatief genomen tot een grootschalig verbeteringsprogramma:
de Ruggengraat van de stad. De door Hoofdzaken ontworpen
visuele identiteit verbeeldt de interactie tussen de verschillende
partijen die noodzakelijk is voor het slagen van de operatie:
verschillende meningen, invalshoeken, belangen, maatregelen en
ontwikkelingen maken samen een sterke en flexibele structuur.

Open ateliers

Opdrachtgever: Centrum Beeldende Kunst Deventer
Een vijftigtal kunstenaars uit Deventer en omgeving stellen
jaarlijks twee dagen lang hun ateliers open voor bezoek en
verkoop. De catalogus bevat reproducties in kleur van de
50 deelnemers, welke ook los verspreid zijn. De plano drukvellen
van de catalogus dienden als basis voor al het andere drukwerk.

Belevingswereld

Een plattegrond is een uniek medium voor het non-lineair (en
interactief) lezen van tekst. In plaats van de gebruikelijke namen
van plaatsen, rivieren, gebergten enz, staan er in deze kaarten
algemene en specifieke ideeën en begrippen. Deze zijn zodanig
geplaatst dat ze, in andere combinaties of volgorde gelezen,
telkens nieuwe verhalen en betekenissen tonen. De landen en
streken die u in deze denkbeeldige wereld aantreft zijn
bijvoorbeeld: Bronnen van Inspiratie, Bergen van Werk,
de Ontberingen, Moerassen van Verveling, Onbekend Terrein,
de Leegte, Verandering, de Vergankelijkheid en Elders.
Uitgeverij Dijkgraaf & van der Veere brengt een aantal
zeefdrukken, een atlas, een zakatlas en een globe uit.
Er verschijnen ook Engelse, Duitse, Franse, Spaanse en
Deense vertalingen van de uitgaven.

Spine of the city

Clients: Deventer city council and communications and
information consultant Evert Bosman. To counteract the imminent
decline of Deventer's inner city, the local municipality initiated a
reconstruction programme called 'Spine of the city'. Cooperation
between the public and private sectors is an essential element
for the success of the enterprise and is represented in the visual
identity of the programme: different opinions, plans, interests
and developments combine to forge a strong and flexible
structure.

Open studios

Clients: Centre of fine arts, Deventer
Every year for two days, fifty artists welcome the public into their
studios. Poster, invitations and a catalogue were designed and
printed using untrimmed sheets of colour reproductions of the
artists' works.

World of experience

Maps offer a unique opportunity for non-lineair interactive
reading. Here the names of geographical features have been
replaced by general and specific concepts and ideas.
The countless combinations produce an array of stories and
meanings. This imaginary world is divided into regions, including
Sources of Inspiration, Mountains of Work, Moor of Boredom,
The Void, Change, Decay, the Forgotten Isles and Elsewhere.
Atlas of Experience was published bij Dijkgraaf & van der Veere,
with a number of screen prints. English, German, French, Spanish
and Danish editions are also available.

1-4 'Ruggengraat van de stad', nota en samenvatting.
'Ruggengraat van de stad' is een concept van Evert Bosman,
bureau voor informatieoverdracht, teksten en adviezen /
'Spine of the city' report summary: 'Spine of the city' concept
by Evert Bosman

5-9 Atelierroute CBK Affiche, catalogus, uitnodiging, platte-
grond/routebeschrijving / Open studios Centre of fine arts;
poster, catalogue, invitation, map

10-15 'Belevingswereld', Zeefdruk (80 x 60 cm) en Atlas van de
Belevingswereld. (c): Hoofdzaken, Jean Klare en Louise van
Swaaij 1999. Alle rechten voorbehouden / 'World of Experience'
screen print (80 x 60 cm) and Atlas, (c) Hoofdzaken, Jean Klare
and Louise van Swaaij, 1999, all rights reserved

Foto's / Photos Maarten Binnendijk, Deventer

1

2

3

4

5

6

7

8

9

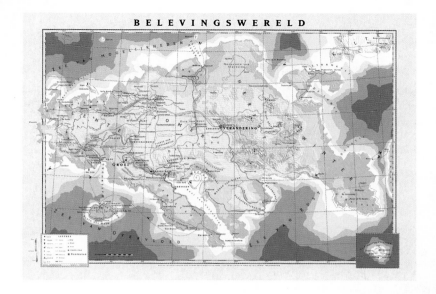

10

13

11

12

14

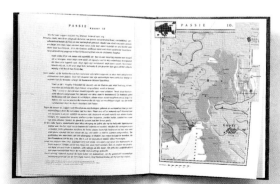

15

HS TOTAAL
communicatie & design
Bureau voor corporate- en marketingcommunicatie

Zijlweg 146 / 2015 BH Haarlem
Postbus 6027 / 2001 HA Haarlem
T 023-534 45 00 / F 023-531 70 87
e-mail mail@hstotaal.nl / website www.hstotaal.nl

Zie ook Nieuwe media p.58

Directie / Management Joost Klinkenberg, Michel Versteeg
Contactpersonen / Contacts Joost Klinkenberg, Michel Versteeg,
Mick Sonnenfeld
Vaste medewerkers / Staff 10
Opgericht / Founded 1990
Lidmaatschappen / Memberships BNO, VEA

Design, hét instrument voor doeltreffende communicatie

HS Totaal gaat bij het ontwikkelen van plannen en concepten uit
van de strategische mogelijkheden van design. Wat u als bedrijf,
organisatie of instelling uitstraalt in alle onderdelen van uw
communicatie is immers bepalend voor de manier waarop uw
afnemers en gebruikers u zien. Vandaar dat wij het effectief en
esthetisch uitbuiten van de visuele kracht in alle middelen en
communicatiedragers centraal stellen.
Wij zijn bovendien in de eerste plaats commerciële dienstverleners: meedenkers in de volle breedte van uw communicatie-
behoefte. Wij voelen ons vooral sterk in corporate- en
marketingcommunicatie: business-to-business, industriële en
zakelijke dienstverlening. In onze adviezen betrekken we alle
communicatiedisciplines. Want naast de strategische waarde van
design zijn we overtuigd van de kracht van geïntegreerde
communicatie.

Design, the perfect instrument for effective communication

HS Totaal develops plans and concepts based on the strategic
possibilities of design. What your communication radiates as
a company, organisation or institution determines the way your
clients and customers see you. Which is why we focus on the
aesthetic exploitation of the visual power of every form and
means of communication.
Moreover, we are first and foremost a commercial service:
catering in every way to your communications needs. Our main
strengths lie in corporate and marketing communications:
business-to-business, industrial and commercial services.
Our advice covers the full range of communications disciplines.
Because in addition to the strategic value of design, we believe
in the power of integrated communications.

Opdrachtgevers / Clients

Kverneland (o.a. Vicon landbouwmachines), TNO Preventie en
gezondheid, Bedrijvenschap Forepark, Hoogovens Technical
Services, Polec (Unique International), Debis IT Services, Aero
Groundservices, Nationale Stichting Koophuur, Gemeente
Haarlem, Stork Alpha Engineering, de Woonmaatschappij,
Bakkenist Management Consultants

*Voor Debis IT Services adviseerde HS Totaal bij de communicatie
rond het samenwerken met strategische partners, organiseerde
zij relatiebijeenkomsten en ontwierp zij alle middelen.*

*In opdracht van Bakkenist Management Consultants, een van
de grote adviesbureaus van Nederland, ontwikkelt HS Totaal een
complete communicatielijn. Van een unieke corporate brochure,
het relatiemagazine B-mail en digitale leaflets voor kantoorautomatisering, tot arbeidsmarktcommunicatie, inter- en intranet
en beursmateriaal.*

*Met de nieuwe corporate identity positioneert de
Woonmaatschappij zich als ambitieuze, dienstverlenende
corporatie op de woningmarkt. Extravert en nadrukkelijk.*

*Als producent van landbouwmachines is Vicon een kwaliteits-
merk in de wereldwijde Kvernelandgroep. HS Totaal ontwikkelt
beheersinstrumenten voor de brand identity en middelen ter
ondersteuning van de marketingcommunicatie.*

Debis
integrale IT-diensten

de Woonmaatschappij
altijd thuis

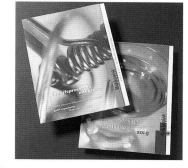

Bakkenist Management Consultants

naar ondernemend besturen

VICON

the mark of quality

HVG Communicatiegroep

Wegastraat 56 / 2516 AP Den Haag
T 070-385 88 85 / F 070-335 29 69
mobile 06-22 95 89 40 / e-mail creatie@hvg.nl
website www.hvg.nl

Directie / Management Sacha van Geest
Contactpersoon / Contact Sacha van Geest, Jeannette Baseliers
Vaste medewerkers / Staff 7
Opgericht / Founded 1983
Lidmaatschap / Membership BNO

Sinds de oprichting in 1983 werkt de HVG Communicatiegroep,
het in Den Haag gevestigde bureau voor communicatie en
vormgeving, in een veelzijdig gezelschap van opdrachtgevers.
HVG werkt samen met haar associés: specialisten op hun eigen
vakgebied, die per activiteit een projectteam vormen.
Aldus onstaat per project het juiste team, samengesteld op basis
van ervaring, specifieke deskundigheid, creativiteit en waar
nodig wetenschappelijke onderbouwing. Het resultaat kenmerkt
zich altijd door effectiviteit en een sterke toegevoegde waarde.
Onze werkwijze? Luisteren en vragen. Dan de informatie
verwerken, analyseren, doelgroep specificeren en markt
verkennen, doelstellingen formuleren, concept ontwikkelen
en vervolgens schrijven en ontwerpen.
Wat wij maken? Campagneconcepten en strategieën;
in- en externe communicatieprojecten; logo's en huisstijlen;
jaarverslagen, brochures en 'bidbooks'; internetsites met
de bijbehorende begeleiding en ondersteuning; organiseren
en samenstellen van exposities, ontwerpen van kunstboeken.
Verzorgen van de integrale drukwerkbegeleiding.
Samengevat: de HVG Communicatiegroep is net iets meer dan
een bureau voor communicatie en vormgeving.
Welkom op www.hvg.nl

Since its 1983 set-up in the Hague, the HVG Communicatiegroep
and its wide spectrum of specialist associates has served a wide
range of clients with a wide library of communications goodies.
The group's cocky, creative, and clever support, skills and
science means lots a added value.
A little of what HVG does. In short: listen very carefully; think
creatively; digest, develop and design; campaign concepts and
strategies; designs, housestyles and letterheads; annual reports,
brochures and bidbooks; website design and guidance;
organising art exhibitions, special art books and the total print
process. In other words: HVG Communicatiegroep does more
than advertising and design.
Welcome to www.hvg.nl

Opdrachtgevers/Clients

Ministerie van Buitenlandse Zaken
Ministerie van Economische Zaken
Ministerie van Ontwikkelingssamenwerking
Ministerie van Sociale Zaken en Werkgelegenheid
Ministerie van Verkeer en Waterstaat
Ministerie van Volkshuisvesting, Ruimtelijke Ordening
en Milieubeheer
Voorlichtingsdienst Openbaar Ministerie
Raad voor en verkeer en waterstaat
Gemeente Den Haag (Verkeer en Economie)
Centrum Arbeidsverhoudingen Overheidspersoneel (CAOP)
Sectorbestuur voor de Onderwijsarbeidsmarkt (SBO)
Sectorraad voor Onderwijs en Wetenschappen (SOW)
Affiche Européenne Nederland
E&B Chemical Companies
Ernst & Young
DeLonghi Nederland (i.o.v. MvO Communicatie)
Nederlandse Vereniging van Bouwondernemers (NVB)
Peek & Cloppenburg (i.o.v. MvO Communicatie)
Shell International Exploration and Production
Samsom BedrijfsInformatie
Vroom & Dreesmann (i.o.v. Affiche Européenne)
Winkelman en van Hessen

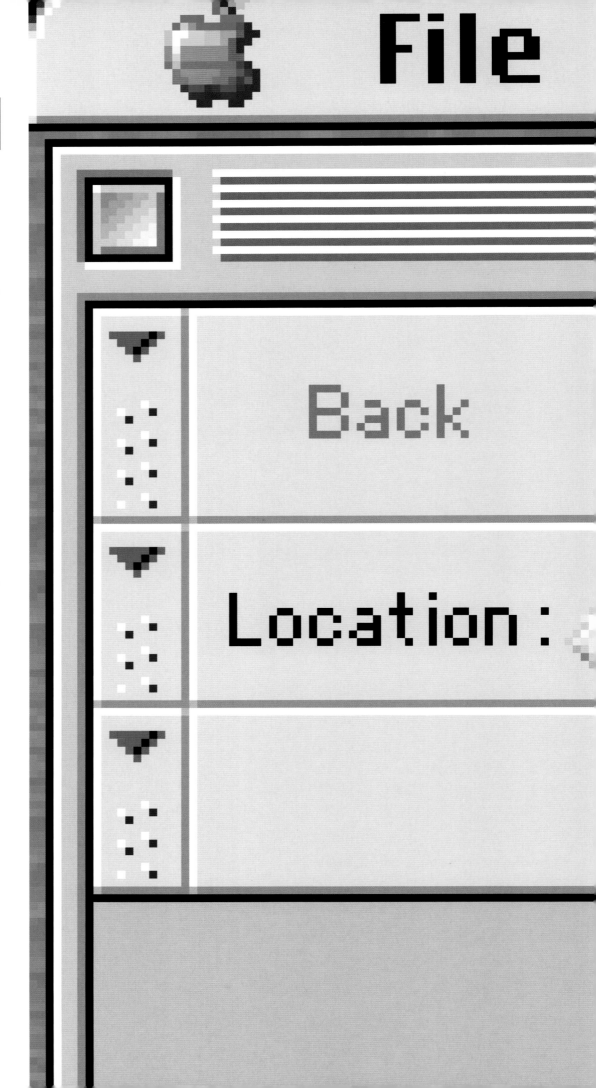

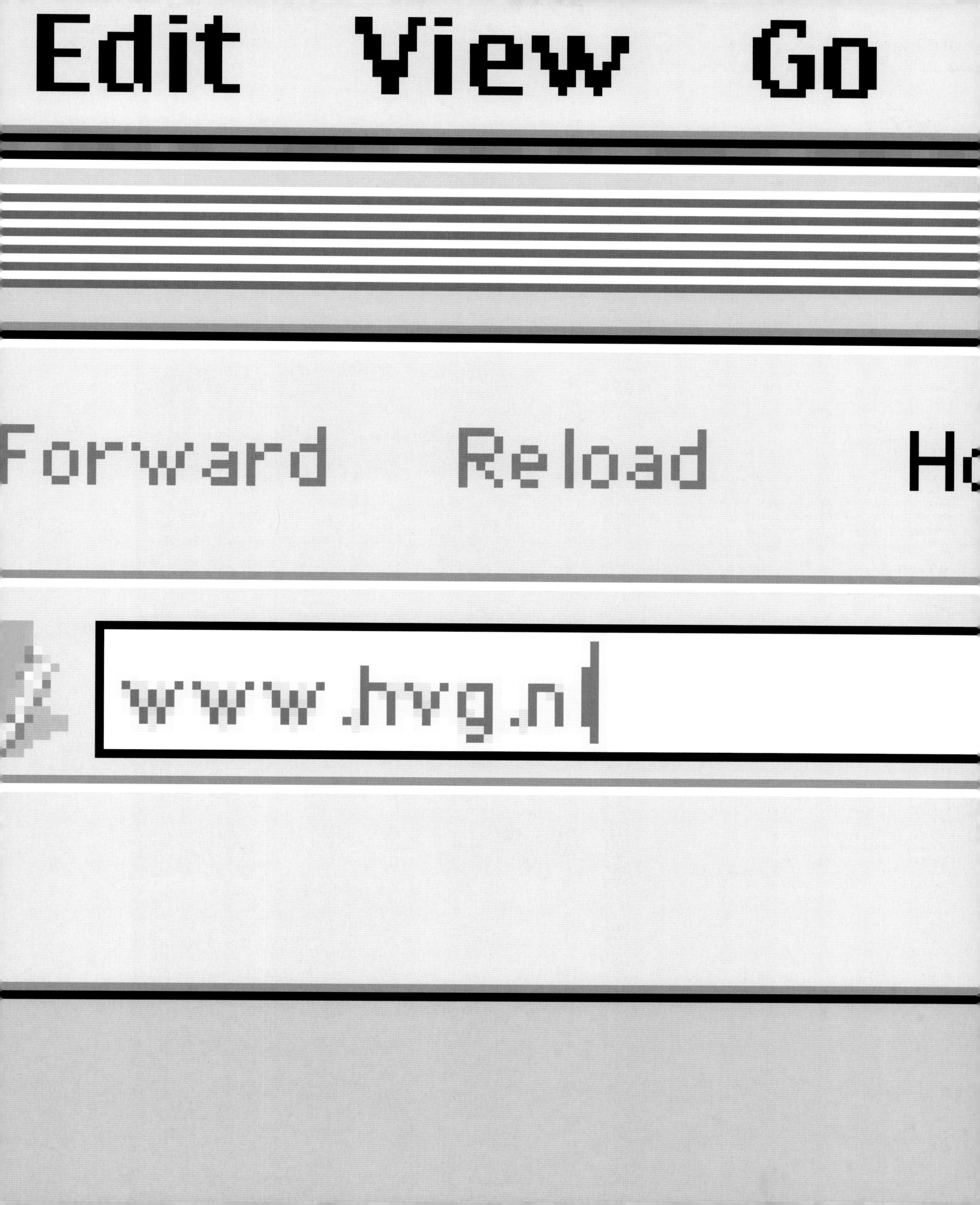

Edit   View   Go

Forward   Reload   Ho

www.hvg.nl

IBDB-illustraties

Boschveldweg 47 / 5211 VH Den Bosch
T 073-614 79 10 / F 073-614 79 10

Contactpersoon / Contact Mariëtte Strik
Opgericht / Founded 1996

1 Omslag catalogus, IBDB-illustraties, 1996 /
IBDB-illustraties catalogue cover, 1996

2 Briefpapier en enveloppe, IBDB-illustraties, 1996 /
Letterhead and envelope for IBDB-illustraties, 1996

3 Spread catalogus, IBDB-illustraties, 1998-1999 /
IBDB-illustraties catalogue spread, 1998-1999

4 Boekje 'Het Flevolandgevoel', Kunstcentrum Flevoland, in
opdracht van PlaatsMaken, 1997. Foto's: Erwin Olaf en Michel
François / 'Het Flevolandgevoel' booklet for Kunstcentrum
Flevoland, 1997 (commissioned by PlaatsMaken).
Photos: Erwin Olaf and Michel François

5 Brochure en affiche, PlaatsMaken Arnhem, 1998 /
Brochure and poster for PlaatsMaken Arnhem, 1998

6 Uitnodiging, galerie Hedah Maastricht, 1996 /
Hedah Maastricht gallery invitation, 1996

7 Verpakking kunstwerk 'Small Wonder', Federico D'Orazio, 1998/
Packaging for 'Small Wonder' artwork, Federico D'Orazio, 1998

8 Voorlichtingsbus, GGD Zuidhollandse Eilanden, in opdracht
van PlaatsMaken, 1997 / GGD Zuidhollandse Eilanden information
van, 1997 (commissioned by PlaatsMaken)

9 Verpakking kunstwerk 'Recycled Toy', Federico D'Orazio, 1998 /
Packaging for 'Recycled Toy' artwork, Federico D'Orazio, 1998

10 Brochure, Jerome Symons, 1999

11 Briefkaarten, uitzendbureau UBV Amsterdam, 1998 /
Postcards for UBV Amsterdam temp agency, 1998

1

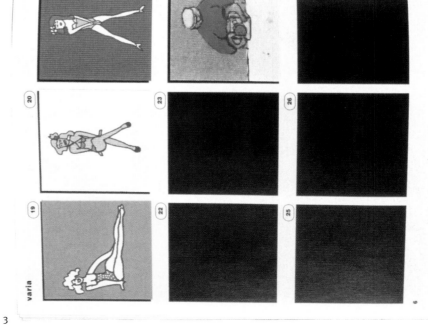

2

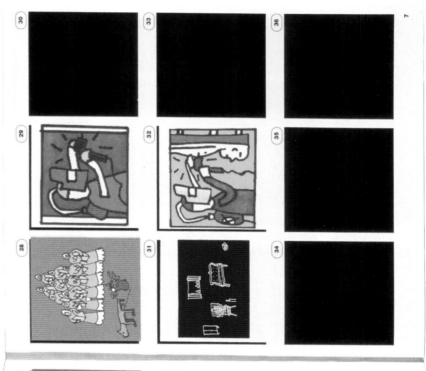

3

4

5

6

7

8

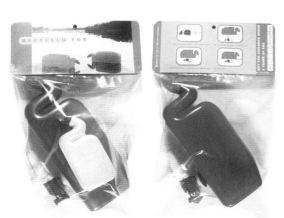

9

10

11

(i-grec)

Internet en grafisch ontwerp

Zwaardstraat 16 / 2584 TX Den Haag
T 070-363 49 30 / F 070-360 86 06
e-mail info@i-grec.com / website www.i-grec.com

Zie ook Nieuwe media p.60

Directie / Management Henk van Leyden, Gé van Leyden
Contactpersonen / Contacts Henk van Leyden, Gé van Leyden
Vaste medewerkers / Staff 4
Opgericht / Founded 1988
Lidmaatschappen / Memberships Henk van Leyden BNO,
Gé van Leyden BNO

Opdrachtgevers / Clients

Ministerie van VROM
Schulp Consulting
Stichting Doen Promoties
Nederlandse Vereniging voor Tuin- en Landschapsarchitecten
Van Heerden & Partners, Architecten
Rostra Congrescommunicatie
Arrow Classic Rock
Stichting Haags Straatnieuws
Willems Prototyping
Rijkswaterstaat Zuid Holland
Facing The Challenge
HTA Transport Consultants
Ten Hagen Stam, uitgeverijen
Gemeente Rotterdam, dS+V
Studio A
Stichting Haagse KoninginneNach
KPN telecom, Station 12
Stichting Verwarming & Sanitair
Dimensie Management & Advies
Ministerie van Binnenlandse Zaken

*1 Ten Hagen Stam uitgeverijen, Beeldmerk en basis-layout voor
periodiek vakblad BouwAdviseur / Logo and basic layout of
periodical for BouwAdviseur Ten Hagen Stam publishers*

*2 Ministerie van Binnenlandse Zaken, Nieuwsbrief de
Golf voor Projectgroep verbetering OOV-organisatie /
Newsletter for Ministry of Home Affairs*

*3 Dimensie Management & Advies, Documentatiemap /
Document folder for Dimensie Management & Advies*

*4 Stichting Haagse KoninginneNach, Programmabrochure,
affiche, badges, internetsite voor KoninginneNach'99 /
KoninginneNach'99 programme brochure, poster, badges,
Internet site for Stichting Haagse KoninginneNach*

*5 KPN telecom, Station 12, Folder Charges /
Folder Charges for KPN telecom, Station 12*

*6 KPN telecom, Station 12, News bulletin On the Wave /
On the Wave news bulletin for KPN telecom, Station 12*

*7 KPN telecom, Station 12, Gelegenheidsdrukwerk
Wereldkampioenschap Voetbal 1998 /
1998 World Cup publication for KPN telecom, Station 12*

*8 Stichting Haags Straatnieuws, Ontwerp en opmaak periodieke
uitgave / Design and layout of periodical publication for Stichting
Haags Straatnieuws*

*9 Primafoon (iov Studio A), Leader voor commerciële soapserie /
Primafoon leader for commercial soap series for Studio A*

*10 Gemeente Rotterdam, dienst Stedebouw + Volkshuisvesting,
cd-rom en internetsite, Bouwkwaliteitsprijs 1998 /
Rotterdam municipality town planning and housing dept
Internet site and cd-rom, Bouwkwaliteits prize 1998*

*11 Beeldmerken en huisstijlen voor diverse
organisaties (2 illustraties i.s.m. Kees Smits) /
Logo and housestyles for various organisations*

1

2

3

4

7

5

On the Wave
Station 12® newsletter

Feeling the
pressure?
Satellite weather information
takes the stress out of routing

* Introducing Altus High Gain
* Inmarsat-A upgrade
* Scheveningen Radio, PCH
* Sailing around the world
* Weather forecasting

6

PrimaSoap

faxen draadloos

ISDN
internet
mobiele communicatie

9

8

10

11

In Ontwerp

Bureau voor grafische vormgeving

Stationsstraat 7 / 9401 KV Assen
T 0592-31 39 76 / F 0592-31 89 53
e-mail io@inontwerp.nl / website www.inontwerp.nl

Directie / Management André Diepgrond, Elzo Hofman
Contactpersonen / Contacts André Diepgrond, Elzo Hofman
Vaste medewerkers / Staff 4
Opgericht / Founded 1987
Lidmaatschap / Membership BNO

Opdrachtgevers / Clients

Bethesda Ziekenhuis (Hoogeveen), Bureau Heffingen (Assen),
CCZ-NN (Groningen), Centrum Beeldende Kunst Drenthe (Assen),
EPN (Houten), Erik W. Huizinga rtv-filmprodukties (Loenen a/d
Vecht), Gemeente Assen, Gemeente Borger-Odoorn, Gemeente
Groningen, HEAD (Westerbork), De Hypotheekgids (Vries), IvO
Nederland (Groningen, Amsterdam), Kamer van Koophandel
Drenthe (Meppel), LDC (Leeuwarden), Makelaardij Schonenburg
Blokzijl De Witte (Vries), Provincie Drenthe, Rijksuniversiteit
Groningen, Schoon Makelaardij (Assen), Stichting Museum
Bebinghehoes (Exloo), Stichting Schaapskooi Balloërveld
(Rolde), Treasure Europe Music & Media (Assen), Ton Dohle PR
(Meppel), Uitgeverij Sifra (Eeserveen), Visser Assen, VSNU
(Utrecht), Waterschap Hunze en Aa (Zuidlaren), Waterwerk
(Groningen), Wilhelmina Ziekenhuis (Assen), Wolters-Noordhoff
(Groningen), Zuiveringsschap Drenthe (Assen) en anderen / and
others

1 Huisstijl Treasure Europe Music & Media /
Treasure Europe Music & Media housestyle

2 Voorlichtingsmateriaal voor aspirant-studenten,
Rijksuniversiteit Groningen / University of Groningen prospectus

3 Huisstijl LDC / LDC housestyle

4 Jaarverslag Bethesda Ziekenhuis /
Bethesda hospital annual report

5 Huisstijl De Hypotheekgids / De Hypotheekgids housestyle

6 Brochure VSNU / VSNU brochure

7 Onderwijsmethode Taaldomein, EPN /
Taaldomein educational primers for EPN

8 Sticker tegen wildplassen, Gemeente Assen /
Sticker against outdoor urination, Assen municipality

9 Brochure Provinciaal Omgevingsplan, Provincie Drenthe /
Provincial zoning plan brochure, Drenthe province

10 Inrichting Lokaal Cultuurhistorisch Museum Bebinghehoes /
*Bebinghehoes Local Museum of Cultural History exhibition
design*

11 Lesbrieven studie- en beroepskeuze, LDC /
Careers and courses study material, LDC

12 3D-kalender, Rijksuniversiteit Groningen /
University of Groningen 3D calendar

13 Affiche, Rijksuniversiteit Groningen /
University of Groningen poster

14 Jaarverslag, Zuiveringsschap Drenthe /
Drenthe Water Purification Board annual report

15 Campagne onderwijsmethode, Wolters-Noordhoff /
Campaign for educational primer for Wolters-Noordhoff

1   2   3   Publicaties

9   10   11

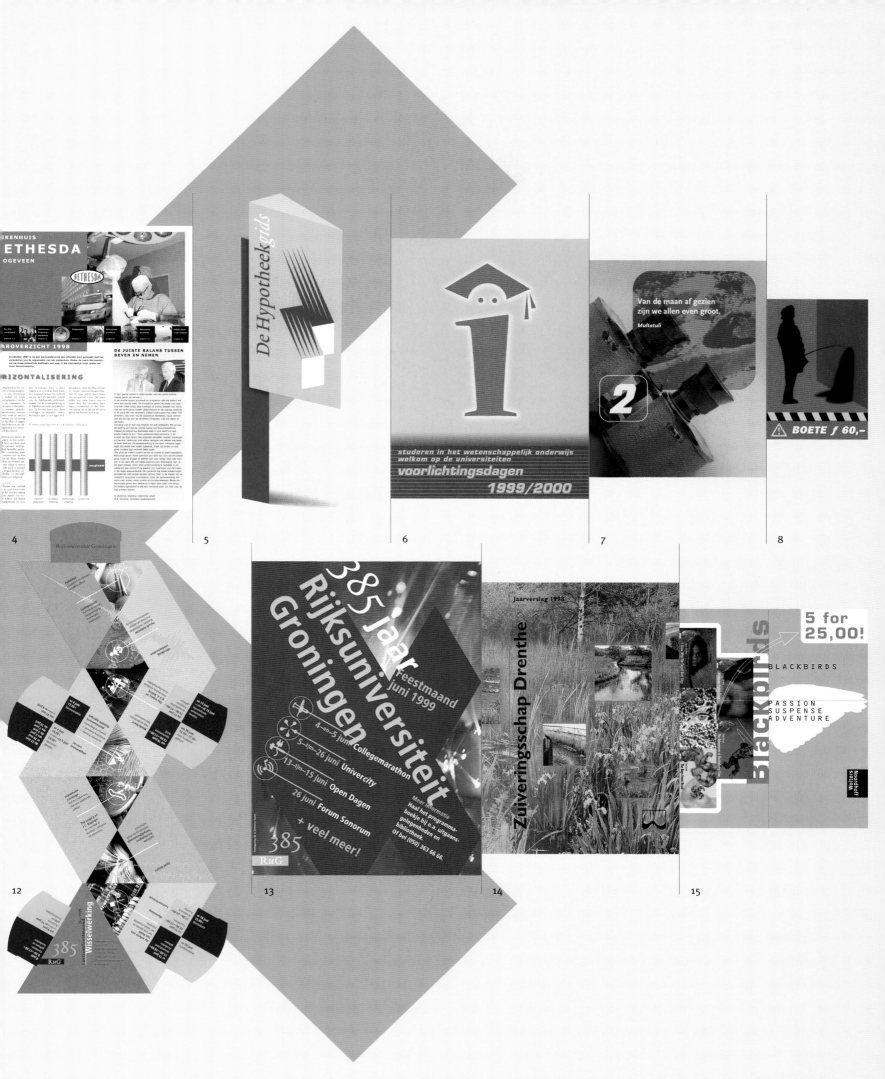

4

5

6

7

8

12

13

14

15

ING Nederland

Facilitair Bedrijf Nederland, Bedrijfsstijlteam

Van Heenvlietlaan 220 / 1083 CN Amsterdam-Buitenveldert
Postbus 1800 / 1000 BV Amsterdam
T 020-504 90 41 / F 020-504 96 17
e-mail andries@desdoc.com

Directie / Management Andries Zoetmulder
Contactpersoon / Contact Andries Zoetmulder
Vaste medewerkers / Staff 3
Opgericht / Founded 1985
Lidmaatschap / Membership BNO

Bedrijfsprofiel

Als interne dienstverlener is het bedrijfsstijlteam, dat deel
uitmaakt van de adviesdienst Facilitair Bedrijf Nederland, erop
gericht een bijdrage te leveren aan het succes van haar klanten;
de business units behorende tot ING Groep. Wij staan onze
klanten op basis van hun visie, missie en strategie bij in het
vergroten van het inzicht in de samenhang en diversiteit van
de te ontwikkelen bedrijfsstijl. Dit inzicht is mede bepalend voor
een effectieve functionele, inhoudelijke en visuele communicatie,
gericht op de voor hen van belang zijnde interne en externe
doelgroepen. Met dit doel voor ogen adviseert het bedrijfsstijlteam de business units m.b.t. de bedrijfsstijlcriteria die
ten grondslag liggen aan de ontwikkeling, de specificatie van
de basiselementen en de referentiemodellen van de
communicatiedragers die deel uitmaken van de bedrijfsstijl.
Aan de met de klant opgestelde bedrijfsstijlcriteria worden
tevens de bereikte tussenresultaten en het eindresultaat
getoetst. Om functionele en visuele synergie te waarborgen
worden deze referentiemodellen in een visuele database
opgeslagen: de bedrijfsstijl kenn!sbank. De processen van
het bedrijfsstijlteam zijn ISO 9001 gecertificeerd.

Agency profile

As an internal service department, the aim of the corporate style
team division of Facilitair Bedrijf Nederland's advisory service
is to contribute to the success of its clients: the business units
of ING Group. We provide assistence to our clients based on their
vision, mission and strategy for increasing insight into the
coherence and diversity of the corporate style to be developed.
This insight is one of the decisive factors for an effective
functional, meaningful and visual communication aimed at
specific internal and external target groups. With this aim in
mind, the corporate style team advises business units regarding
corporate style criteria underlying the development, the
specification of basic elements and reference models for
communications contexts within the framework of the corporate
style. The interim and final results are tested against the
corporate style criteria devised jointly with the client. To ensure
functional and visual synergy these reference models are stored
in a visual database: the corporate style knowledge bank. The
methods of the corporate style team are ISO 9001 certified.

Opdrachtgevers / Clients

ING Groep, concern-wide

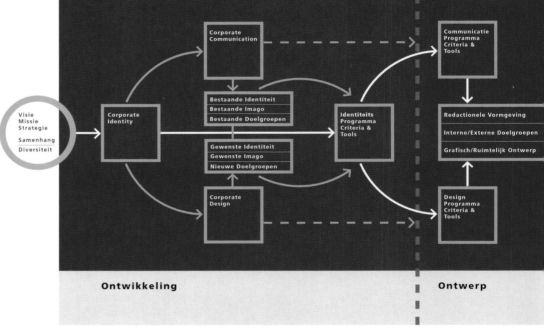

Ketengeoriënteerde bedrijfsstijlontwikkeling

Ketengeoriënteerde Bedrijfsstijlontwikkeling

Op basis van de visie, missie en strategie van onze
opdrachtgevers -de business units- worden bedrijfsstijlen
ontwikkeld en geoperationaliseerd. Dit gebeurt op basis van
de zogenaamde Corporate Identity mix. CI-mix zijnde de
Corporate Identity, Corporate Communication en Corporate
Design.

Een complicerende factor kan zijn dat het bestaande of
gewenste imago niet in overeenstemming is met de bestaande
c.q. gewenste identiteit.
Bovendien kan het zo zijn dat naast de bestaande
doelgroepen ook nieuwe doelgroepen aangesproken dienen
te worden. In dit soort gevallen zal eerst de kloof tussen
identiteit en imago overbrugd moeten worden. Deze kloof
kan aanwezig zijn op corporate-, business unit- en productniveau.
Het gaat om het bewerkstelligen van een krachtige identiteit
versus imago op alle niveau's. Is deze kloof niet aanwezig of
overbrugd dan zullen de identiteits-, communicatie- en
designprogramma's en de daarbij behorende criteria vastgesteld dienen te worden.

Het ketengeoriënteerd ontwikkelen, ontwerpen, produceren
en beheren van bedrijfsstijlen is lineair van vorm.
Het karakter van de Corporate Identity is echter cyclisch en
dynamisch. Zowel identiteit als imago staan sterk onder
invloed van steeds weer veranderende en variabele
omgevingsfactoren.
Ketengeoriënteerde bedrijfsstijlontwikkeling is dan ook een
continu proces dat gegeven de aard en complexiteit de
inbreng vereist van meerdere disciplines. Interdisciplinair en
multidisciplinair dus!

Kennis de grondstof die groeit in het gebruik. Het hebben ervan is macht, het delen erin is kracht!

kenn!s

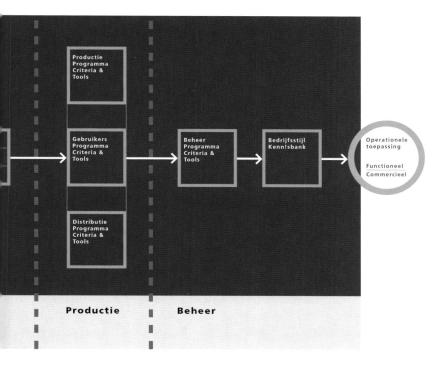

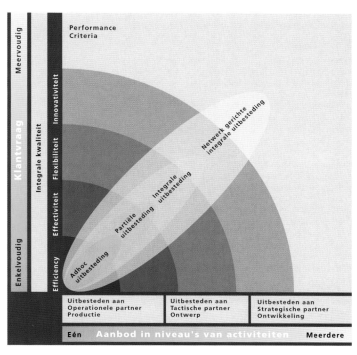

Uitbestedingsvormen

Interne disciplines

Vanuit het bedrijfsstijlteam wordt samengewerkt met het Informatie Technologie Centrum en de communicatie disciplines op groeps- en business units-niveau.
Binnen het Facilitair Bedrijf werkt het bedrijfsstijlteam bij de operationalisering van de bedrijfsstijl, nauw samen met de teams die zich bezig houden met grafisch-, ruimtelijk-, industrieel-, interieur- en document-ontwerp, interactieve media, alsmede de productie en distributie daarvan.

Externe disciplines

Naast deze interne disciplines werkt het bedrijfsstijlteam ook samen met diverse externe partners; de zogenaamde co-makers. In de praktijk betekent dit dat er diverse niveau's, stadia en vormen van uitbesteden door het bedrijfsstijlteam worden onderkend.

Adhoc uitbesteding

De eenvoudigste, ééndimensionale vorm van uitbesteden richt zich op het aspect efficiency, dus qua niveau gericht op enkelvoudig resultaat. Daarbij kan efficiency worden vertaald als een verbetering van de productiviteit. De performance criteria worden voornamelijk bepaald door prijsstelling, kwaliteit en gewenste levertermijn.

Partiële uitbesteding

Het tweede stadium is partieel uitbesteden. Naast prijs en kwaliteit komen ook procesvervlechtingsaspecten aan de orde, omdat deze essentieel deel uitmaken van de beoogde effectiviteit. Effectiviteit wordt vooral gezien als de verbetering en de sturing van de ontwerp-, productie- en beheerprocessen. Met de sterk in ontwikkeling zijnde informatie en communicatie technologieën is het onontkoombaar dergelijke vormen van vervlechting c.q. samenwerking met interne en externe partners aan te gaan.

Integrale uitbesteding

Bij het derde stadium is er sprake van integrale uitbesteding op meerdere niveau's. Flexibiliteit als dienstverlening, waarbij de klantvraag en het niveau van de activiteiten op maat van de klant met elkaar in overeenstemming worden gebracht. Uitbesteding vindt plaats bij meerdere vaste externe partners met wie afspraken bestaan op het vlak van prijzen, procesmatige en inhoudelijke kwaliteiten en keten-georiënteerd werken.

Netwerkgerichte integrale uitbesteding

In het vierde stadium, de netwerkgerichte integrale uitbesteding wordt het aantal niveau's uitgebreid naar strategische partners. Ontwikkeling en innovatie als integrale verbetering van gevraagde en aan te bieden producten en diensten is daarbij de belangrijkste doelstelling. Opzet is dat openheid en betrokkenheid van alle betrokken interne en externe partners in het gehele netwerk wordt bereikt. De aanwezige kennis wordt optimaal benut en/of ontwikkeld. Activiteiten worden dáár verricht waar de expertise het beste aanwezig is.

Vanuit het bedrijfsstijlteam wordt voornamlijk op tactisch en strategisch niveau uitbesteed. Dit betekent dat het bedrijfsstijlteam voortdurend op zoek is naar gedegen partners om op deze niveau's bedrijfsstijlactiviteiten uit te besteden.

Inízio design bv

"zonder wrijving geen glans"

Ditlaar 1 / 1066 EE Amsterdam
Postbus 90334 / 1006 BH Amsterdam
T 020-669 44 44 / F 020-669 31 44
e-mail inizio@inizio.nl / website www.inizio.nl

Zie ook Nieuwe media p.62

Directie / Management Rob Wehkamp, Wybe Klaverdijk
Contactpersonen / Contacts Rob Wehkamp, Wybe Klaverdijk,
Bernadette Paulides
Vaste medewerkers / Staff 15
Opgericht / Founded 1993
Lidmaatschap / Membership BNO
Samenwerkingsverband met / Associated with Member of the
DMB&B Group since july 1998

Mission Statement
Inízio design vertaalt een communicatieve probleemstelling
in oorspronkelijke strategieën en ideeën, en gebruikt de visuele
kracht van design om deze te communiceren.

Werkterrein
Strategie, concept en creatie, op corporate gebied,
merkontwikkeling en consumentenrelaties, in print en interactief.

Mission Statement
Inízio design translates ommunicative problems into
original strategies and ideas, and uses the visual power
of design to communicate those strategies and ideas.

Field of activity
Strategy, ideas and design in the corporate field; market
development and consumer relations, both in print and
interactive.

Opdrachtgevers / Clients
Alabastine
Boots Stores (Nederland) bv
Hebbel Theater Berlijn
ING Groep
ING New Business Development
Koninklijke Landmacht
Nederlands Audiovisueel Archief
Tias Business School

*Van links naar rechts: Tias Business School / ontwikkeling
identiteit en huisstijl; Boots Stores; Nederland Audiovisueel
Archief (NAA), ontwikkeling van een huisstijl; Hebbel Theater
Berlijn, maandelijks affiche en buitenbord; ING New Business
Development, ontwikkeling huisstijl t.b.v. NBF Future Centre /
From left to right: Tias Business School / DMB&B Direct,
development of identity and housestyle; Boots Stores;
Nederland Audiovisueel Archief (NAA), development of
housestyle; Hebbel Theater Berlijn, monthly poster and sign;
ING New Business Development, development of housestyle for
NBF Future Centre*

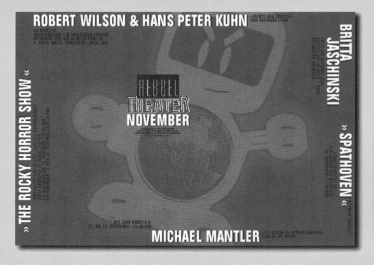

groot voordeel

Paco Rabanne
Douchegel for Men
Bathgel for Men
Aftershave for Men

19,95 14,95

25% korting

Revlon
Nagelak, 15 ml

10,- 7,50

bon
voordeel

en
compleet

Boots

Health & Beauty

Nu moet - met het oog op de toekomst - worden nagedacht over de vraag wat als ons erfgoed dient te worden beschouwd.

Letter of the Future

Article heading for the first item in this issue

FUTURE CENTRE SEMINAR

COMPETING FOR THE FUTURE

ING

JAM Rotterdam
Grafisch Ontwerpbureau

Van der Takstraat 28 / 3071 LL Rotterdam
T 010-281 04 12 / F 010-281 04 26
e-mail jam@luna.nl

Directie / Management John van Leeuwen
Contactpersoon / Contact John van Leeuwen
Vaste medewerkers / Staff 2
Opgericht / Founded 1978
Lidmaatschap / Membership BNO

Opdrachtgevers / Clients
Afrika Museum
Boekhandel v/h Van Gennep
Ekspress.zo
Energie Noord West
Geestelijke Gezondheidszorg Delfland
Drukkerij Graféno
Kop van Zuid
Muwi Rotterdam
Nederlandse Boekenbon
Nederlandse Boekverkopersbond
Poetry International
ReclameWeek
RET
Rode Kruis Bloedbank
Service- en Adviesbureau voor de Boekhandel
Volte accountants en belastingadviseurs
Zaken op Zuid
Theater Zuidplein

Prijzen / Awards
Best Verzorgde Boeken 1996
('Het gedicht is een bericht', Roteb / Poetry International)

Foto / Photo Maurice Brandts fotografie, Rotterdam

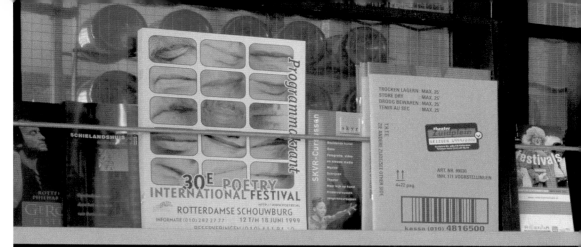

Jeronimus|Wolf

Communicatie consultancy & design

Prinses Beatrixlaan 3 / 4001 AG Tiel
Postbus 263 / 4000 AG Tiel
T 0344-64 06 00 / F 0344-64 06 09
e-mail info@jeronimus-wolf.nl

Directie / Management A.H.J. Jeronimus (commercieel
directeur), D.L. Wolf (creatief directeur)
Contactpersonen / Contacts A.H.J. Jeronimus, D.L. Wolf
Vaste medewerkers / Staff 6
Opgericht / Founded 1997
Lidmaatschap / Membership BNO
Samenwerkingsverband met / Associated with
Schoep & Van der Toorn

Bedrijfsprofiel

Jeronimus|Wolf is opgericht in 1997 en heeft in haar korte
bestaan een eigen plek verworven in de communicatiebranche.
Het bureau is lid van de BNO, is erkend door de ROTA en levert
een compleet pakket adviserende en uitvoerende diensten,
waarin creativiteit en resultaatgerichtheid elkaar versterken.
Jeronimus|Wolf specialiseert zich op drie terreinen: grafisch
ontwerp, marketingcommunicatie en public relations. Onze
ambitie: een optimaal begrip tussen mensen en organisaties,
en tussen mensen onderling.

Agency profile

Jeronimus|Wolf was founded in 1997 and managed to carve
its own niche in the communication sector within a short time.
The agency is a member of the BNO, has acquired ROTA
recognition and offers a complete package of advisory and
executive services in which creativity is reinforced by a result-
oriented approach and vice-versa. Jeronimus|Wolf has three
in-house specialisations: graphic design, marketing
communications and public relations. Our ambition: optimal
understanding between people and organisations and among
people themselves.

Opdrachtgevers / Clients

AAS+ automatisering en accountancy, Alofs Waiboer notarissen,
Groep Peterse groothandel, Kinder Oncologisch Centrum
Nijmegen, MAN truck & bus, NetManage connectivity software,
SAP Nederland, Sdu uitgevers, SilverStream Web Application
Servers, Unica Installatiegroep, Winter-Bouts colourants.

*1 Campagne middensegment SAP Nederland: Direct Mail
en follow up acties / SAP Nederland campaign, medium-sized
market: Direct Mail and follow up actions*

*2 Campagne middensegment SAP Nederland: advertenties
in IT- en managementbladen / SAP Nederland campaign:
adverts in IT and business magazines*

*3 Kunstcatalogus 200 jarig jubileum Rijkswaterstaat /
Rijkswaterstaat 200th anniversary art catalogue*

*4 Huisstijl Alofs Waiboer notarissen /
Alofs Waiboer notary house style*

*5 Brochure 'Management cockpit', SAP Nederland /
'Management cockpit' brochure, SAP Nederland*

*6 Grafisch ontwerp boekomslagen Sdu uitgevers /
Design book covers Sdu publishers*

*7 Verpakkingsontwerp Elektronisch Groene boekje, Sdu
uitgevers / Package design electronic dictionary, Sdu publishers*

*8 Omslag en titelblad Colour Forecast, Winter-Bouts /
Cover and title page Colour Forecast, Winter-Bouts*

*9 Internationale advertentiecampagne, vakbladen,
Winter-Bouts / International advertising campaign
trade magazines, Winter-Bouts*

10 Kleurenwaaier, Winter-Bouts / Fan deck, Winter-Bouts

6

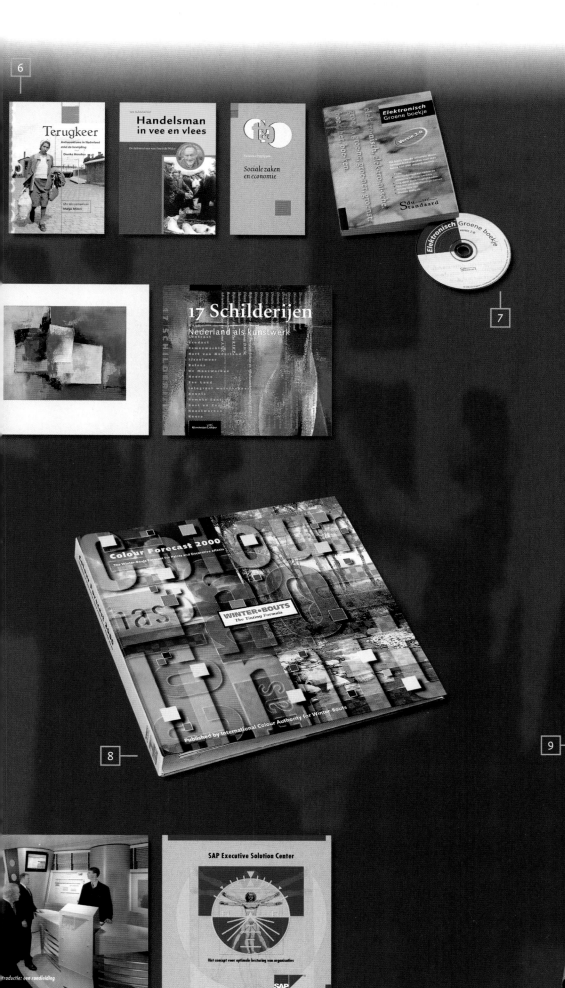

7

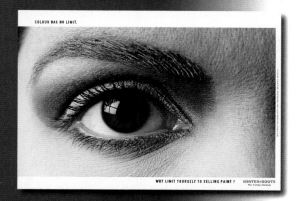

8

9

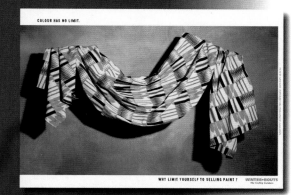

10

Karelse & den Besten

Eendrachtsweg 41 / 3012 LD Rotterdam
T 010-213 17 29 / F 010-404 61 08
e-mail karbes @xs4all.nl / website www.xs4all.nl/~karbes

Directie / Management J.E. den Besten, J.C. Karelse
Contactpersonen / Contacts J.E. den Besten, J.C. Karelse
Vaste medewerkers / Staff 3
Opgericht / Founded 1984
Lidmaatschap / Membership BNO

Als bureau is Karelse & den Besten sinds 1984 actief op het brede terrein van ontwerp en grafische vormgeving, van advies tot en met de uitvoering. Het werk kenmerkt zich door een conceptmatige aanpak, resulterend in een heldere en directe visualisering van de communicatiedoelstellingen.

Karelse & den Besten has been active since 1984 in a broad field of graphic and other design. Their work ranges from consultancy to execution and is characterised by a conceptual approach. This results in a clear, direct visualisation of the communicative objectives.

1 Kwartaalmagazine van de Stichting Internationale Culturele Activiteiten, Amsterdam / Quartely magazine of Service Center for International Cultural Activities, Amsterdam

2 Huisstijl voor City Safari, organisatie van culturele ontdekkingstochten door oude wijken van grote steden / Housestyle for City Safari, organisers of cultural discovery tours in old neighbourhoods of various cities

3 Boek over hedendaagse Afrikaans-Amerikaanse kunst / Book on recent African-American art

4 Conceptboek voor Rotterdam Culturele Hoofdstad 2001 met als titel 'Rotterdam is vele steden' / Book on concepts for Rotterdam Cultural Capital 2001, titled 'Rotterdam is many cities'

5 Diverse logo's / Various logos

6-8 Affiches voor theater en opera van Onafhankelijk Toneel, Rotterdam / Posters for theatre and opera by Onafhankelijk Toneel, Rotterdam

9 Kunstboek voor Tracy Mackenna / Art book for Tracy Mackenna

10 Pagina's uit de nieuwsbrief van Rotterdam Culturele Hoofdstad 2001 / Spread from Rotterdam Cultural Capital 2001 newsletter

11, 12 Bidboek voor een nieuw internationaal centrum voor foto, film en mediatechnologie in Rotterdam / Bidbook for a new international centre for photo, film and media technology, Rotterdam

13 Boek over interieurarchitectuur voor uitgeverij Scepter, Amsterdam / Book on interior design for Scepter publishers, Amsterdam

14-16 Bewegwijzering voor Nieuws, een winkel in designartikelen, Amsterdam / Signing for Nieuws, a shop in design gadgets, Amsterdam

17-21 Logo, swatches en concept voor internationale herlancering van een papiersoort van Arjo Wiggins Fine Papers, UK / Logo, swatches and concept for international relaunch of a brand of Arjo Wiggins Fine Papers, UK

22 Jaarverslag voor het Rode Kruis Ziekenhuis, Den Haag / Annual report for Red Cross Hospital, The Hague

23-25 Presentatievoorstellen voor nieuw tijdschrift over misdaad en literatuur / Proposals for a new magazine on crime and literature

1

2

3

M IS VELE

de Lange / Burafo

4

5

6

7

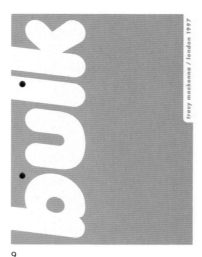

8

9

10

LAS PALMAS

INTERNATIONAAL CENTRUM VOOR FOTO, FILM & MEDIATECHNOLOGIE

11

CULTURELE INFRASTRUCTUUR

De fotocollectie Rotterdam

12

inzicht in interieurarchitectuur

wonen
doe je zelf

Hans Uylenburg

13

pulp fiction

NIEUWS
THE PEOPLE'S GIFTSTORE

14

magnets

NIEUWS
THE PEOPLE'S GIFTSTORE

15

more
nieuws

NIEUWS
THE PEOPLE'S GIFTSTORE

16

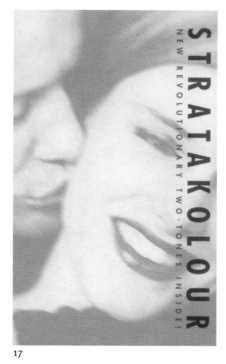

STRATAKOLOUR

NEW REVOLUTIONARY TWO-TONES INSIDE!

17

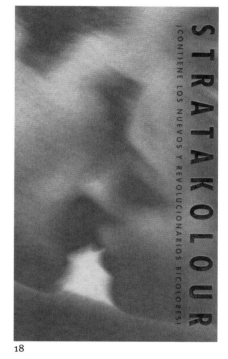

STRATAKOLOUR

¡CONTIENE LOS NUEVOS Y REVOLUCIONARIOS BICOLORES!

18

STRATAKOLOUR

19

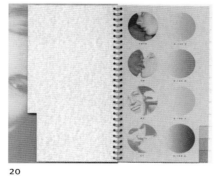

20

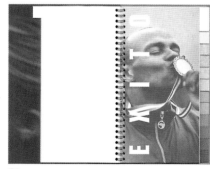

EXIT

21

22

DE INFORMANT

TIJDSCHRIFT VOOR MISDAAD EN LITERATUUR   HFL 13,95 · BF 230

Schuld en boete
Adriaan van

Misdaad en t.v.
Peter R. de Vries spreekt

De tien geboden
Connie Palmen

Internet
Fraude op grote schaal

23

DE INFORMANT

TIJDSCHRIFT VOOR MISDAAD EN LITERATUUR   HFL 13,95 · BF 230

De sneeuwmoord
Maj Sjowal

Interview
Winnie Sorgdrager

Top 100
De beste misdaadromans

Primeur
Undercover in het kinderpornonetwerk

24

MISSION

Iedere dag
angst

JAN REIJNEN

OP DE TWEEDE VIDEOPROJECTIE WORDT DE TOESCHOUWER GECONFRON-
TEERD MET EENZAME INDIVIDUEN, GEÏSOLEERD IN HET VIDEOFRAME, ZICH
OVERGEVEND AAN VERSCHILLENDE EMOTIONELE EN FYSIEKE UITBARSTIN-
GEN. WE WORDEN ONS ERVAN BEWUST DAT WE NAAR EEN PERFORMANCE
KIJKEN, NIET VEROORZAAKT DOOR DE EIGEN VAN HET VERHAAL MAAR DOOR
DE CAMERA ALLEEN. HET IS EEN COMBINATIE VAN MINIMALISTISCHE, OP
PERFORMANCE GEBASEERDE, ESTHETIEK.

25

Keja Donia

Corporate / Retail / Brand Identities

Fokkerweg 300 / 1438 AN Schiphol-Oost (bezoekadres)
Postbus 75076 / 1117 ZP Schiphol-Oost (postadres)
T 020-671 51 41 / F 020-676 13 43
e-mail id@kejadonia.nl / website www.kejadonia.nl

Zie ook Verpakkingsontwerp p.34, Nieuwe media p.66,
Ruimtelijk ontwerp p.30

Directie / Management Lex Donia, Erwin Schuster, Jaap de Gijt
Contactpersonen / Contacts Lex Donia, Erwin Schuster,
Evelyne Bennink (office manager)
Vaste medewerkers / Staff 65
Opgericht / Founded 1983
Lidmaatschappen / Memberships BNO, NIMA, GVR

Geïnspireerd op identiteiten van vroeger en nu, van stad en land,
van heinde en verre, ontwikkelt Keja Donia merkpersoonlijkheden
voor de toekomst. Door strategie en creativiteit te combineren.
En met de waarde van het merk als kern van iedere oplossing.

Based on identities from the past and present, city and country,
near and far, Keja Donia develops brand personalities for the
future. By the combination of strategy and creativity.
With the brand value as the core of each solution.

Opdrachtgevers / Clients

Beamix: corporate identity; packaging
Vereniging Natuurmonumenten: corporate identity
Technische Universiteit Eindhoven: corporate identity
MIXT: communication & design
S.N.T.: corporate identity
KNHB: tournament identity
Start: corporate identity
Lamitref Industries: corporate identity
WTC Amsterdam: corporate identity
Van Drie Groep: corporate identity

TU/e technische univers

Bio

nixt

Stichting voor
interculturele projecten

SNT

De Verbinding

LAMITREF
industries

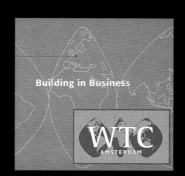

Building in Business

WTC
AMSTERDAM

VanDrie Group

CONTROLLED QUALITY VEAL

KD
ID

Studio Marise Knegtmans

Grafische vormgeving

Brouwersgracht 42 / 1013 GW Amsterdam
T 020-420 62 55 / F 020-420 89 76
e-mail marise@xs4all.nl

Vaste medewerkers / Staff 2
Opgericht / Founded 1994
Lidmaatschap / Membership BNO

Opdrachtgevers / Clients

HBG, Rijswijk
Hogeschool van Amsterdam
Koninklijke Bibliotheek, Den Haag
Intituut voor Information Engineering, Almere
Marine Museum, Den Helder
Museum Kranenburgh Bergen
Nederlandse Museumvereniging
Stedelijk Museum De Lakenhal, Leiden
Politie Amsterdam Amstelland
Samsom, Alphen a/d Rijn
Sdu Uitgevers, Den Haag
Stichting Beeldrecht, Amstelveen
Stichting Burafo, Amstelveen
Stichting FotoAnoniem, Amstelveen
Universiteit van Leiden
en anderen / and others

Praktijkboek
Instandhouding
Monumenten

Praktijkboek
Instandhouding
Monumenten

Milieu Select

Afval Select 1

Bodem Select

Select

Sdu Uitgevers

Atelier René Knip

2 en 3dimensionaal grafisch werk

Nieuwendammerkade 62 / 1025 LZ Amsterdam
T 020-778 13 01 / F 020-778 13 03
mobile 06-22 90 55 34 / e-mail info@atelierreneknip.nl
website www.atelierreneknip.nl

Directie / Management René Knip
Contactpersoon / Contact René Knip
Vaste medewerkers / Staff 1, 2 or 3
Opgericht / Founded 1995
Lidmaatschap / Membership BNO

Sleutelwoorden

Typografie. Letterontwerp. Ruimtelijke grafiek. Materiaal.
Kleur. 2,5 Dimensie. Initiatief. Toegepast. Autonoom.

Keywords

Typography. Type design. Environmental graphics. Material.
Colour. 2,5 Dimension. Initiative. Applied. Autonomous.

Opdrachtgevers / Clients

O.a. Merkx+Girod architecten en PTT Post

*Afgebeeld zijn 10 huiscijfers uitgevoerd in gegoten en
getrommeld aluminium. De afbeeldingen zijn op ware grootte.
De cijferreeks is speciaal ontworpen voor het 15-jarig bestaan
van Merkx + Girod Architecten in 1999.*

*The pictures show 10 house numbers, executed in cast
and beaten aluminium. All pictures are life-size.
This series of house numbers is a special design for
the 15th anniversary of Merkx & Girod Architects, in 1999.*

*Het velletje van tien postzegels is ontworpen met het thema
'Tien voor uw brieven'. De zegel is ook verkrijgbaar als sticker
op vellen van 50 stuks. Onder de zegels staat het ontwerp
voor de eerste dag stempel afgebeeld, 1999.*

*The sheet of ten stamps has been designed on the pretext
of 'Ten for your letters'. The stamp is also available as sticker,
in sheets of 50. Below the stamps is a picture of the design
of the first-day postmark, 1999.*

EERSTE DAG

VAN UITGIFTE

Koeweiden Postma associates

W.G. Plein 516 / 1054 SJ Amsterdam
Postbus 59158 / 1040 KD Amsterdam
T 020-612 19 75 / F 020-616 97 98
e-mail info@kpadesign.nl / website www.koeweidenpostma.nl

Zie ook Nieuwe media p.68

Directie / Management Dick de Groot, Paul Postma,
Jacques Koeweiden
Contactpersonen / Contacts Dick de Groot, Paul Postma
Vaste medewerkers / Staff 7
Opgericht / Founded 1987
Lidmaatschappen / Memberships BNO, ADCN, D&AD, AGI

Opdrachtgevers / Clients
Dutchtone
Gemeentevervoerbedrijf Amsterdam
Hazazah photography & film production
Heineken Export Group
Peugeot Nederland
McDonalds Nederland
Theater van het Oosten
IJswater Films
Warner Brothers
Nike Europe
Photographers Assocation of the Netherlands
Randstad

*1 Logo Nederlandse Architecten, opdrachtgever: Uitgeverij BIS /
Dutch Architects logo for BIS publishers*

*2 Logo Man (tijdschrift), opdrachtgever: De Telegraaf Groep /
Man (magazine) logo for the Telegraaf Group*

*3 Logo Dutchtone (telecommunicatie aanbieder),
opdrachtgever: Dutchtone NV / Dutchtone logo for Dutchtone NV
(mobile network provider)*

*4 Logo PANL, opdrachtgever: Photographers Association
of the Netherlands / PANL logo for Photographers Association
of the Netherlands*

*5 Europese sportschoenen campagne: serie van 5 posters,
banners en winkelmateriaal met 'typografische portretten' van
Andre Agassi, Michael Johnson, Jason Kidd, Scotty Pippen en
Monica Seles, opdrachtgever: Nike Europe / European footwear
campaign: a series of 5 posters, banners and in-store material
featuring typographic portraits of Andre Agassi, Michael
Johnson, Jason Kidd, Scotty Pippen and Monica Seles for
Nike Europe*

Andre Agassi HAVE MERCY. KILL QUICKLY. Zoom Air s speed cushioning

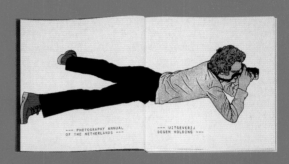

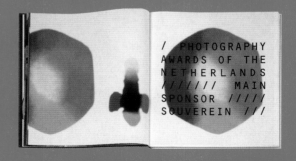

6 *Jaarboek PANL #8, 1999, opdrachtgever: Photographers Association of the Netherlands / Annual PANL #8, 1999 for Photographers Association of the Netherlands*

7 *Afz. Randstad (tijdschrift), opdrachtgever: Randstad / Afz. Randstad (magazine) for Randstad*

8 *Affiches Dora Kremer & De ijsman kome, opdrachtgever: Theater van het Oosten / Dora Kremer & The iceman cometh posters for Theater van het Oosten*

Koningsberger & Van Duijnhoven

Grafisch ontwerpers

Biltstraat 156 / 3572 BN Utrecht
Postbus 13232 / 3507 LE Utrecht
T 030-271 76 46 / F 030-271 94 99
e-mail hello @ koduijn.nl

Directie / Management Anne Koningsberger,
Karin van Duijnhoven
Contactpersonen / Contacts Anne Koningsberger,
Karin van Duijnhoven, Daphna van Maarschalkerweerd
Vaste medewerkers / Staff 3
Opgericht / Founded 1992
Lidmaatschap / Membership BNO

Opdrachtgevers / Clients
Koninklijke Nederlandse Jaarbeurs, Hogeschool voor de Kunsten
Utrecht, Unie van Waterschappen, Astmafonds, Vanguard
Classics, Annie M.G. Schmidt Huis, Natuurmonumenten,
Consumentenbond, Projectbureau Leidsche Rhijn Utrecht,
Nederlandse Voedsel Allergie Stichting, Sacha Shoes,
Riagg Amsterdam Oost, Universiteit Utrecht, Podium Bureau
voor educatieve communicatie bv, Conference Management bv,
Theater Bis, Utrechtse Golfclub Amelisweerd,
diverse filmproducenten / various film producers

Prijzen / Awards
Certificate of Design Excellence - DOX Documentary
Film Quarterly
ADCN nominatie / nomination - affiches Tivoli, Utrecht

1 *UIT! Cultureel Magazine Den Bosch /*
UIT! Cultural Magazine, Den Bosch

2 *Huisstijl Ruud de Bruyn, camera, 1999 /*
Stationary for Ruud de Bruyn, director of photography, 1999

3 *Publiciteitsmateriaal Annie M.G. Schmidt Huis,*
Centrum voor Kinderen en Kunst, 1998 /
Promotion material for Annie M.G. Schmidt Huis,
Centre for Children and Arts, 1998

4 *Diverse affiches / Various posters*

5 *Diverse logo's / Various logotypes*

Foto's / Photos George Terberg, IJsselstein

1

2

3

5

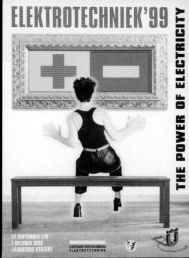

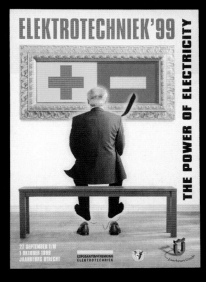

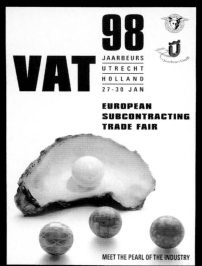

Krakatau

Grafische vormgeving

Honingerdijk 70 / 3062 NW Rotterdam
Postbus 242 / 3000 AE Rotterdam
T 010-414 95 50 / F 010-414 39 41
e-mail krakatau@krakatau.nl

Directie / Management Kitty Schieck (managing director),
Kees Hubers (managing designer)
Contactpersonen / Contacts Kitty Schieck, Kees Hubers
Vaste medewerkers / Staff 5
Opgericht / Founded 1992
Lidmaatschap / Membership BNO

Krakatau is een ontwerpbureau dat zich bezighoudt met
toegepaste vormgeving. Het zo krachtig en duidelijk mogelijk
overbrengen van de gewenste boodschap bij de doelgroep vormt
het uitgangspunt van onze werkwijze. Creativiteit dient daarbij
als middel en niet als doel op zich. Via oorspronkelijk en
aansprekend werk op basis van een conceptueel sterk idee
proberen we onze doelgroep te verrassen, te inspireren.

Krakatau is a graphic design agency specialising in applied
design. Our work is based on the primary aim: to communicate
the desired message to the defined market as clearly and
powerfully as possible. In this, creativity is a means to an end
rather than an end in itself. We try to surprise and inspire our
market by producing original and attractive work based on
a strong original concept.

1 Voor het achtjarig bestaan van Hackfort & Cumberland
Lithografen wordt een doos met 8 boekjes ontworpen /
Box containing 8 booklets marking Hackfort & Cumberland
Lithography's 8th anniversary

2 Jaarverslag GTI 1997 'De organisatie als lichaam' / GTI 1997
annual report, 'The Organisation as Body' as its theme

3 Jaarverslag Goudse Verzekeringen /
Gouda Insurance Group annual report

4 Sociaal jaarverslag Honig / Honig annual report (social affairs)

5, 8 Naamgeving, logo-ontwikkeling en stripingontwerp voor
actiemodellen Suzuki motoren / Naming, logo-development and
striping produced for special models, Suzuki Motorcycles

6 Illustratie voor glazen ruit / Illustration for glass window

7 Tweemaandelijks personeelsmagazine van GTI /
Staff magazine for GTI, published every two months

9 Logo als onderdeel van de huisstijl voor Parnassia, Psycho
Medisch Centrum in Den Haag / Logo as part of the corporate
Identity developed for Parnassia Psycho Medical Centre in The
Hague

10 Logo en materiaal t.b.v. scholierenactie van Stichting
Volksgezondheid en Roken / Logo and other material produced
in connection with the Schools Programme of the Foundation for
Public Health and Smoking

11 Programma seizoen 1996 -1997 Theater Zuidplein /
1996-1997 Programme for Theater Zuidplein

12 Consumentenperiodiek voor kopers van Suzuki motoren /
Consumer publication for buyers of Suzuki Motorcycles

13 Drietalig kwartaalblad voor ICI Polyurethanes-personeel
wereldwijd / Quarterly magazine for ICI Polyurethanes Staff
Worldwide, produced in three languages

14 Promotionele uitgave SUFA/Algemene Loterij Nederland /
SUFA/Dutch General Lottery promotional publication

15 Programmaboekje en toegangskaarten 9e Interflora World
Cup 1997 / Programme booklet and entry tickets for the 9th
Interflora World Cup 1997

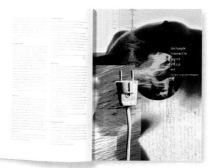

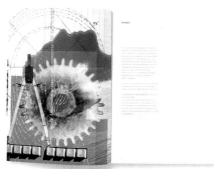

⑩

⑨

Parnassia

PSYCHO - MEDISCH CENTRUM

⑪

⑫

⑬

⑭

⑮

Kris Kras Design bv
Bureau voor communicatie en vormgeving

Lucas Bolwerk 17 / 3512 EH Utrecht
Postbus 662 / 3500 AR Utrecht
T 030-231 40 67 / F 030-231 59 27
e-mail design@kriskras.nl

Kris Kras Marketing & Design GmbH
Airport Center am Flughafen Münster/Osnabrück
Hüttruper Heide / D-48268 Greven
T +49 2571-91 770 / F +49 2571-91 77 77

Zie ook Nieuwe media p.74

Directie / Management J. Siebelink, K.U. Waltermann
Filiaal Duitsland: T. Langer, J. Siebelink, K.U. Waltermann
Vaste medewerkers / Staff 24
Opgericht / Founded 1982
Lidmaatschappen / Memberships NCD, BNO

Clients

Strukton Group
Repositioning builders as a company with varying capacities
(initiator, designer, contractor, manager) working on solutions
relating to social themes such as accessibility and mobility.
Revitalisation of housestyle inluding guidelines in corporate
brochure series. Realisation of corporate magazine, financial
annual report and social annual report.

CenE Bankiers
Evolution of existing housestyle without culture shock to new
housestyle, reassessing and re-evaluating existing elements.
New logo and housestyle, including extensive stationary,
complete form package, bank passes, façade lattering, signs,
site telebanking. Realisation of financial annual report,
corporate brochure, staff magazine, brochure series.

Agis Group
Positioning and presentation of new holding arising from three
health insurers after intensive series of mergers, including
powerful endorsements from subsidiaries. New name, logo and
housestyle. Realisation of extensive stationary, complete form
package, façade lettering, signs, screensavers, Internet site,
corporate brochure, newsletter.

NS Railinfrabeheer
Projectgroep Noordoostelijke Verbinding
Presentation of extensive study into new train links for
expanding freight traffic by rail. Realisation of MER rail plan,
comprising 2000-page report and 500 topographical maps.
Published in print and on cd-rom. Motivation of various
participants required professional and competent project
management.

NS Corporate Communication
Realisation of uniform corporate image for staff magazines of
production units, maintaining identity and regional elements of
the various editorial sections. Magazine title logos, basic layout,
basic typography and illustrative elements in the form of a
'toolbox' on cd-rom. Image concept cover photography, as well
as execution of photography and realisation of cd-rom image.

Gispen International
Following extension of services package and integration of
new partner, repositioning of office furnishings supplier as
total designer of the workplace. Revitalisation of housestyle,
realisation of company brochure.

Technische Universiteit Eindhoven
Translation of corporate identity to corporate communication,
specifically focusing on secondary-school pupils. Realisation
of 12-part series of study prospectuses, brochures and poster
for information days, fair stands and school magazine.

Utrecht regional police
Reinforcement of regional character and increasing the local
personnel's identification with the organisation. Development of
framework for internal and external communications, extension
of existing housestyle guidelines. Realisation of staff newspaper,
financial annual report, in- and external brochure line, mailing.

"**Hier!**"

"Wil je nog verder zoeken dan?"

Ik geef toe dat ik het eigenlijk ook wel had gehad. Bovendien was de entourage van een soort dat me aansprak. Een restaurant moet eenvoud uitstralen. Terwijl we aan tafel plaatsnamen werd duidelijk dat achter die eenvoud een rijkdom aan kwaliteiten zat. Sfeer, bediening, kaart: alles was even goed. Hier moesten we vaker komen. "Verwonderlijk eigenlijk hoe dat toch ontstaat", begon ik tegen mijn disgenoot. "Je stapt intuïtief ergens binnen. Je mag gaan plaatsnemen. Je krijgt een kaart. En vanaf dat moment geef je het roer over: wordt alles voor je gedaan. Uit eten is gebaseerd op vertrouwen. terwijl ik helemaal niet zo, hoe zeg je dat, uitbestederig ben. En zie me nu! Frappant hè? Hallo. Luister je eigenlijk wel?" "Nee. Ik zit te smullen. Moet jij ook eens doen."Zelden is er een avond zo weinig gepraat en toch zoveel gezegd. Hier spraken de gerechten een taal.

Kummer & Herrman

Grafisch ontwerpers

Kleine Geertekerkhof 2 a / 3511 XG Utrecht
T 030-234 38 24 / F 030-238 07 70
e-mail kummer.herrman@tip.nl

Directie / Management Arthur Herrman, Jeroen Kummer
Contactpersonen / Contacts Arthur Herrman, Jeroen Kummer
Vaste medewerkers / Staff 2
Opgericht / Founded 1997

Opdrachtgevers / Clients
Algemeen Nederlands Persbureau, uitgeverij Bert Bakker,
Beeldende Kunstroute, Centraal Museum, kunsthistorisch bureau
D'Arts, stichting De Best Verzorgde Boeken, uitgeverij Donemus,
Dox (interculturele jongerentheatergroep), Hogeschool voor de
Kunsten Utrecht, Koninklijke Luchtvaart Maatschappij, uitgeverij
Bas Lubberhuizen, Lucas X (gids voor beeldende kunst provincie
Utrecht), Ministerie van Volkshuisvesting, Ruimtelijke Ordening
en Milieu, Nationaal Kennisdebat, Nieuw Sinfonietta Amsterdam,
de Onderneming in Architectuur, de PaardenKathedraal,
uitgeverij Prometheus, muziekfestival Rumor, SDU
(Staatscourant), SJU Jazzpodium, Springdance, Stichting
Utrechtse Beeldende Kunst, Utrecht Uitfeest, gemeente Velzen

1 *Affiche Beeldende Kunstroute Utrecht, 1998 /
Visual Arts route poster Utrecht, 1998*

2 *Affiche voor Afgeprijsd, een voorstelling van interculturele
jongerentheatergroep DOX, 1998 / Poster for Afgeprijsd,
a performance by DOX, an intercultural youth theatre company,
1998*

3 *Internetsite voor het Investeringsbudget Stedelijke
Vernieuwing, Ministerie van VROM, 1999 /
Internet site for urban renewal investment budget,
Ministry of Transport and Public Works, 1999*

4 *Covers voor LucasX, gids voor beeldende kunst provincie
Utrecht, 1996-1999 / Covers for LucasX, Utrecht province visual
arts guide, 1996-1999*

5 *Jubileumuitgave Nieuw Sinfonietta Amsterdam, 1998 /
Nieuw Sinfonietta Amsterdam anniversary publication, 1998*

6 *Uitnodigingen Academiegalerie, Hogeschool voor de Kunsten
Utrecht, 1996-1999 / Academy gallery invitations, Utrecht college
of fine art, 1996-1999*

7 *Boekomslag voor uitgeverij Prometheus, 1999 /
Book cover for Prometheus publishers, 1999*

8 *Affiches voor Rumor, festival voor grensoverschrijdende
muziek, 1996-1999 / Posters for Rumor, festival for experimental
music, 1996-1999*

9 *Affiche, logo en programmaboek voor Springdance, 1999 /
Poster, logo and programme for Springdance, 1999*

10 *Ode aan het Vondelpark, monumentale uitgave voor
kunsthistorisch bureau D'Arts en uitgeverij Bas Lubberhuizen,
i.s.m. Willem van Zoetendaal, 1997 / Ode to Vondelpark,
monumental publication for D'Arts art-history agency and Bas
Lubberhuizen publishers, together with Willem van Zoetendaal,
1997*

11 *Maandelijks personeelsmagazine voor KLM, i.s.m.
Willem van Zoetendaal, 1998-1999 / Monthly staff magazine
for KLM, with Willem van Zoetendaal, 1998-1999*

12 *Huisstijl voor Stichting Utrechtse Beeldende Kunst, 1999 /
Housestyle for Utrechtse Beeldende Kunst foundation, 1999*

13 *Bedrijfspublicatie voor de Onderneming in Architectuur, 1996 /
In-house publication for Onderneming in Architectuur, 1996*

1

2

3

4

5

6

7

8

9

10

11

12

13

Het Lab

Bovenbeekstraat 17 a / 6811 CV Arnhem
Postbus 1108 / 6801 BC Arnhem
T 026-443 88 10 / F 026-445 66 79
mobile 06-22 60 17 12 / e-mail anybody@hetlab.nl
website www.hetlab.nl

Directie / Management Josée Langen, Erik Vos
Vaste medewerkers / Staff 2
Opgericht / Founded 1996
Samenwerkingsverband met / Associated with Nawwara bv
(Amsterdam)

Het Lab werkt samen met letterontwerper Fred Smeijers en
tekstschrijver Richard Derks. Met communicatie-adviesbureau
Nawwara te Amsterdam voert Het Lab projecten uit voor onder
meer ABP, Ministerie van Landbouw (Bureau Heffingen),
Quadraat, USZO, onder de naam Nawwara/Het Lab.

Het Lab works in conjunction with type designer Fred Smeijers
and copywriter Richard Derks. Together with communications
consultancy Nawwara in Amsterdam Het Lab carries out projects
for the ABP, the Ministry of Agriculture (Taxation Office),
Quadraat and USZO, under the name Nawwara/Het Lab.

www.hetlab.nl

Gron‌bank

MIDDEN-GELDERLAND

IRIS AUTOMATISERING B.V

Henselmans Advies

FISCALE EN ADMINISTRATIEVE
DIENSTVERLENING

ARCHIMENT
CONSULTING

Laboratorivm

Huidekoperstraat 23 / 1017 ZL Amsterdam
T 020-428 00 28 / F 020-428 00 29
e-mail lab@euronet.nl

Directie / Management Krijn van Noordwijk, Robbert Jansen
Contactpersonen / Contacts Krijn van Noordwijk, Robbert Jansen
Vaste medewerkers / Staff 2
Opgericht / Founded 1986
Lidmaatschappen / Memberships ADCN, BABY, PANL, BNO

Hoofdactiviteiten / Main activities

25% corporate identity, housestyles
10% packaging, brand development
 5% illustration
50% communication

Laboratorivm was formed on 5 May 1996, Liberation Day in the
Netherlands. The founders are Robbert Jansen, 36, and Krijn
van Noordwijk, 38, both active in advertising for fifteen years.
Robbert has worked at BBDD and Lowe in Holland and at Bartle
Bogle Hegarty in London (Levis). Krijn van Noordwijk has worked
at TBWA and Lowe and was Creative Director at Ogilvy & Mather
Amsterdam (Ford). They do not see Laboratorivm as focusing on
advertising, but enjoy mixing this with other disciplines such as
graphic design, musical composition and painting. The name
Laboratorivm reflects a belief in the chemistry between these
disciplines in communication.

LassooyDesign

Bureau voor vormgeving en communicatie

Wandelweg 54 / 1521 AH Wormerveer
Postbus 236 / 1520 AE Wormerveer
T 075-621 02 11 / F 075-621 40 96
mobile 06-55 37 07 87 / e-mail info@lassooydesign.nl
website www.lassooydesign.nl

Directie / Management Ferry Bakker, Peter Lassooy, Onno Lassooy
Contactpersonen / Contacts Ferry Bakker, Onno Lassooy
Vaste medewerkers / Staff 10
Opgericht / Founded 1987
Lidmaatschap / Membership BNO

Het werk van LassooyDesign komt het best tot zijn recht in onze portfolio. Belt u even naar Ferry Bakker voor een exemplaar: 075-6 210 211.

The LassooyDesign portfolio; see LassooyDesign at its very best and find out how it can work for you. Ring Ferry Bakker for a copy: 075-6 210 211.

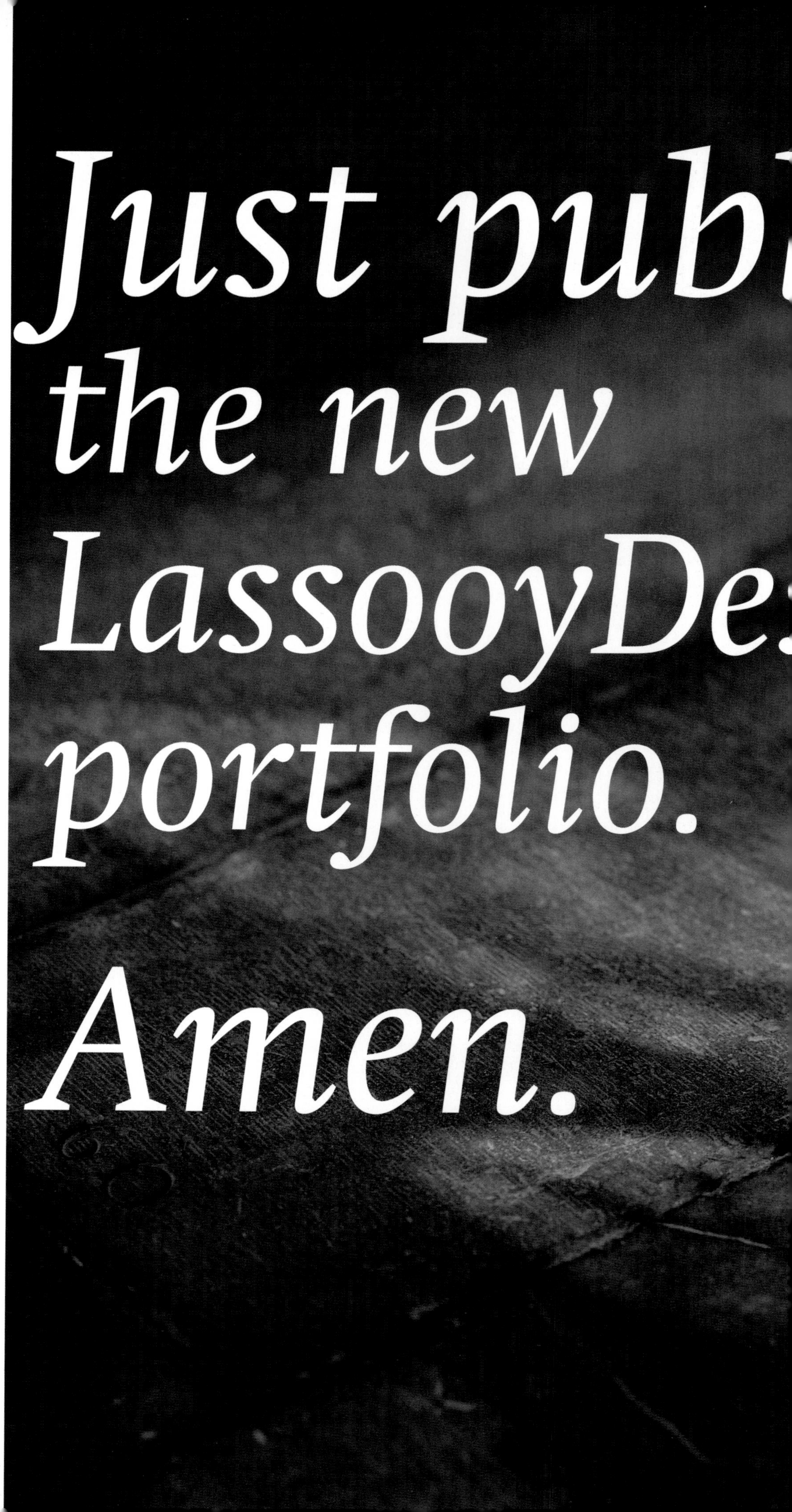

Just pub[l]
the new
LassooyDes[ign]
portfolio.

Amen.

ished...

ign

075 6 210 211

De Zaak Launspach

Bureau voor corporate design

Rozenlaan 115 / 3051 LP Rotterdam
T 010-211 13 00 / F 010-211 13 11
e-mail info@dzl.nl

Directie / Management Dick Launspach
Contactpersonen / Contacts Dick Launspach, Stephan van Rijt,
Jolien Lorenz
Vaste medewerkers / Staff 4
Opgericht / Founded 1996
Lidmaatschappen / Memberships BNO, ADCN
Samenwerkingsverband met / Associated with Zwiers Partners

Bedrijfsprofiel

De Zaak Launspach is een ontwerpbureau gespecialiseerd in
corporate design. Corporate design betreft het totale visuele
beleid van een organisatie. De Zaak Launspach adviseert
en ontwerpt op dit gebied. Daarbij wordt identiteit, imago,
marketing- en ondernemingsdoelstelling van de onderneming
in het advies en ontwerp opgenomen. Bij de implementatie
van deze doelstellingen wordt rekening gehouden met
het pakket van eisen met betrekking tot de technische
verwerking (bijvoorbeeld kantoorautomatisering, multimedia,
gebruiksdrukwerken, gevelbelettering).

Company profile

De Zaak Launspach is a Dutch design bureau specialised
in conceiving, developing, producing, implementing and
maintaining the image and identity of an organisation.
De Zaak Launspach advises and assists clients in all visual areas
that impinge on image and identity. Special competences include
market and image research, image analysis, translating and
organisation's mission, objectives and policy into visual form
and the full process of image and identity creation and
protection. Detailed attention is naturally given to all the many
visual, physical and behavioural ways image and identity are
brought to life.

Nieuwe doelen voor het Jaarverslag

Jaarverslagen zijn de hoeksteen van de corporate identiteit
en niet alleen voor beursgenoteerde fondsen. Dit medium is
een kans voor het brengen van een boodschap.
Corporate campagnes en identiteit dienen een naadloze
vertaling te vinden in het Jaarverslag.

The New Annual Report

Annual Reports are key in a company's image to the outside
world and not only for quoted organisation. This medium
offers a major communication opportunity, and corporate image
and identity campaigns can be most effectively supported by the
creatively presented 'New' Annual Report.

1 LHV Landelijke Huisartsen Vereniging Jaarverslag 1998 /
LHV Landelijke Huisartsen Vereniging Annual Report 1998

2 Gemeentewerken Rotterdam Jaarverslag 1998 /
Gemeentewerken Rotterdam Annual Report 1998

3 PGGM Jaarverslag 1998 / PGGM Annual Report 1998

4 Breevast nv, Jaarverslag 1998 /
Breevast nv Annual Report 1998

5 Imtech, Jaarverslag 1998 / Imtech Annual Report 1998

6 AMVEST Vastgoed bv, Jaarverslag 1998 /
AMVEST Vastgoed bv Annual Report 1998

1

2

3

4

5

6

Jaarverslag 1998
(beknopte versie)

Leuk werk, zwaar **werk.** Als ik **58 ben** wil ik **ermee** stoppen. Kan dat PGGM?

Ik wil tegelijk met mijn **partner** kunnen **stoppen** met werken. Kan dat PGGM?

Ik wil graag iets **extra's** doen voor mijn **medewerkers.** Kan dat PGGM?

PGGM

Lava

Grafisch ontwerpers

Van Diemenstraat 366 / 1013 CR Amsterdam
T 020-622 26 40 / F 020-639 07 98
e-mail design@lava.nl / website www.lava.nl

Zie ook Nieuwe media p.76

Directie / Management Christa Jesse, Martine Verhaar,
Hans Wolbers
Contactpersoon / Contact Martine Verhaar
Vaste medewerkers / Staff 10
Opgericht / Founded 1990
Lidmaatschap / Membership BNO
Samenwerkingsverband met / Associated with Def. grafische
producties, Hollandse Nieuwe

Company statement

'When you think you've got everything under control, you don't
drive fast enough.' - Alain Prost

Opdrachtgevers / Clients

Beyond the Line, Comic House, Forbo-Krommenie,
Gemeentemuseum Helmond, Heineken, Hollandse Nieuwe,
Impakt Festival, KLM, KPN, Lost Boys, Marje Alleman Creative
Projects, Media Partners, Name Models, Nederlands
Filmmuseum, Okra architekten, Ozz interactive, Peter Stuyvesant
Travel, Philips, Rialto, Rietbroek Oudijn Ontwerpers, Roxy,
Signum informatieprojecten, Start, Softmachine, Syntens, Tekton
architekten, Telegraaf Tijdschriften Groep, Universal Music, Vos
Interieurs

Beeld / Images *Onze beeldtaal. Kom lunchen. Bel nu! /
Our visual language. Find out more about us. Call now!*

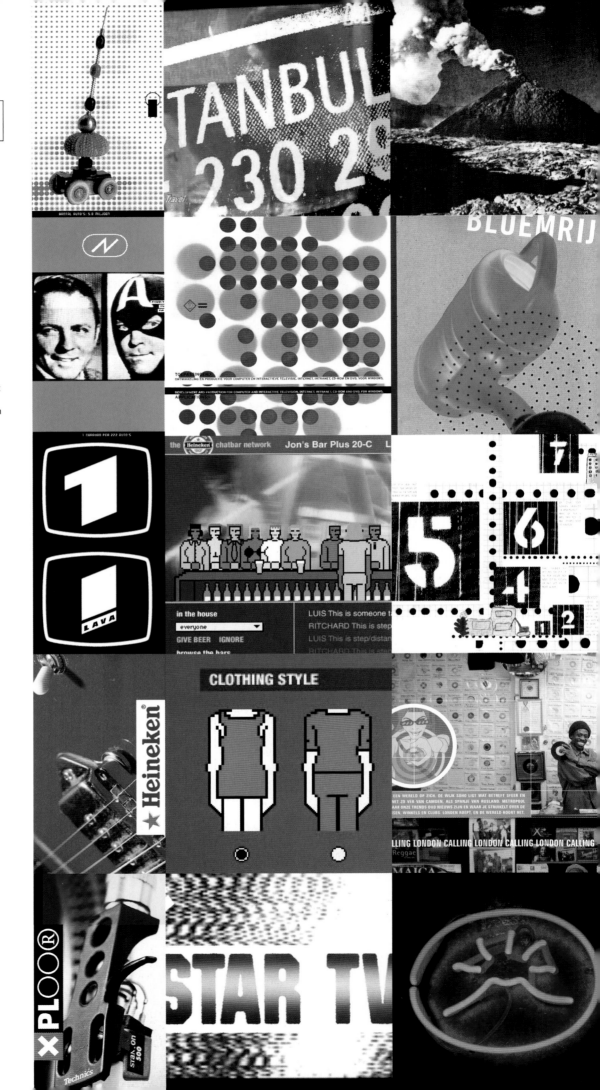

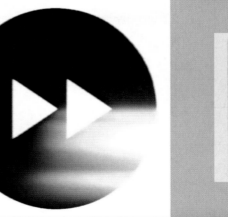

Lawine

grafisch ontwerp

Alkhof 57 a / 3582 AX Utrecht
T 030-258 12 33 / F 030-258 13 40
mobile 06-21 53 84 81 / e-mail lawine@xs4all.nl

Directie / Management Sylvia de Bruin, Eddy Stolk
Contactpersonen / Contacts Sylvia de Bruin, Eddy Stolk
Vaste medewerkers / Staff 2
Opgericht / Founded 1996
Lidmaatschap / Membership BNO

Bedrijfsprofiel

Onze vormgeving is geen doel op zich, maar staat in het teken
van onderscheidende presentaties van product of dienst, die
passen bij de identiteit van onze opdrachtgevers. Ordening en
uitstraling staan binnen het ontwerpproces van Lawine centraal.
Onze producten zijn een combinatie van helderheid, schoonheid
en betrokkenheid.

Agency profile

Design is not an aim in itself for us, it is subservient to the
various presentations of the product or service tailored to the
identity of the client. Order and ambience are key concepts
for Lawine's design method. Our products are a combination
of clarity, beauty and involvement.

1 CD-label 'Dennis Brown' voor het reggaelabel Jamaican Vibes,
Naarden, 1998

2 Diverse cd-hoesjes, 1997-1999

3 CD-label voor het triphop project 'Jester', Utrecht, 1999

4 Omslagen van diverse brochures voor Novem, programma
Duurzame Energie, Utrecht, 1998-1999

5 Jaarverslag 1998 voor de Stichting Bodemsanering NS*,
Utrecht, 1999

6 Envelop/jaarverslag 1998 voor de Stichting Bodemsanering
NS*, Utrecht, 1999

7 Brochure 'Pan Parks' voor het Wereld Natuur Fonds*, Zeist,
1998. Foto omslag: James van Leuven

8 Publicatie 'Waterbodems, vandaag baggeren, morgen
oogsten' uitgave van het Advies- en Kenniscentrum
Waterbodems (AKWA) van Rijkswaterstaat*, Delft, 1998

9 Detail spread 'MUZT', magazine van het MUZtheater,
Zaandam, 1999

10 Visitekaartje, onderdeel van huisstijl voor
Beeline Communications, Rotterdam, 1999

11 Visitekaartjes, onderdeel van huisstijl voor
Annemaayke van der Worp, Amsterdam, 1999

12 Boekje 'Het IQ van de bodem', uitgave van CUR/NOBIS*,
Gouda, 1997

13 Huisstijl voor Franchise Support, Haarlem, 1999

14 Folder 'Huisvestingsbeleid V&W' i.o.v. het
Ministerie van Verkeer en Waterstaat, Den Haag, 1999

15 Uitnodiging en lesboekje voor poëzievoorstelling 'De
Lettermachine', i.o.v. theaterbureau Zimihc, Utrecht, 1998

*In opdracht van Maurits Groen, Milieu & Communicatie, Haarlem

Foto's / Photos Lawine grafisch ontwerp

1

2

5

3

4

7

10

11

6

9

14

8

13

12

15

Studio André van Lier

Design + Advertising

Reguliersdwarsstraat 80 / 1017 BN Amsterdam
T 020-625 13 07 / F 020-620 30 28
e-mail avanlier@xs4all.nl

Directie / Management André van Lier
Vaste medewerkers / Staff 2
Opgericht / Founded 1972
Lidmaatschap / Membership BNO
Samenwerkingsverband met / Associated with voorheen met
Design' Partners / Formerly with Design' Partners

Bedrijfsprofiel

Na een partnership binnen Design' Partners, Amsterdam
(in samenwerking met Wim Wandel) gaf André van Lier (Avl+)
de voorkeur aan tekentafel en ontwerpen, in plaats van
aan het managen van een groep. Dit is nog steeds zo,
al is daar de digitale ontwikkeling bij gekomen.

Agency profile

After a partnership in Design' Partners, Amsterdam
(in association with Wim Wandel) André van Lier returned to
the drawing board and the designer's craft instead of managing
a company. and that's the way it has remained, although now
with digital equipment.

1, 2 Re-design logo en bedrijfsprofilering NoWires Needed +
productinformatie in een serie, 1998-1999 / Redesigned logo and
company profile for NoWires Needed with product information
in series, 1998-1999

3 Voorbeeld van netwerkschema voor NoWires Needed /
Example of networking schedule for NoWires Needed

4 Voor Motion Control Europe werd een promotiefolder in drie
talen ontwikkeld, 1999 / Brochure for Motion Control Europe
in three languages , 1999

5 Een discrete huisstijl met blindpage voor Mr D.J.S. Voorhoeve,
advocaat, 1998 / Delicate housestyle with embossing for
D.J.S. Voorhoeve, Lawyer, 1998

6 Huisstijlontwerp met intrigerend logo 'informatie' en
management voor InfoManagement, 1999 / Housestyle with
intriguing logo 'information' and management for
InfoManagement, 1999

7 Omslagontwerp voor brochurevorm (schets), 1999 /
Cover design for brochure (sketch), 1999

8 Speelse huwelijksaankondiging voor Jan van der Molen
('S'color vaklaboratorium) en Janthana Banjong, 1998 /
Playful wedding announcement for Jan van der Molen
('S'color photo laboratories) and Janthana Banjong, 1998

Foto / Photo Fotostudio Jan Noot bv

1

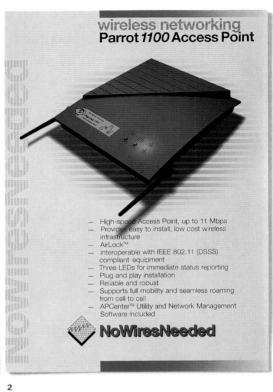

2

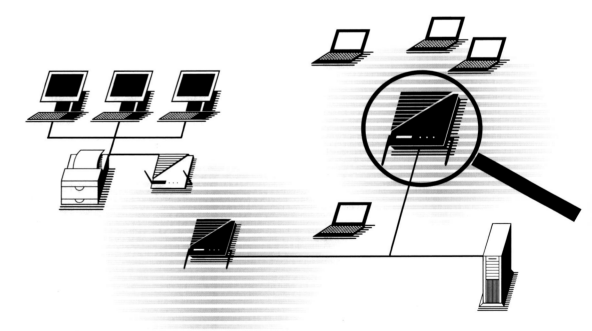

3

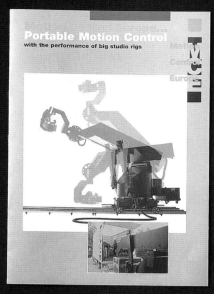

Portable Motion Control
with the performance of big studio rigs

4

5

6

7

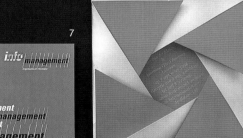

8

Lijn 5
concept design management

2e IJzerstraat 2 / 3024 CX Rotterdam
T 010-477 82 00 / F 010-477 18 62
e-mail all@lijn5.nl

Zie ook Nieuwe media p.78

Directie / Management Rob Smith, Mart Hulspas
Contactpersonen / Contacts Rob Smith, Mart Hulspas,
Christine van Mourik
Vaste medewerkers / Staff 10
Opgericht / Founded 1984
Lidmaatschap / Membership BNO

De beeldtaal van Lijn 5 kenmerkt zich door helderheid en
oorspronkelijkheid. Hiermee geeft Lijn 5 antwoord op de
toenemende informatiestromen in de media. Door een
conceptuele benadering en het werken met specialisten van
uiteenlopende disciplines is Lijn 5 in staat een diversiteit aan
projecten een eigen gezicht te geven.

Lijn 5's visual style is characterised by clarity and originality.
This is Lijn 5's response to the growing flood of information
in the media. Their conceptual approach and use of specialists
in various disciplines ensures that Lijn 5 remains able to provide
an individual image for a varied range of projects.

Opdrachtgevers / Clients

Accountantskantoor Struijk en van 't Veer, AIR Zuidwaarts /
Southbound, B-produkties, Basic Business Centre bv,
Bestuursacademie Nederland, Bestuursdienst Rotterdam, btb:
voor begeleiding in de bouw, Centrum Beeldende Kunst
Rotterdam, Centrum Ondergronds Bouwen, Congres Support,
dienst Stedebouw en Volkshuisvesting, Eurowoningen bv,
Fotografie Rob 't Hart, Gemeentearchief Rotterdam,
Gemeentewerken Rotterdam, GGD Rotterdam e.o., Grafisch
Papier Nijmegen bv, Jeugdtheatergezelschap Het Waterhuis,
Luxor Theater Rotterdam, Maritiem Museum Rotterdam,
Ministerie van Sociale Zaken en Werkgelegenheid, Ministerie
van Verkeer en Waterstaat, Nederlandse Omroep Stichting,
Oculus bv, OD 205, PlantijnCasparie Mediawork, Projectbureau
Beneluxlijn, Projectbureau TramPlus, Provincie Zuid-Holland,
Rotterdamse Electrische Tram, Staalbouwkundig Genootschap,
Stichting Comité Loods 24, Stichting KunstAccomodatie
Rotterdam, Stichting Naarmate

Foto's / Photos Daniël Koning

CONCEPT DESIGN MANAGEMENT

Limage Dangereuse Rotterdam bv

*Grafische vormgeving, interactie ontwerp,
illustratie/animatie en ruimtelijk ontwerp*

Pelgrimsstraat 3 / 3029 BH Rotterdam
T 010-476 48 00 / F 010-476 48 80
mobile 06-53 64 58 03 / e-mail info@limage-dangereuse.nl
website www.limage-dangereuse.nl

Zie ook Nieuwe media p.80

Directie / Management Arie van Baarle, Taco Sipma
Contactpersoon / Contact Arie van Baarle
Vaste medewerkers / Staff 13
Opgericht / Founded 1986
Lidmaatschap / Membership BNO

In dertien jaar is Limage Dangereuse uitgegroeid tot een
multidisciplinair designbureau. Voor zowel commerciële als
culturele opdrachtgevers en voor opdrachtgevers uit de sfeer
van overheid en non-profit verricht Limage Dangereuse
ontwerpdiensten op het gebied van graphic design, illustratie
en multimedia (animaties, digitale presentaties, cd-rom,
internetapplicaties inclusief toepassingen voor database
en intranet).

During the last thirteen years, Limage Dangereuse has developed
into a multidisciplinary design agency. Limage Dangereuse
provides design services to both commercial and government/
non-profit clients in the areas of graphic design, illustration and
multimedia (animations, digital presentations, cd-roms, web site
design, database and intranet applications).

Opdrachtgevers / Clients
Academisch Ziekenhuis Groningen
Adformatie
Architectenbureau Kuiper en Compagnons
Beroepsvereniging Nederlandse Ontwerpers
Brandwonden Centra Nederland
Brandwonden Stichting Nederland
Dienst Stedelijk Onderwijs Rotterdam
FNV
Gemeente Dordrecht
Gemeentelijk Havenbedrijf Rotterdam
Holec machines en apparaten
KPN kunst en vormgeving
KPN telecom
Kunsthal Rotterdam
Lease plan International
Maastheater
Maritiem Museum Rotterdam
Media Partners
Mediakabel
Ministerie van VROM
Ontwikkelingsbedrijf Rotterdam
Philips design
Randstad
Rijkswaterstaat
Rockwool/Rockpanel
Rotterdam Festivals
Stawon/BNA
Undressed by Marlies Dekkers
Woundcare Consultant Society

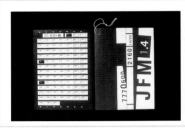
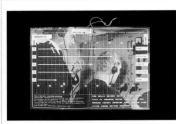

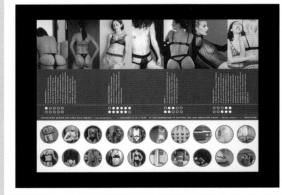

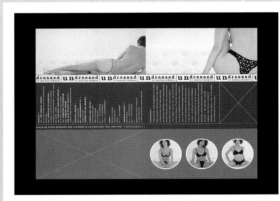

HUISSTIJL > *MARITIEM MUSEUM*

mediakabel

swing

original

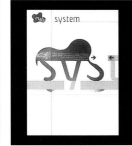
system

storage

abcdefghijklmn
opqrstuvwxyz

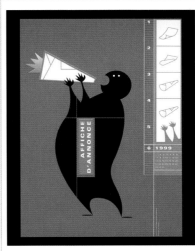

Linea

Ga naar
P 148

Studio Peter van Loenhout bv

Audiovisueel en grafisch ontwerp

Oude Amersfoortseweg 10 / 1213 AD Hilversum
T 035-624 84 78 / F 035-621 39 74
mobile 06-53 67 34 11 / e-mail loenhout @ graphicdesign.nl
website www.graphicdesign.nl

Zie ook Nieuwe media p.82

Directie / Management Peter van Loenhout
Contactpersoon / Contact Peter van Loenhout
Vaste medewerkers / Staff 1
Opgericht / Founded 1997
Lidmaatschappen / Memberships Broadcast Designers
Association International (Los Angeles), BNO

Prijzen drukwerk / Print awards

Broadcast Designers Association International:
Washington 1995: Golden Award: poster 'Odysseus',
NCRV Radio 5
Promax International:
Los Angeles 1996: Golden Award: poster 'Holland', NCRV Radio 4
Broadcast Designers Association International:
Los Angeles 1998: Silver Award: showreel 'AKN/Nederland 1'
Broadcast Designers Association International:
Toronto 1998: Silver Award: poster 'AVRO idents'
Broadcast Designers Association International:
San Francisco 1999: Silver Award poster 'Zebra'

Prijzen televisie / Television awards

Broadcast Designers Association International:
Los Angeles 1996: Bronze Award: leader 'Spreekkamer'
Broadcast Designers Association International:
Chicago 1997: Bronze Award: leader 'Nachtfilm Ned. 1'
Broadcast Designers Association International:
Chicago 1997: Bronze Award: totale netstyling 'Nederland 1'
Broadcast Designers Association International:
San Francisco 1999: Silver Award leader 'Zebra'

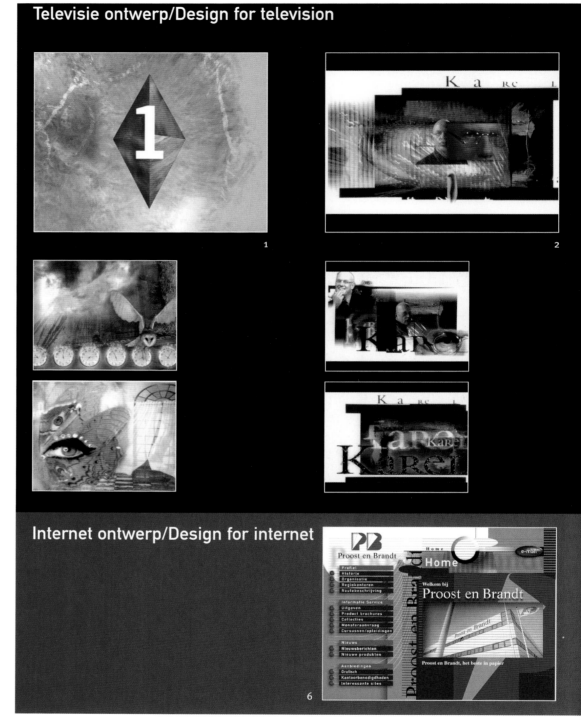

Televisie ontwerp/Design for television

1

2

Internet ontwerp/Design for internet

6

Drukwerk ontwerp/Design for print

9

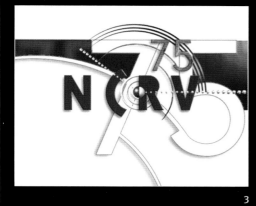

3

4

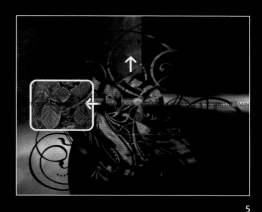

5

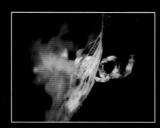

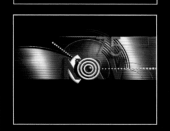

7

8

10

11

12

13

1 Televisienetstyling, leaders en bumpers, 'Nederland 1' /
'Nederland 1' TV network identity

2 Televisieleader, programma 'Karel' / 'Karel' TV talkshow leader

3 Televisieleader, 'NCRV-75 jubileum' /
'Station identity NCRV-75' bumper

4 Televisie-idents, 'AVRO' / AVRO station idents

5 Televisieleader, NCRV-programma 'Miniatuur' /
'Miniatuur' NCRV TV programme leader

6 Internet, 'Proost en Brandt' / 'Proost en Brandt' Internet

7 Internet 'Katholieke Theologische Universiteit Utrecht' /
'Katholieke Theologische Universiteit Utrecht' Internet

8 Internet 'Intranet Medisch Specialisten Nederland' /
'Intranet Dutch Medical Specialists' Internet

9 Poster NCRV-serie 'Zebra' / NCRV 'Zebra' series poster

10 Poster 'Nederlandse componisten NCRV-radio 4' /
'Dutch composers NCRV-Radio 4' poster

11 Poster 'Odysseus', NCRV / 'Odysseus' poster for NCRV

12 Logo 'Expertisecentrum Voor Arbeidsgerelateerde
Aandoeningen' / 'Expertisecentrum Voor Arbeidsgerelateerde
Aandoeningen' logo

13 Logo 'Intranet Medisch Specialisten Nederland' /
Dutch Intranet Medical Specialists' logo

Looije Vormgevers

Torenlaan 4 d / 2215 RW Voorhout
Postbus 101 / 2170 AC Sassenheim
T 0252-21 33 57 / F 0252-22 16 25
e-mail info@looije.nl / website www.looije.nl

Directie / Management Adwin Looije, José Molenaar
Contactpersoon / Contact José Molenaar
Vaste medewerkers / Staff 4
Opgericht / Founded 1992
Lidmaatschap / Membership BNO

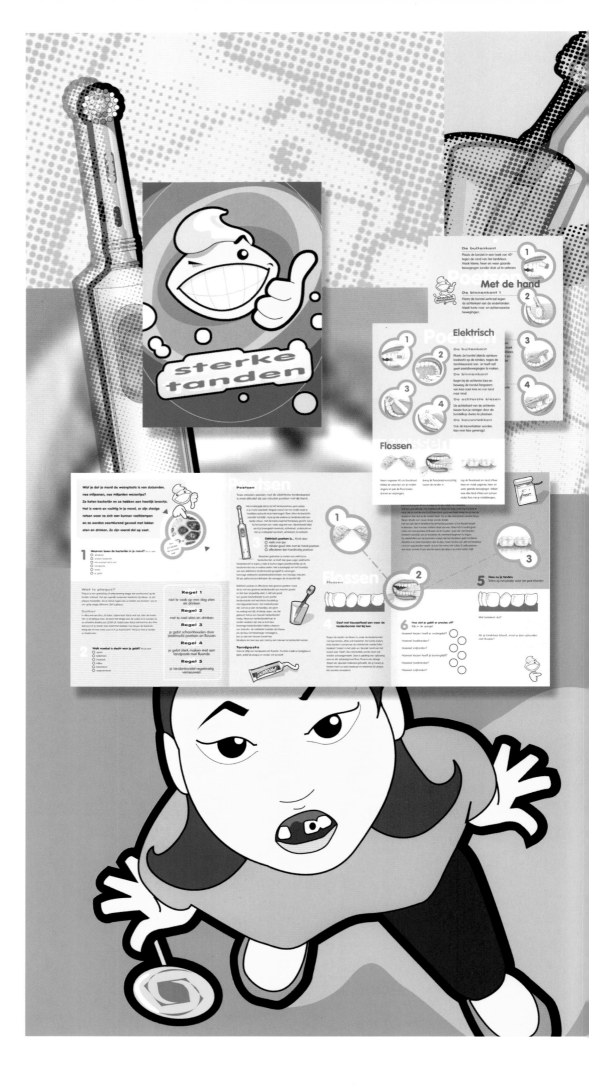

'Sterke Tanden', lespakket voor de basisschool, opdrachtgever:
Zorn Uitgeverij / 'Tough Teeth', pre-school instruction material
for Zorn Uitgeverij

Corporate Identity, bedrijfsbrochure, quarterly, opdrachtgever:
WVRconsult / Corporate Identity, corporate brochure, quarterly
for WVRconsult

WVRCONSULT

Openen. Bewegen. Veranderen.

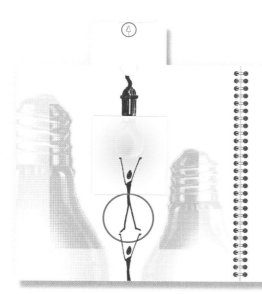

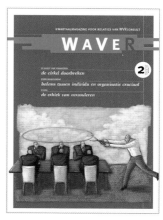

LS Ontwerpers

Bureau voor grafische en ruimtelijke vormgeving

Zuiderpark 17 / 9724 AG Groningen
Postbus 49 / 9700 AA Groningen
T 050-312 55 22 / F 050-318 08 20
mobile 06-53 40 18 15
e-mail ls.ontwerpers@wxs.nl / website www.ls.nl

Directie / Management IJsbrand van Leeuwen
Contactpersonen / Contacts IJsbrand van Leeuwen
Vaste medewerkers / Staff 6
Opgericht / Founded 1985
Lidmaatschappen / Memberships BNO, ATypl, KKN
Samenwerkingsverband met / Associated with Jeroen Janssen
Design Company

Visie

LS staat voor Lectori Salutem, de lezer zij gegroet. De ontwerpers
van LS werken vanuit de opvatting dat vormgeving in de eerste
plaats recht moet doen aan de inhoud, en dat deze voorop staat.
De congruentie tussen vorm en inhoud staat dus ook op de
eerste plaats.
Veel van onze projecten kenmerken zich door de noodzaak van
structurering: huisstijlen, (educatieve) boeken, tijdschriften en
jaarverslagen. Ook communicatief gerichte projecten worden
door ons ontwikkeld, zoals experimentele verkeersveiligheids-
projecten. Bruikbaarheid staat voorop, maar wij schuwen daarbij
niet het experiment en de speurtocht naar onconventionele
oplossingen.

Vision

LS stands for Lectori Salutem, meaning a salute to the reader.
The designers at LS think that design should be aligned to the
contents, maintaining their congruity.
Many of our projects are characterised by the need for structure:
(corporate) identity programmes, (educational) books,
magazines and annual reports. We also specialise in visual
communication, including experimental traffic safety projects.
The practical side of our work is important, but we are always
willing to experiment and search for creative and unconventional
solutions.

Het team / The team

IJsbrand van Leeuwen, Marian van Leur, Wim Vaas, Tim Lenstra,
Florentien Steutel, Milou Suèr

Het werk / The work

Wenckebach Instituut, Groningen, huisstijl Instituut voor
nascholing medisch specialisten / identity programme for a
training institute for medical specialists
OdK Gastvrij, Meppel, informatiebrochures conferentiecentra /
information booklets for conference centers
OdK, Meppel, afscheidsgeschenk medewerkers trainings-
instituut / farewell gift employees of a training institute
Bekadidact, Baarn, huisstijl en productvormgeving educatieve
uitgeverij / corporate identity and product design for an
educational publisher
AZG Academisch Ziekenhuis Groningen, jaarverslagen / annual
reports for an academic hospital
IOTPD International Organization for the Transition of
Professional Dancers, Lausanne, boekverzorging / book design
Sitos, Den Haag / LAMDA The London Academy of Music and
Dramatic Art, London, tournee affiches en tekstboeken / tour
posters and textbooks
De HD, Hogeschool Drenthe, Emmen, promotiemateriaal /
promotional material for a professional educational institute
Leadership 21, Amsterdam / Hastings, huisstijl en promotie
van internationale trainers en consultants / identity programme
and promotional material for an international organisation of
trainers and consultants
Koninklijk Instituut voor Doven H.D. Guyot, Haren / Amsterdam,
huisstijl en jaarverslagen / identity programme and annual
reports for the Royal Institute for the Deaf

Mac's vorm

Bureau voor grafische en digitale vormgeving

Raamsingel 8 / 2012 DS Haarlem
T 023-532 88 91 / F 023-532 91 82

Directie / Management Alexander Clumpkens,
Martin Kemp
Contactpersonen / Contacts Alexander Clumpkens, Martin Kemp
Vaste medewerkers / Staff 4
Opgericht / Founded 1994
Lidmaatschap / Membership BNO

1 Brochure ontwerp Vereniging Natuurmonumenten /
Vereniging Natuurmonumenten brochure design

2 Voorlichtingstijdschrift Travel Active Foundation /
Travel Active Foundation magazine

3 Sponsored magazine Nefarma /
Dutch Pharmaceutical Industries sponsored magazine

4 Relatie magazine Carl Zeiss bv / Carl Zeiss b.v. free magazine

5 Boekomslag VSM Geneesmiddelen bv /
VSM Homeopathy book cover

6 Basis concept magazine PNEM/Mega /
PNEM/Mega power company magazine concept design

7 Catalogus BVDA, bureau voor dactyloscopische artikelen /
BVDA, criminal investigation & identification products catalogue

8 Artdirection en ontwerp voor serie bedrijfsbrochures voor
Philips licht divisie / Art direction and design for a series of
company brochures for Philips Lighting Division

9 Presentatiemap Call Center Consultancy /
Call Center Consultancy presentation folder

10 Voorlichtings brochure Proefdier Vrij /
Dutch Anti-Vivisection Society brochure

11 Jaarverslag de Ster / Ster annual report

12 Relatie magazine SFB Groep / SFB Group free magazine

13 Diverse logo's en huisstijlen /
Various logos and corporate identities

1

5

2

3

4

6

7

8

9

10

11

12

13

Manifesta

Bureau voor grafische vormgeving

Jufferkade 46 / 3011 VW Rotterdam
T 010-413 19 12 / F 010-413 20 91
e-mail manifest @wxs.nl

Directie / Management Ad van der Kouwe, Inge Kwee
Contactpersonen / Contacts Ad van der Kouwe, Inge Kwee
Vaste medewerkers / Staff 4
Opgericht / Founded 1990
Lidmaatschap / Membership BNO

Opdrachtgevers / Clients
AO Artsen-Verzekeringen (Den Haag / The Hague), Ministerie
van Buitenlandse Zaken / Ministry of Foreign Affairs (Den Haag /
The Hague), Chapeau (Rotterdam), Coebergh Communicatie
(Amsterdam), Counter Spy Shop (Rotterdam), Dudok Centrum
(Hilversum), Stichting Dunya / Dunya Foundation (Rotterdam),
Bureau Enthoven ('s-Gravenzande), European Business
Promotion (Rotterdam), Gemeente / Municipality of
's-Gravenzande, GTI (Rotterdam), Hillen & Roosen (Amsterdam),
Hill & Knowlton (Amsterdam), HOD Citytech (Den Haag /
The Hague), Humanistische Omroep (Hilversum), IFHP –
International Federation for Housing and Planning (Den Haag /
The Hague), IPO – Interprovinciaal Overleg (Den Haag /
The Hague), Isala Theater / Theatre (Capelle aan den IJssel),
Architektenburo Jaap van Kampen (Delft), Theater / Theatre
't Kapelletje (Rotterdam), Uitgeverij De Kist (Rotterdam),
Kunstgebouw (Rijswijk), Schouwburg / Theatre Kunstmin
(Dordrecht), Landelijke Vereniging van GGD-en (Utrecht),
LVP Theaterreserveringssystemen (Rotterdam), Bureau
Middelkoop (Heemstede), Molenaar & Van Winden Architecten
(Delft), NAi Uitgevers / NAI Publishers (Rotterdam), Nederlands
Architectuurinstituut / Netherlands Architecture Institute
(Rotterdam), Nerefco Raffinaderij / Refinery (Europoort),
Genootschap Onze Taal (Den Haag / The Hague) P&O Rotterdam,
Stichting Rotterdam Festivals / Rotterdam Festivals Foundation,
Rotterdamse Schouwburg / Municipal Theatre of Rotterdam,
Stimuleringsfonds voor Architectuur / The Netherlands
Architecture Fund (Rotterdam), Ministerie van Volksgezondheid,
Welzijn en Sport / Ministry of Health, Welfare and Sport
(Den Haag / The Hague), Theater / Theatre 't Voorhuys
(Emmeloord), Voortman & De Jonge (Rotterdam), VVV Rotterdam,
Gemeente / Municipality of Zeist

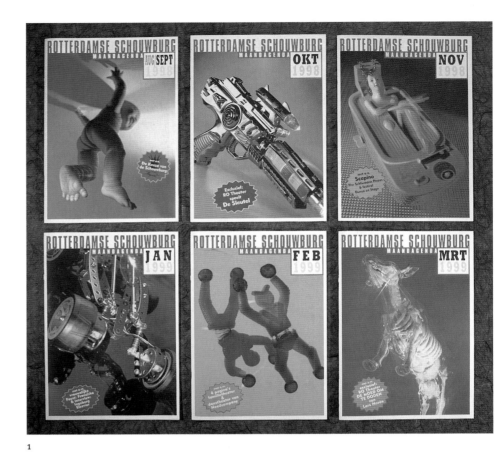

1

2

1 Maandagenda, Rotterdamse Schouwburg. Foto's: Tom Croes /
Municipal Theatre of Rotterdam monthly programme. Photos:
Tom Croes

2 Woordmerk, Isala Theater, Capelle aan den IJssel /
Logo for Isala Theatre, Capelle aan den IJssel

3 Eremedaille, IFHP (International Federation for Housing and
Planning), Den Haag / Medal of honour for IFHP (International
Federation for Housing and Planning), The Hague

4 Tijdschrift 'Onze Taal', Genootschap Onze Taal, Den Haag.
Omslagillustratie: Frank Dam / 'Onze Taal' magazine for
Genootschap Onze Taal, The Hague. Cover drawing: Frank Dam

5 Tentoonstelling 'Dudok's erfenis', Dudok Centrum, Hilversum /
'Dudok's erfenis' exhibition, Dudok Centre, Hilversum

6 Affiche tentoonstelling 'Living Bridges', Nederlands
Architectuurinstituut / 'Living Bridges' exhibition poster for
Netherlands Architecture Institute

7 Affiche theaterfestival 'Dutch Treat', Rotterdamse Schouwburg.
Foto: Tom Croes / 'Dutch Treat' theatre festival poster for
Municipal Theatre of Rotterdam. Photo: Tom Croes

3

4

5

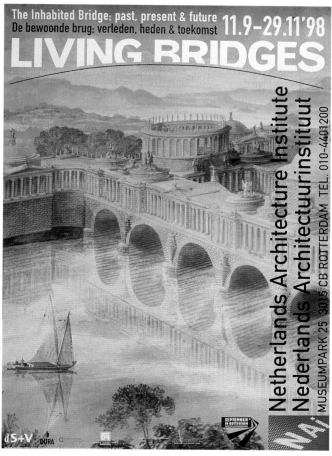

6

7

8

9

10

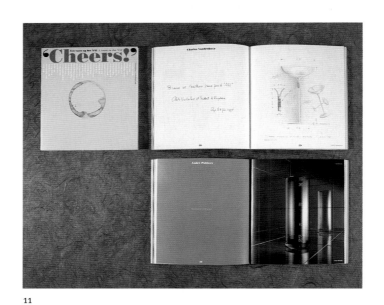

11

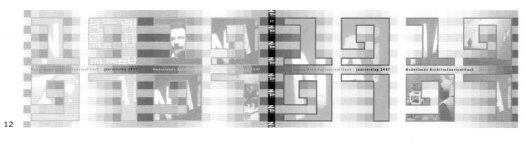

12

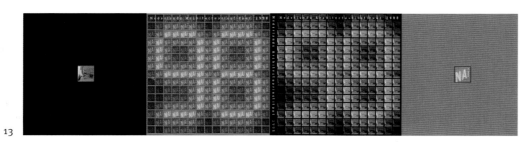

13

14

15

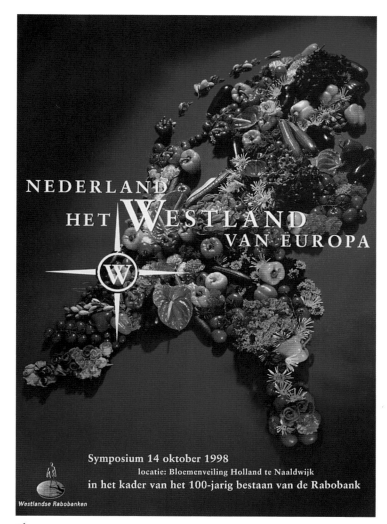

16

17

MB vormgevers
Communicatieve vormgeving

Prinses Beatrixlaan 7 / 8051 PG Hattem
T 038-444 65 95 / F 038-444 50 45
e-mail info@mbvorm.nl / website www.mbvorm.nl

Zie ook Nieuwe media p. 90

Contactpersoon / Contact Mattin Bismeijer
Vaste medewerkers / Staff 5
Opgericht / Founded 1978
Lidmaatschap / Membership BNO

Profiel

Wij, MB vormgevers, zijn wakkere jongens en meisjes. Dat komt
door de frisse boslucht waarin wij werken. Hierdoor kunnen we
helder nadenken over uw opdracht. En omdat het hier nog zo
lekker stil is, verstaan we uw vraag ook goed. Deze rustgevende
omgeving zorgt er ook voor dat een project ons niet zo snel gek
maakt, hoe hectisch het soms ook kan verlopen. Wanneer u ons
de begeleiding van een opdracht in handen geeft, geniet u zelfs
een beetje mee van deze rust. Om u eventuele onaangename
verrassingen te besparen, houden we u bij langlopende
producties regelmatig op de hoogte van de financiële stand van
zaken aan de hand van een 'budget control'. Aan mooimakerij
doen wij niet. Wij zorgen liever dat uw boodschap goed
overkomt. En hoewel wij uitkijken op het bos; wij hebben hierbij
altijd uw doelgroep voor ogen. Ons bureau is van deze tijd.
Dus volgen wij de nieuwste ontwikkelingen op het gebied van
digitale en grafische communicatie. Daarom vindt u in dit boek
ook geen afbeeldingen van ons werk. Wij geven u liever een
actueel overzicht op onze website. Want al zitten we in het bos,
we zitten wel aan de digitale snelweg.

Onze werkzaamheden

Ontwikkeling en realisatie van huisstijlen, corporate magazines,
nieuwsbrieven, jaarverslagen, brochures, internet-, intranet- en
cd-romproducties

Profile

MB vormgevers are alert. The fresh woodland air takes care of
that. It helps us think clearly about your project. And because it's
so quiet, we can hear what you are really saying. The peaceful
surroundings in which we work keep our heads cool, however
hectic things may get. So when you put your work in our hands,
you too can relax. We are not in the game of making pretty
pictures; we prefer your message to work clearly and effectively.
Although we look out on the woods, we always keep your target
group in sight. We keep you up-to-date on progress with longer
productions, and our budget control system keeps you regularly
informed of costs. In tune with the times, we keep up with the
latest developments in digital and graphic communication. That's
why you will not find any illustrations of our work in this book;
we prefer to give you an up-to-date tour on our web site. Our
studio may be in the woods, but we are on the digital highway.

Our work

Development and introduction of housestyles, corporate
magazines, newsletters, annual reports, brochures and Internet,
intranet and cd-rom productions

Opdrachtgevers / Clients

Baan Company, Call Center Managers Association, CasTel,
DSM Resins, EDON, EDON Duurzaam, EPON, Landskroon bv,
RiCNoN, Perspective Consult, Traedon, Wärtsilä NSD Corporation,
Wehkamp en anderen / and others

Foto's / Photos Margreet Vloon, Zwolle

in the woods
on-line
in het bos

afgezonderd, niet zonderling • verscholen in het bos, maar

met uitzicht op de natuur, maar altijd met uw doelgroep

Bezoek onze web-site voor een actueel overzicht van ons werk
Visit our web site for recent examples of our work

www.mbvorm.nl

opvallend aanwezig ● op een rustieke locatie, werkend aan dynamische projecten

voor ogen ●

● apart but *connected* ● unseen, *we make our presence felt* ● in a peaceful spot *working on dynamic projects* ● surrounded by nature, *with your goals in sight* ●

Mediamatic Interactive Publishing

Ontwerp en -adviesbureau

voor oude en nieuwe media

Prins Hendrikkade 192 / Amsterdam
Postbus 17490 / 1001 JL Amsterdam
T 020-626 62 62 / F 020-626 37 93
e-mail desk@mediamatic.nl / website www.mediamatic.nl

Zie ook Nieuwe media p.92

Directie / Management Willem Velthoven,
Gerlach Velthoven, Thomas Velthoven, Astrid Poot
Vaste medewerkers / Staff 40
Opgericht / Founded 1985
Lidmaatschap / Membership BNO

Mediamatic Interactive Publishing ontwikkelt zowel huisstijlen
en drukwerk als cd-roms, websites en interactieve presentaties.
Daarnaast bieden we praktisch en strategisch advies over
ontwerp in de breedste zin van het woord: van concept tot
vormgeving, van tekst tot redactioneel systeem, van interactieontwerp tot het gebruik van (nieuwe) media in organisaties.
In de visie van Mediamatic IP moeten communicatie- en
interactieontwerp geïntegreerd worden aangepakt. We werken
vanuit een sterke conceptuele betrokkenheid. Beeldscherm- en
grafische vormgeving zijn belangrijk, maar slechts onderdeel van
een project.
Naast het realiseren van projecten op hoog niveau willen we een
belangrijke bijdrage leveren aan de algemene ontwikkeling en
vernieuwing in ons vakgebied, de theorie en de cultuur van de
nieuwe media. We verzorgen Internettrainingen op het gebied
van ontwerp, redactie en management. Tevens zijn we uitgever
van Mediamatic Magazine, een internationaal tijdschrift
over nieuwe media en cultuur, en organisator van workshops en
culturele activiteiten.
Onze klanten variëren van culturele instellingen als het
Nederlands Vormgevingsinstituut (conferentie/folder/cd-rom),
het Stedelijk Museum (on-linecatalogus en -tentoonstelling) en
het Amsterdams Fonds voor de Kunst (uitnodiging/boekje) tot
organisaties als Rabobank (websites), Randstad Holding nv
(advies/video revitalisatie huisstijl), Randstad Interim Kader
(website), Uitgeverij Malmberg (intranet/redactioneel systeem),
Ministerie van Verkeer en Waterstaat (Interactieve beurs-
presentatie/cd-rom/nota), Zwarts en Jansma Architecten
(huisstijl/bureaudocumentatie/website) en BIS Publishers
(redactie Webgraphics boeken).
Zie http://www.mediamatic.nl/consultancy/klanten.html.

Mediamatic IP develops housestyles, printed matter, as well as
cd-roms, websites and interactive presentations. We also provide
a wide-ranging practical and strategic design consulting service:
from draft concept to design, from text to editorial system, from
interactive design to the use of (new) media in organisations.
Key importance is attached to the idea that communication and
interaction should be pursued in an integrated way. We maintain
a significant conceptual involvement in our projects. On-screen
and graphic layout are important, but form just a part of each
project.
In addition to our involvement in high-level corporate projects,
our mission is to contribute to and cultivate innovation in our
field. Mediamatic organises seminars, events and classes on
new-media theory and culture. We provide Internet training for
design, editing and management, we publish Mediamatic
Magazine, an international periodical on new media and culture,
and organise workshops and cultural activities.
Our clients include cultural institutions as well as Netherlands
Design Institute (conference/folder/cd-rom), Stedelijk Museum
(online-catalogue/exhibition) and Amsterdams Fund for the Arts
(invitation/pamphlet), organisations such as Rabobank
(websites), Randstad Holding NV (advice/video revitalisation
of housestyle), Randstad Interim Kader (website), Uitgeverij
Malmberg (intranet/editorial system), Ministry of Transport
and Public Works (Interactive trade fair presentation/cdrom/nota),
Zwarts en Jansma Architects (housestyle/agency documentation/
website) and BIS Publishers (editing of Webgraphics books).
See http://www.mediamatic.nl/consultancy/eklanten.html.

*Mediamatic is growing and is looking for an experienced **Designer** who >*
has knowledge of print and web > considers the user > has a critical
mind > interacts with clients > wants to develop and learn > can work
as part of a team

Mediamatic groeit en zoekt een ervaren **Ontwerper m/v** *die* **>** *weet van print en web* **>** *denkt aan de gebruiker* **>** *kritisch is* **>** *met klanten in gesprek gaat* **>** *wil onderzoeken en leren* **>** *kan samenwerken*

++31-20-626 6262   werk@mediamatic.nl   http://www.mediamatic.nl/werk

Meester/Paulussen
Grafisch Ontwerpers

MPGO

Lindengracht 266 b / 1015 KN Amsterdam
T 020-624 47 77 / F 020-624 47 84
e-mail mpgo @wxs.nl

Directie / Management Marijke Meester, Joep Paulussen
Contactpersonen / Contacts Marijke Meester, Joep Paulussen
Vaste medewerkers / Staff 2
Opgericht / Founded 1994
Lidmaatschap / Membership BNO

Achtergrond

Respectievelijk kunstacademie grafisch ontwerpen, leraren-
opleiding tekenen en handvaardigheid, en kunstacademie
grafisch ontwerpen, marketing Nima en reclamebureau,
docentschap kunstacademie.

MPGO

Wij ontwerpen o.a. logo's, huisstijlen, jaarverslagen,
(theater)affiches, flyers, boeken, tijdschriften, websites,
(TV)leaders, CD-verpakkingen en spellen. Wij benaderen en
begeleiden de opdracht zowel inhoudelijk als productioneel.

MPGO

Our designs include logos/corporate identities, annual
reports, (theatre) posters, flyers, books, magazines, websites,
(TV)leaders, cd-packagings and games. All our assignments
are approached and guided from an editorial, conceptual and
production-oriented perspective.

Publicaties / Publications

Diverse media 1998/1999: o.a. Volkskrant, NRC Handelsblad,
Items, Print Buyer, CJP Magazine, Radio 1 Journaal, Radio 2
Coulissen, AFM Radio

Prijzen / Awards

A.P. Lintas Theateraffiche prijs 1998 van het Theater Instituut
Nederland

Tentoonstelling / Exibition

Wolters Noordhoff Groningen 1999

Opdrachtgevers / Clients

Diverse (vrije) klassieke muziekproducenten
Nederlands Impresariaat, Stichting Kamermuziek Amsterdam,
Concertmanagement Rob Groen en anderen / and others

Cabaret en Theater(producties)
Youp van 't Hek, de Vliegende Panters e.a. (Hekwerk),
Acda en de Munnik (Mojo theater), Job Schuring
(Jacques Senf & Partners), Jos Brink (PP Tobi),
Amsterdams Kleinkunst Festival, Oh Johnny, Ken Kan,
No Panic, The Love Boat 2000, Theater De kleine komedie,
en anderen / and others

CD/video labels
CNR Arcade, Sony/S.M.A.R.T., Polygram video, Klick, ABCD,
Verdi records en anderen / and others

Televisie/Websites
IDtv (huisstijl), RVU educatieve omroep (leader Per Saldo),
Acda en de Munnik (website), Mr. de Graaf Stichting (website)
en anderen / and others

Maatschappelijke en educatieve (kunst)instellingen
Amsterdamse Hogeschool voor de Kunsten, Muziekschool
Amsterdam, Stichting JAM, Mr. de Graaf Stichting, De Wilde
Ganzen, NPOE Nederlands Platform voor Ouderen en Europa
en anderen / and others

Raphael
LUDWIG VAN BEETHOVEN
Kwartet

Muir
ANTONIN DVORAK
Quartet
FRANZ SCHUBERT

WOLFGANG
Amati
AMADEUS
Ensemble
MOZART

Rian
FRÉDÉRIC CHOPIN
de Waal

MUSIC FOR
Combattimento
MONARCHS,
Consort o.l.v. Jan Willem de Vriend
BOURGEOIS
Amsterdam
AND GYPSIES

JOHANNES
Wassily Lobanov piano
Philipp Hirshhorn viool
Diemut Poppen altviool
Dimitri Ferschtman cello
BRAHMS

Metaform

Ontwerpbureau voor vorm en inhoud

Grasweg 57 / 1031 HX Amsterdam
T 020-494 09 44 / F 020-494 09 34
e-mail metaform@metaform.nl / website www.metaform.nl

Zie ook Nieuwe media p.94

Directie / Management R. 't Hart, L. van der Ree
Contactpersoon / Contact R. 't Hart
Vaste medewerkers / Staff 5
Opgericht / Founded 1988
Lidmaatschap / Membership BNO

Bedrijfsfilosofie

Wij zijn ons er van bewust dat wij een bijzondere positie
innemen in de Nederlandse ontwerpwereld. Dit hangt samen
met de on-orthodoxe wijze waarop wij ons vak uitoefenen,
geïnspireerd op resultaat-gerichtheid en creativiteit. Onze
fascinatie gaat uit naar complexe vormgevingsvraagstukken
zoals jaarverslagen, brochures, interactieve formulieren en
dynamische documenten, waarbij de inhoud en de boodschap
terzake worden vormgegeven. Elke vorm van samenwerking
start met een eerste contact. In een persoonlijk gesprek geven
wij u daarom graag een toelichting op onze werkwijze en aanpak
voor uw vormgevingsvraagstukken.

Agency profile

We are conscious of occupying a unique position in the Dutch
design world. This relates to our unorthodox way of working
that focuses on results and creativity. We have a fascination for
complex design questions, such as annual reports, brochures,
interactive forms and dynamic documents in which the content
and the message are effectively presented. Whatever its form,
collaboration always starts with an initial contact. We like to
begin, therefore, with a personal dialogue in which we explain
the way we work and how we propose to approach your design
questions.

Opdrachtgevers / Clients

ABP, Belastingdienst, Delta Lloyd Verzekeringsgroep, ING Bank,
KLM, TNO, PGGM, Randstad uitzendorganisatie, Postbank,
Vereniging van Kamers van Koophandel

Prijzen / Awards

Lutkie & Smit, Art View Jaarverslag erkenning '95, '96, '98
Special Award for High Design, Quality of the German Prize
for Communication Design '95, '96, '97, '98, '99

1 Jaarverslag Delta Lloyd Bank 1997 /
Annual Report Delta Lloyd Bank 1997

2 Jaarverslag Delta Lloyd Bank 1998 /
Annual Report Delta Lloyd Bank 1998

Foto's / Photos Reinier Gerritsen, Amsterdam

1

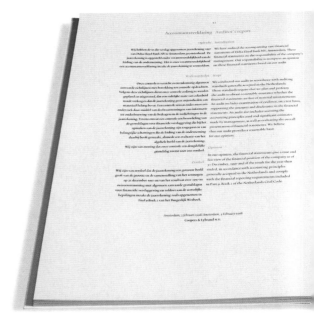

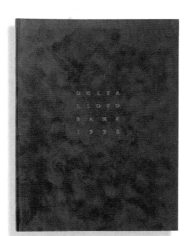

2

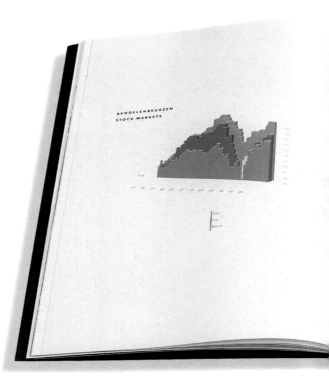

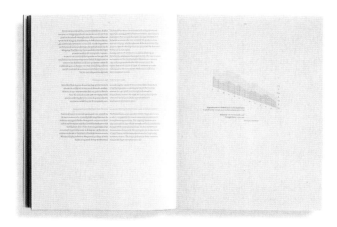

Metamorfose

Ontwerpers BNO

Rijkmanstraat 50 / 7411 GC Deventer
Postbus 784 / 7400 AT Deventer
T 0570-64 21 28 / F 0570-64 32 90
mobile 06-22 10 73 81 / e-mail info@metamorfose.com
website www.metamorfose.com

Directie / Management Dick Bouwmeester, Suzy Dettingmeijer
Contactpersoon / Contact Dick Bouwmeester
Vaste medewerkers / Staff 2
Opgericht / Founded 1992
Lidmaatschap / Membership BNO

Bedrijfsprofiel

Geen vorm zonder inhoud. Geen ontwerp zonder aandacht.
Geen creativiteit zonder functionaliteit. Een selectie van ons werk-
onze handdruk, uw indruk. Wat vindt u ? Laat het ons weten!

Agency profile

No shape without substance. No design without thought.
No creativity without functionality. A selection of our work- our
signature, your impression. What do you think ? Let us know !

Opdrachtgevers / Clients

Adviespraktijk energie en milieu, Uitgeverij Bekadidact,
Ceelie Management Consultants, Centrum Beeldende Kunst
Deventer, Elegast danspaleis, Gemeente Deventer, Gezondheids-
dienst voor Dieren, GGD West-Holland, Hanzewonen, Hessen
apotheken, Hogeschool Larenstein, Internationaal Agrarisch
Centrum, Polderdistrict Groot Maas en Waal, Price Waterhouse
Coopers, PW+B Milieumanagement, Het Nederlandse Rode Kruis,
Witteveen+Bos Raadgevende ingenieurs

*1 Nieuwsbrief, DHV ingenieurs, Amersfoort, 1997 /
Newsletter, DHV engineers, Amersfoort, 1997*

*2 Registratieformulier, Price Waterhouse Coopers, Utrecht, 1999 /
Registration form, Price Waterhouse Coopers, Utrecht, 1999*

*3 Bedrijfsstijl, Hanzewonen, Deventer/Zutphen, 1998 /
Corporate Identity, Hanzewonen, Deventer/Zutphen, 1998*

*4 Strooibiljet, Hogeschool Larenstein, Velp, 1997 /
Flyer, Larenstein International Agricultural College, 1997*

*5 Concertaffiche, Elegast danspaleis, Deventer, 1999 /
Concert poster, Elegast dance palace, Deventer, 1999*

*6 Affiche, Stichting Kankerpreventie West-Nederland, Leiden,
1997 / Poster, Cancer Prevention Foundation, West-Holland,
Leiden, 1997*

7-9 Diverse logo's, 1998 / Various logos, 1998

*10 Illustraties voor lesboeken basisonderwijs, Uitgeverij
Bekadidact, Baarn, 1993-1999 / Illustrations for primary school
books, Bekadidact Publishers, Baarn, 1993-1999*

*11 Kalender, GGD West-Holland, Voorburg/Zoetermeer, 1997 /
Calendar GGD West-Holland, Voorburg/Zoetermeer, 1997*

*12 Basisontwerp tijdschriften GD Herkauwer, GD Varken, GD
Pluimvee, Gezondheidsdienst voor Dieren, Deventer, 1998 /
Designs for magazines GD Herkauwer, GD Varken, GD Pluimvee,
Animal Health Service, Deventer, 1998*

*13 Brochures, Gezondheidsdienst voor Dieren, 1998 / Brochures
Animal Health Service, 1998*

*14 Brochure, Gemeente Deventer, 1996 /
Brochure, Deventer municipality, 1996*

1

2

6

7

8

12

12

h h h
h h
hanzewonen

Hanzeblad

3

4

5

3

Partners
film & video

9

10   10   10

11   11

Identificatie

en Registratie

van runderen

13

14

13

Middelhoff en Bode

Grafisch ontwerpers

Dr. D. Boslaan 11 b / 1181 VH Amstelveen
Postbus 968 / 1180 AZ Amstelveen
T 020-641 14 91 (Midd.), 441 93 16 (Bode) / F 020-645 03 33
e-mail studio@mid-bode.nl / website www.mid-bode.nl

Directie / Management Dolf Middelhoff, Mirjam Bode
Vaste medewerkers / Staff 2
Opgericht / Founded 1997
Lidmaatschap / Membership BNO
Samenwerkingsverband met / Associated with Fotografen, tekstschrijvers, communicatie-adviesbureaus

Bedrijfsprofiel

Middelhoff en Bode grafisch ontwerpers zijn twee zelfstandige ontwerpers die onder één naam en één dak samenwerken. Wij doen dat binnen een netwerk van deskundigen in alle aanverwante disciplines. Wij houden van directe contacten met onze opdrachtgevers en leveranciers en proberen communicatielijnen zo kort mogelijk te houden. Wij concentreren ons het liefst op het ontwerpen en opmaken van boeken, periodieken, jaarverslagen en corporate brochures. Hoewel we van huis uit typografen zijn, zijn we daarnaast goed in het ontwerpen en redigeren van beeld; we ontwerpen ook voor het web. Een specialisme binnen ons bureau is het volledig automatiseren van (boek)producties met behulp van voorgecodeerde bestanden uit tekstverwerkers of databases.

Agency profile

Middelhoff and Bode graphic designers are two independent designers, co-operating closely, sharing one name and one studio. We operate within a network encompassing all the relevant disciplines. We prefer direct contacts with our clients and suppliers and try to communicate along the shortest possible lines. Our focus is on the design and lay-out of books, periodicals, annual reports and corporate brochures. Though originally typographers, we design and edit visuals as well and have also started designing for the Web. We specialise in fully computerised (book) lay-out, working with pre-tagged copy exported from word processing programmes and databases.

Opdrachtgevers / Clients

Academ Uitzendbureau, Accountantsbureau LTB, Amsterdams ADR project, Amsterdam Law School, ANBO; De bond voor ouderen, Architectenbureau Van Herk & De Kleijn, Bedrijfschap voor de Groothandel in Bloemkwekerijprodukten, Bloemenveiling Aalsmeer, Bureau Meesters en Oudejans, C-Sales, Delta Dailyfood Holding, De Regioplan Groep, Dienst Welzijn Amsterdam, Eggens Instituut voor Juridisch Postacademisch Onderwijs, Gilde Amsterdam, LDC Expertisecentrum voor loopbaanvraagstukken, Lettrix ICT Consultancy, NODR Nederlandse Organisatie voor Debiteurenbeheer & Rechtsvordering, Revalidatiecentrum Amsterdam, Stichting Consument en Biotechnologie, Theater Instituut Nederland, Uitgeverij Samsom, Vereniging van Groothandelaren in Bloemkwekerijprodukten, diverse (educatieve) uitgeverijen en communicatie-adviesbureaus / various publishers and communication consultancies

1 Brochure over jeugdtheater in Nederland en Vlaanderen, Theater Instituut Nederland i.s.m. Vlaams Theater Instituut / Brochure for Dutch Theatre Institute in co-operation with Flemish Theatre Institute

2 Brochure over doorstroomrechten van voortgezet onderwijs naar hoger onderwijs, PMVO i.s.m. LDC / Brochure about connections in higher education in the Netherlands, PMVO in co-operation with LDC

3 Brochure, ABVAKABO FNV / Brochure about dual education in day nursery in connection with employability, ABVAKABO FNV

4 Jaarreeks bestaande uit Jaarbericht, Jaarverslag en Kengetallen, Bedrijfschap voor de Groothandel in Bloemkwekerijprodukten / Annual report consisting of three booklets, Dutch Floricultural Wholesale Board

5 Vaktijdschrift, Uitgeverij Samsom / Professional journal, Samsom Publishers

6 Folder Amsterdamse Seniorenraad, Dienst Welzijn Amsterdam / Leaflet for Amsterdam's Elderly Board, Amsterdam's Welfare Department

7 Corporate brochure voor website-veiling, Flower Purchase Network / Corporate brochure for website auction, Flower Purchase Network

8 Kwartaaltijdschrift van het Nederlands Theater Instituut i.s.m. het Vlaams Theater Instituut / Quarterly magazine of the Dutch Theatre Institute in co-operation with the Flemish Theatre Institute

1

2

lettrix ICT Consultancy

Bureau Meesters en Oudejans
BMO Onderzoek
Advies
Projectmanagement

3

5

Koop uw bloemen rechtstreeks bij de teler (via Internet)

7

4

6

8

het amsterdams **adr** project

NODR

centrum voor bemiddeling en onderhandeling

C&B

Mooijekind ontwerpers bv

Grafische en ruimtelijke vormgeving voor de overheid

Paslaan 19 / 7311 AJ Apeldoorn
Postbus 10082 / 7301 GB Apeldoorn
T 055-576 07 65 / F 055-521 61 73
e-mail ontwerpers @mooijekind.com

Directie / Management A.T.J. Mooijekind
Vaste medewerkers / Staff 5
Opgericht / Founded 1997
Lidmaatschap / Membership BNO

Opener (in gesprek en overleg met haar burgers) en klantgerichter (raadgevend en minder autoritair) treedt de lokale overheid steeds zelfbewuster naar buiten. De veranderende wijze van communiceren stelt ook aan de vormgeving andere eisen. De grotere verscheidenheid aan producten en diensten maakt de vraag naar differentiatie noodzakelijk. Het beeld van de nieuwe organisatie zal rekening moeten houden met deze nieuwe ontwikkelingen.

More open (in discussion and negotiation with its citizens) and more client-oriented (consultative and less authoritarian) local government is increasingly self-confident in its presentation. The changing communication style requires a different kind of design. The greater diversity of products and services makes the demand for differentiation crucial. The image of the new organisation has to take account of these new developments.

Opdrachtgevers / Clients
Amsterdam/stadsdeel ZuiderAmstel, Apeldoorn, Barneveld, Buren, Diepenveen, Enschede, 's Graveland/Loosdrecht/Nederhorst Den Berg, Helmond, Hoevelaken/Nijkerk, Opsterland, Spijkenisse, Vlissingen, Knooppunt Arnhem-Nijmegen, Geleen/Schinnen/Sittard

1 Gemeente Diepenveen, folder over samenwerking met Deventer / Diepenveen municipality, folder on collaboration with Deventer

2 Gemeente Spijkenisse, campagnestijl Stadsplan Spijkenisse 2010, huis-aan-huis-folder: Kom naar de voorzieningenmarkt / Spijkenisse municipality, 2010 city plan Spijkenisse campaign style, door-to-door folder: Come to the services market

3 Gemeente Amsterdam, huisstijl: stadsdeel ZuiderAmstel / Amsterdam municipality, ZuiderAmstel district house style

4 Gemeente Apeldoorn, houten enveloppe: Europartenariaat Nederland / Apeldoorn municipality, wooden envelope: Europartenariat the Netherlands

5 Nijhof & Partners, folder: bureaupresentatie / Nijhof & Partners, folder: agency presentation folder

6 Gemeente Spijkenisse, personeelsgids: pagina binnenwerk / Spijkenisse municipality, personnel guide: inside page

7 Gemeente Vlissingen, campagnestijl: Stadskoers Vlissingen 2010 / Vlissingen municipality, Vlissingen City Plan campaign style

8 Gemeente Spijkenisse, campagnestijl: presentatiebox voor stadsboek 2010 / Spijkenisse municipality, campaign style: 2010 city book presentation box

9 Gemeente Apeldoorn, brochure: raamnota 2010 / Apeldoorn municipality, 2010 framework budget brochure

10 Stedelijk Knooppunt Arnhem-Nijmegen, A4-map t.b.v. presentaties / Urban Junction Arnhem-Nijmegen, A4 presentations folder

1

2

6

7

stadsdeel ZuiderAmstel
President Kennedyplantsoen 1-3
Postbus 74019, 1070 BA Amsterdam
telefoon 020 - 5 464 464   fax 020 - 5 464 365

XVIII EUROPARTENARIAT
Apeldoorn, the Netherlands 1998

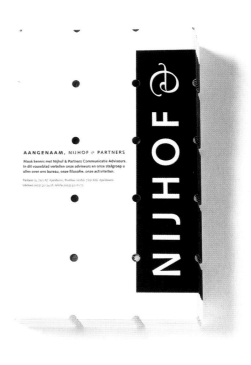

AANGENAAM, NIJHOF & PARTNERS

Maak kennis met Nijhof & Partners Communicatie Adviseurs.
In dit vouwblad vertellen onze adviseurs en onze stafgroep u
alles over ons bureau, onze filosofie, onze activiteiten.

NIJHOF

over
morgen

Deze doos bevat:

1 De droom van de wandelaar **2** Wat
staat er de komende jaren in het centrum te
gebeuren **3** De thema's: wonen en openbare
ruimte, verkeer en vervoer, economie en
werkgelegenheid, voorzieningen **4** Plannen
en projecten in wijken en buurten

Stadsplan 2010 is een uitgave van de gemeente Spijkenisse.

RAAM
APELDOORN
NOTA

T +31 24
3297979
Regional Authority Arnhem - Nijmegen (KAN) ◆◆ the Netherlands
F +31 24
3297970

N.A.P.

Maatschap voor communicatie, ontwerp en projectorganisatie

Sint Pieterspoortsteeg 19 / 1012 HM Amsterdam
T 020-624 50 25 / F 020-622 55 34
e-mail mail@nap-design.nl / website www.nap-design.nl

Directie / Management Henk van Alst, Josta Bischoff Tulleken,
Mireille Giele, Reinoud van Hasselt, Tom de Hoog,
Sabine Mannel, Jean-Paul Mombers, Ris van Overeem
Contactpersoon / Contact Ris van Overeem
Vaste medewerkers / Staff 9
Opgericht / Founded 1985
Lidmaatschap / Membership BNO

Bedrijfsprofiel

N.A.P. staat voor oorspronkelijkheid en creativiteit, zonder de
doelstellingen van communicatie uit het oog te verliezen. Ervaren
ontwerpers en een tekstschrijver bieden opdrachtgevers uit de
non-profitsector, de culturele sector en het bedrijfsleven een
breed perspectief op informatie-overdracht:
Grafische vormgeving (huisstijlen, brochures, periodieken,
catalogi, jaarverslagen, boekverzorging en nieuwsbrieven)
Marketing communicatie (mailings en advertenties)
3-Dimensionale vormgeving (standontwerpen en andere
ruimtelijke vormgeving)
Trendonderzoek en productstyling
Multimediapresentaties en websites

Bezoek www.nap-design.nl voor een actuele presentatie.

Agency profile

For N.A.P. originality and creativity are the essential qualities
in design, on a par with the ultimate aim of communication.
Experienced designers and a copywriter give the non-profit
organisations, the cultural sector and the business community
a broad outlook on the transfer of information:
Graphic design (corporate identity, brochures, periodicals,
catalogues, annual reports, newsletters and book design)
Marketing communication (mailings and advertising)
3-Dimensional design (stands, shop interiors)
Trend research and product styling
Multimedia presentations and websites

Up-to-date information: www.nap-design.nl.

Foto / Photo Truus van Gog

Nederlands Ontwerp bv

Bureau voor grafische vormgeving

Koggestraat 9 g / 1012 TA Amsterdam
T 020-625 75 99 / F 020-625 02 81
mobile 06-54 62 56 34 / e-mail nldesign @ euronet.nl
website www.euronet.nl/users/nldesign

Nederlands Ontwerp is een enthousiast bureau met veel ervaring in het ontwerpen van doordachte en creatieve oplossingen om informatie over te dragen en vorm te geven aan corporate identity, huisstijlen, verpakkingen, brand development, publicaties en multimediaproducten. Wij zijn een doelgerichte en flexibele organisatie. U praat direct met de mensen die het werk doen. Voor de ontwerpfase aanbreekt, maken wij een zorgvuldige analyse van de probleemstelling. Zodat de opdrachtgever een helder beeld krijgt van de mogelijkheden en wenselijkheid van bepaalde keuzes.

Nederlands Ontwerp is an enthusiastic agency with vast experience in the design of considered creative solutions for communicating information and shaping corporate identities, housestyles, packaging, brand development, publications and multimedia products. Our organisation is effective and flexible. You deal directly with the people on the job. Before starting the design phase, we carefully analyse the problems giving clients a clear picture of the possibilities and desirability of particular choices.

Opdrachtgevers / Clients

Albert Heijn, Amnesty International, Art Unlimited Europese Bibliotheek, FNV (Federatie Nederlandse Vakbeweging), Industrieële Groote Club, Het Residentie Orkest, KVGO, Koninklijk Verbond voor Grafische Ondernemingen, Muziekcentrum Frits Philips, Nike Europe bv, Nederlandsche Maatschappij voor Nijverheid en Handel, Provincie Noord Holland, Schoolvereniging Aerdenhout-Bentveld, SmithKline Beecham Consumer Healthcare Benelux, Ziekenfondsraad en anderen / and others

1-5 Verpakkingen / Packaging

6 Magazines

7 Catalogus + ontwerp T-shirts / T-shirts catalogue and design

8 Maandagenda / Monthly diary

9, 10 Brochures

11 Abonnementenbrochure / Subscription brochure

12 Jaarverslagen / Annual reports

13 Boekverzorging / Book presentation

14-17 Huisstijlen / Housestyles

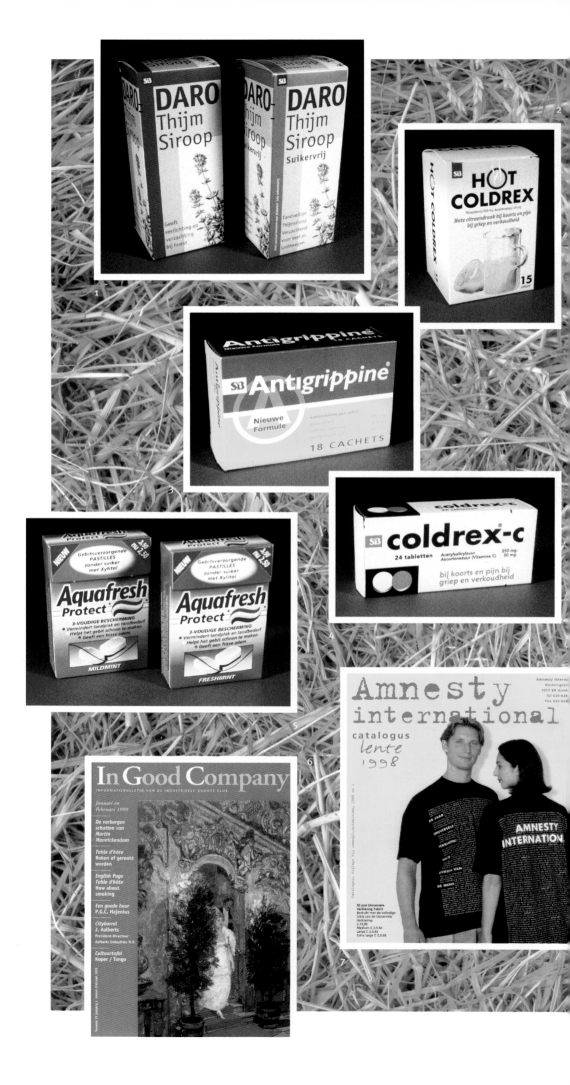

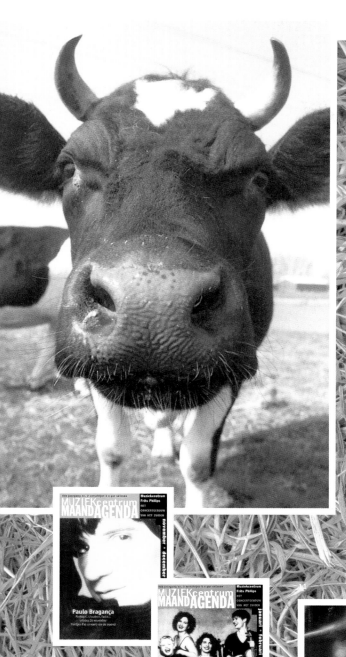

Nederlandsche
Maatschappij voor
Nijverheid en Handel

Een netwerk dat werkt

9

Jaarverslag 1998

KVGO

12

manifest
kwaliteit
van de Arbeid

VOORRANG VOOR
GEZOND WERK

FNV M'n zaakwaarnemer

10

Pracht en
Praal op
Prinsjesdag

13

MUZIEKcentrum
MAANDAGENDA

november • december

Paulo Bragança

8

MUZIEKcentrum
MAANDAGENDA

januari • februari

Festival
Nederlandse
strijkkwartetten

11

MUZIEKcentrum
MAANDAGENDA

Dulce
Pontes

Middellandse Zee
in muziek

Alles over
Tromp '98

MUZIEKcentrum
MAANDAGENDA

Total
Touch

Nieuwe CD, nieuwe tour

MUZIEKCENTRUM
FRITS PHILIPS
het concertgebouw van het zuiden
040 - 244 20 20

Jaarbrochure 98-99

AMNESTY
International

14

FNV SP RT

15

ESS

16

PAUL
SCHOLTE
ACCOUNT
ANTS BV

17

Neonis

Industrial design & Corporate graphics

Veerdijk 42 e / 1531 MS Wormer
T 075-622 00 44, 075-622 00 60 / F 075 -622 03 05
e-mail neonis@euronet.nl / website www.neonis.nl

Zie ook Industrieel ontwerp p.62

Directie / Management A.A.M. Roelofsen
Vaste medewerkers / Staff 9
Opgericht / Founded 1983
Lidmaatschappen / Memberships Stichting Industrieel Bouwen
Nederland, BNO, ION

Het specialisme dat u zoekt

Wij ontwerpen en leveren alle voorkomende drukwerkitems
zoals huisstijlen, brochures, handleidingen, uitnodigingen en
verpakkingen. Maar ook, en in het bijzonder, marketing
instrumenten zoals handboeken voor het herzien en onderhouden van de assortiments- en bedrijfsidentiteit.

Twee bijzondere voorbeelden

Ruim anderhalf jaar is gewerkt aan het productenpakket aan
boord, zowel Business als Economy Class, dat wordt geleverd
door KLM Catering Inflight Service. Neonis presenteert hiermee
haar visie 'a sense of humanity' oftewel 'kleur aan boord',
als onderdeel van haar concept KLM-subhuisstijl. Alle grafische
uitingen van ATAG Keukentechniek, waaronder zeven landen
organisaties, zijn door Neonis samengebracht onder één
re-design van de ATAG huisstijl. Ter ondersteuning van dit
nieuwe beleid is ook een Corporate Design Manual gerealiseerd.
Hiermee zijn alle 2 en 3 dimensionale kenmerken en ontwerp-
richtlijnen, van zowel product als organisatie, geformuleerd en
beschikbaar gemaakt. Het omvangrijke manual beoogt een
managementtool te zijn voor het assortimentsbeleid, de productontwikkeling als ook voor alle grafische uitingen.

Waar u dan begint

Soms is een goed gesprek voldoende, soms is een meer
uitgebreid onderzoek gewenst. Vrijblijvend en zonder veel
omhaal treden wij graag eens op als sparringpartner van uw
managementteam.

The speciality you require

We design and deliver every kind of printed item, from housestyle, brochure, manual, invitation to packaging. But we also
supply, in particular, marketing instruments such as design
manuals for revising and maintaining product assortment and
corporate identity.

Two unusual examples

Within eighteen months Neonis developed the KLM Catering
Inflight Service product range for both Business and Economy
Class. This reflected Neonis's vision of 'a sense of humanity'
or 'colour on board', as part of the agency's KLM sub-housestyle
concept. All ATAG Keukentechniek graphic communications,
covering seven national organisations, have been gathered under
a single re-design of ATAG's housestyle. To support this new
policy, a Corporate Design Manual was realised, formulating and
presenting all the 2 and 3 dimensional characeristics and design
guidelines of both product and organisation. This sizeable
manual is intended as a management tool for assortment policy,
product development and all graphic communications.

Where to start

Sometimes a good discussion is enough, sometimes a closer
research is required. For a start we will gladly take on the role
of sparring partner for your management team; no obligations,
no strings.

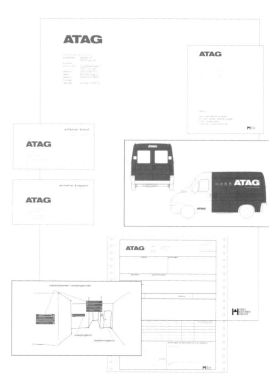

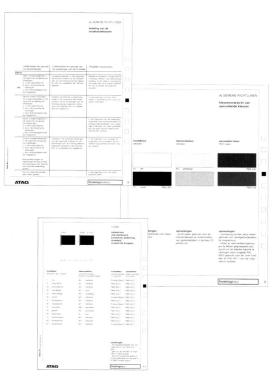

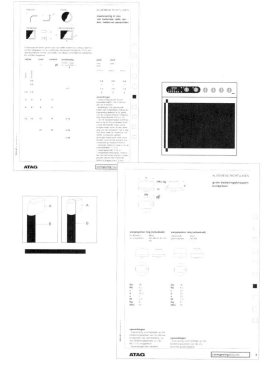

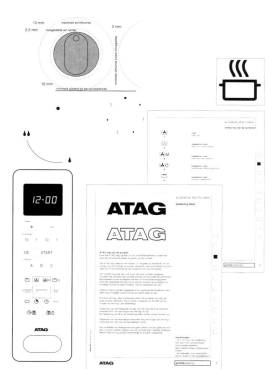

Nies & Partners bv

Grafisch ontwerp, communicatie-advies

Sint Annastraat 57 / 6524 EH Nijmegen
T 024-360 51 18 / F 024-360 51 28
mobile 06-53 35 31 66 / e-mail nies.partners @wxs.nl

Kolonel Wilsstraat 13 / 5371 AG Ravenstein
T 0486-416106

Directie / Management Frans Nies
Contactpersonen / Contacts Frans Nies, Suzanne Menheere
Vaste medewerkers / Staff 4
Opgericht / Founded 1988
Lidmaatschap / Membership BNO

Opdrachtgevers / Clients
AWOZ Arbeidsmarkt- Werkgelegenheids- en Opleidingsfonds
Ziekenhuiswezen (Utrecht), BISK: Provinciaal Brabants Instituut
voor School en Kunst (Helmond), Gemeente Nijmegen, Gemeente
Uden, Hogeschool van Arnhem en Nijmegen, Industriële Kring
Nijmegen, Katholieke Universiteit Nijmegen, NZi, Utrecht, PON
Instituut voor Advies en Ontwikkeling in Noord-Brabant (Tilburg),
Staatsbosbeheer (Zeist), Theater Markant (Uden), Uitgeverij
Bekadidact (Baarn), Uitgeverij Educatieve Partners Nederland
EPN (Houten), Uitgeverij KNNV (Utrecht), Uitgeverij VNU
Business Publications (Amsterdam), Vizier: dienstverlening aan
mensen met een verstandelijke handicap (Gennep, Grave, Uden)
en anderen / and others

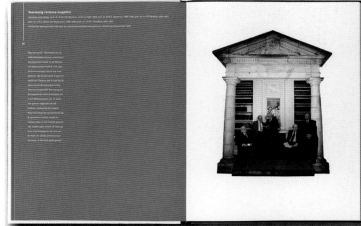

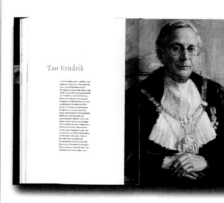

www.bisk.nl

Noordwest 12

Adviseurs en ontwerpers in strategische communicatie

Nieuwburen 12 / 8442 CT Heerenveen
Postbus 426 / 8440 AK Heerenveen
T 0513-65 69 99 / F 0513-65 05 66
mobile 06-53 16 56 76 / e-mail info@noordwest12.nl
website www.noordwest12.nl

Directie / Management Bert Rappange
Contactpersoon / Contact Bert Rappange
Vaste medewerkers / Staff 17
Opgericht / Founded 1994

Bureauprofiel

Inspiratie, toewijding, enthousiasme. Vitale eigenschappen
van het getalenteerde ontwerpteam van Noordwest 12, allround
adviesbureau in strategische communicatie. Dynamisch
samenspel vanuit een heldere visie: bedrijfscommunicatie
verdient een onderscheidende signatuur die de informatie
toegankelijk, verstaanbaar en herkenbaar maakt. Met als
ultieme uitdaging: de vonk die overspringt en doel raakt door
een verrassende balans in vorm en inhoud. Dat is de grondslag
voor de verscheidenheid in opdrachten die Noordwest 12 voor
zijn pluriforme klantenkring vervult. In- en externe communicatie,
business-to-business, retail - onze vormgeving, twee-of drie-
dimensionaal, is te allen tijde afgestemd op de kerndoelstelling
die onze opdrachtgevers ons toevertrouwen: een markante
marketingcommunicatiemix met optimaal rendement.

Agency profile

Inspiration, dedication, enthusiasm. Key characteristics of the
talented Noordwest 12 design team: all-round advisors on
strategic communications. Dynamic interplay with a clear vision:
corporate communication deserves an identifiable signature that
makes information accessible, comprehensible and recognisable.
With the ultimate challenge: the spark that hits the mark,
creating a surprising balance in form and content. That is the
basis for the diversity of Noordwest 12's commissions for
its varied clientele. In-house and external communications,
business-to-business, retail - our environment, whether two- or
three-dimensional, focuses on the core mission with which our
clients entrust us: a unique marketing communications mix for
optimal results.

Opdrachtgevers / Clients

Adecco Personeelsdiensten (Utrecht), Bührmann Ubbens
(Zutphen), Van Leer Leopack (Franeker), Noord Nederlands
Bureau voor Toerisme (Drachten), Bentex Nederland bv
(Lemmer), Friesland Nutrition (Leeuwarden), Rentex Floron
(Bolsward), NoordNed (Leeuwarden), Wehkamp (Zwolle),
Kamminga Makelaars (Leeuwarden), FIB Industriële Bedrijven
(Leeuwarden), SC Heerenveen (Heerenveen), Beach Resort
Makkum (Makkum), Micronclean (Bolsward), HCG (Rijswijk)

n|p|k industrial design

Noordeinde 2d / 2311 CD Leiden
T 071-514 13 41 / F 071-513 04 10
e-mail npk@npk.nl / website www.npk.nl

Deichstrasse 28 / D-20459 Hamburg, Germany
T +49 40-36 38 28 / F +49 40-37 80 07
e-mail npk-de@t-online.de

Zie ook Industrieel ontwerp p.518

Directie / Management Partners: Peter Krouwel,
Wolfram Peters, Jos Oberdorf, Jan Witte
Vaste medewerkers / Staff 45
Opgericht / Founded 1985

Main activities

Industrial design 60%
Public design and signage 20%
Graphic design 20%

Company profile

nlplk is a design consultancy with 45 employees based in Leiden
and Hamburg. The partners Peter Krouwel, Wolfram Peters,
Jos Oberdorf and Jan Witte lead an international team of
(senior)designers, (senior)engineers and modelmakers. Together
they are responsible for conceiving and developing products with
an individual and innovative character. Enabling them to stand
out from the crowd. In close collaboration with clients, nlplk has
been able to create a wide variety of successful products in the
professional, consumer as well as public design fields.

Industrial design

The basis for every nlplk project is the development of a
clear vision together with the client. Design and concurrent
engineering, combined with an integrated product development
process, soon lead to results.
nlplk has developed knowledge and experience in:
Public and signage design
Professional products
Consumer products
Furniture and lighting products.

Graphic design

To achieve an optimal result and a synthesis between graphic
and industrial design, these disciplines are fully integrated.
Within nlplk, a dedicated team of graphic designers are working
on the more functional and knowledge-based areas of:
Signage and info graphics
Corporate identity
High-end packaging and display
User interface design

Awards and press

Major design awards recieved in recent years
1999: special GIO award - ANWB signage
1998: Gouden Noot - NKL lensmailer
1997: Kho Liang Ie award - Wila Leuchten
1993: 10 best of category awards IF Hannover - Etesmi/JW Koch
hospital bed

For a full list of awards, please visit: www.npk.nl

The press
Domus: 'Their style is not so much a label as the result of a
detailed functional analysis',
ID: 'Selected as one of the top forty design innovators in the USA
and Europe',
Intramuros: 'Plus que moderne',
Blueprint: 'The best organised and equipped design studio ever
visited',
Form: 'Das ist der Hollandische weg. Das 30 köpfige Design Büro
ist Vorreiter. Es betreibt Produktentwicklung komplett, vom
Entwurf zur Serienreife',
Design Report: 'Der dank vorbildlicher Gestaltungslösungen so
gute Ruf des Büros aus der Renaissance-Stadt zwischen
Amsterdam und Rotterdam ist inzwischen bis nach Rom
gedrungen'.

Signage and info graphics

ABN AMRO sign system new headquarters
ANWB signpost system
City of Leiden
City of Lübeck (D)
City of Amsterdam
City of Rome (I)
Port of Rotterdam info graphics

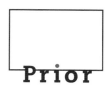

Corporate identity

ASM Lithography
LKG/CooCoo Pandora
Prior
Quail
Screentec
Streetlife
Tacx

High-end packaging and display

Akzo Nobel
ASM Lithography
Kortman Intradal
LKG/CooCoo Pandora
NKL lensmailer
Randstad packaging and manuals
Tacx
Dremefa user manuals
Unilever/Diversey soap packaging

User interface

ASM Lithography
Avery Berkel/GEC (GB)
Canon Europe (NL/J)
Delft Instruments
Ecofys energy mirror
Grundig (D)
City of Leiden dynamic routing system
Philips/Fei Company (NL/USA)
Prior
Uniphy

n|p|k industrial design

Okapi ontwerpers

Henkespand
Voorhaven 23 b / 3025 HC Rotterdam
T 010-478 04 99 / F 010-476 21 65
mobile 06-50 65 87 14 / e-mail ontwerp@okapi.nl
website www.okapi.nl

Directie / Management Frank Schurink
Contactpersonen / Contacts Frank Schurink, Olga Vierbergen
Vaste medewerkers / Staff 4
Opgericht / Founded 1987
Lidmaatschap / Membership BNO
Samenwerkingsverband met / Associated with Overbosch
Communicatie

1 *Voor Twinning, een IT-gerichte organisatie, hebben we een
huisstijl ontwikkeld met onderliggende structuur. Deze structuur
zorgt voor grote herkenbaarheid, ondanks de verschillende
toepassingen / For Twinning, an IT-oriented organisation, we
developed a housestyle with an underlying structure to provide
a high level of recognisability despite the variety of applications*

2 *Promotiemateriaal voor een IT-congres. Daarnaast een
brochure met werken van Corsmit Raadgevend Ingenieursbureau.
Vervolgens jaarverslagen van het Havenziekenhuis en Memisa,
een medische hulporganisatie / Promotion material for an
IT congress with a brochure of work by Corsmit Consulting
Engineers, followed by annual reports for The Harbour Hospital
and Memisa, a medical aid organisation*

3 *De huisstijlontwikkeling voor de Centrale Discotheek
Rotterdam en de vormgeving voor het Lezersfeest van de
Bibliotheek Rotterdam / Housestyle development for The Central
Record Libary and design for Rotterdam public library's Readers
Festival*

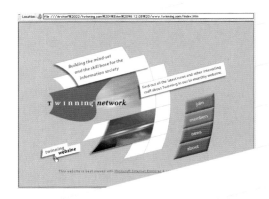

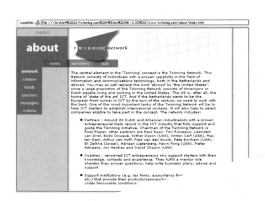

Entry criteria for Twinning

Twinning network

ICT software in Amsterdam

Twinning center

We can help you start

Twinning seed fund

growing with our financial support

Twinning growth fund

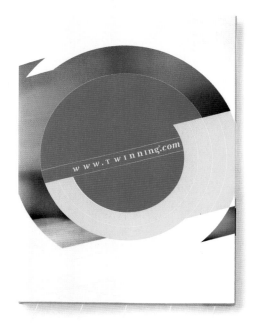

www.Twinning.com

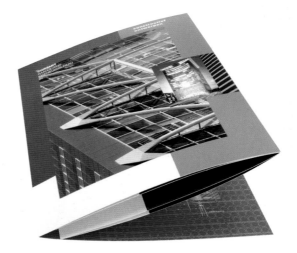

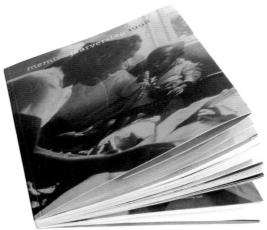

200.000 cd's te leen

www.muziekweb.nl

Centrale Discotheek Rotterdam

uitlenen van cd's en lp's

Centrale Discotheek Rotterdam

gevestigd in de bibliotheek

3

Feest

+

Dag van de Lezer!

.M. Kuitert
an der Kaa
ra Stok
na Woltz
Jack Nouws
Hester Knibbe
Theo Verhaar
Erik Menkveld
en anderen...

Vanaf 0.00 uur...
Dansen!

f30,-
toegangskaart
Lezers feest

ZATERDAG ZEVEN NOVEMBER 1998
Bibliotheek Rotterdam
Hoogstraat 110 Rotterdam
010 / 2816189 / 2816124
Aanvang: 20.00 uur

 Leest voor u Feest!

BIBLIOTHEEK ROTTERDAM, ZATERDAG ZEVEN NOVEMBER AANSTAANDE, VANAF ACHT UUR 'S AVONDS

 Consumptie Bon Lezers Feest

Lezers Feest '98

ZATERDAG ZEVEN NOVEMBER
schrijvers
muziek
theater

Komt allen!

olde Hanhof Hilgersom

Hoogte Kadijk 143-F7 / 1018 BH Amsterdam
T 020-421 34 04 / F 020-620 88 89
e-mail ohho@xs4all.nl

Contactpersonen / Contacts Erik olde Hanhof, Arjan Hilgersom
Vaste medewerkers / Staff 3
Opgericht / Founded 1994
Lidmaatschap / Membership BNO

Ons ontwerpbureau is ontstaan uit de samenwerking van
Erik olde Hanhof en Arjan Hilgersom. De toegevoegde waarde
van onze samenwerking is de combinatie van ieders afzonderlijke
kwaliteiten. Zij komen het best tot hun recht in complexe
ontwerpopdrachten. Tot nu toe werken we voornamelijk voor
kleine en middelgrote bedrijven en instellingen. Het begeleiden
van het productieproces zien wij als een logisch vervolg op het
adviseren en ontwerpen.

Our design agency brings together Erik olde Hanhof and
Arjan Hilgersom. The added value of this collaboration lies in
the combination of our individual qualities. This comes into its
own in complex design commissions. To date we have focused
on small and medium-sized companies and institutions. In our
view, management of the production process follows naturally
from advising and design.

*1 Uitnodiging Rotterdamse Kunststichting voor serie debat-
bijeenkomsten over herinrichting van Rotterdamse haven- en
industriegebieden / Invitation to a series of debates on the
redevelopment of Rotterdam's harbour and industrial terrain
for Rotterdamse Kunststichting*

*2 Huisstijl landelijk jongerenproject Codename Future, waarbij
aan leerlingen van het voortgezet onderwijs wordt gevraagd
een actieve bijdrage te leveren aan de invulling van hun eigen
toekomst / Housestyle for Codename Future national youth
project, in which senior-school pupils are invited to contribute
to their own future*

*3 Lespakket Unicef voor primair onderwijs over kinderen in
moeilijke omstandigheden / Unicef primary school teaching
materials for children in challenging circumstances*

*4 Huisstijl Human Forces (bureau voor human resource
management) / Housestyle for Human Forces (human resource
management agency)*

*5 Visitekaartje Jurjen Born van B.S.U.R. (concepting- en
communicatiebureau) / Business card for Jurjen Born of B.S.U.R.
(concept and communications agency)*

*6-8 Huisstijl AKN, de ondersteunende organisatie voor de
omroepen AVRO, KRO en NCRV / Housestyle for AKN, (AVRO,
KRO and NCRV broadcasting companies' umbrella organisation)*

*9 Jaarverslag 1998, Stichting Pensioenfonds Hoogovens /
Stichting Pensioenfonds Hoogovens 1998 annual report*

1

2

Bianca Baake
Beethovenstraat 72/1
1077 JM Amsterdam
T 020 670 16 85
F 020 670 44 47

Koninginneweg 6 1075 CX Amsterdam
+31 (0)20 671 64 34
+31 (0)20 471 08 39
j.born@bsur.nl

BSUR

akn

drs M.A. Diepoven
adviseur personeel & organisatie

4

5

6

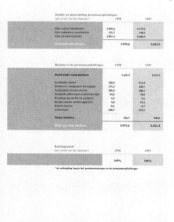

3

7

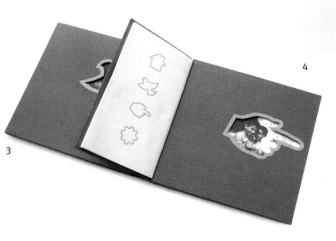

personeel en organisatie

akn

8

9

...ykan bv

...en Communicatieadviseurs

...einde 12 / 1017 ZN Amsterdam
...20-623 24 99 / F 020-627 94 25
e-mail olykanbv@euronet.nl / website
www.euronet.nl @ ~olykanbv

Directie / Management Hans Olykan
Vaste medewerkers / Staff 5
Opgericht / Founded 1985
Lidmaatschap / Membership Nederlandse Vereniging voor
Kartografie

Bedrijfsprofiel

Wij ontwerpen in verschillende disciplines voor zowel gedrukte
als interactieve media. Daarnaast houden wij ons bezig met
tekstschrijven en opdrachten van redactionele aard. Ons bureau
geeft advies aan, schrijft, redigeert en ontwerpt voor dienstverleners, gemeente en overheid, musea, uitgevers, toeristische
organisaties en culturele instellingen. Door onze veelzijdigheid
en de helderheid en originaliteit waarmee wij concepten in tekst
en beeld visualiseren onderscheiden wij ons van anderen.

Agency profile

Our work ranges from printed to interactive media starting from
the conceptual design framework to copywriting and editing.
Some of our main projects include work for the municipality
of Amsterdam as well as for the Dutch government, museums,
publishing houses, tourist and cultural organisations and service
providers. We provide creative and original solutions for every
contingency. Our ability to help our clients envision and
communicate a clear and direct message and our versatility in
different areas of expertise is what differentiates us from our
competitors.

Opdrachtgevers / Clients

Bank of Tokyo-Mitsubishi Holland nv
Brandcast bv (BBDO)
Directie Noord-Zuidlijn
Elsevier financiële informatie/Bedrijfsinformatie bv
Gemeentevervoerbedrijf Amsterdam
Grafische Cultuurstichting
Initiatief Comité Amsterdam (ICA)
Justitie Arrondissement Amsterdam
Justitie Arrondissement Roermond
Justitie Arrondissement Alkmaar
Justitie Arrondissement Den Bosch
Koninklijk Verbond van Grafische Ondernemingen KVGO
KPMG nv
KPMG Marktgroep Financiële Dienstverlening
Media Werkgroep
Muziektheater
Nationaal Ballet
RAI Hotelservice
RAI International Exhibition & Congres Centre
Rijksmuseum Amsterdam
Syntens
VVV Amsterdam Tourist Office
Watson Wyatt Brans & Co
en anderen / and others

*1 Vormgeving voor KPMG Directeurenconferentie 1999 /
Design for KPMG Partners conference 1999*

*2 Affiches voor Arrondissementsparket Amsterdam (Justitie) /
Posters for Judicature Amsterdam*

1

betrouwbaar
We zijn betrouwbaar en integer

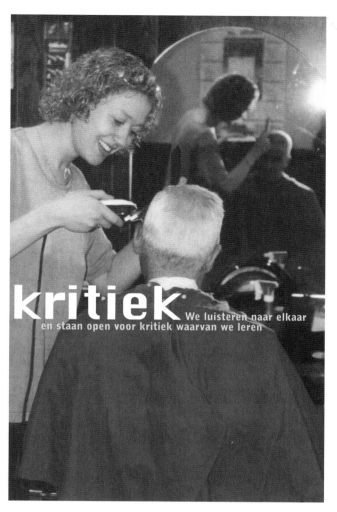

kritiek
We luisteren naar elkaar
en staan open voor kritiek waarvan we leren

respect
We gaan respectvol met elkaar om

bereikbaar
We zijn toegankelijk en bereikbaar

Ontwerpforum

Richard Wagnerstraat 32 / 1077 VW Amsterdam
T 020-676 77 22 / F 020-676 37 55
e-mail info@ontwerpforum.nl / website www.ontwerpforum.nl

Directie / Management Ellen van Diek, Rolf Hermsen,
Bart Oosterhoorn
Vaste medewerkers / Staff 8
Opgericht / Founded 1989
Lidmaatschap / Membership BNO

Profiel

Kern: Ontwerpforum streeft naar inhoudgericht grafisch ontwerp
van hoge esthetische kwaliteit voor opdrachtgevers met oog voor
meetbare en onmeetbare meerwaarde.
Rand: in Ontwerpforum vinden opdrachtgevers een prettige
partner met een brede blik, bovengemiddelde alertheid en een
scherp oog voor planning en budget.
Specialisaties: huisstijlen en redactionele vormgeving voor zowel
gedrukte als nieuwe media.

Profile

Core: the pursuit of high quality graphic design, form based on
content, for clients who appreciate added value, whether
measurable or not.
Periphery: working with Ontwerpforum, clients can expect
a pleasant and uncommonly alert partner with a broad view
and a keen eye for planning and budget.
Specialities: visual identity and editorial design for both printed
and electronic media.

Opdrachtgevers / Clients

Amsterdams Historisch Museum, BMD Advies, Centrum
Beeldende Kunst Rotterdam, Excerpta Medica, Gemeentearchief
Amsterdam, Menno Heling adviseurs voor de culturele sector,
Interpay bv, Leidse Schouwburg, Lisv Landelijke instituut sociale
verzekeringen, Meulenhoff Educatief, Netlinq Groep, Rijnja
Repro, Hoogheemraadschap van Rijnland, Mathilde Santing bv,
SNK landelijk ondersteuningsinstituut voor de koorzang,
VSB Theater a/d Schie en anderen / and others

Samenwerking met Wim Westerveld

Na zijn terugkomst uit Berlijn, begin 1999, is grafisch ontwerper
Wim Westerveld bij Ontwerpforum ingetrokken. Sindsdien wordt
ook aan gezamenlijke projecten gewerkt, zoals voor Meulenhoff
Educatief (project 'IJsbreker'), Mohr Media Erfurt, Studentenwerk Jena-Weimar en Hochschule der Künste Berlin.

Association with Wim Westerveld

After his return from Berlin, early 1999, graphic designer
Wim Westerveld moved in with Ontwerpforum. Apart from their
separate assignments, they work together for several clients
including Meulenhoff Educatief (Project 'IJsbreker'), Mohr
Media Erfurt, Studentenwerk Jena-Weimar and Hochschule der
Künste Berlin.

*Netlinq Groep : visitekaartje, onderdeel van huisstijl /
business card, part of corporate identity*

*Meulenhoff Educatief : omslag studieboek 'Pharos',
onderdeel van leergang voor geschiedenisonderwijs bovenbouw
VWO/HAVO / cover for 'Pharos', history textbook*

*Rowohlt Verlag : boekomslag Franz Doblers 'Tollwut' (Duitstalig) /
cover of Franz Dobler's book 'Tollwut' (German)*

*Mathilde Santing, Sony Music : voorkant cd-verpakking
'To Others To One' / 'To Others To One' cd cover*

*Excerpta Medica : uitnodiging voor symposium /
symposium invitation*

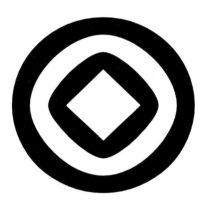

Ontwerpwerk

Grafisch Ruimtelijk Industrieel Nieuwe Media

Prinsestraat 37 / 2513 CA Den Haag
Postbus 45 / 2501 CA Den Haag
T 070-313 20 20 / F 070-313 20 90
e-mail oww@oww.net / website www.oww.net

Zie ook Nieuwe media p.96, Industrieel ontwerp p.66,
Ruimtelijk ontwerp p.44

Directie / *Management* Ed Annink, Ronald Borremans,
Guus Boudestein, Ronald Meekel
Contactpersonen / *Contacts* Ronald Borremans, Ronald Meekel
Vaste medewerkers / *Staff* 22
Opgericht / *Founded* 1986
Lidmaatschap / *Membership* BNO

Bedrijfsprofiel

Ontwerpwerk is een multidisciplinair ontwerpbureau dat zich
specialiseert in grafische uitingen, ruimtelijke inrichting,
industriële producten en nieuwe media. Ontwerpwerk heeft een
internationaal netwerk van opdrachtgevers en toeleveranciers
opgebouwd. De ervaring strekt zich uit van projecten als de
ontwikkeling van een veelomvattende huisstijl, websites,
tentoonstellingen of een industrieel winkelpresentatiesysteem
tot opdrachten zoals folders, brochures, jaarverslagen, relatiegeschenken en consumentenartikelen.

Agency profile

Ontwerpwerk specialises in graphic expression, interior design,
industrial products and new media. Since its foundation,
Ontwerpwerk has built up an international network of clients
and suppliers. Our experience ranges from projects, such as
the development of corporate identity, websites, exhibitions
or an industrial shop presentation system, to projects such as
brochures, annual reports, promotional gifts and consumer
products.

1 Autobelettering Analytico / Analytico vehical livery

2 Huisstijl Analytico / Analytico corporate Identity

*3 Muismatten Shell Services International /
Shell Services International mousepads*

4 Nieuwsbrief ADP / ADP newsletter

*5 Tentoonstellingscatalogus 'Cybercity' Museon, Den Haag /
'Cibercity' exhibition catalogue for Museon, The Hague*

*6 Jaarverslagen EPZ in samenwerking met Hannie Pijnappels /
EPZ annual reports with Hannie Pijnappels*

*7 Voortgangsrapport ROM Rijnmond /
ROM Rijnmond progress report*

*8 Personeelsblad 'Interview' Shell International /
'Interview', Shell International staff publication*

*9 Serie ansichtkaarten Nederlandse Ski Vereniging /
Postcard series for Nederlandse Ski Vereniging*

10 Bedrijfsbrochure McCain / McCain company profile

*11 Bedrijfsfolder ICOM Internet Competence Network /
ICOM Internet Competence Network company profile*

Oostenwind

Grafisch ontwerp en advies

Wolter ten Catestraat 47 / 7551 HX Hengelo
T 074-256 68 84 / F 074-256 68 29
e-mail n.herink@oostenwind.nl

Directie / Management Nicole Herink
Vaste medewerkers / Staff 2
Opgericht / Founded 1994
Lidmaatschap / Membership BNO

Opdrachtgevers / Clients
Organisatie-adviesbureau De Beuk
Ekoblok
Emancipatiebureau Overijssel
Filagent / Afinsa
GGNet
Grolsche Bierbrouwerij
De Jonge & Peters Advocaten
Mecal
MeubelMetamorfose
Quality On-Line/Reinhard & Partners
Syntens
Verzinkerij Twente

*1 Folder Oostenwind, op aanvraag verkrijgbaar /
Folder Oostenwind, available on request*

*2 Seminar over bouwrecht, De Jonge & Peters advocaten /
Building law Seminar, De Jonge & Peters advocaten*

*3 Sociaal jaarverslag, Grolsche Bierbrouwerij /
Social annual report, Grolsche Bierbrouwerij*

*4 Pré-Pensioenkrant, Grolsche Bierbrouwerij /
Pré-Pension paper, Grolsche Bierbrouwerij*

*5 Boek 'Het Jaar van de Beugel', Grolsche Bierbrouwerij /
Book 'Het Jaar van de Beugel', Grolsche Bierbrouwerij*

6 Brochure Reinhard & Partners / Brochure Reinhard & Partners

7 Huisstijl Ekoblok / House style Ekoblok

*8 Huisstijl MeubelMetamorfose /
House style MeubelMetamorfose*

*9 Huisstijl GGNet, Netwerk voor de Geestelijke Gezondheidszorg
in Oost-Gelderland en Zutphen / House style GGNet, Network of
Mental Health Care*

*10 Huisstijl Vice Versa Overijssel, Netwerk voor vrouwelijke
ondernemers / House style Vice Versa Overijssel, Network for
female entrepreneurs*

*11 Huisstijl Hypotheek Select /
House style Hypotheek Select*

*12 Folders Filagent - Afinsa Groep /
Folders Filagent - Afinsa Group*

1

2

3

4

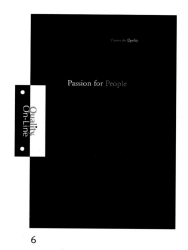

Passion for People

Quality
On-Line

6

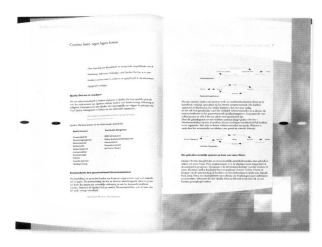

GG Net

9

ekoblok®

7

MEUBEL
METAMORFOSE

8

HYPOTHEEK SELECT

11

vice
versa

10

Adventure!

1/99

12

Het jaar van
DE BEUGEL

5

Opera ontwerpers

Baronielaan 78 / 4818 RC Breda
T 076-514 75 96 / F 076-514 82 78
e-mail operath@knoware.nl

Sarphatistraat 29 / 1018 EV Amsterdam

Zie ook Nieuwe media p.98, Ruimtelijk ontwerp p.46

Directie / Management Ton Homburg, Marty Schoutsen
Contactpersonen / Contacts Ton Homburg, Marty Schoutsen
Vaste medewerkers / Staff 4
Opgericht / Founded 1981
Lidmaatschap / Membership BNO

Grafische vormgeving: huisstijlen, affiches, bewegwijzeringen,
beletteringen, vormgeving van boeken, jaarverslagen,
tijdschriften en catalogi, tentoonstellingsvormgeving.
Ondanks de grote hoeveelheid opdrachten waar Opera de laatste
jaren aan heeft gewerkt, is de basis van het bureau klein
gebleven; afhankelijk van de werkzaamheden worden externe
ontwerpers of andere specialisten als medewerkers uitgenodigd.
Opera heeft zowel particuliere opdrachtgevers als opdrachten uit
het bedrijfsleven, van de overheid en uit de culturele sector.

Operates in the graphic design area such as corporate identities,
posters, book design, annual reports, magazines and catalogues,
exhibition design.
Despite of the large number of commissions Opera has carried
out in recent years, the office has remained small in scale. When
required for certain projects, external designers or other
specialists are invited in. Opera also regularly cooperates with
other offices on special projects. Opera has diverse clients in the
private, non-profit and business sectors, including museums,
theatres, shops and government offices.

*1 Serie boekomslagen Uitgeverij De Geus, 1998-1999 /
Series Book Covers De Geus Publishers, 1998-1999*

2 Bedrijfsbrochure SDB, 1999 / Corporate Brochure SDB, 1999

3 Huisstijlen, 1999 / Corporate Identities, 1999

*4 Catalogus bij de tentoonstelling 'Indianenverhalen',
Rijksmuseum voor Volkenkunde, Leiden, 1998 /
Exhibition Catalogue 'Native American Stories', Museum of
Ethnology, Leiden, 1998*

*5 Jaarverslag 1998 Rijksmuseum voor Volkenkunde,
Leiden, 1999 / Annual Report 1998 Museum of Ethnology,
Leiden, 1999*

*6 Frame, Uitgeverij BIS, 1998-1999 / Frame Magazine,
The International Review of Interior Architecture and Design,
BIS Publishers, 1998-1999*

*7 Items, tijdschrift voor design, visuele communicatie en
architectuur, Uitgeverij BIS, 1998-1999 / Items, Magazine for
Design, Visual Communication and Architecture, BIS Publishers,
1998-1999*

*8 Catalogus 'Collectie Moderne Amerikaanse Ceramiek',
Museum Het Kruithuis, 1999 / Catalogue 'Collection of Modern
American Ceramics', The Kruithuis Museum, 1999*

*9 Bedrijfsbrochure Ecooperation, 1999 /
Corporate Brochure Ecooperation, 1999*

1

2

RIJKSMUSEUM voor
VOLKEN KUNDE
LEIDEN National Museum
of Ethnology

3

ARMANDOMUSEUM

4

5

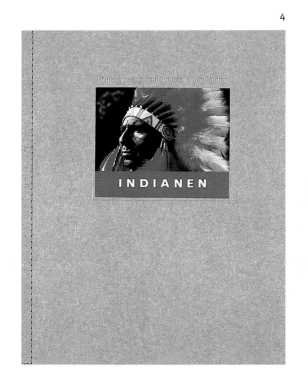

INDIANEN

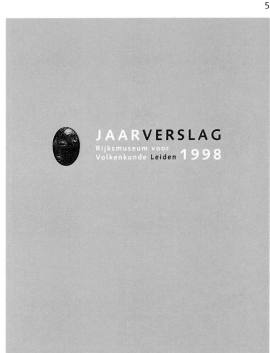

JAARVERSLAG
Rijksmuseum voor
Volkenkunde Leiden 1998

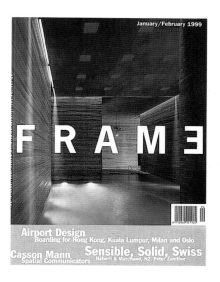

March/April 1999

FRAM∃

The Global Retailscape Shaping the Shopping Experience **Daniel Libeskind** Revealing the Lost Soul of Berlin **Definitely Dutch** Between Recognition and Alienation

6

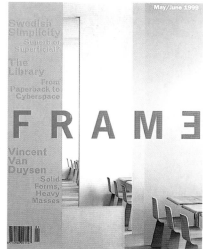

January/February 1999

FRAM∃

Airport Design Boarding for Hong Kong, Kuala Lumpur, Milan and Oslo **Casson Mann** Spatial Communicators **Sensible, Solid, Swiss** Haberli & Marchand, N2, Peter Zumthor

May/June 1999

FRAM∃

Swedish Simplicity Superb or Superficial? The Library From Paperback to Cyberspace Vincent Van Duysen Solid Forms, Heavy Masses

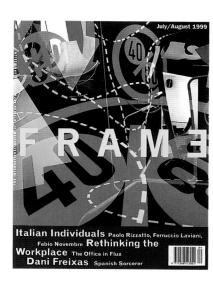

July/August 1999

FRAM∃

Italian Individuals Paolo Rizzatto, Ferruccio Laviani, Fabio Novembre **Rethinking the Workplace** The Office in Flux **Dani Freixas** Spanish Sorcerer

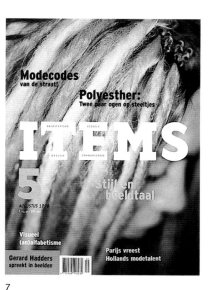

Modecodes van de straat! **Polyesther:** Twee paar ogen op steeltjes

ITEMS

5

AUGUSTUS 1998

Stijlen in beeldtaal

Visueel (an)alfabetisme

Parijs vreest Hollands modetalent

Gerard Hadders spreekt in beelden

7

De grote **eindexamen- selectie:** grafisch product, MODE uit Nederland en Vl...

In de leer op het praktijkbureau

ITEMS

6

OKTOBER 1998

FUSE stelt typografie ter discussie

Het 21e eeuwse traditionalisme van **Fred Smeijers**

Blijf je logeren?

8

X-treem sportdesign

extra bijlage MECC Young Design Award

ITEMS

7

NOVEMBER 1998

Main Characters bewegende letters voor de film

Zitten, mond dicht en opletten!

Interactief in Hilversum

9

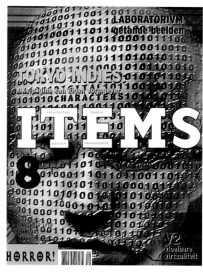

LABORATORIVM getailde beelden

TOKYO INDIES

CHARACTERS

ITEMS

8

HORROR!

V2 Voelbare virtualiteit

10

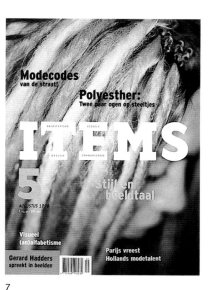

CHOICE FROM AMERICA MODERN AMERICAN CERAMICS

The Kruithuis Museums Collection

FORTEX

Duurzame - Ontwikkelingsverdragen Tussenbalans van een vernieuwingsproces

Ecooperation

Sustainable development agreements

Interim balance of an innovative process

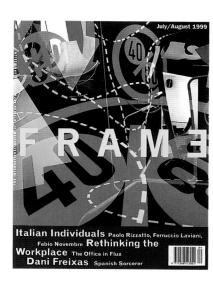

11

TENTOONSTELLINGEN

VERREKIJKERSCLUB

JUNIORCLUB

10 *Zie onze pagina's in Ruimtelijk ontwerp (p.46) / See our pages in Environmental design (p.46)*

11 *Zie onze pagina's in Nieuwe media (p.98) / See our pages in New media (p.98)*

Optima Forma bv

Grafisch ontwerpburo

Rodelaan 1 / 2272 JA Voorburg
T 070-337 34 34 / F 070-337 34 37
e-mail optimabv@euronet.nl

Directie / *Management* Marcel van Heuvel, Wil Kortenbach
Contactpersonen / *Contacts* Marcel van Heuvel, Wil Kortenbach,
Mischa Zuyderduin, Johan Pieters, Hugo van der Kooij
Vaste medewerkers / *Staff* 6
Opgericht / *Founded* 1984

Bedrijfsprofiel

Optima Forma bv is een full-service grafisch ontwerpbureau. De
kernactiviteit is het zoeken van creatieve, doorgaans grafische
oplossingen voor een gevarieerde kring van opdrachtgevers. In
de praktijk leidt dit veelal tot een traject dat start bij de wensen
en eisen van de klant en stopt bij het afleveren van het kant-en-
klare eindproduct. Aansluitend op de bij een klant aanwezige
specialismen kan Optima Forma de ontbrekende vlakken
invullen. Om aan deze vraag te voldoen beschikt Optima Forma,
naast vanzelfsprekend een omvangrijk netwerk van relaties, over
geavanceerde apparatuur, met de meest recente software. Alle
medewerkers zijn getraind in het werken met deze apparatuur en
beschikken over zeer gedegen kennis van het totale creatieve en
grafische productieproces.

Agency profile

Optima Forma bv is a graphic design agency that provides a full
service, focusing on the search for creative, generally graphic
solutions for a wide range of clients. In practice this often results
in a progression from the wishes and demands of the client to
the delivery of the finished product. Optima Forma can fill in the
gaps according to the client's own specialisations. Besides a
large network of contacts, Optima Forma employs an advanced
array of equipment with the very latest software to meet this
demand. The entire staff is trained to work with this equipment
and has a considerable knowledge of the complete creative and
graphic production process.

Opdrachtgevers / Clients

Benton, Bureau voor de Industriële Eigendom, Circustheater,
Van den Ende Theaterprodukties, IBC Vastgoed, Imbema Holland,
Pink Elephant, Stichting PlusZorg, Sdu Grafisch Bedrijf, Shell,
Siemens Nederland, Bouwmaatschappij Verwelius, Vestia Groep,
2500 Woningen, Ministerie van Sociale Zaken, Ministerie
van Verkeer en Waterstaat, Ministerie van VROM en anderen /
and others

Octrooien!

PRODUCT STEWARDSHIP

De Grote Rivieren

organisatie voor geestelijke gezondheidszorg
Zuid-Holland Zuidoost

PlusZorg
Het bureau voor (aanvullende) thuiszorg

Singelvilla's Sole

Carnisselande Barendrecht

"Je bent zo goed als je toeleverancier"

DE RESOLUTIE

Veilig Vliegen

P
DE ZEEHELD

Optima Forma

Joost Overbeek ontwerpers

Superstudio's

Nicolaas Beetsstraat 325 / 1054 NZ Amsterdam
T 020-412 51 08 / F 020-616 05 12
mobile 06-25 01 05 40 / e-mail buurjong @euronet.nl
website www.euronet.nl/~buurjong

Directie / Management Joost Overbeek
Contactpersonen / Contacts Joost Overbeek, Alice Wolff
Vaste medewerkers / Staff 3
Opgericht / Founded 1993

1 'Notarius', maandblad voor de Federatie van Belgische
Notarissen / 'Notarius', magazine for the federation of Belgian
Notaries

2 'Het zou me wat worden als iedereen maar gewoon zou doen
waar ie zin in had', pagina uit (in eigen beheer uitgegeven)
tijdschrift, waarin 13 beeldmakers doen waar ze zin in hebben /
'It would be quite something if everyone did whatever they
wanted', page from magazine (private publication) in which
13 image makers do whatever they like

3 'Jong gras', voetbaltijdschrift voor jonge lezers /
'Jong gras', football magazine for young readers

4 'Rebus', titelpagina van het tijdschrift ' Het zou me wat ...' /
'Rebus', title-page from 'It would be quite something ...'

5 'Lef om te dansen', scholendansproject van de Theaterschool
Amsterdam / 'Guts to dance', Theatre school dance project

6 'Kunstbende, de wedstrijd in kunst', met dit jaar het thema
'IK', Affiches, folders , freecard etc. / 'Kunstbende, the contest in
art', with this year's theme 'ME', posters, leaflets, freecards etc.

7 'Maak je eigen geheimschrift', maandelijke knutselpagina
in het tijdschrift 'Sam Sam' / 'Make your own cryptography ',
monthly hobby page for 'Sam Sam' magazine

8 'K-agenda', schoolagenda 1999-2000 over Kunst en Kultuur /
'K-agenda', 1999-2000 school diary on art and culture

9 'Wereld Kinderfestival', affiches, folders, krant, freecards etc.
voor dans en muziekfestival / 'World Children festival', posters,
journal, freecards etc. for a dance and music festival

10 'SPEC', testnummer voor een nieuw mannenblad, in opdracht
van VNU / 'SPEC', trial issue of a new men's magazine for VNU

11 'De ontdekking', 26-delig partwork over de bijbel, in opdracht
van VNU / 'The discovery', partwork on the Bible for VNU

12 'Politiepostzegel', 1 uit een serie postzegels voor het
tijdschrift 'Nieuwe Revu' / 'Police stamps', 1 of a series of
stamps for 'Nieuwe Revu'

13 'Labyrint', 150 jaar Nederlandse grondwet: affiches, folders,
kaarten, CD-rom, boek etc. / 'Labyrint', 150 years of Dutch
constitution: posters, flyers, free cards, cd-rom, book etc.

14 Logo voor de Kinder-en jongerenrechtswinkels (illustratie:
Gerrit de Jager) / Logo for children's and youth legal advice
bureaus (illustration: Gerrit de Jager)

15 'Slechte mannen', vrij werk. Foto: Andre Thijssen /
'Bad Man', free work; Photo: Andre Thijssen

16 'U leeft te snel', beeld voor het tijdschrift 'Millenium', ook
op Boomerangkaart / 'You live to fast', image for 'Millenium'
magazine, also on freecards

17 'Babette', (boomerangkaart), dame die haar mening geeft
over zeer uiteenlopende onderwerpen / 'Babette', (freecard),
woman who states her opinion on various subjects

18, 19 '5 o'clock class' en 'Summer dance week', boekjes,
affiches en flyers voor de Theaterschool Amsterdam / '5 o'clock
class' and 'Summer dance week', brochures, posters and flyers
for Theatre school Amsterdam

onverschrokkenheid

Nederlanders hebben altijd tegen de zee moeten vechten. Stoere vissers in eenzame gevechten tegen
golven waarvan ze nooit konden winnen. Dat zie ik 'de nieuwe man' nog niet doen. U wel?

Sinds de nieuwjaarsduik is omgedoopt in de Unox Nieuwjaarsduik vind je daar de
echte helden niet meer. Die nemen hun duik op een verlaten stuk strand en schaatsen
de Elfstedentocht op een andere dag dan de rest.

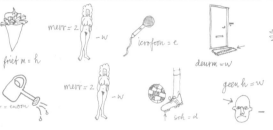

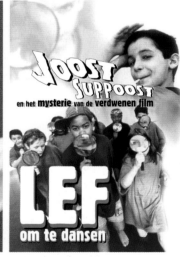

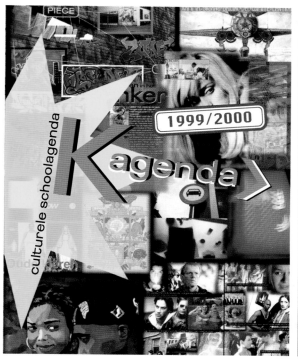

culturele schoolagenda

1999/2000

K agenda >

WERELD
20 mei t/m 20 juni 1999
KINDER FESTIVAL

spec.

WINNEN EN VERLIEZEN **GOKKEN IN NEDERLAND**
- ALASKA VOOR BEGINNERS - 12 ANTI-KATERTIPS - GUNS
IN THE USA - INTERVIEW MET **HANS TEEUWEN**
AUTOTEST - NADJA AUERMANN - ZIN OF GEEN ZIN, HET ZIT 'M IN
HET SEX-GEN

GELD · CULTUUR · REIZEN · AUTO'S · MODE · SEPTEMBER 1998

de ontdekking

hoe de eeuwenoude bijbel opnieuw fascineert

de ontdekking

1

NEDERLAND politie **mag dat, peter?**

50 ct

Aliens hebben de grondwet afgepakt
Speel Labyrint en pak terug waar je recht op hebt!

DE JOURNALIST SCHRIJFT WEER VRIJUIT
DE GABBER GAAT BAKKEN WANNEER HIJ WIL
DE MILIEUACTIVIST DEMONSTREERT WEER
DE POLITICUS WINT HET STEMRECHT TERUG
DE MANAGER BARBECUET WEER VRIJ

van de grond af!
Labyrint

kinder- en jongerenrechtswinkel

(slechte mannen)

De wereld wordt overgenomen door SLECHTE MANNEN. Net zoals buitenaardse wezens in de science-fiction-films, nemen ze de lichamen van willoze slachtoffers over. Ze hebben echter één groot nadeel; ze zijn te herkennen. Natuurlijk aan hun kleedgedrag en autokeuze, maar makkelijker nog aan het feit dat ze maar over één ding kunnen praten: GELD. Beleggen, vastgoed, etc. Geld is hun brandstof, hun zuurstof, hun voedsel. GA NIET MET ZE OM. PRAAT NIET MET ZE, (of in ieder geval niet over geld) WAARSCHUW OOK DE ANDEREN VOOR ZE! SNEL!

MIJN NAAM IS BABETTE EN IK VIND SEKS BELANGRIJKER DAN VOETBAL

de 5 o'clock class

1998 Summer dance week
SUMMERCOURSE Jazzdance
Bournonville ballet and Youth
Theatreschool Amsterdam
august 17 - 22

Amsterdamse Hogeschool voor de Kunsten

Plan: information design

Groothandelsgebouw C7.097
Weena 723 / 3013 MA Rotterdam
Postbus 29034 / 3001 GA Rotterdam
T 010-240 06 88 / F 010-240 06 89
e-mail info@plan.nl

Directie / Management Agnes van der Pol
Contactpersonen / Contacts Agnes van der Pol, Miriam Monster
Vaste medewerkers / Staff 2
Opgericht / Founded 1996
Lidmaatschap / Membership BNO

Bedrijfsprofiel

Plan: Information design is een onafhankelijk bureau,
gespecialiseerd in het ontwerpen van documenten. Wij maken
het grafisch ontwerp voor zowel gedrukte formulieren als voor
documenten die elektronisch worden samengesteld en
geproduceerd.
Daarbij hanteren we de volgende criteria: doelgroepgericht;
informatief; communicatief; volledig; overzichtelijk, leesbaar en
goed in te vullen; kostenbesparend in de ontwikkeling van
nieuwe documenten en in de productie en verwerking; technisch
uitvoerbaar. Dit alles binnen de kaders van de huisstijl en de
identiteit van de afzender.
De inhoud van documenten standaardiseren we in een systeem
voor de informatiestructuur. Bijvoorbeeld een op alle
documenten toe te passen plek voor uitgebreide of minimale
referenties en afzendergegevens; de ontwikkeling van modules
voor standaard vraagblokken; richtlijnen over meerkeuzevragen;
kolommen, tabellen, documentnamen enzovoort.
Een inventarisatie gaat vooraf aan het ontwerpen van het
systeem voor inhoud en grafische vorm. De uiteindelijke
normering wordt vastgelegd in een beheerdocument of
handboek.

Agency profile

We are experts in form design and re-engineering documents; in
simplification of customer communications; in developing plans
and putting them into effect. Preconditions are our challenge!
As well as the corporate identity, the communicative starting
point, the preconditions of supplying and processing
automatization. Means of production, easy-to-fill out and
uncomplicated implementation are basic assumptions to us.

Opdrachtgevers / Clients

Proforma (documentenhuisstijl Relan, Gemeente IJsselstein)
Registratiekamer (correspondentie, website)
Studio Dumbar (KPN Telecom factuur, PTT Post factuur,
documentenhuisstijl GAK)
Tappan (formulieren mestwetgeving Ministerie van Landbouw,
Natuurbeheer en Visserij)
Tel Design (documenten van Rosen Engineering GmbH,
documentenhuisstijl Ministerie van Binnenlandse Zaken en
Koninkrijkrelaties)
Total Design Maastricht (documenten Océ, correspondentie
Odyssee)

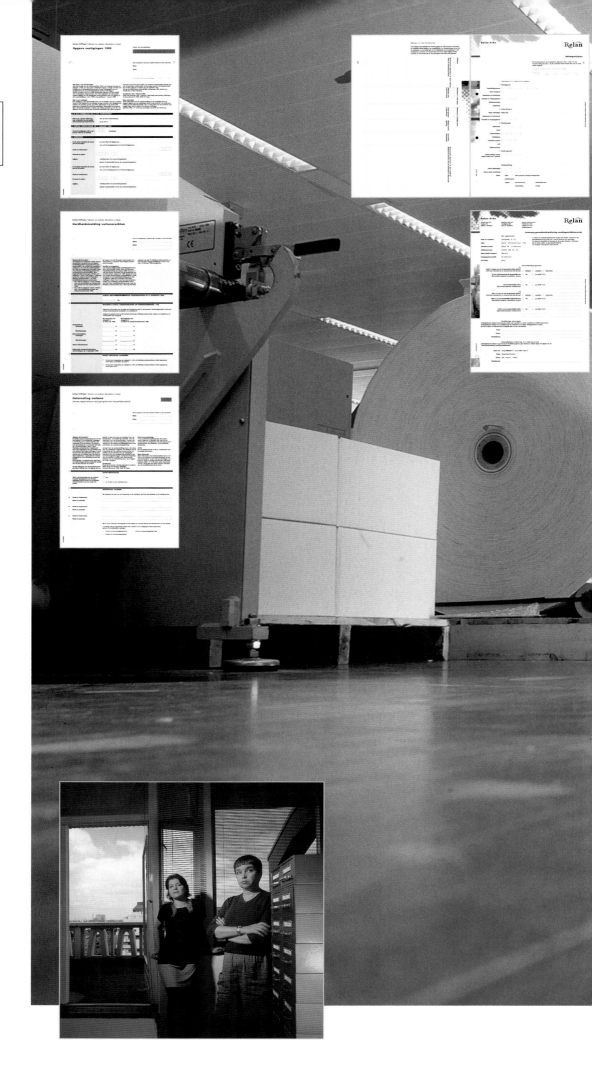

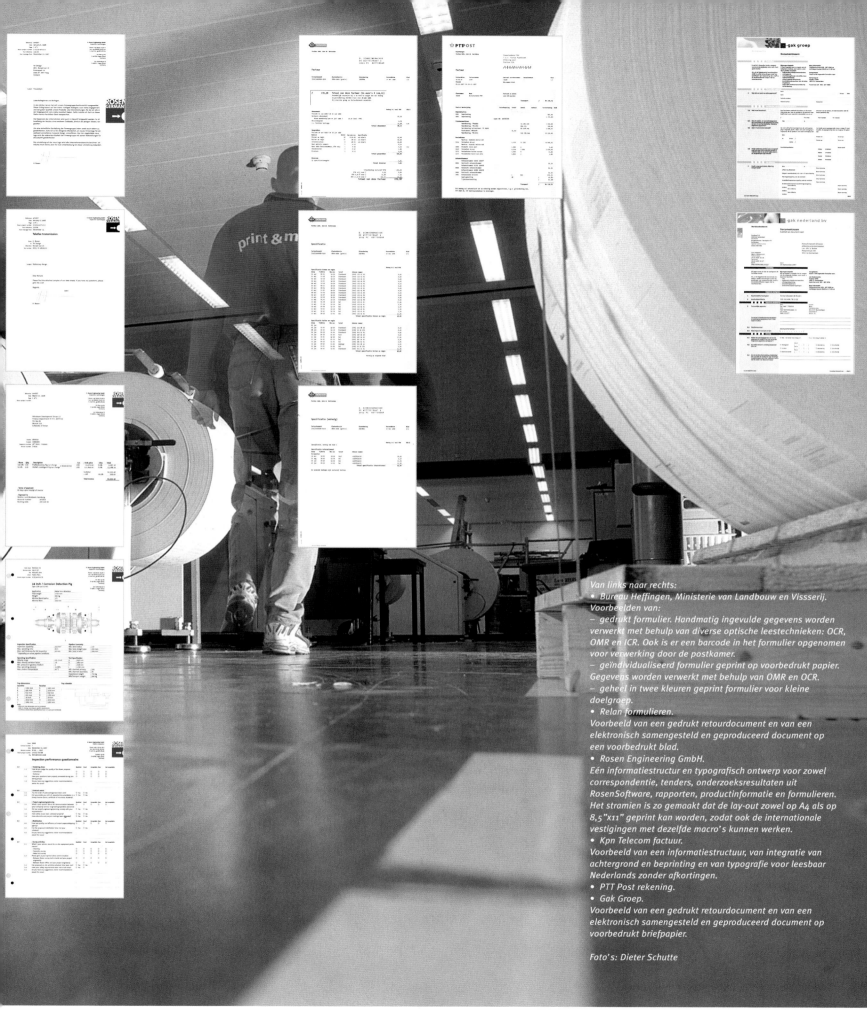

Van links naar rechts:
• Bureau Heffingen, Ministerie van Landbouw en Vissserij.
Voorbeelden van:
− gedrukt formulier. Handmatig ingevulde gegevens worden
verwerkt met behulp van diverse optische leestechnieken: OCR,
OMR en ICR. Ook is er een barcode in het formulier opgenomen
voor verwerking door de postkamer.
− geïndividualiseerd formulier geprint op voorbedrukt papier.
Gegevens worden verwerkt met behulp van OMR en OCR.
− geheel in twee kleuren geprint formulier voor kleine
doelgroep.
• Relan formulieren.
Voorbeeld van een gedrukt retourdocument en van een
elektronisch samengesteld en geproduceerd document op
een voorbedrukt blad.
• Rosen Engineering GmbH.
Eén informatiestructuur en typografisch ontwerp voor zowel
correspondentie, tenders, onderzoeksresultaten uit
RosenSoftware, rapporten, productinformatie en formulieren.
Het stramien is zo gemaakt dat de lay-out zowel op A4 als op
8,5"x11" geprint kan worden, zodat ook de internationale
vestigingen met dezelfde macro's kunnen werken.
• Kpn Telecom factuur.
Voorbeeld van een informatiestructuur, van integratie van
achtergrond en beprinting en van typografie voor leesbaar
Nederlands zonder afkortingen.
• PTT Post rekening.
• Gak Groep.
Voorbeeld van een gedrukt retourdocument en van een
elektronisch samengesteld en geproduceerd document op
voorbedrukt briefpapier.

Foto's: Dieter Schutte

Jeske van der Poel

Grafisch ontwerper

Teteringsedijk 100 a / 4817 MJ Breda
Postbus 9386 / 4801 LJ Breda
T 076-515 28 00 / F 076-515 28 01
e-mail symbiose@wxs.nl / website home.wxs.nl/~symbiose/

Opgericht / Founded 1993

Opdrachtgevers

Universiteit Utrecht, VSNU - Vereniging van Samenwerkende
Nederlandse Universiteiten, Elsevier bedrijfsinformatie bv,
Sdu Uitgevers, COS West en Midden Brabant - Centrum voor
internationale samenwerking, Strukton Railinfra, Provincie
Utrecht, Gemeente Breda, Gemeente Spijkenisse, Roothans
Van Geffen Architecten, Wepo Videoprojecten, Stichting Metaal
en Milieu en anderen

Clients

Utrecht University, VSNU - Association of Universities in the
Netherlands, Elsevier bedrijfsinformatie bv, Sdu Publishers, COS
West en Midden Brabant - Centre for international cooperation,
Strukton Railinfra, Province of Utrecht, Municipality of Breda,
Municipality of Spijkenisse, Roothans Van Geffen Architecten,
Wepo Video Projects, Foundation for the Metal Industry and
Environment and others

*1 Affiche 'Fiets naar je werk', een campagne van het COS West
en Midden Brabant, Centrum voor internationale samenwerking /
'Bike to work' poster, a campaign of COS West en Midden
Brabant, Centre for international cooperation*

*2 Verpakking cd-rom 'Cd Com, De nieuwe Telecommunicatiewet',
een uitgave van Sdu Uitgevers i.s.m. het Ministerie van Verkeer
en Waterstaat / 'Cd Com, The new Communications Law' cd-rom
packaging, produced by Sdu Publishers in cooperation with the
Ministry of Transport, Public Works and Water Management*

*3, 4 Huisstijl videoschouwtrein Eurailscout (Eurailscout -
Inspection and Analysis bv). De trein kan het spoor inspecteren
en analyseren bij een snelheid van 120 km per uur en is het
resultaat van een technologische samenwerking tussen de
spoorbouwers Strukton Railinfra en GSG Knape (Duitsland).
I.s.m. Marcel Groenen. Foto: Carry van der Maas / Housestyle for
Eurailscout (Eurailscout - Inspection and Analysis bv) digital
video inspection train. The train can inspect and analyse track
surroundings at 120 kph. Developed in cooperation between
railway constructors Strukton Railinfra and GSG Knape (Germany).
In collaboration with Marcel Groenen. Photo: Carry van der Maas*

1

2

3

4

Porsius Creatief BV

Full service bureau voor reclame en design

Kempenaar 03-25 / Lelystad
Postbus 441 / 8200 AK Lelystad
T 0320-24 80 40 / F 0320-24 80 55
e-mail post@porsiuscreatief.nl
website www.porsiuscreatief.nl

Directie / Management Jaap Porsius
Contactpersonen / Contacts Jaap Porsius, Sander Willemse
Vaste medewerkers / Staff 16
Opgericht / Founded 1982
Lidmaatschappen / Memberships BNO, Pragma

Een creatief reclamebureau

Porsius Creatief bv is een full service bureau voor reclame en design, dat met 16 medewerkers tot de grootste landelijke reclamebureaus van Flevoland behoort. Wij werken voor internationale en nationale opdrachtgevers, maar ook voor regionale cliënten. Voor hen maken wij opdrachten zoals communicatiestrategieën, tv- en radiocommercials, advertenties, interactieve producties, jaarverslagen, logo's en huisstijlen. Creatie staat bij ons centraal. Deze expertise wordt gevormd door twee creatieve teams, een strateeg, drie dtp vormgevers en een multimedia vormgever. Zij worden ondersteund door het account management, traffic en de productie. Deadlines zijn bij ons heilig en ons prijsbeleid is flexibel. We nemen orders aan op projectbasis, offertebasis of op nacalculatie, afhankelijk van de wens van de klant.

A creative advertising agency

Porsius Creatief bv is a full-service advertising and design agency. With a staff of sixteen, Porsius is one of the largest agencies in Flevoland. We work for international and national customers as well for regional clients, taking on commissions involving communications strategies, tv and radio commercials, adverts, interactive productions, annual reports, logos and corporate identities. Creation is the focus at Porsius. Two creative teams, a strategist, three dtp designers and a multimedia designer provide the expertise, supported by accounts management, traffic and production. Deadlines are sacred and our price policy is flexible. We take orders on a project or order basis, or for subsequent calculation.

Referentielijst / Reference list

Akzo Nederland, Amnesty International, Baron Hotels International, Borsu Systema, Bouwbedrijf Moes, Buena Vista, Cartier International, Centrada, Chiron, Fosag, Gemeente Lelystad, Giant Europe, Giant Holland, Grafisch Opleidings Centrum, Greenib, Grundig Nederland, Hogeschool Holland, ING Bank, ING Investments, Kenner Parker, KLM, LeaseContracts, Luchthaven Lelystad, Mak Aandrijvingen, Makro Nederland, Matchbox, L'Oréal, Woningstichting Patrimonium, Philips, Provincie Flevoland, Puch Nederland, Raleigh, Rank Xerox, Shimano Europe, Shimano Benelux, Sociaal Fonds Schildersbedrijf, Sony Nederland, Stuurgroep Tweede fase, Truckcenter, Woningbouwstichting Lelystad, Yamaha Nederland, Zefa Nederland en anderen / and others

1 Een compleet nieuwe huisstijl voor Mak Aandrijvingen, een bedrijf dat mechanische aandrijvingen en onderdelen daarvoor importeert. Geïnspireerd op de kunst uit een mechanisch tijdperk / A complete new corporate identity for Mak Aandrijvingen, a company that imports mechanical drives and parts, inspired by the art of a mechanical age

2 Voor Woningbouwstichting Centrada ontwikkelden en implementeerden wij een logo, de huisstijl en de communicatiestijl / For housing corporation Centrada we designed and executed a logo, corporate identity and communications style

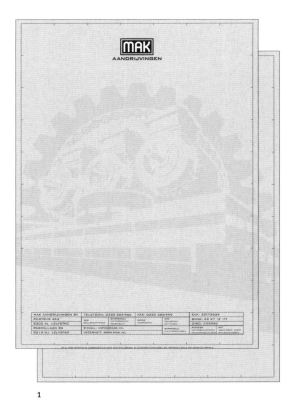

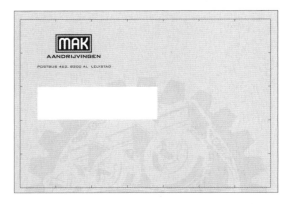

1

2

GEZOCHT VOOR HET 12ᴰᴱ DUBBEL PLUS TOERNOOI

VAN 23 T/M 29 AUGUSTUS 1999

SIGNALEMENT

DAMESDUBBEL (30+), HERENDUBBEL (35+) EN GEMENGD DUBBEL (30+/35+) CATEGORIEËN: C1, C2, D1 EN D2.

1 ONDER AUSPICIËN VAN DE KNLTB NR 1999340407 2 8 VERLICHTE GRAVELBANEN 3 INSCHRIJFGELD: FL 15,00 PER PERSOON PER ONDERDEEL 4 INSCHRIJVING: M. DE JONG, GORS 1, 8224 BT LELYSTAD, TEL. 0320-228903 5 SLUITINGSDATUM: ZONDAG 9 AUGUSTUS 1999 OM 18.00 UUR 6 WEDSTRIJDLEIDING M. DE JONG (W.L.), J. HOEKSTRA (PLV W.L.), L. BOGAARD, B. HOEKSTRA, F. DE JONG, L. WASSEUR, T. WASSEUR 7 BONDSGEDELEGEERDE: DE HEER H. LAM 8 ZORG ERVOOR DAT U MINIMAAL 15 MINUTEN VOOR ELKE PARTIJ AANWEZIG BENT. 9 SPORTPARK LANGEZAND, TEL. 0320-266395 (KANTINE), TEL. 0320-243293 (ALLEEN TIJDENS HET TOERNOOI)

GEZOCHTE PERSONEN NEMEN CONTACT OP MET L.T.V. LELYSTAD

4

3

3 Stockfotobureau Zefa wilde een eigen herkenbare stijl in haar fotoboeken voor alle verschillende agentschappen / Stock photo agency Zefa wanted a recognisable style for the photo books at their various agencies

4 Wervingsposter voor de organisatie van een tennistoernooi, geïnspireerd door het 'politiebericht' / Recruitment poster for a tennis tournament inspired by police messages

5

5 Met deze complete advertentiekit voor Shimano Europe kunnen alle vestigingen en importeurs in Europa zelf hun advertenties samenstellen / This complete advertising kit for Shimano enables all branches and importers in Europe to compose their own advertisements

Primo Ontwerpers

Molslaan 131 / 2611 RL Delft
T 015-215 93 85 / F 015-215 98 29
mobile 06-54 28 42 95 / e-mail primo@xs4all.nl
website www.primo-ontwerpers.nl

Contactpersoon / Contact Aad Derwort
Vaste medewerkers / Staff 3
Opgericht / Founded 1990
Lidmaatschap / Membership BNO

1 Boekomslagen, diverse juridische reeksen en studieboeken,
Boom Juridische uitgevers, Den Haag, 1999 / Covers for various
volumes in a series of legal books and student textbooks,
Boom legal publishers, The Hague, 1999

2 Brochure productinformatie Intermediair, VNU Business
Publications, Amsterdam, 1999 / Intermediair product
information brochure for VNU Business Publications,
Amsterdam, 1999

3 Brochures BOA / OBA99, onderzoeken arbeidsmarktbereik en
internetbereik, VNU Business Publications, Amsterdam, 1999 /
BOA / OBA99 brochures on research into job market reach and
Internet reach, VNU Business Publications, Amsterdam, 1999

4 Boekomslagen, diverse publicaties, Elsevier bedrijfsinformatie,
Den Haag, 1999 / Book covers for various publications,
Elsevier business information, The Hague, 1999

PR1MO ONTWERPERS

Inleiding in het Nederlandse recht

Rechtspraak op tijd

Conflicthantering en de onderneming

OBA99

BOA99

[BEHOUDEN BELEID]

Financial Accounting

Proforma

Grafisch ontwerp & corporate identity ontwikkeling

St. Jobsweg 30 / 3024 EJ Rotterdam
T 010-244 14 42 / F 010-244 14 44
mobile 06-22 79 17 24 / e-mail info@pro.nl
website www.pro.nl

Amersfoortseweg 38 / 3951 LC Maarn
T 0343-44 94 49 / F 0343-44 94 40

Zie ook Industrieel ontwerp p.74

Directie / Management J.Ridder (algemeen directeur),
E. van Klinken (directeur corporate identity ontwikkeling)
Contactpersonen / Contacts J. Ridder (Maarn),
E. van Klinken (Rotterdam)
Vaste medewerkers / Staff 21
Opgericht / Founded 1987
Lidmaatschappen / Memberships VBN, BNO
Samenwerkingsverband met / Associated with Binnen Proforma
associatie voor ontwerp & advies: 3PO computer delivered
media, Proforma Industrieel
Projectpartners: PLAN information design,
DIA de interieurarchitecten,
Particolare (Berlijn)

Bedrijfsprofiel

Proforma grafisch ontwerp & corporate identity ontwikkeling is
gespecialiseerd in de ontwikkeling van corporate identity
programma's, tijdschriften, jaarverslagen en bewegwijzering.
Door kennis van zowel strategie en beleid als uitvoering van
corporate identity programma's weten wij bij uitstek hoe visuele
communicatie kan worden ingezet om de corporate identity van
een organisatie te ontwikkelen, uit te dragen en te versterken.
Proforma heeft alle disciplines die hiervoor nodig zijn in huis.
Specialisten elk op hun eigen vakgebied werken samen aan
totaaloplossingen.

Agency profile

Proforma graphic design and corporate identity developers
specialise in developing corporate identity programmes,
periodicals, annual reports and signboards. Our knowledge of
both strategy and policy as well as implementation of corporate
identity programmes makes us the experts in the application of
visual communications in developing, presenting and reinforcing
an organisation's corporate identity. Proforma has all the
necessary disciplines in house. Specialists in particular fields
contribute to the total solution.

Opdrachtgevers / Clients

Profit
ANWB, Arcadis Heidemij, Cadans, Cargill, Graydon, GUO, KISYS,
KPN, NIPO, Relan, Van Sluis Consultants, World Trade Center
Rotterdam

Non-profit
Hogeschool 's Hertogenbosch, SLO Kennisspecialisten,
Technische Universiteit Eindhoven, University College Utrecht,
Woonzorg Nederland

Overheid
Gemeente Amersfoort, Gemeente Bussum, Gemeente Dordrecht,
Gemeente IJsselstein, Gemeentewerken Rotterdam, Ministerie
van OC&W, Ministerie van VROM

Internationaal
Dom Hollanderski (Polen), Gemeente Leipzig (Duitsland),
Marquard & Bahls (Duitsland)

De relatie tussen corporate identity en visuele communicatie

Om in de toekomst sterk te staan, hebben de Cadans Groep
en de Stigas GUO Groep hun krachten gebundeld in Relan,
momenteel een van de grootste dienstverleners op het gebied
van sociale zekerheid, arbo, verzekeringen en pensioenen.
Relan wil zich ontwikkelen als een krachtig merk. Een merk
dat ingezet wordt door de verschillende labels die Relan
voert. Relan positioneert zich als een krachtige betrouwbare
relatie met dynamiek. Deze positionering is de basis voor
zowel de naam Relan, als het beeldmerk en de huisstijl.
Het beeldmerk verwijst naar de kraanvogel, een vogel
die in Oosterse mythen synoniem is voor een lang leven,
gezondheid, geluk, betrouwbaarheid en elegantie.
Zoals de kraanvogel hoog vliegend zijn omgeving overziet,
zo heeft Relan een duidelijk zicht op wat zich afspeelt in de
samenleving rondom de sociale zekerheid.

Proforma heeft Relan geadviseerd bij het bepalen van de
visuele kenmerken van de organisatie. Bovendien is een
strategie voor de visuele communicatie van Relan uitgezet
en geadviseerd rondom merkenbeleid. Op basis hiervan is
het beeldmerk en de nieuwe huisstijl voor Relan ontwikkeld.
Proforma heeft een beheersmodel voor de huisstijl opgezet.
Tevens is een breed scala aan communicatiemiddelen
vervaardigd. Een omvangrijk project waarbij adviseurs en
ontwerpers op het gebied van corporate identity ontwikkeling
en visuele communicatie nauw hebben samengewerkt.

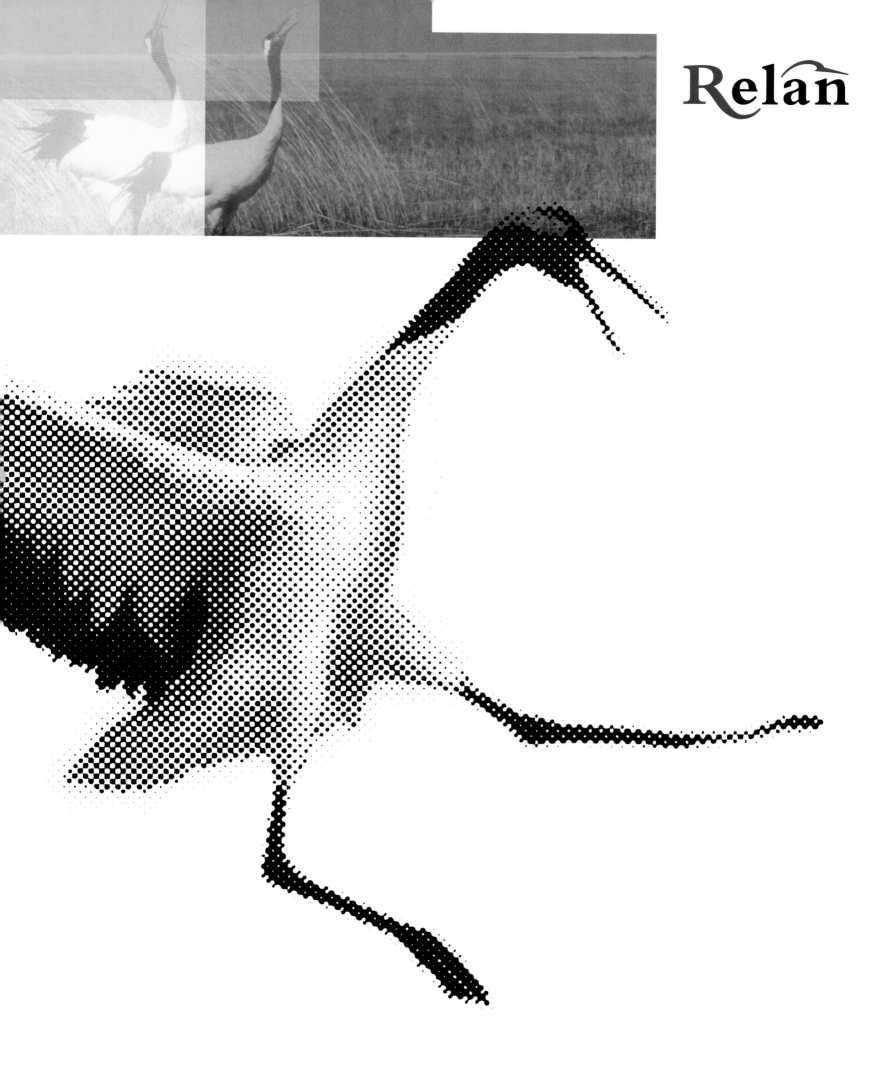

Relan

ProjectV
Strategisch design & Identity management

Leharstraat 77 / 5011 KA Tilburg
Postbus 2109 / 5001 CC Tilburg
T 013-455 09 63 / F 013-455 39 50
e-mail info@projectv.nl / website www.projectv.nl

Directie / Management Ton Vingerhoets
Contactpersonen / Contacts Ton Vingerhoets
Vaste medewerkers / Staff 7
Opgericht / Founded 1979

Hoofdactiviteiten / Main activities

Editorial design
Corporate identity, Housestyles
Interaction design, Multimedia, AV
Interior, architectural
Exhibition, stand

Bedrijfsprofiel

Sinds 7 mei 1999 is Buro Vingerhoets een nieuw leven begonnen als ProjectV. De ontwikkeling die het bureau heeft doorgemaakt heeft geleid tot deze stap. Een nieuw elan, een nieuw gezicht. Niet alleen een cosmetische ingreep maar een verbreding van de dienstverlening op een hoog kwaliteitsniveau. ProjectV maakt duidelijk wie u bent, waar uw organisatie voor staat en waar uw kracht ligt. ProjectV helpt u richting te geven aan de eigen identiteit van uw organisatie. Door uw identiteit wordt uw organisatie herkenbaar en weet u zich te onderscheiden. ProjectV bestrijkt het hele spectrum van visuele uitingen, legt verband tussen disciplines en ontwikkelt zo voortdurend nieuwe kennis en mogelijkheden.

Agency profile

On 7 May 1999 Buro Vingerhoets began a new existence as ProjectV. This resulted from the organic growth of the agency itself. A new enthusiasm, a new image. More than a cosmetic facelift: an expansion into high-quality service provision. ProjectV presents who you really are, what your organisation stands for and where your strengths lie. ProjectV helps you give your organisation's identity a sense of direction. It's your identity that ensures your organisation's distinctive and recognisable profile. ProjectV covers the whole spectrum of visual expression, connecting disciplines and continually developing new expertise and potential.

Opdrachtgevers / Clients

Politie Midden en West Brabant, PAT BV, Profit support, Sportbedrijf Oisterwijk, Gemeente Oisterwijk, Gemeente Alphen-Chaam, GGZ Oost Brabant, Afvalsturing Brabant, Novadic netwerk voor verslavingszorg, ECNC European Centre for Nature Conservation, Brabants Landschap, Kamer van Koophandel Midden Brabant, Waterschap Land van Nassau, Waterschap Mark & Weerijs, Van Loon Elektro en Intron, Duizendpoot Servicediensten, Tandartspraktijk Janssens

Foto's / Photos
René van der Hulst (Tilburg), Dirk Kreijkamp ('s-Hertogenbosch)

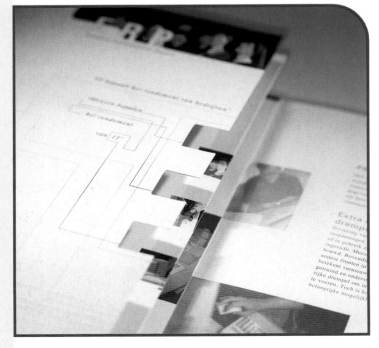

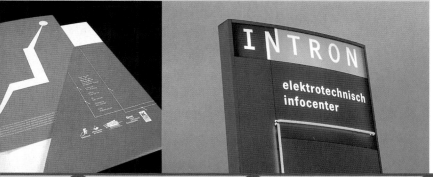

1 Huisstijlontwikkeling Van Loon en Intron, implementatie in correspondentiemateriaal, interieur, terrreinborden en autobelettering / Van Loon and Intron housestyle for stationary, interior and terrain signs and vehicle lettertypes

2 Huisstijlontwikkeling IT ontwikkelings- en trainingsbedrijf PAT BV, Tilburg. Corporate brochure, productfolders, infosheets / housestyle for PAT BV IT development and training company of Tilburg, with corporate brochure, product folders and infosheets

T 013 455 09 63 **F** 013 455 39 50 **E** info@projectv.nl

INTRON

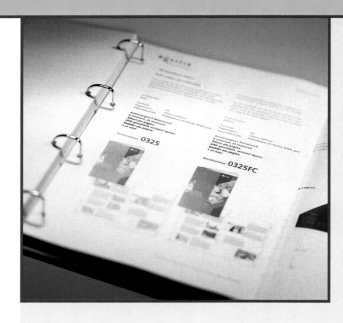

3 Voor het politiekorps Midden en West Brabant heeft ProjectV de regionale huisstijl en de nieuwe productenlijn ontworpen. Deze is samengevat in een gebruikershandboek en een technisch- handboek / Regional housestyle and product line for Central and West Brabant Police Corps, summarised in a manual and technical guide

4 Beeldmerk, huisstijl en productenreeks voor GGZ Oost Brabant Implementatie in correspondentiemateriaal, personeelsblad, voorlichtingsmateriaal, gevel- en terrein borden, richtlijnen voor toepassing huisstijl / Brand, housestyle and production series for GGZ Oost Brabant for use in stationary, staff periodical, information material, façade and terrain signs with housestyle manual

4

VOOR MEER INFORMATIE: HTTP://WWW.PROJECTV.NL

Qua Associates bv

Grasweg 61 / 1031 HX Amsterdam
T 020-494 65 65 / F 020-494 65 00
e-mail aqua@qua.nl / website www.qua.nl

Zie ook Nieuwe media p.100, Ruimtelijk ontwerp p.42

Directie / Management Arno Twigt, Hans Rietveld
Contactpersoon / Contact Hans Rietveld
Vaste medewerkers / Staff 19
Opgericht / Founded 1985
Lidmaatschappen / Memberships BNO, Baby

Bedrijfsprofiel

De vormgeving van het merk en zijn omgeving: Brand
Environment Design is de vormgeving van een mooi kantoor,
een goede omgeving, een heldere brochure, een toegankelijke
internetsite, een verkoopbaar product. Eén bedrijf, één gevoel,
gerealiseerd met andere disciplines in een Brand team. Qua
ontwikkelt voor opdrachtgevers al die activiteiten die een
opdrachtgever ondersteunen bij het opbouwen en onderhouden
van een effectief en consistent merkbeeld, vormgegeven vanuit
de kerndisciplines grafische vormgeving, multimedia en
interieurarchitectuur.

Agency profile

The creation of a brand and its environment. Brand Environment
Design means the creation of a beautiful office, a comfortable
environment, a clear brochure, an accessible Internet site, a
marketable product. One company, one feeling, realised by
various disciplines in a Brand Team. Qua provides all of the
activities that support our clients in building an effective and
consistent brand-image, achieved through our core disciplines of
graphic design, multimedia design and interior design.

Opdrachtgevers / Clients

Art View, Gemeente Amsterdam, AEX, AXA Verzekeringen,
Ben&Jerry's Benelux, Compaq Computer bv, CrossPoints bv,
Faktor, Inter Access bv, Kembo, Marko, Paul Kok Consultants,
Rabobank, Rijkswaterstaat Noord Holland, Saatchi & Saatchi
Advertising, Scan, Shell, Smell of Coffee, Snowtrex-Suntrex,
Sociale Verzekerings Bank, Gemeente Utrecht, Utrechts
Landschap, VODW, Zeelandia

*1 Logo en huisstijl, CrossPoints bv (onderdeel PCM uitgevers) /
Logo and housestyle for CrossPoints bv (PCM subsidiary)*

*2 Identity Matters (iM), vormgeving, Art View /
Identity Matters (iM), design for Art View*

*3 Logo en gelegenheidshuisstijl 'Toekomst Visie', Gemeente
Amsterdam DRO / 'Toekomst Visie' logo and occasional
housestyle for Amsterdam DRO municipality*

*4 Logo en gelegenheidshuisstijl 'Toekomst Visie', Gemeente
Amsterdam-Noord / 'Toekomst Visie' logo and occasional
housestyle for Amsterdam-Noord municipality*

*5 Jaarverslag en brochurelijn, Amsterdam Exchanges /
Amsterdam Exchanges annual report and brochure line*

*6 Logo en gelegenheidshuisstijl 'Wibaut-as', Gemeente
Amsterdam DRO / 'Wibaut-as' logo and occasional housestyle for
Amsterdam DRO municipality*

*7 Brochurelijn, Compaq Computer bv /
Brochure line for Compaq Computer bv*

*8 Logo en huisstijl, The Smell of Coffee /
Logo and housestyle for The Smell of Coffee*

*9 Diverse communicatiemiddelen o.m. jaarverslag, intern
rapport en uitnodiging, Inter Access bv / Various forms of
communication, including annual report, internal report and
invitation for Inter Access bv*

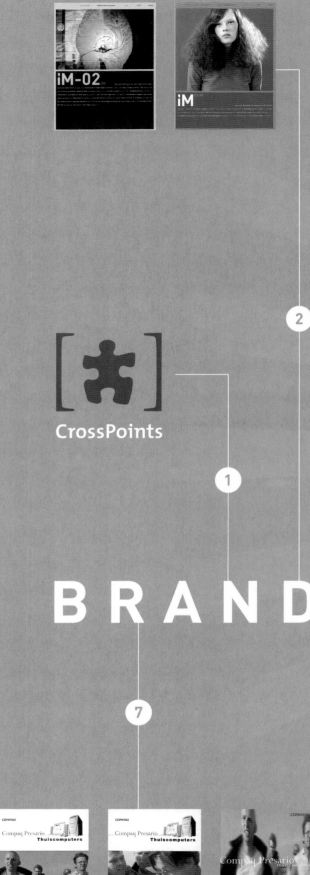

④

⑤

⑥

wibaut**as**

IRONMENT DESIGN

⑨

the SMELL *of* COFFEE

"The Smell of Coffee" →
Huisstijl

QuA

| graphic |
| **interior** |
| **multimedia** |

Qua Taal & Vormgeving

Bureau voor tekstredactie en grafisch ontwerpen

Vughterstraat 245 / 5211 GD 's-Hertogenbosch
Postbus 1100 / 5200 BD 's-Hertogenbosch
T 073-692 86 22 / F 073-692 86 26
e-mail qtv@wxs.nl

Directie / Management Maarten Sterneberg, Titi van der Sijs
Opgericht / Founded 1994

Qua Taal & Vormgeving (QTV) houdt zich bezig met het integrale
grafische product, van productontwikkeling en ontwerp tot en
met verzending. QTV beschikt over een netwerk van leveranciers
op het gebied van:
- tekstschrijven en (eind)redactie
- beeldverwerving: bij illustratoren en fotografen en uit stock
- lithografie, drukken en afwerken
- verpakken en verzenden

Qua Taal & Vormgeving (QTV) deals primarily with the integral
process in graphic product development, from visual
concept & design to delivery. QTV's supplier network facilitates
services including:
- writing and editing
- imaging (illustration and custom/stock photography)
- lithography, printing and finishing
- packing and delivery

*1 Omslag en spreads Regiokatern Delft, periodieke uitgave (A4)
bij het Polytechnisch tijdschrift, bestaande uit redactionele
artikelen en advertorials. Ten Hagen Stam Uitgevers,
Den Haag, 1998 / Cover and spreads for Regiokatern Delft,
featured as an inlay for Polytechnic periodical, consisting of
editorial articles and advertorials for Ten Hagen Stam Publishers,
The Hague, 1998*

*2 Boekomslagen (17 x 24 cm), EPN, Houten, 1998 /
Book covers (17 x 24 cm) for EPN, Houten, 1996*

*3 Boekomslag (17 x 24 cm) rapportage ruimtevaart spin-off,
Netherlands Industrial Space Organisation (NISO), Leiden, 1998 /
Book cover (17 x 24 cm) on space travel spin-offs for Netherlands
Industrial Space Organisation (NISO), Leiden, 1998*

*4 CD-inlay, omslag en spread, educatieve cd-rom met boekje
(12 x 12 cm) voor leerlingen van groep zeven en acht van de
basisschool, Consumentenbond, Den Haag, 1998 /
CD cover, inlay and spreads for educational cd-rom, with primary
school book for 10-12s for Consumentenbond (Consumer
Commission), The Hague, 1998*

*5 Affiche (50 x 70 cm) theatergroep BINT, Boxtel, 1997 /
Poster (50 x 70 cm) for BINT theatre group, Boxtel, 1997*

*6 Brochure (plano 25 x 64 cm, teruggevouwen naar 25 x 15 cm)
over de regelgeving van grondwatergebruik uitgegeven zowel in
Limburg als in Noord-Brabant door de respectievelijke
Provincies, Maastricht/'s-Hertogenbosch, 1998 /
Brochure 25 x 64 cm, folded to (25 x 15 cm) featuring information
on bylaws concerning groundwater in the provinces of Limburg
and North Brabant, published by their respective councils;
Maastricht and 's-Hertogenbosch, 1998*

*7 Nieuwsbrief (A4), Novem - thermische zonne-energie, Utrecht,
1997-1999 / Novem - thermal solar energy (A4) newsletter,
Utrecht, 1997-1999*

*8 Hello Holiday (18 x 14 cm), vakantie-agenda als extra uitgave
bij het Engelstalige jeugdtijdschrift Hello You!, Malmberg
Uitgeverij, 's-Hertogenbosch, 1999 / Hello Holiday (18 x 24 cm),
vacation journal featured as inlay for English magazine Hello
You! for Malmberg Publishers, 's-Hertogenbosch, 1999*

*9 Catalogi bij exposities van kunstenaarsinitiatief KW14,
's-Hertogenbosch, 1997-1998 / Exhibition catalogues for art
initiative KW14, 's-Hertogenbosch, 1997-1998*

1

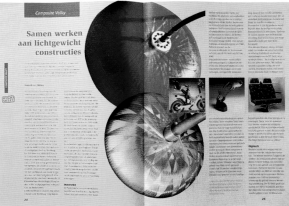

2

3

4

THEATERGROEP BINT
PRESENTEERT:

INKWARTIEREN

8, 10, 11, 12, 17 en 18 oktober
aanvang 20.00 uur
vertrek Café De Kom
Stationstraat 46, Boxtel

Reserveringen à fl. 12,50
Boekhandel Elckerlijc Boxtel

5

8

Informatie voor iedereen
die grandwater wil onttrekken
voor bouwactiviteiten en saneringen

Gronbemaling en
Grondwatersanering

6

Acties Zonneboiler 1998

7

IMPONDERABILIA

9

Scoren

Raster

Broekmolenweg 16 / 2289 BE Rijswijk
T 015-212 64 27 / F 015-214 05 22
e-mail raster @wxs.nl

Directie / Management Bert Boymans
Contactpersonen / Contacts Bert Boymans, Jaqueline Naaborg
Vaste medewerkers / Staff 7
Opgericht / Founded 1988

Hoofdactiviteiten / Main activities

50% editorial design
25% corporate identity, house styles
5% packiging, brand development
10% interaction design, multimedia, AV
5% illustration
5% exhibition stand

Bedrijfsprofiel

Raster is gespecialiseerd in het ontwerpen en vervaardigen
van alle soorten grafische uitingen, zoals boekomslagen,
jaarverslagen, nieuwsbrieven, tijdschriften, huisstijlen,
advertenties, folders, brochures en affiches.
Bij het maken van onze ontwerpen staat een creatieve,
communicatieve en oorspronkelijke invalshoek voorop. Raster
vervaardigt grafische projecten voor zowel de gemeentelijke,
provinciale en landelijke overheid als voor het bedrijfsleven.

Agency profile

Raster specialises in design and creation of all kinds of graphic
products, from book covers, annual reports, newsletters,
periodicals, housestyles, adverts, folders, brochures to posters.
Central to our designs is our creative, communicative and
original approach. Raster does graphic projects for local,
provincial and national government bodies, as well as for private
sector companies.

Opdrachtgevers / Clients

Inter Provinciaal Overleg (IPO), Ministerie van Verkeer en
Waterstaat, Ministerie van Onderwijs, Cultuur en Weten-
schappen, Ministerie van Volksgezondheid, Welzijn en Sport,
Ministerie van Economische Zaken, Ministerie van Binnenlandse
Zaken, Centraal Bureau voor Rijvaardigheid (CBR), Centraal
Orgaan voor Asielzoekers (COA), Gemeente Delft, Productschap
MVO, Inspectie Waren en Veterinaire Zaken, Raad Nederlandse
Detailhandel (NDH), Uitgeverijen: Sdu uitgevers, Elmar, Nijgh,
Ten Hagen en Stam, en verschillende bedrijven zoals /
and other companies like De Hoop Terneuzen, Seinpost,
Sebastian International, Radical Software, Wladimiroff en Spong,
Draft Engineering Support, Module Uitzendorganisatie,
Nederlandse Kabel Fabriek (NFK)

Nuffic

Draft groep b.v.

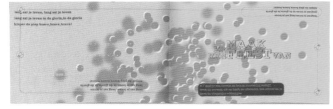

Projectgroep Biotechnologie

Projectgroep Biotechnologie Productschappen

Centraal Bureau Rijvaardigheid

I.P.O – Interprovinciaal Overleg

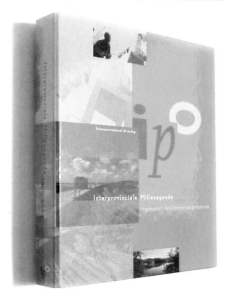

Ministerie van Onderwijs Cultuur en Wetenschappen

Inspectie Waren en Veterinaire zaken

inspectie

Wegbereiders

Henk de Roij

Grafisch ontwerp

Julianalaan 161 / 2628 BG Delft
T 015-257 65 17 / F 015-257 67 03
mobile 06-50 24 66 22 / e-mail hderoij@caiw.nl

Vaste medewerkers / Staff 1
Opgericht / Founded 1997
Lidmaatschap / Membership BNO

1, 2 Huisstijlen voor de Stichting Kinderpostzegels Nederland,
product- en interieurontwerper Lieven Bekaert (Amsterdam)
en fotografie Vincent Nabbe ('s-Hertogenbosch) /
House styles for the Foundation for Children's Welfare Stamps
Netherlands, product and interior designer Lieven Bekaert
(Amsterdam) and photographer Vincent Nabbe
('s-Hertogenbosch)

3 Folder voor VENA Bibliotheek en Informatiedienst, Universiteit
Leiden / Folder for VENA Library and Information Services, Leiden
University

4 Folders, brochure, nieuwsbrief en jaarverslag voor de Stichting
Kinderpostzegels Nederland / Folders, brochure, newsletter and
annual report for the Foundation for Children's Welfare Stamps
Netherlands

3

4

Room for ID's

Grafisch ontwerp

Regulierenring 12 A / 3981 LB Bunnink
T 030-259 96 93 / F 030-259 96 94
mobile 06-51 73 35 93 / e-mail info@room4ids.nl
website www.room4ids.nl

Directie / Management Ilonka Bottema
Contactpersoon / Contact Ilonka Bottema
Vaste medewerkers / Staff 2
Opgericht / Founded 1998

Bedrijfsprofiel

Room
-aanleiding en impulsen geven voor nieuwe creatieve ideeën
-mogelijkheid om samen met opdrachtgevers van gedachten
te wisselen en te zoeken naar een concept dat aansluit bij de
identiteit van de organisatie.
-voor een goede ondersteuning van opdrachtgevers bij het
uitvoeren van hun communicatiestrategie, werkt Room for ID's
samen met zorgvuldig geselecteerde partijen, zoals tekstschrijvers, fotografen en IT-specialisten.
-Regulierenring 12 A, 3981 LB Bunnink

for
-bedrijven en instellingen
-communicatie-adviesbureaus

ID's
-het idee: een goede vondst die de basis vormt voor een
doordacht concept, een fraai ontwerp en een optimaal uitgevoerd
eindresultaat.
-corporate ID: de identiteit van een organisatie de juiste
uitstraling meegeven, essentieel voor het (zakelijk) functioneren

Hoofdactiviteiten / Main activities

Grafisch ontwerp: logo's & huisstijlen / corporate identity
& house styles, periodieken / magazines, verpakkingen /
packaging, jaarverslagen / annual reports, specials / special
products, brochures, folders / leaflets, affiches / posters and
advertorials. Internet: concept, storyboard, vormgeving /
design, technische realisatie / technical realisation and hosting
van sites / sitehosting

Opdrachtgevers/Clients

Aksènse bv, Alarmgroep Nederland, Apollonia
levensverzekeringen nv, Autogroep Nieuwegein-IJsselstein,
Binderij ter Horst, Concinno Automatisering bv, Dieben & Meyer
communicatie-adviseurs, Fortius Automatisering bv, Lies
Gualthérie van Weezel, Oosterkamp training en consultancy,
Polis4u bv, Qualitytime, ROC Utrecht, RVS verzekeringen nv,
Stichting Kunstkring '86, Toyota van Remmen Automobielbedrijf
bv, Trace communications bv, VBU Voorlichting bve Utrecht,
VNU business publications bv, Volker Stevin Rail & Traffic

1 Concept, ontwerp en realisatie van Internetsites:
www.fortius.nl, www.apollonia.nl (schetsontwerp),
www.aksense.nl, www.autostad.nl (schetsontwerp),
www.autogroep.nl, www.remmen.nl, 1998-1999

2 Advies, ontwerp/ontwikkeling en implementatie van logo's
& huisstijlen, 1998-1999

3 Specials: totaalpakket van uitingen voor de jaarlijkse
Christmas Party van VNU business publications bv, 1998

4 Diverse uitingen t.b.v. interne communicatie, waaronder
een tweemaandelijks personeelsblad voor Volker Stevin Rail
& Traffic, 1998-1999

5 Ontwikkeling corporatelijn voor Apollonia levensverzekeringen
nv, waaronder divers ondersteunend materiaal voor
intermediairs, 1998-1999

6 Corporate brochures voor Binderij ter Horst, Oosterkamp
training en consultancy, Medisch Service Nederland, All in one,
Administratie Service Noord, 1998-1999

3

4

2

grafisch ontwerp

OOSTERKAMP
training | consultancy

5

6

Studio Ron van Roon

Grafische vormgeving en illustraties

Nicolaas Witsenkade 45 A / 1017 ZV Amsterdam
T 020-625 57 40 / F 020-626 59 96
e-mail R.van.Roon@hot.A2000.nl

Vaste medewerkers / Staff 1
Opgericht / Founded 1992

Opdrachtgevers / Clients

Uitgevers / Publishers:
Arbeiderspers
Arena
Balans
De Boekerij
Leopold
Maarten Muntinga (Rainbow Pockets)
Nijgh & Van Ditmar
Podium
Singel Pockets
Van Buuren

Huisstijlen / Corporate identity:
Beer Advocaten
Bureau Berbee
Drukkerij Terts
Hugo Caron, architect
Jantien Wijker, styling
Kato Tan, Fotografie
Mondriaan Kwartet
Noordhollands Philharmonisch Orkest
Special Remedies (VSM)
Stadsdeel Oud-West
Uitgeverij Podium

Illustraties / Illustrations:
Opzij
NRC Handelsblad
De Automatiseringskrant

Overige opdrachtgevers / Other clients:
KPN Kunst & Vormgeving
Koninklijk Instituut voor de Tropen
Mercury Records (Polygram)
Stichting Brisk
VPRO

Studio Roozen
Bureau voor grafische en ruimtelijke vormgeving

Linnaeusparkweg 73 / 1098 CS Amsterdam
Postbus 94713 / 1090 GS Amsterdam
T 020-692 48 36 / F 020-463 26 51
mobile 06-51 17 99 18 / e-mail Studio @ roozen.nl
website www.roozen.nl

Directie / Management Pieter Roozen
Contactpersoon / Contact Laura Munster
Vaste medewerkers / Staff 5
Opgericht / Founded 1981

Studio Roozen voorziet in een klein, efficiënt team onder leiding van Pieter Roozen. De studio stemt haar diensten met name af op de behoeften van musea (tentoonstellingen, catalogi, tijdschriften, jaarverslagen), maar is ook op vele andere terreinen van de visuele communicatie actief. Wij bieden onze opdrachtgevers ondersteuning in Design, Consultancy en Projectmanagement. Met het zoeken naar functionele oplossingen trachten wij maximale creativiteit te behalen binnen de beperkingen van een vooraf gesteld budget. Om dit te bereiken zijn wij uitgerust met de modernste middelen en volgen wij de laatste technologische ontwikkelingen op de voet. Ons team kan de opdrachtgever adviseren m.b.t. alle aspecten van de ontwikkeling van een presentatiestrategie en het design van alle in dat kader relevante onderdelen. Studio Roozen werkt samen met een uitgebreid netwerk van specialisten op diverse terreinen van de communicatie-industrie. Dit stelt ons in staat om, indien dat wenselijk is, het totale designpakket voor u te coördineren. De planning en de productiebegeleiding (financieel en kwalitatief) behoren tevens tot onze dienstverlening. Pieter Roozen studeerde Landschapsarchitectuur (LU-Wageningen), Psychologie en Filosofie (UvA) en Grafisch Ontwerpen (Rietveldacademie). Hij begon in 1981 als freelance ontwerper en werkte als zodanig voor de Nederlandse televisie, voor diverse geïllustreerde tijdschriften en voor het 'Holland Festival' (1992-94). Hij is tevens ontwerper van diverse permanente en tijdelijke tentoonstellingen, waaronder Delta-Expo (met Jan van Toorn). Hij gaf les in Utrecht, Kampen en Arnhem en ontwikkelde het leerplan Grafisch Ontwerpen voor Academie Minerva in Groningen. Sinds 1994 is Pieter Roozen de huisontwerper van het Van Gogh Museum.

Studio Roozen specialises in graphic and three-dimensional design, catering principally to the design needs of (Dutch) museums and various other areas in the visual communications world. We offer clients services in design, consultancy, and project management. Pieter Roozen studied landscape architecture at LU Wageningen, psychology and philosophy at the University of Amsterdam and graduated in graphic design at Rietveld Academy in 1981. He started as a freelance designer for Dutch television and various magazine publishers, as well as for the prestigious Holland Festival (1992-94). Apart from designing numourous permanent and temporary museum installations, including the Delta-Expo (with Jan van Toorn), he has taught at Utrecht, Kampen and Arnhem and developed the design curriculum for Academie Minerva in Groningen. Pieter Roozen has been the resident designer for the Van Gogh Museum in Amsterdam since 1994.

Opdrachtgevers / Clients

Amsterdams Historisch Museum, Algemeen Psychiatrisch Ziekenhuis Drenthe, Bonnefantenmuseum Maastricht, Commissie Toezicht Sociale Verzekeringen, Delta Expo, Drents Museum Assen, Frans Halsmuseum, Holland Festival, Humanistische Omroep Stichting, Jazzmarathon Groningen, Kunsthal Rotterdam, Museum Kröller Müller Otterloo, Legermuseum Delft, Uitgeverij Meulenhoff, Museum Mesdag Den Haag, Museum Prinsenhof Delft, Nederlands Architectuur Instituut, Nederlands Impresariaat, Nederlands Instituut voor de Dans, De Oosterpoort Groningen, TPG Postgroep, Rijksmuseum Amsterdam, Van Gogh Museum Amsterdam, Waanders Uitgevers Zwolle

Vincent van Gogh 1853-1890, 'Zeegezicht bij Scheveningen' (detail), olieverf op doek, 34,5 x 51 cm, 1882, Van Gogh Museum Amsterdam (Vincent van Gogh Stichting), illustratie uit: John Leighton, 'Korenveld met kraaien', Waanders Uitgevers Zwolle, pp.10-11, 1999

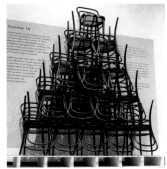

de Ruimte
Grafisch ontwerpers

Centrale Groothandelsmarkt H-24
Jan van Galenstraat 4 / 1051 KM Amsterdam
T 020-682 14 67 / F 020-686 36 87
e-mail deruimte@xs4all.nl / website www.xs4all.nl/~deruimte

Opgericht / Founded 1996
Lidmaatschappen / Memberships BNO, FNV KIEM

In de Ruimte werken Marie Louise Beniers, Caroline Nugteren en
Robert Swart, individueel en in samenwerkingsverband.

Catalogi

*Châpeau, Châpeaux! (Rijksmuseum Amsterdam), Fall (fotowerken
van Lon Robbé), Gezamenlijke Natuur- en Milieuorganisaties*

Boeken

*The Valid Product-Young Designers & Industry (Sandberg
Instituut en Vormgevingsinstituut), De Angstmachine
(René Boomkens, uitgeverij De Balie), Hoe te reizen en met
wie samen te gaan? (Ernest R. Kramer, Stichting Buitenkunst),
Ja, inderdaad, beslist, jazeker (in eigen beheer)*

Covers

*Cast Acteurs & Actrices (Stichting Cast), De Nieuwe Wijngids
(Vinoblesse), Diverse dissertaties (Thela Thesis Publishers)*

Programmakrant

Faceliftfestival (Goethe Instituut, Soeterijn)

Nieuwsbrieven

*LSA Bewoners Berichten (Landelijk Samenwerkingsverband
Achterstandsgebieden), MED (Mekong Eye Doctors)*

Brochures

*Hildegard von Bingen (Theatergroep De Kern), Academia
Utopia (Gerrit Rietveld Academie), Diverse kunstenaars:
o.a. Hans Landsaat, Marianne Roodenburg, Hans Koopman,
De geschiedenis van DSBV architecten Rotterdam*

Folders

*Outdoor in de Ardennen, (Roptai Outdoor), Imps & Elfs
kinderkleding (Bizzkids Textiles bv), Wervingsfolder voor nieuwe
vrienden (Stichting Vrienden van het Schielandshuis Rotterdam)*

Affiches

*Open ateliers (Rivierenbuurt Amsterdam), De Fiets (Rinkel
Film Producties), Zorg voor gezondheid in Amsterdam
(Sociale Geneeskunde AMC), Eindexamententoonstelling 1996
(Gerrit Rietveld Academie)*

Logo's en handelsdrukwerk

*Rinkel Film Producties, Pennies From Heaven (music publishing),
LSA Landelijke Samenwerkingsverband Achterstandsgebieden,
Greenpeace Marine Services, SDA/Samenwerkende Drukkerijen
Amsterdam, SYNC (NPS)*

Ruimtelijke vormgeving

*16 informatiepanelen in de vorm van 'stoelen' voor cultuur-
historische route in Wijchen (i.s.m. Bureau B+B Amsterdam),
Vlaggen: Rijkswaterstaat 200 jaar (Hahn & Suyling)*

Fotoredactie

*Kroniek (Uitgeverij Singel 262/Uitgeverij De Arbeiderspers i.o.v.
diverse tijdschriften en reclamebureaus*

Film en filmtitels

*Vidiwall voor live-uitzending herdenking Marshallhulp in
Ridderzaal (NPS), Bennie (Productiebureau Egmond, televisie
en film), De Fiets (Rinkel Film Producties)*

CD-rom

*Schiedam in de Gouden Eeuw (i.s.m. Opera, Stedelijk Museum
Schiedam), ABC Press 50 jaar (ABC Press)*

Interactieve media

*Lievelingsboek (Centrale Bibliotheek Rotterdam), Skopeo
(Gemeentearchief Schiedam), Fotozoeksysteem ABC Press,
SYNC (NPS), De Voorste Linie (radioprogramma VPRO)*

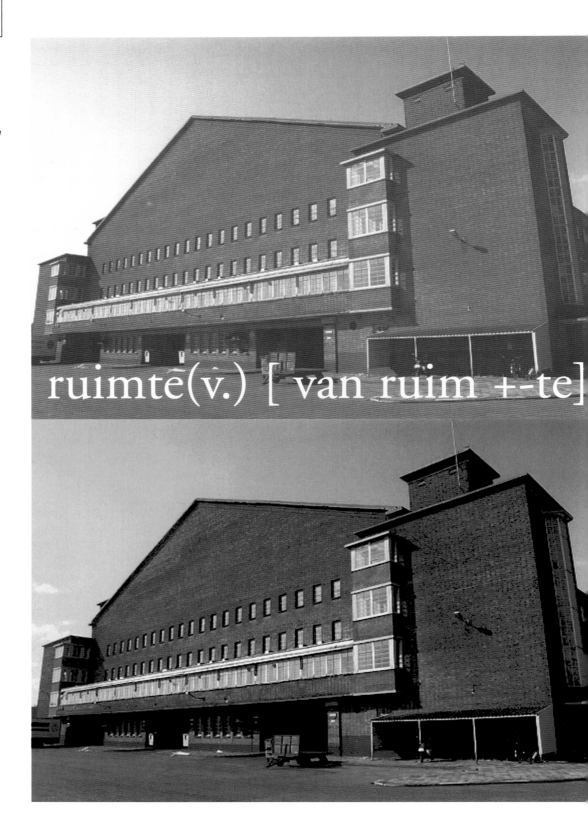

plaats om zich te bevinden of te bewegen

ruimte (v.) (van ruim +-te), **1** plaats om zich te bevinden of te bewegen: *alle lichamen beslaan ruimte; dat neemt veel ruimte in; er is ruimte genoeg; ruimte maken,* plaats maken om iets neer te zetten enz.; **2** plaats of plek tussen twee of meer zaken, syn. *afstand: de ruimte tussen de woorden; een open ruimte opvullen;* **3** remedie (3); **4** geheel van mogelijkheden om iets te realiseren; *de ruimte bij de onderhandelingen, vgl. speelruimte* (2); – mogelijkheid tot expansie*;* – financiële mogelijkheid: *de ruimte die ontstaat door de groei van het nationale inkomen;* **5** door grenzen, m.n. door drie dimensies bepaalde plaats: *een lege ruimte;* – vertrek: *een verwarmde ruimte;* – (jachtt.) hol van dassen, vossen en konijnen; **6** het wereld-, hemel- of luchtruim: *de kosmische ruimte,* ben. voor wat zich buiten de atmosfeer of het zwaartekrachtveld van de aarde bevindt; *reizen in de ruimte,* naar andere planeten e.d., ruimtevaart; (uitdr.) *in de ruimte staren,* voor zich uit kijken zonder een bep. object in het oog te vatten; (gez.) *gepraat, geklets, gezwam in de ruimte,* gepraat waaraan men niets heeft, dat tot niets leidt; **7** plaats waar men zich vrij kan bewegen: *iem. de ruimte geven,* ruim baan voor hem maken, (fig.) iem. de vrije hand laten, niet hinderen in zijn daden; (uitdr., inform.) *geef hem de ruimte,* laat hem passeren, laat je niet met hem in; (ook in prijzende zin) *schaatsenrijden? nou, geef hem de ruimte,* d.w.z. daar is hij goed in; (uitdr., inform.) *geef hem de ruimte,* laat hem passeren, laat je niet met hem in, laat hem ongehinderd voorbijgaan; (ook in prijzende zin) *schaatsenrijden? nou, geef hem de ruimte,* d.w.z. daar is hij goed in; (uitdr., voetb.) *iem. de ruimte insturen,* hem op zo'n manier de bal toespelen dat hij daarvoor tot in het vrije veld achter de verdedigers van de tegenpartij moet sprinten; (uitdr., zeemanst.) *de ruimte kiezen,* zich in volle zee begeven, (ook) zich aan het gevaar onttrekken; – het open, vrije veld; **8** (fil., wetensch.) de onbegrensde uitgebreidheid waarin zich de lichamen bevinden ('onbepaalde ruimte') of een begrensd deel daarvan: *de begrippen van ruimte en tijd; in de wiskunde is het begrip ruimte niet gebonden aan drie dimensies;* – voor drie afmetingen bepaald als ruimte-uitgebreidheid en vand. ook voor inhoud: *de ruimte van een kamer;* – door twee afmetingen bepaald als vlakte-uitgebreidheid; **9** ruimheid: de ruimte van een gewaad; **10** meer dan genoegzame of grote hoeveelheid, syn. *overvloed: daar vind je alles in (de) ruimte; ruimte van levensmiddelen; zij hebben altijd ruimte van geld; zij leven in de ruimte, zij hebben de ruimte,* leven overvloedig, hebben volop; (spr.) *ruimte kan derven,* al heeft men overvloed van geld dan kan men toch wel het gemis van iets gevoelen; *de ruimte op de geldmarkt,* de overvloed aan geld; **11** onbekrompenheid: *ruimte van opvatting, van blik, van geest;* **12** (m.n. in bijb. spraakgebruik) verruiming, ontheffing van druk of beklemdheid: *in benauwdheid hebt*

Samenwerkende Ontwerpers bv

Herengracht 160 / 1016 BN Amsterdam
T 020-624 05 47 / F 020-623 53 09
e-mail studio@sodesign.com / website www.sodesign.com

Zie ook Nieuwe media p.106, Ruimtelijk ontwerp p.54

Directie / Management Jan Sevenster, André Toet, Marianne Vos
Contactpersonen / Contacts Jan Sevenster, André Toet
Vaste medewerkers / Staff 8
Opgericht / Founded 1983
Lidmaatschappen / Memberships ADCN, D&AD,
Dierenbescherming, STD

'Se è
difficile
bere u
buon vino
ben più diff
è p

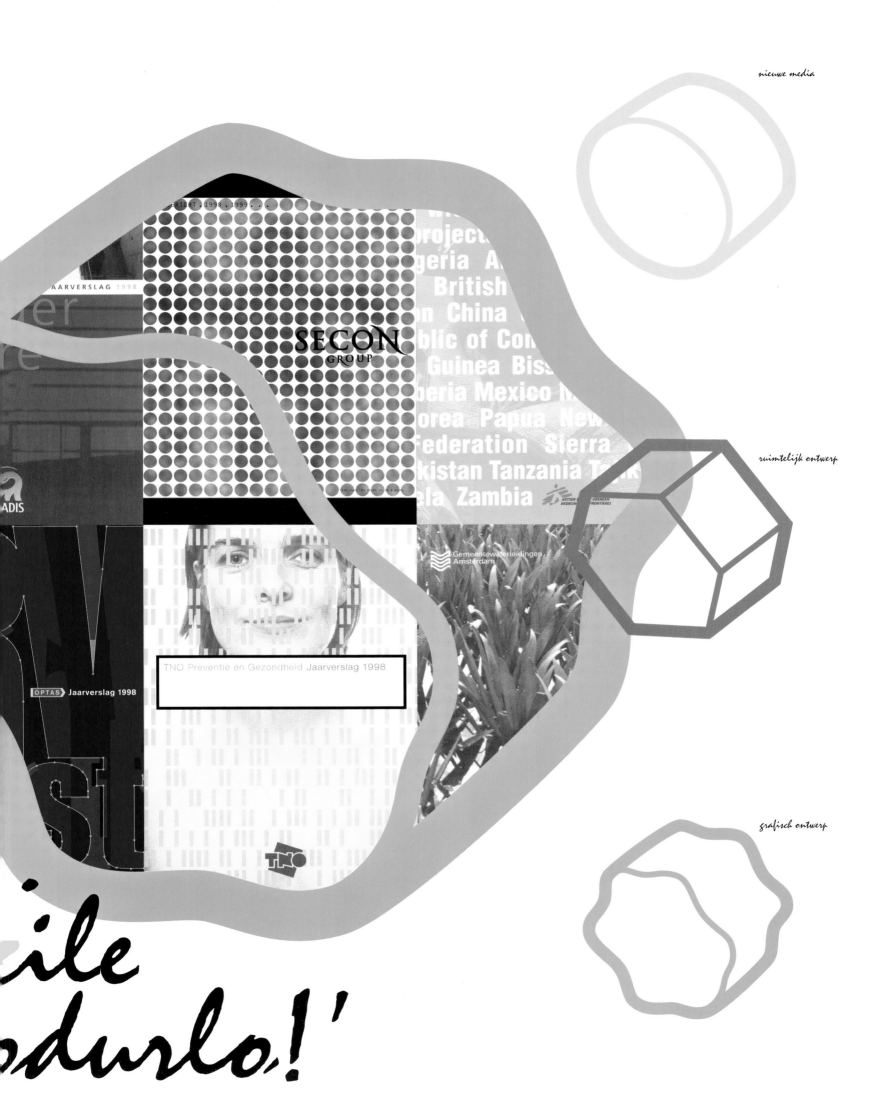

nieuwe media

ruimtelijk ontwerp

grafisch ontwerp

Buro Steyn Schalkx

Grafische vormgeving bv

Lakerstraat 31A / 5613 EP Eindhoven
T 040-244 80 68 / F 040-244 25 85
e-mail steyn.schalkx@wxs.nl

Directie / Management Steyn Schalkx
Contactpersonen / Contacts Steyn Schalkx, Hannelore Behnke
Vaste medewerkers / Staff 2
Opgericht / Founded 1982
Lidmaatschap / Membership BNO

Opdrachtgevers / Clients

Bankunie, bv Profcircuit, DOK Industrial Design, Easy Plan,
Factor, Fontys Hogeschool, GBO, Holon adviesgroep,
Kooymans Design, Schouten & Nelissen, Stichting Nieuw Werk,
Stichting OOK, SPD, Stimulus, Summit, Syntens, Wit Design

1 *Wit Design Advertentiereeks /
Wit Design advert series*

2 *Schouten & Nelissen Imagebrochure /
Schouten & Nelissen image brochure*

kennisontwikkeling met menselijke maat

Richting geven aan verandering

Mensen raken een kunst apart

Hoe je het doet maakt het verschil

Schoep & Van der Toorn

Communicatie Consultants

Overschiestraat 55 / 1062 HN Amsterdam
Postbus 75537 / 1070 AM Amsterdam
T 020-487 40 00 / F 020-669 72 65
e-mail info@svdt.nl / website www.svdt.nl

Zie ook Nieuwe media p.104

Directie / Management Alex Schoep, Hans van der Toorn,
Ronald Schepers, Rinze Terluin
Contactpersoon / Contact Hans van der Toorn
Vaste medewerkers / Staff 60
Opgericht / Founded 1985
Samenwerkingsverband met / Associated with Brodeur
Worldwide Technology Communications, Meridian Technology
Marketing, Van de Bunt Organisatieadvies

Bureauprofiel

Als communicatieadviesbureau is Schoep & Van der Toorn op
een breed terrein werkzaam. We bieden onze opdrachtgevers
strategisch advies en geïntegreerde implementatie op het gebied
van corporate communicatie, marketing, onderzoek, public
relations, corporate identity, design, nieuwe media en productie.
De creatieve groep in het bureau - tekstschrijvers, ontwerpers,
art directors, webdesigners en redacteuren - staat in deze
context voor toegankelijke, veelzijdige en verrassende oplossingen. Daarbij denken we niet in middelen maar in doelstellingen, zoeken we naar de essentie en brengen we analyse en
creatie samen. 'Het helder formuleren van de vraag is het geven
van het antwoord.'

Agency profile

Schoep & Van der Toorn communication consultancy is active in
a wide-ranging area. We provide our clients with strategic advice
and integrated implementation in corporate communication,
marketing, research, public relations, corporate identity, design,
new media and production. The creative personnel at the
agency - copywriters, designers, art directors, web designers and
editors - can offer coherent, multifaceted and surprising
solutions. We think in terms of the end rather than the means;
we capture the essence and reconcile analysis with creativity.
'The answer lies in clear formulation of the question'.

1 NAVISION software, introductiecampagne ERP-software

2 COLT Telecom, introductiecampagne hoogwaardig
glasvezelnetwerk in Amsterdam

3 SAP, corporate campagne

4 Koninklijke Jaarbeurs Utrecht, publiciteitscampagne Nationale
Onderwijs Tentoonstelling 1999

5 Projectbureau Noord/Zuidlijn Amsterdam, publieksinformatie
stationstoegangen

6 Gemeente Rijswijk/IBC/HBG, promotie kantorenpark Rijswijk
Station

7 Recreatieschap Spaarnwoude, corporate identity

8 College voor Zorgverzekeringen, corporate identity

9 SCAN Management Consultants, corporate identity

10 Bureau P/A, jaarverslag 1998

11 KPMG Nederland, jaarverslag 1998

12 Ontwikkelingsmaatschappij New Deal, jaarverslag 1997

13 KPMG Nederland, adviesbrief voor ondernemers,
relatiebeheer

14 IBM, introductie flexwerken

15 Ministerie van Economische Zaken, Schoner Produceren

1

2

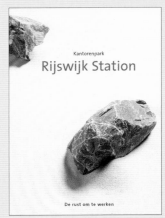

3

Campagnes

4

5

6

Brochures

Martin Bank
Boswachter
Recreatieschap Spaarnwoude

Kerkweg 4, 2064 KP Spaarnwoude
Postbus 2571, 2002 RB Haarlem

Telefoon 023 520 28 22
Mobiel 06 55 334 303
Fax 023 520 28 38
E-mail info@spaarnwoude.nl
www.spaarnwoude.nl

7

8

The Integrated Approach to Identity, Branding and Communications

SCAN

drs. Saskia de Knegt MBA
Senior Consultant

SCAN Management Consultants
Wibautstraat 129   1091 GL Amsterdam   Tel. +31 (0)20 6 930 930
Fax +31 (0)20 6 942 352   e-mail info@scan.nl

9

10

11

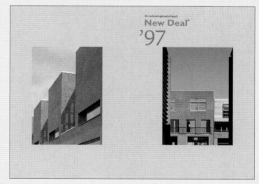

12

13

14

15

Corporate identity

Jaarverslagen

Periodieken

Alex Scholing

Superstudios

Waalstraat 2 / 6826 BN Arnhem
T 026-363 70 07 / 020-412 51 08 / F 026-363 71 66
mobile 06-55 82 48 34 / e-mail alxs @xs4all.nl
website xs4all.nl/~alxs

Nicolaas Beetsstraat 325 /1054 NZ Amsterdam / T 020-412 51 08 /
F 020-61 60 512 / mobile 06-55 82 48 34 / e mail alxs @xs4all.nl /
website xs4all.nl/~alxs

Lidmaatschap / Membership ATypI

simplicity, balls

Next 4 pages
Typeface EngineProfessional Series (FontShop)
Medical illustration (Misset)
Logo ARBO (BOVAG)
Correspondence set (Liesbeth Melkert, Backoffice Scholing)
Proposed logo Young Artists Pool (Arcade)
Brochure car paint (Glasurit, collab. Ruud Franken)
Brochure fashion collection (Corel, collab. Wouter Vos)
Fashion labels & graphics (O'Neill Europe)
Propositions billboard campaign (Nike France / concept Weiden
& Kennedy, collab. Bas van der Paardt)
Ad campaign FotoCD collection (FontShop)
Poster and checklist ARBO campaign (BOVAG,
collab. Ruud Franken)
Noise typeface Apollo
Poster Illustration-98 (BNO, collab. Anka Kresse)
Proposed news letter (CGN)
Type sample EnjinPro (devnagari script)

In 1995, FontShop International released a typeface called Engine. The entire family —
romans, italics, caps & italic caps, in three weights — was made in only six months.
¶ The design of Engine was mainly the result of an investigation into simplicity
and the rationalisation of letterforms — as done before by people like
Paul Renner with his Futura and, later, Wim Crouwel with his New Alphabet.
The result was fairly interesting but there was a problem: the typeface was less than
usable because of it's awkward proportions (as where New Alphabet and the first
incarnation of Futura). Though Engine was never intended as a seriously usable
typeface, it was time for a four year revision.
So, now there is the Engine Professional Series. Again, romans, italics, caps &
italic caps and each of them in four weights this time. The main difference with Engine is
the proportioning of the characters. Widths and white space are better balanced &
character forms are less geometric. The overall character of Engine is largely retained,
which means EnginePro is still open, friendly and slightly strange, but now it's actually
possible to do some serious typography with it. Family features include hanging figures,
lining figures, true superior + inferior numbers, true italics, true small caps,
4 different &-symbols, 4 different @-symbols and a €-sign.
¶ The finalized version of EnginePro will be available @ your local FontFont distributor by
the time you read this. What you see on these pages is the protoype.
Nederland: FontShop [0114] 35 880. België: FontShop [09] 220 26 20. fontshop@fontshop.be

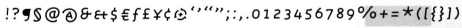

— simple, round, friendly, open & accessible, and plenty of character —

Los chicos @ 'El Garaje' have been restless for weeks; they're expecting the new Engine.

size 18pt.; tracking –1/200 em

¶ 1.8 When HERMANOS ERNANDEZ started out in 1974 as a car wreck repair service, things didn't go as well as they should. *— true small caps, roman & italic —* You know, Spain is a very wide and very open country and there are not too many things to crash your car into or upon [§00.89.38.2]. And the few accidents that did size 12pt.; tracking 0 happen were easily negotiated by established + well respected firms by the likes of HNOS. *— hanging figures —* SANCHEZ, TALLERES FRANCO y TORROS BRAVOS, AUTOMOVILES GUZMANN (not to be confused with Guzman with one 'n', the originally moorish dynasty that's as old as Spain itself: we're talking the German branch that got homesick) and others. ¶ 2.6 Until, back in 1996, some clever graphic designer *(you know)* from the neighbouring town of Tudela de Duero did some corporate identity job for the brothers: *logo's and shit* [§ 00.36.98.4]. He used this new and far out typeface called ENGINE as the main typeface and for the logo, and quite frankly , he did quite a good job [§ 00.75.94.7]. ¶ 3.8 All of a sudden, wrecks & assorted crippled vehicles started to pour in out of nowhere and — as they say — business went soaring. You know, *money.* Before long *Franky & Johnny* Ernandez (their father loved American cars, & as a result everything American [§ 01.46.77.8]) had to employ four young boys from town and expand their workshop. Everything went well and the brothers were happy. ¶ 4.5 *Los Hermanos Competidores* meanwhile (Sanchez, Franco cs), saw all this with growing anguish and disgust and were aiming for a way to put our brothers out of business... ¶ 4.6 So — one morning — Señor *Javier Dominguin Andrada* — chairman of the wildly popular local *Hermandad de la Virgen de la Macarena* [§ 00.22.23.1] — drove to a certain death in his 1986 SEAT IBIZA, newly repaired by 'El Garaje Ernandez'. Police research showed that vital parts of the car had seriously malfunctioned or had even been totally absent [§ 34.42.86.0]. Parts that had been replaced in the repair job — or so they should have been. And — of course — it went big in every local newspaper. ¶ 4.7 From this moment on things went downhill for our friends. *Yeah right, really bad.* Soon they were all spending their days — and their pesetas — drinking cañas and zumos @ *La Estrella* thinking about how to regain credibility and business [§ 77.09.66.3]. ¶ 5.2 ENTER BAR LEFT: our clever graphic designer [whose name remains unknown to this day]; 'Say amigos, why don't we pull the same trick as three years ago, but this time with an even more stunning typeface; the Engine Pro Series,' — *graphic designers: they think everything can be solved with a great design* — made by the same bloke. From Olanda, of all places. I hear it will be available somewhere soon. ' ¶ 9.5 After a while of thought the brothers decided to go along. After all, the hombre had been right before. And besides, when you're desperate, what do you care. RIGHT?

¶ 31.7 So, everybody's been waiting for the great moment for some time now, and it really can't be that much longer. They'll be in business again!

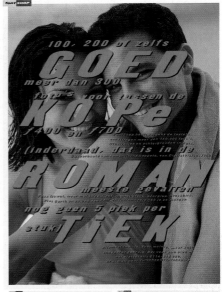

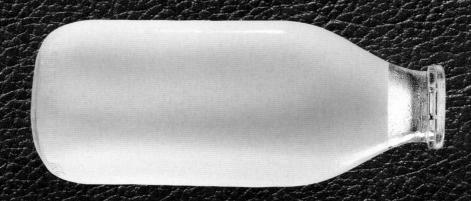

¶ —HE GREW VERY PALE, AND SAID,
'I DID IT PURELY FOR YOUR SAKE.
YOU WOULD NOT BE CONVINCED IN
ANY OTHER WAY.'

font shop

SDC Totaal Communicatie

Concept, ontwerp, multimedia en print

Braillelaan 5 / 2289 CL Rijswijk
Postbus 640 / 2280 AP Rijswijk
T 070-398 85 33 / F 070-319 21 62
mobile 06-51 40 80 50 / e-mail info@sdc.nl
website www.sdc.nl

Directie / Management J. Artoos, P.W. van Ark
Contactpersoon / Contact P.W. van Ark
Vaste medewerkers / Staff 20
Opgericht / Founded 1981
Lidmaatschap / Membership BNO
Samenwerkingsverband met / Associated with Drukkerij Artoos
België, Artcom Multi Media

Bedrijfsprofiel

SDC Totaal Communicatie Art Direction is een breed georiënteerd ontwerpbureau met specifieke ervaring in redactionele en ruimtelijke vormgeving. Het ontwerpbureau vormt de creatieve spil in het 'Totaal Communicatie Concept' van de organisatie. Samen met de disciplines marketing communicatie, multimedia en (digitaal) drukken, wordt het 'one stop shopping concept' voor onze klanten naadloos ingevuld.

Agency profile

SDC Totaal Communicatie Art Direction is a design agency with a wide range of skills and specific experience in editorial and 3D design. The agency forms the creative linchpin of the organisation's 'Total Communications Concept'. Together with marketing communications, multimedia and conventional and digital printing, we offer clients a one-stop shopping service.

1 Huisstijllijn, Jaarverslag en brochures voor het Verbond van Verzekeraars / Corporate identity, annual report and brochures for the Association of Insurers

2 Eurobrochure voor het Verbond van Verzekeraars / Eurobrochure for the Association of Insurers

3 Informatiemap en brochures voor Shell Pensioenfonds / Information pack and brochures for Shell Pension Fund

4 Brochure voor Stichting IKR/IKW / Brochure for IKR/IKW foundation

5 Boek ter gelegenheid van 50 jaar Bpf / Book on 50 years of Bpf

6 Huisstijl en brochure voor ITO / Corporate identity and brochure for ITO

7 Brochure voor het Hoogheemraadschap van Delfland / Brochure for Delfland Hoogheemraadschap

8 Internet sites: Tol Communicatie, SDC, RGO en Artcom / Internet sites: Tol Communicatie, SDC, RGO and Artcom

9 Huisstijlen & Logo's: SDC Totaal Communicatie, Holland Business House, CEA, Viotta Jeugdensemble, Het Circuit, Werkkracht, De Eendenkooi, EVT Management, Keurmerk Distributievervoer, ITO, C2000, Stichting Klachteninstituut, RGO, Optisport Exploitaties / Housestyling & Logo's: SDC Totaal Communicatie, Holland Business House, CEA, Viotta Youthensemble, Het Circuit, Werkkracht, De Eendenkooi, EVT Management, Keurmerk Distributievervoer, ITO, C2000, Stichting Klachteninstituut, RGO, Optisport Exploitaties

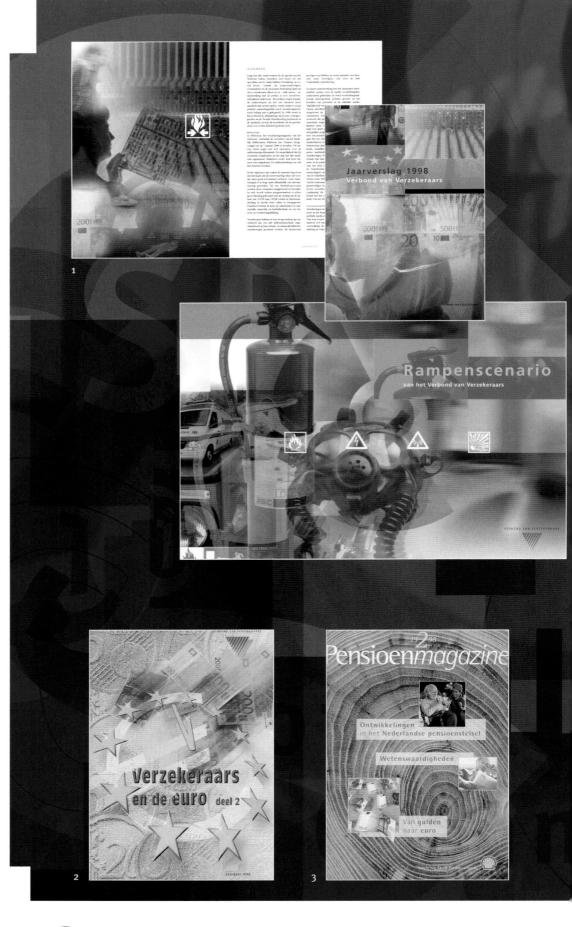

SDC Totaal Communicatie   Holland Business House Brussel

9

Werk Kracht

De Eendenkooi
multi-functioneel centrum

EVT MANAGEMENT

Keurmerk *Distributievervoer*

Informatie en Communicatie Technologie Organisatie

Stichting
Klachteninstituut
Verzekeringen

Shape

Grafische en ruimtelijke vormgeving

Entrepotdok 72 a / 1018 AD Amsterdam
T 020-622 06 06 / F 020-622 53 55
e-mail shapebv@euronet.nl / website www.shapebv.nl

Directie / Management Hans Versteeg
Contactpersoon / Contact Ingrid Roozendaal
Vaste medewerkers / Staff 5
Opgericht / Founded 1981
Lidmaatschap / Membership BNO

Bedrijfsprofiel

Shape heeft, naast het gebruikelijke pakket activiteiten,
als specialiteit zijn in eigen huis ontwikkelde en inmiddels
gepatenteerde losbladige bindsysteem Coverbind. Het systeem
biedt inmiddels al uitkomst aan een gevarieerde groep
gebruikers: architecten, ministeries, de grafische branche,
PR-bureaus en anderen. Onze opdrachtgevers verwachten ideeën
en uitwerking op zowel grafische als ruimtelijke gebieden.
Het gaat in beide gevallen om overdracht van een mededeling.
Over een identiteit, over een product of dienst. Wij verdiepen
ons in achtergrond, in ontwikkeling en verandering om tot een
verantwoorde, overtuigende aansluiting te komen. Het
vormgevingsaspect is derhalve op maat gesneden, afgestemd
op het karakter van de opdrachtgever, groot of klein.

Agency profile

Besides the usual package, Shape has its own speciality:
the unique Coverbind loose-leaf binding system (now patented),
which is developed in-house. It has proven to be ideal for a wide
variety of users: architects, ministries, the graphic sector,
PR agencies and others. Clients look to us for ideas and projects
in graphics and 3D. The aim is always to convey a message:
about an identity, a product or a service. We go into the
background, into development and change, and arrive at
a solid, convincing communication. Formal design is tailored
to the client's character, however large or small.

Opdrachtgevers / Clients

Museum Amstelkring, Amsterdam RAI, Calff & Meischke, Chen
Holland, Equipage, ING, Bureau Jeugdzorg Overijssel, Koninklijk
Concertgebouworkest, GPC-Brussel, Knijnenberg, Ministerie van
Verkeer en Waterstaat, Drukkerij Peereboom, Prae/Motion, REC,
Stichting Bedrijfskinderopvang Nederland

Prijzen / Awards

Special award for high design quality in the 'German Prize
for Communication Design' competition;
Certificate of Design Excellence of the European Regional
Design Annual;
Neenah Paper Gold and Silver Medal for Text and Cover

1 *Jaarverslag Amsterdam RAI 1996 /*
RAI Amsterdam, 1996 annual report

2 *Huisstijl Going Dutch / Going Dutch housestyle*

3 *Jaarverslag Amsterdam RAI 1997 /*
RAI Amsterdam, 1997 annual report

4 *Coverbind voor de Wiegerinck architects corporate brochure /*
Coverbind for Wiegerinck architecten corporate brochure

1

2

3

4

gevoel
rpen voor u met gevo
kunnen ervaren is he
r' in onze ogen niet
Bel, fax of mail ons
rk in uw eigen
ekijken en

Sign

Joke Herstel & Els Kort

van Diemenstraat 202 / 2518 VH Den Haag
T 070-345 66 12 / F 070-389 17 01
e-mail signj_e@euronet.nl

Vaste medewerkers / Staff 2
Opgericht / Founded 1989
Lidmaatschap / Membership BNO

1 Brochure Smagic, TRAIL, ECT, FROG /
Smagic brochure for TRAIL, ECT, FROG

2 Jaarverslag CTT, Centrum Transport Technologie /
CTT (Centrum Transport Technologie) annual report

3 Verpakking cd-rom Ondergronds Logistiek Transport, Centrum
Transport Technologie / Ondergronds Logistiek Transport cd-rom
packaging for Centrum Transport Technologie

4 Ontwerpen Website Brainport / Brainport website design

5 Omslag uitgave Haagse Avantgarde De Posthoorngroep,
Stroom hcbk en het Haags Gemeentemuseum /
Haagse Avantgarde De Posthoorngroep publication cover
for Stroom hcbk and Haags Gemeentemuseum

6 Kaart en omslag, adviesbureau J en C /
Adviesbureau J en C map and cover

7 Omslag uitgave Stromen van kennis, Rijkswaterstaat /
Stromen van kennis publication cover for Rijkswaterstaat

8 Omslag uitgave Mobilopolis, Pb IVVS /
Mobilopolis publication cover for Pb IVVS

9 Jaarverslagen Pb IVVS, Projectbureau Integrale Verkeers- en
Vervoerstudies / Pb IVVS, Projectbureau Integrale Verkeers- en
Vervoerstudies annual reports

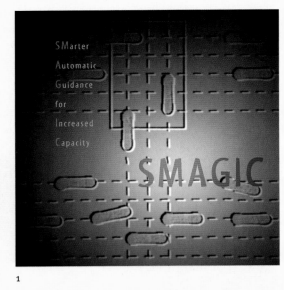

2

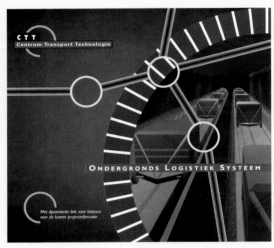

1

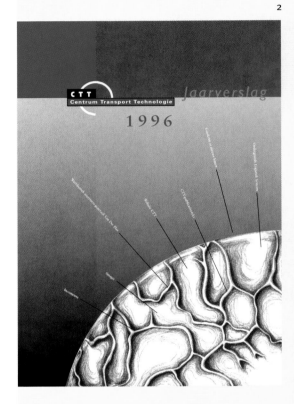

3

4

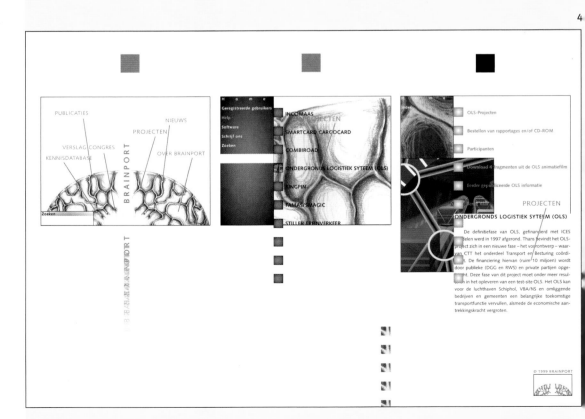

Dr. R.W.D. Oxenaar

Haagse Avantgarde
De Posthoorngroep

Stadscollectie Den Haag
Cobra Museum voor Moderne Kunst Amstelveen

5

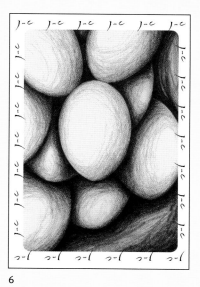

6

8

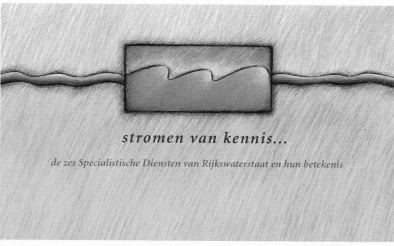

stromen van kennis...

de zes Specialistische Diensten van Rijkswaterstaat en hun betekenis

7

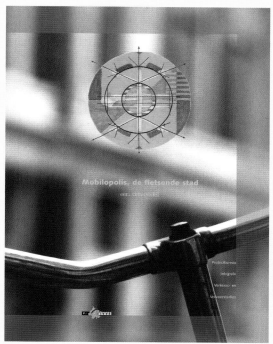

Mobilopolis, de fietsende stad

9

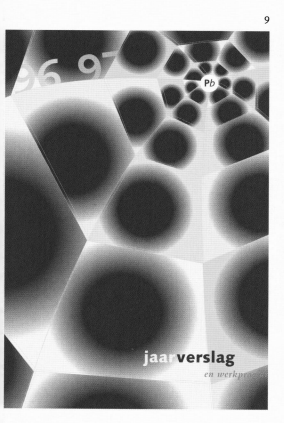

jaarverslag
en werkprogr

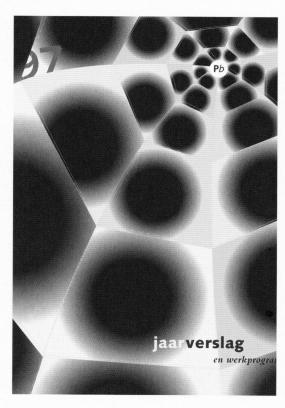

jaarverslag
en werkprogra

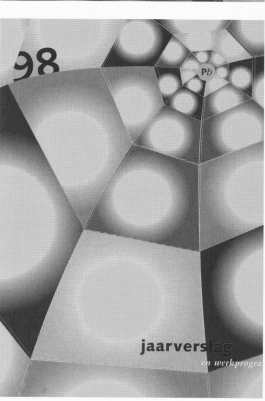

jaarverslag
en werkprogra

Skylla

Van Diemenstraat 202 / 2518 VH Den Haag
Postbus 63445 / 2502 JK Den Haag
T 070-364 62 56 / F 070-361 79 45
mobile 06-54 66 40 46 / e-mail skylla @ xs4all.nl
website www.skylla.nl

Directie / Management Astrid Bouman,
Nicole van Schouwenburg, Tamara Traxel
Vaste medewerkers / Staff 3
Opgericht / Founded 1984
Lidmaatschap / Membership BNO

Opdrachtgevers zijn o.a. Dr Anton Philipszaal, Gemeente Den
Haag, Gist-brocades, HWR drukwerk, KPN, ministerie van OC en
W, ministerie van VROM, ministerie van Verkeer en Waterstaat,
Nationale Nederlanden, Sad-Schorer stichting, Paul Steenhuisen,
Stichting tot behoud van Roodkapje en de Boze Wolf, Stupers van
der Heijden PR, Stella Den Haag, tekstbureau Karin de Lange.

Clients include Dr Anton Philipszaal, The Hague municipality,
Gist-brocades, HWR publishers, KPN, ministries of Education,
Culture and Sciences, of Housing, Planning and the Environment,
of Transport and Water Authorities, Nationale Nederlanden,
Sad-Schorer foundation, Paul Steenhuisen, Foundation for the
preservation of Red Riding Hood and the Big Bad Wolf, Stupers
van der Heijden PR, Stella Den Haag, Karin de Lange text agency.

*1 Kaart (A5). 'Schönberg Kwartet' is één uit een serie van 6
kaarten uitgegeven door de Dr Anton Philipszaal in Den Haag.
Deze kaarten vestigen extra aandacht op een bepaalde
muziekserie. Den Haag, 1998 / A5 card. 'Schönberg Kwartet' is
one of a series of six cards published by Dr Anton Philips hall in
The Hague. These cards draw extra attention to specific music
series. The Hague, 1998*

*2 Omslag (17 x 26 cm) van het beleidsplan 1998-2000 van
de Sad-Schorer stichting 'De regenboog naar het volgende
millennium'. De Sad-Schorer stichting zet zich in voor de
belangen van homoseksuelen. Amsterdam, 1997 / Cover
(17 x 26 cm) of the Sad-Schorer foundation 1998-2000 policy
plan 'Rainbow to the next millennium'. Sad-Schorer campaigns
for the interests of gays and lesbians. Amsterdam, 1997*

*3 Logo voor de Stichting tot Behoud van Roodkapje en de Boze
Wolf. Deze stichting maakt jeugdtheater gebaseerd op sprookjes.
Zierikzee, 1998 / Logo for the Foundation for the preservation of
Red Riding Hood and the Big Bad Wolf. This organisation
produces youth theatre based on fairy tales. Zierikzee, 1998*

*4 Logo voor de Dr Anton Philipszaal, het muziektheater van
Den Haag. Den Haag, 1999 / Logo for the Dr Anton Philips hall,
the music theatre of The Hague. The Hague, 1999*

*5 Ao affiche voor de dansvoorstelling 'Oktober' van Conny
Janssen danst. Deze choreografe ontwikkelt ieder jaar één
podiumproductie. Rotterdam, 1998 / Ao poster for 'Oktober'
dance performance by choreographer Conny Janssen who
develops one stage production a year. Rotterdam, 1998*

*6 Affiche (66 x 78 cm) voor de voorstelling 'Geitenjong'
van theatergroep Stella Den Haag. Het beeld komt van
een schilderij van Pieter Pander. Den Haag, 1998 /
Poster (66 x 78 cm) for 'Geitenjong' perfomance by Stella
theatre company in The Hague. The image is from a painting
by Pieter Pander. The Hague, 1998*

*7 Huisstijl. De briefing van copywriter Paul Steenhuisen
'briefpapier is entertainment' heeft ertoe geleid een serie van
11 symbolen te ontwikkelen, waarvan er hier 4 te zien zijn.
Den Haag, 1995 / House style. The briefing by copywriter
Paul Steenhuisen 'letter-headed paper is entertainment'
led to a series of 11 symbols of which four are shown here.
The Hague, 1995*

4

GEITENJONG
EEN TONEELSTUK VAN HANS VAN DEN BOOM
STELLA DEN HAAG
KERKSTRAAT 11   2514 KP DEN HAAG   070 3307070

6

CONNY
JANSSEN
DANST...

OKTOBER

EEN PRODUCTIE VAN IMPRESARIAAT WIM VISSER

5

7

Studio Pim Smit

Cornelis Schuytstraat 68 / 1071 JL Amsterdam
T 020-400 44 69 / F 020-679 90 21
e-mail smithendriks@wxs.nl

Directie / Management Pim Smit
Vaste medewerkers / Staff 3
Opgericht / Founded 1985
Lidmaatschap / Membership BNO

Concept, restyling, art-direction en vormgeving van tijdschriften, sponsored magazines, brochures, boeken en jaarverslagen voor diverse doelgroepen.

Concepts, restyling, art-direction and visual design of journals, sponsored magazines, brochures, books and annual reports for various target groups.

Opdrachtgevers / Clients

ABN AMRO Bank
Albert Heijn
AVN
Brouwer Media
Gall & Gall
Greenpeace
ING Bank
McDonald's
Media Partners
Ministerie van Defensie
PTT Post
Scripta Media
VanLuyken Communicatie
Wereld Natuur Fonds

Post Zaken

PTT Post op Internet

Heeft u vragen?

0800-0430

ptt post

Bestel nu Decemberzegels

EuroPakketzegel

Uw post verhuist met u mee

5 meest gestelde vragen aan PTT Post Klantenservice Zakelijke Markt

POST VAK 2

Digitalisering rukt op

Hoe kom ik de ZOMER door?

OP STAP MET DE POSTBODE

Snelste postronde legt het af tegen digitalisering

Digitale postverwerking

hot item

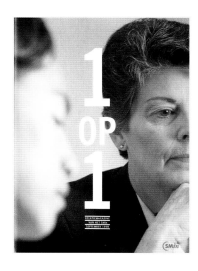

1 OP 1

RELATIEMAGAZINE

Aktief Sparen in het Elektronisch Tarievenboek

TU-inspecteur Betty Bos goed op weg in 'mannenwereld'

Stadium Design bv

Packaging design, brand identity, corporate identity

Oude Weerlaan 27 / 2181 HX Hillegom
Postbus 408 / 2180 AK Hillegom
T 0252-52 21 44 / F 0252-52 35 71
e-mail info@stadiumdesign.nl

Zie ook Verpakkingsontwerp p.40

Directie / Management Bruno van Loo, Loek Kampinga, Niel Pepers
Contactpersonen / Contacts Loek Kampinga, Niel Pepers
Vaste medewerkers / Staff 26
Opgericht / Founded 1968
Lidmaatschappen / Memberships BNO, NVC, NIMA

Bureauprofiel

Stadium Design is een multidisciplinair ontwerpbureau waar een marktgerichte visie en een gedegen strategie de basis vormen voor functionele creativiteit. Creativiteit die erop gericht is merken en organisaties met succes in een concurrerende markt te positioneren. Stadium Design onderscheid zich door de integratie van grafische- en industriële vormgeving. Door de jarenlange ervaring op het gebied van brand identity en industriële vormgeving is Stadium Design in staat om corporate identity projecten breder dan alleen vanuit de grafische discipline aan te pakken.

Agency profile

Stadium Design is a multidisciplinary design agency with a market-oriented vision and a solid strategy forming the basis for functional creativity. This creativity is aimed at the successful positioning of brands and organisations in competing markets. Stadium Design distinguishes itself by integrating graphic and industrial design. Many years of experience in brand identity and industrial design enable Stadium Design to take a broad, multidisciplinary approach to corporate identity projects - an approach that is not limited to graphics.

Opdrachtgevers / Clients

Beckers bv, Tilburg
Brinkers VriesVers bv, Melissant
Brookland Plus Products bv, Den Haag
Drukkerij Van Elburg bv, Sassenheim
Mens Makelaars bv, Lisse
Nederlandse Cosmetica Vereniging, Nieuwegein
Stichting Rocks, Houten
Suikerwerkenfabriek Schuttelaar bv, Waddinxveen
Siebrand-Groep bv, Kampen
Stichting Nationale Slijtersbon, Noordwijk

1 Corporate en brand identity, Siebrand /
Siebrand, corporate and brand identity

2 Corporate identity, grafische producties, Nederlandse Cosmetica Vereniging /
Nederlandse Cosmetica Vereniging, corporate identity, graphic productions

3 Huisstijl, Mens Makelaars /
Mens Makelaars, housestyle

1

2

3

Stempels + Oster

Communicatieve design

de Klencke 4 / 1083 HH Amsterdam
Postbus 904 / 1000 AX Amsterdam
T 020-301 98 51 / F 020-301 98 30
e-mail secretariaat @ seno.nl

Zie ook Verpakkingsontwerp p.42, Ruimtelijk ontwerp p.60

Directie / Management Alex Stempels, Kees Oster,
Herman Kerkhoven
Contactpersonen / Contacts Kees Oster, Herman Kerkhoven
Vaste medewerkers / Staff 15
Opgericht / Founded 1987
Samenwerkingsverband met / Associated with PPGH/JWT Groep

Bedrijfsprofiel

Stempels + Oster ontwikkelt twee- en driedimensionale
designoplossingen vanuit de synergie tussen marketingcommunicatie strategie en relevante creativiteit.

Company profile

Stempels + Oster develops two- and three-dimensional
design solutions based on the synergy between marketing
communication strategy and relevant creativity.

Opdrachtgevers / Clients

Dr. Adam's Footwear
Ajax Merchandising
Antoine Petit
Centraal Brouwerij Kantoor
Claack Screendruk
Intergamma (Gamma, Karwei)
Intres (Intersport)
KPN Telecom
Laurus (Maistro)
Nedan Zoetwaren
NS Reizigers
Postbank
Postbank Zakelijk
Primafoon
Rothmans Tobacco Products
Telemedia
Vrumona (SiSi, Sourcy)
en anderen / and others

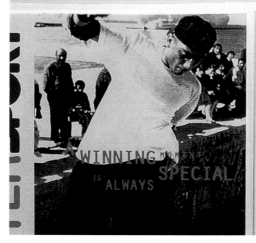

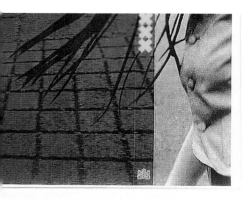

COMMUNICATIE

Het Net

NEDERLANDSTALIG

EIGEN E-MAILADRES

MAKKELIJK EN EENVOUDIG

Protection
by dr. Adam's

Postbank-gemak
voor ondernemers

1 Geldverkeer

2 Geld nodig

3 Geld over

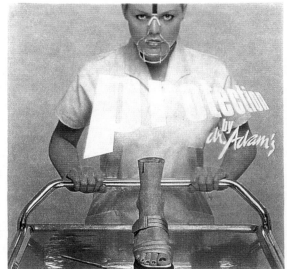

TOEPASSINGEN

E-MAILEN

SURFEN

WINKELEN

Pride
by dr. Adam's

De zomer
hangt in de luc

voordelige
zomeraanbiedingen
en veel mobiel
belplezier!

vorm + inhoud
form + content

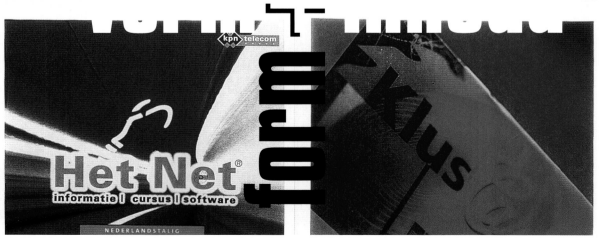

Heineken

kpn telecom

Het Net®
informatie | cursus | software

NEDERLANDSTALIG

Ster design

Grafisch ontwerpbureau

Leenderweg 234 / 5644 AC Eindhoven
T 040-293 09 34 / F 040-293 09 35
e-mail ster.design@tref.nl / website www.sterdesign.nl

Contactpersoon / Contact Esther Poulissen
Vaste medewerkers / Staff 1
Opgericht / Founded 1997
Lidmaatschappen / Memberships BNO, Jonge Ondernemers
Kring Eindhoven en de Regio, World Trade Center Eindhoven

1 Imagebrochure en insteekmap voor ACA IT-Solutions,
Eindhoven, 1999 / Image brochure and folder cover for
ACA IT-Solutions, Eindhoven, 1999

2 Jubileumuitgave NV Tilburgsche Waterleiding-Maatschappij,
Tilburg, 1998 / Water company jubilee publication, Tilburg, 1998

3 Reeks folders, GGD Eindhoven, 1998-1999 / Folder series,
Eindhoven municipality health department 1998-1999

4 Jubileumuitgave, de pébé groep, Sprang-Capelle, 1998 /
Jubilee publication, pébé group, Sprang-Capelle, 1998

1

2

Een leven zonder roken

een kwestie van doen!!

Gezondheids-voorlichting voor ouderen

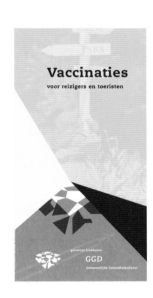

Vaccinaties

voor reizigers en toeristen

Zandbak en spoel-wormen

Folder voor beheerders en gebruikers van zandbakken

Stotteren

3

EEN WANDELING DOOR OUD-AMSTERDAM

4

StormHand

Boy Bastiaens
Jekerstraat 52 / 6211 NV Maastricht
T 043-361 52 52 / F 043-361 52 52
e-mail boy_bastiaens@spidernet.nl / boy@stormhand.com

Albert Kiefer
1e Lambertustraat 13 / 5921 JR Venlo
T 077-320 05 80 / F 077-320 05 81
e-mail sectora@euronet.nl / albert@stormhand.com

Zie ook Nieuwe media p.108

Stormhand is het samenwerkingsverband op projectbasis tussen
de zelfstandig ontwerpers Boy Bastiaens en Albert Kiefer. Naast
Stormhand cases worden individuele opdrachten gerealiseerd
onder de respectievelijke eigen namen.

StormHand is the collaboration project between Boy Bastiaens
and Albert Kiefer, two independently working Dutch designers.
Beside Stormhand cases they also realise projects under their
own respective names.

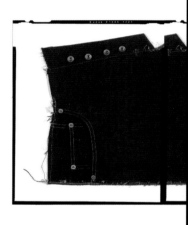

Brochure design (1998-1999), Pepe Jeans London
images: StormHand
textile photography: Kim Zwarts
c.i. & packaging: Boy Bastiaens

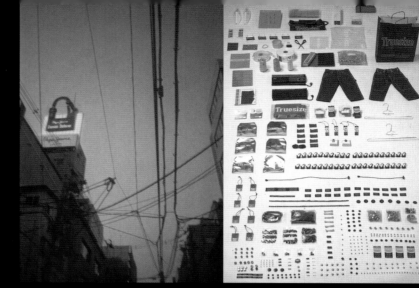

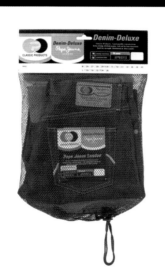

Denim-Deluxe

ID436-226

LIKE
HATE

Truesize

Studio eL

Loods 6
K.N.S.M.laan 189 / 1019 LC Amsterdam
T 020-418 06 08 / F 020-419 02 53
e-mail studioel@xs4all.nl

Contactpersoon / Contact Linda van der Schaaf
Vaste medewerkers / Staff 1
Opgericht / Founded 1992
Lidmaatschap / Membership BNO

Werkwijze

De dialoog met de opdrachtgever en samenwerking met
adviseurs of creatieven uit andere disciplines vormen een
inspiratiebron. Naar aanleiding van een analyse van de
communicatiedoelstellingen volgt een helder concept.
Uiteindelijk zorgt Studio eL voor de realisatie van het product.

Visie

Studio eL streeft naar samenhangende visuele uitingen met veel
aandacht voor het specifieke karakter van de organisatie.

Opdrachten

Corporate identity en corporate communicatie voor
opdrachtgevers binnen humanitaire en zakelijke dienstverlening.

Method

Dialogue with the client and collaboration with advisors and
creative people in other disciplines is our inspiration.
From a clear concept, based on analysis of the communications
objectives to the realisation of the final product by Studio eL.

Vision

Studio eL aims for cohesive visual products with particular
attention to the organisation's specific character.

Work

Corporate identity and corporate communications for clients in
the social and commercial services sector.

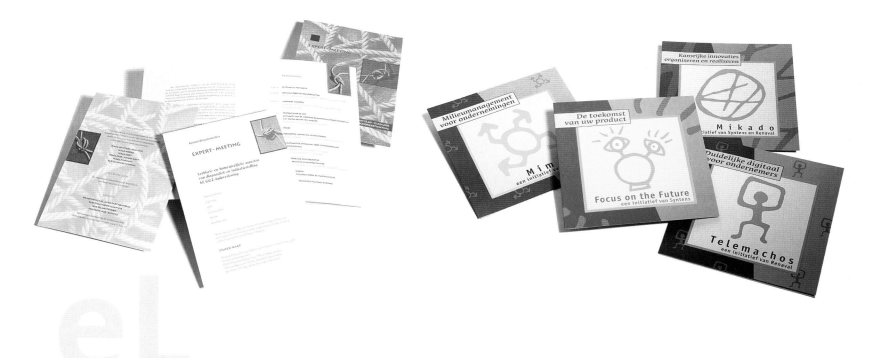

Ontwerpburo
suggestie & illusie
Grafische vormgeving, illustraties en webdesign

Van Meursstraat 9 / 3532 CH Utrecht
T 030-294 04 57 / F 030-294 04 57
e-mail illusie @xs4all.nl / website www.illusie.nl

Directie / Management Anja Pleit, Renske Das
Contactpersonen / Contacts Anja Pleit, Renske Das
Vaste medewerkers / Staff 2
Opgericht / Founded 1994
Lidmaatschap / Membership BNO

Bedrijfsprofiel

Verbondenheid met de organisaties en interesse in de mensen
waarmee we werken zijn een belangrijk uitgangspunt. Zo
proberen wij iedere keer nieuwe beelden te creëren of al
bestaande beelden aan te passen aan nieuwe eisen. Alle
mogelijkheden op het creatieve vlak liggen open: wilde vormen,
simpele eenvoud, aanstootgevende kleuren, stemmige tinten,
strakke lijnen en grillige patronen. Suggestie & illusie kan de
gehele productie van een publicatie begeleiden en verzorgen.

Agency profile

Involvement in the organisations and interest in the people with
whom we work are basic principles. We try to create new images
or to adapt existing images to new requirements each time.
Everything is possible in the creative sphere: random form,
simplicity, aggressive colours, atmospheric tints, sharp lines and
elaborate patterns. Suggestie & illusie supervise and provide
total production of publications.

Opdrachtgevers / Clients

Dogtroep, Stichting Natuur & Milieu, Humanistisch Verbond,
Greenpeace International, Nederland Bekent Kleur, Stout
Jeugdtheater, Centre on Housing Rights and Evictions (ngo),
Nationale Jongerenraad voor Milieu en Ontwikkeling, Hostel
Strowis, Filosofie Magazine, Stut Theater, Alternatieve
Konsumentenbond, Stichting Jongerenhuisvesting Utrecht,
Tangoschool El Gancho

*1 Affiche, campagne 'Nieuwe Wielen, Nieuwe Wegen', Nationale
Jongerenraad voor Milieu en Ontwikkeling, 1999. Fotografie:
Sijmen Hendriks / 'New Wheels, New Roads' campaign poster
National Youth Council for Environment and Development, 1999.
Photo: Sijmen Hendriks*

*2 Brochure, 'Investering in verandering', Stichting Natuur &
Milieu, 1998. Fotografie: Sijmen Hendriks / 'Investment in
Change' brochure, Nature & Environment Foundation, 1998.
Photo: Sijmen Hendriks*

*3, 4 Programmaboekje, voorstelling 'Hotazel' van Dogtroep,
1998. Fotografie: Paolo Rapalino / Programme for 'Hotazel'
performance by Dogtroep, 1998. Photo: Paolo Rapalino*

*5, 6 Folder, voorstelling '2Pk' van Dogtroep, 1999. Fotografie:
Ruud Gort / Folder for '2Pk' performance by Dogtroep, 1999.
Photo: Ruud Gort*

1

2

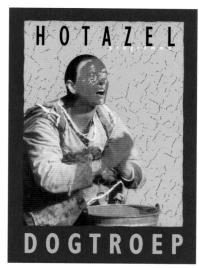

3

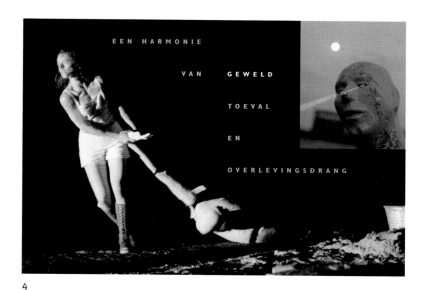

4

5

6

SVT Creative Consultants

Entrepotdok 27 / 1018 AD Amsterdam
T 020-553 50 50 / F 020-553 50 53
e-mail info@svtdesign.nl

Zie ook Ruimtelijk ontwerp p.62

Directie / Management Laurent Vollebregt, Michel van Tongeren
Contactpersonen / Contacts Laurent Vollebregt,
Remco Duchhart
Vaste medewerkers / Staff 20
Opgericht / Founded 1988
Lidmaatschap / Membership BNO

Bedrijfsprofiel

De grote kracht van SVT ligt in de integratie van onder meer de disciplines marketing en ruimtelijk en grafisch design, die het handvat zijn om doelmatige en verrassende oplossingen te genereren voor retail en merkvraagstukken. Wij maken, dankzij onze jarenlange kennis en ervaring op het gebied van retail formule en merkontwikkeling, een scherpe analyse van de bestaande problematiek en dragen oplossingen aan op strategisch en tactisch niveau. Vervolgens vertalen wij deze in onderscheidende en commercieel succesvolle projecten. Ons vertrekpunt is de concretisering van de emotionele en rationele propositie van
de organisatie, die de basis zijn voor een lange termijn concept. Dit concept is het uitgangspunt voor een zeer eigen en daardoor consistente wijze van uiten van de organisatie naar de consument. Zowel voor de ontwikkeling van een retail formule of een nieuw merk, als voor het actualiseren of bijslijpen van een bestaand merk of formule geeft dit maximale resultaten.

Profile

SVT's forte lies in integrating the disciplines of marketing, interior design, graphic design and industrial design and applying them to individual consultancy and design projects in a way which is both focused and effective. Drawing on a firm foundation of empirically developed expertise in retail formulas and brand and product development, SVT analyses the problem to be tackled, advises on solutions at strategic and tactical levels and translates these into recognisable, visually powerful and commercially successful projects. Together with the client, SVT identifies the organisation's emotional and rational propositions and translates these into a longterm communications concept. This becomes the basis for all the organisation's communications, ensuring unambigious and balanced expression of its personality to the consumer. The communications concept and the client's requirements are the starting-point for the development of the brand or retail formula and are used to gauge and where necessary streamline the organisation's identity and communications.

Opdrachtgevers / Clients

ABN AMRO, Albert Heijn, Bakker Bart Groep, C&A, Canadian Stocks, Ceteco Holding, Cinderella, Delifrance, Esso, Etos, Fooks, Gouden Gids, Intratuin, Karlsson, KPMG, Lucky Jack, Multi Vastgoed, Oogmerk, Primafoon, Raab Karcher, Rothmans, Superconfex, De Tuinen, Werknet Uitzendbureau

1

2

3

7

8

9

14

15

16

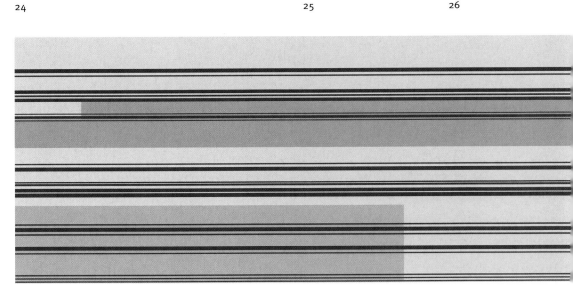

19

20

21

24

25

26

4

5

6

excellent
expression

ventura

10

11

12

13

News

excellent
expression

ceteco
a leading retailer in Latin America

17

18

intriguing
interiors

enfield

persuasive
personalities

22

23

pleasing
products

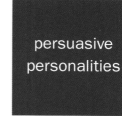

27

28

ONZE KLANTEN

-SYB-

ontwerp + advies

Grave van Solmsstraat 2 / 3515 EN Utrecht
T 030-273 32 70 / F 030-276 03 97
e-mail SYB.SYB@inter.NL.net

Directie / Management S. Kuiper
Contactpersoon / Contact S. Kuiper
Vaste medewerkers / Staff 1
Opgericht / Founded 1994
Lidmaatschap / Membership BNO

'The biggest challenge that faces a designer isn't the quest for novelty, but coming to grips with the fact that much of what we do has little content'. - Michael Beirut

Gewerkt voor / Worked for

Uitgeverij Bis, Centraal Museum Utrecht, Een Heel Klein Dorpje (theaterproducties / theatre productions), Festival a/d Werf Utrecht, Gemeente Utrecht (dienst culturele zaken) / Municipality of Utrecht (department of cultural affairs), Gemeentemuseum Helmond, Grafisch Atelier Utrecht, Gunster Trainingen, Hiemstra + Rutten videoproducties, Hogeschool voor de Kunsten Utrecht, Huis a/d Werf Utrecht, KesselsKramer (Audi), Korrelatie, Levi's, Ministerie van Buitenlandse Zaken / Ministry of Foreign Affairs, Ministerie van Justitie / Ministry of Justice, Ministerie van Rijkswaterstaat / Ministry of Transport, Public Works and Water Management, Monk Architecten, Nederlands Dans Theater, ONVZ Zorgverzekeraar, sub-K, Veenman Drukkers, Wieden & Kennedy (Nike), Winkelman & Van Hessen, Zantinge & Bolluijt (Ernst & Young)

1 *"By Numbers", font, 1998*

2-6 *Affiches voor Festival a/d Werf, met Marianne van Ham, 1999 / Festival a/d Werf poster series, with Marianne van Ham, 1999*

7-10 *Spreads uit 'Waarom is Johan dakloos?', promotieboekje, 1999 / Spreads from 'Why is Johan homeless?' promotional booklet, 1999*

11-13 *Affiches voor theatergroep Een Heel Klein Dorpje, 1997-1999 / Posters for Een Heel Klein Dorpje theatre company, 1997-1999*

14-19 *Enkele pagina's uit het boek "Zaterdag", onafhankelijke productie, 1998 / Pages from 'Saturday', a book published independently, 1998*

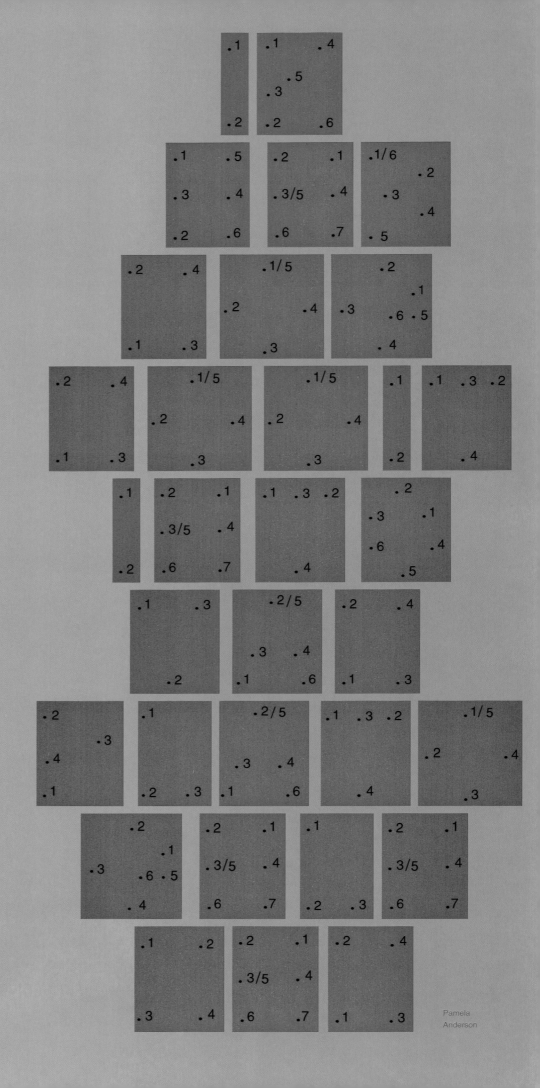

1

2

3

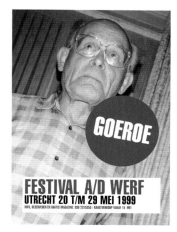
4

5

6

7

8

9

10

11

12

13

14

15

16

17

18

19

Tappan

Emmapark 3 / 2595 ES Den Haag
Postbus 93039 / 2509 AA Den Haag
T 070-331 48 50 / F 070-381 51 51
e-mail dabekaussen@tappan.nl / website www.tappan.nl

Wilhelminapark 40 / 3581 NK Utrecht
Postbus 14184 / 3508 SG Utrecht
T 030-256 00 00 / F 030-256 00 90
e-mail borsboom@tappan.nl / website www.tappan.nl

Zie ook Nieuwe media, p.110

Directie / Management Utrecht: P. Borsboom,
Den Haag: W. Dabekaussen
Contactpersonen / Contacts Utrecht: P. Borsboom,
Den Haag: W. Dabekaussen
Vaste medewerkers / Staff Utrecht: 11 Den Haag: 32
Opgericht / Founded Utrecht: 1998, Den Haag: 1987
Lidmaatschappen / Memberships Tekstnet, BVC, UCK, HVK
Samenwerkingsverband met / Associated with
CMC Communicatiemanagement Consultants

Bedrijfsprofiel

Tappan verbetert communicatie. Communicatie-adviseurs,
grafisch ontwerpers, redacteuren, software- en multimedia-
ontwerpers werken nauw samen aan efficiënte en mooie
oplossingen van complexe communicatievraagstukken.

Company profile

Tappan improves communication. Communication consultants,
graphic designers, editors and software and multimedia
designers closely cooperate to solve complex communication
issues in an efficient and elegant way.

Opdrachtgevers / Clients

ABP/USZO, Balsa films, Belastingdienst, Bureau Heffingen,
Food for Buildings, GAK Nederland, Gemeente Utrecht, InfoMil,
Inspectie voor de politie, KPN Telecom, Learning Associates
international, LEI-DLO, Loeff Claeys Verbeke, Ministerie van
Economische Zaken, Ministerie van Justitie, Ministerie van VROM,
Ministerie van VenW, Ministerie van VWS, NS Railinfrabeheer,
Peter Vocking Meubelmakers, People & Company, PiMedia,
Postbank, Provincie Gelderland, Rijkswaterstaat/Meetkundige
Dienst, Sanquin, Telfort, Vakopleiding Boekenbranche,
Woonservice

Het kan eenvoudig / Een verzekering of een subsidie
anvragen, een aangifte doen / Toch raken we vaak hopeloos
erdwaald in formulieren en toelichtingen / Alsof de materie zelf
l niet ingewikkeld genoeg is / Tappan verbetert communicatie /
ij onze opdrachtgevers werken we samen met juristen, planners
harketeers, communicatiemensen, systeembeheerders en mede-
verkers logistiek / We verenigen de voorwaarden en eisen van
l deze mensen in passende communicatie / Dan moet je diep
aan en persoonlijk worden / Uiteindelijk brengt het efficiëntie
n dus kostenbeheersing bij de opdrachtgever /
n een eenvoudige administratie voor jou, zodat je tijd overhoudt
oor andere dingen.

Wilt u meer weten over Tappan, vraag dan onze brochure aan of maak een afspraak. Wij ontvangen u graag op een van onze bureaus.

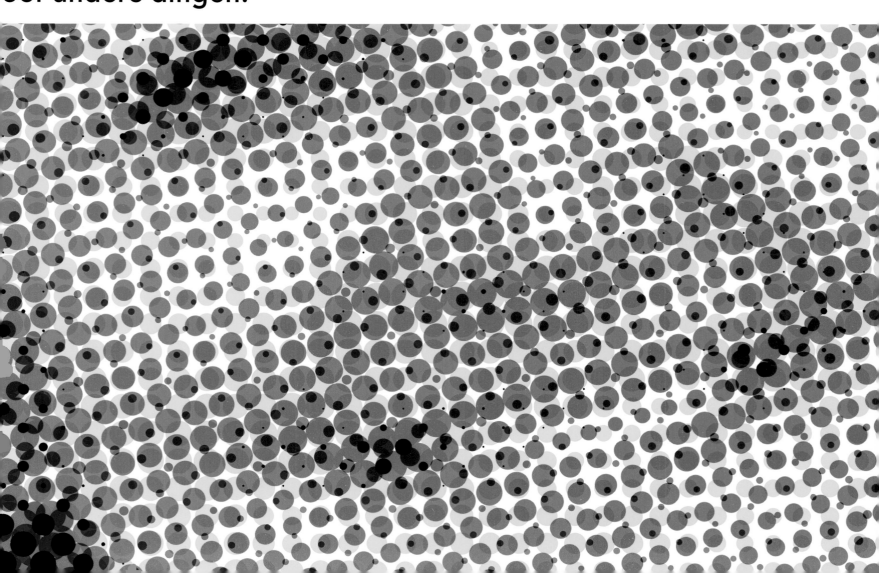

Tel Design

Visual identity designers and consultants

Emmapark 12-14 / 2595 ET Den Haag
T 070-385 63 05 / F 070-383 63 11
e-mail mail@teldesign.nl / website www.teldesign.nl

Zie ook Nieuwe media p.112, Ruimtelijk ontwerp p.64

Directie / Management Andrew Fallon, Paul Vermijs
Vaste medewerkers / Staff 26
Opgericht / Founded 1962
Lidmaatschappen / Memberships BNO, VBN

Bedrijfsprofiel

Tel Design is een vooraanstaand bureau in Nederland op het
gebied van visuele identiteitsontwikkeling. Tel Design levert een
effectieve bijdrage aan het succes van organisaties en bedrijven
door de inzet van creatieve visie, door op een inspirerende en
betrokken wijze te adviseren en te ondersteunen bij het
ontwikkelen, realiseren en beheersen van visuele identiteiten,
waarbij de basis voor een onderscheidende visualisatie wordt
gevonden in zin en doel van de betrokken organisatie. Naast
deze kerncompetentie, het ontwerpen van huisstijlen, kennen
we vier specifieke expertisegebieden: redactionele vormgeving,
ruimtelijke vormgeving, informatievormgeving en nieuwe-
mediavormgeving. Tel Design werkt voor nationale en
internationale opdrachtgevers.

Agency profile

Tel Design is a leading Dutch agency in the field of visual identity
development. Tel Design provides an effective contribution to the
success of organisations through creative vision, inspiring advice
and the development, design and management of visual
identities. We look closely at the mission and the aims of each
client, turning them into a distinctive, unique visualisation. Apart
from our core competence of designing housestyles, we have
four specific areas of expertise: editorial design, environmental
design, information design and new media design. Tel Design has
national and international commissions.

Opdrachtgevers / Clients

Aedes vereniging van woningcorporaties, Albert Schweitzer
ziekenhuis, Arbo Unie Nederland, Art Directors Club Nederland,
bedrijfschap Horeca en Catering, Betuweroute (Ministerie van
VenW/NS Railinfrabeheer), Bouwradius, Dura Vermeer Groep,
Gasunie, Gemeente Tilburg, Gemeente Zoetermeer, H. Rosen
Engineering, Kadaster, KNMG Artsenfederatie, Koninklijke IBC,
Kunsthal Rotterdam, Ministerie van Binnenlandse Zaken en
Koninkrijksrelaties, Nederlandse Financieringsmaatschappij voor
Ontwikkelingslanden, NUON, Provincie Zuid-Holland, Shell
Learning and Development, Syntens, Innovatienetwerk voor
ondernemers, Transferium (Ministerie van Verkeer en
Waterstaat), TU Delft

Visual identity
designers and consultants

Tel Design

Showing yourself is revealing.

[En herkenbaarheid is maatwerk]

Studio Ronald Timmermans

Donkerelaan 59 / 2061 JK Bloemendaal
T 023-527 43 39 / F 023-527 43 39

Bedrijfsprofiel

Multidisciplinair ontwerpstudio waarbij gebruik gemaakt wordt van een netwerk met verschillende diciplines op het gebied van communicatie. Werkgebieden: Grafisch en ruimtelijk ontwerp, tekstschrijven, fotografie, film en video, consultancy en productie. Beschikt over een analoge en digitale geluidsstudio voor opname en geluidsafwerking van bedrijfsfilms, commercials en muziek. Er is een samenwerkingsverband met Forest Studio, Catapult Film productions en het Hoofdkantoor Communicatie.

Agency profile

Multidiciplied design agency using a network of different diciplines in communication. Fields of work include graphic and spatial design, copywriting, photgraphy, film and video, consultancy and production. Disposes over an analogue and digital sound studio for company films, commercials and music. Works in cooperation with Forest Studio, Catapult Film productions and Hoofdkantoor Communication.

Opdrachtgevers / Clients

VPRO, Jiskefet, Double T Music, Egmond Film and Television, Spalder Norvell Jefferson, Gottmer Becht Publishers, Rep Productions, FNV Kunsten Media en Informatie, Quote Magazine, FNV Pers en Publiciteit, Frans Hals Museum, Thalia Theater, Hermans Muntinga Publishers, Mobile Arts, Komodos Nederland, De Harmonie Publishers, Centraal Museum Utrecht, First Floor Features, CR Resin, Torch Gallery, Stedelijk Museum, Andersen Consultants

Opdrachtgevers / Clients

1 2 3 4
5 6 7 8
9 10 11 12
13 14 15 16
17 18 19 20
21 22 23 24

Tookyo

Bureau voor grafische vormgeving,
interactieve media en illustratie

Hooghiemstraplein 118 / 3514 AZ Utrecht
T 030-276 92 45 / F 030-272 29 93
e-mail Tookyo @xs4all.nl

Contactpersoon / Contact Lia van Hengstum
Vaste medewerkers / Staff 2
Opgericht / Founded 1994

Opdrachtgevers
Advocaten en Procureurs, Hummels & Van den Brug
Gemeente Utrecht: Dienst Stadsbeheer
IBU, Ingenieursbureau Utrecht
ICU Ingenieurscombinatie Utrecht
Stuart, commercial artists
Universiteit Utrecht
Radiance, Image Consultancy
Simagine Management Support bv
Meulenhoff Educatief
VPRO en anderen

Clients
.Lawyers and Attorneys, Hummels & Van den Brug
Municipal Utrecht: Municipal Direction
IBU, Municipal Engineering Office, Utrecht
ICU, Engeneering Combine Utrecht
Stuart, commercial artists
University Utrecht
Radiance, Image Consultancy
Simagine Management Support bv
Meulenhoff Educational Publisher
VPRO broadcasting company and others

1 Huisstijl, Samenwerkende Ingenieursbureaus, Utrecht /
Housestyle for Engineering Corporation Utrecht

2 Rapportomslag, Samenwerkende Ingenieursbureaus, Utrecht /
Cover for Engineering Corporation Utrecht reports

3 Huisstijl, Ingenieurscombinatie, Utrecht /
Housestyle for Engeneering Combine Utrecht

4 Huisstijl, Ingenieursbureau Utrecht /
Housestyle for Engeneering Office Utrecht

5 Huisstijl, De la Rive Box, Design Management /
Housestyle for De la Rive Box, Design Management

6 Instructieboekjes, Simulatie Control-IT /
Simulation Control-IT manual

7 Huisstijl en site, Simagine Management Support bv /
Housestyle and site for Simagine Management Support bv

8 Huisstijl, sieraadontwerper en goudsmid Truike Verdegaal /
Housestyle for ornament designer and goldsmith Truike
Verdegaal

3

1

4

2

De la Rive Box Design Management

5

8

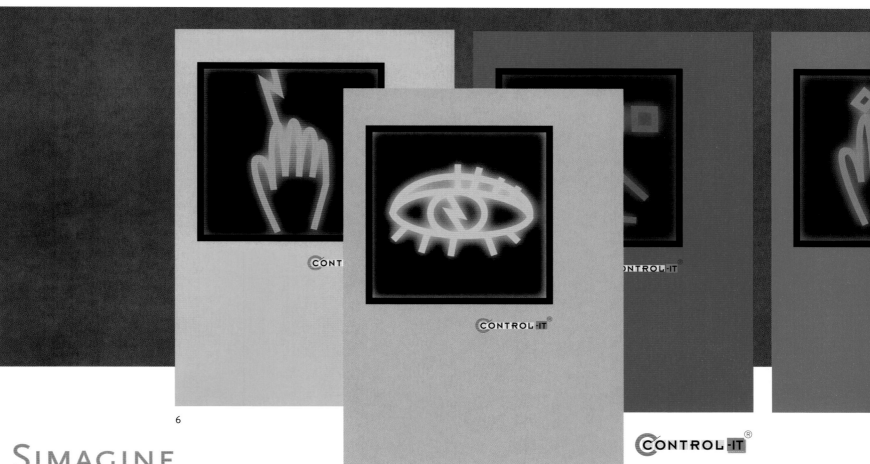

6

CONTROL-IT®

SIMAGINE

7

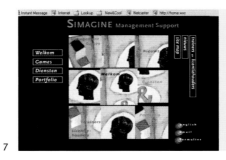

7

Topvorm - ontwerp en reclame

Cliffordweg 50 / 3646 AH Waverveen
T 0297-26 20 86 / F 0297-26 40 86
e-mail ontwerp@topvorm.nl / website www.topvorm.nl

Directie / Management Anita de Zwart, Marcel Straver
Contactpersonen / Contacts Anita de Zwart, Marcel Straver
Vaste medewerkers / Staff 5
Opgericht / Founded 1986
Lidmaatschap / Membership BNO

Moeder komt kijken...

'Allemachtig, wat een mooi kantoor zeg, met al die televisies.
Nee, monitoren noemen jullie dat, hè? Ja, je moeder weet heus...
En wat een mooie koffiekopjes ook, zeg. Maar waar staat nou
de drukpers?'

'Nee, moeder, we hebben geen drukpers. We zijn geen drukkerij.'

'Niet? Ik dacht toch altijd... Maar wat doen jullie dan wèl?'

'Topvorm is een bureau voor ontwerp en reclame. We bedenken
bijvoorbeeld huisstijlen, DM-acties, advertising, corporate
brochures, leaflets, beweg...'

'Ho, ho, niet zo snel. Huisstijlen? Jij hebt toch nooit voor architect
geleerd?'

'Nee, ik bedoel... Wacht, kijk hier, dit bijvoorbeeld. Dit is een
huisstijl. Zie je? Voor een van onze accounts ontwikkelden we dit
briefpapier met bijpassende visitekaartjes, enveloppen,
rekeningen...'

'Ja, accountants, die kunnen rekeningen sturen. Ik heb je toch
altijd gezegd, word nou maar accountant. Maar jij moest zo
nodig creatief werk. En nu sta je de hele dag saai briefpapier te
maken. Geen bloemetje erop, niks. Heb je niets leukers te doen?'

'Dit vind ik nu eenmaal leuk. En we doen nog veel meer hoor,
ook met kleur. Deze corporate... deze brochure bijvoorbeeld.
Die laat zien wat onze klant allemaal te bieden heeft. Dit hele
boekwerk hebben wij ontworpen, de lay-out gemaakt en de
litho's verzorgd. Bovendien ontwikkelden we een bijpassende
website met uitgebreide achtergrondinformatie.'

'Goh, nou mooi hoor. Lee Oud, het Lido, Wesptijd, nou nou.
Allemaal met die computers zeker. Ja, ze kunnen wat
tegenwoordig. Ik ben al blij als ik de afstandbediening snap.
En wat hangt daar aan de muur? Hebben jullie dat ook allemaal
gemaakt? Die reclames?'

'Ja, precies! Wij bedenken het concept. Zeg maar een goede
manier om aan de mensen uit te leggen waarom ze een product
moeten kopen. Dat laten we dan eerst als schetsidee aan de
klant zien. En als die het goed vindt, gaan we tekstschrijven,
fotograferen...'

'Ja, ja. Jij en foto's! Je kreeg je vader en mij er niet eens goed op.
Albums vol afgehakte hoofden heb ik thuis!'

'Nee, mam, fotograferen doe ik niet zelf. Daar huren we iemand
voor in die dat veel beter kan. Net als voor de tekst, of die leuke
tekeningen daar. Die zijn ook door specialisten gemaakt.
Maar wij maken het wèl zelf op.'

'Há, dan zul je het toch eerst moeten verdienen. Maar jullie zitten
hier erg mooi hoor. En dat uitzicht. Zo lekker landelijk, zo rustig!'

'Buiten is het lekker rustig ja. Maar hier binnen lijkt het soms wel
spitsuur. We moeten namelijk ook nog zorgen dat alles volgens
onze normen en planning geproduceerd en gedrukt wordt.'

'Ja, jullie zitten hier echt ideaal. Maarreh... waar staat nou die
drukpers?'

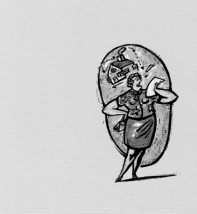

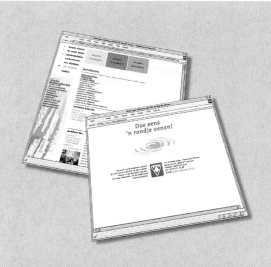

Total Design

Ontwerpers en adviseurs

Total Design International Holding bv
DirkJan van Haren Noman
Plotterstraat 3 / 1033 RX Amsterdam
T 020-493 94 44 / F 020-493 94 45
website www.totaldesign.nl

Total Design Amsterdam bv
Hans P. Brandt
Burgerweeshuispad 101 / 1076 ER Amsterdam
T 020-578 96 00 / F 020-578 96 21

Total Design Köln GmbH
Erich Ranzau
Im Mediapark 5 d / 50670 Köln / Duitsland
T + 49 (0)221-454 35 50 / F + 49 (0)221-454 35 59

Total Design Maastricht bv
Marcel Speller
Stationsplein 27 / 6201 BT Maastricht
T 043-325 25 44 / F 043-325 25 90

Total Design Special Projects bv
Jelle van der Toorn Vrijthoff
Plotterstraat 3 / 1033 RX Amsterdam
T 020-493 94 44 / F 020-493 94 45

Zie ook Nieuwe media p.114 Ruimtelijk ontwerp p.66

Vaste medewerkers / Staff 100
Opgericht / Founded 1963
Lidmaatschap / Membership BNO en VEA

Bedrijfsprofiel

Total Design onderzoekt, realiseert en onderhoudt het gewenste imago van haar opdrachtgevers. Het bureau biedt hiertoe strategisch design- en identitymanagement en communicatie-adviezen omtrent corporate identity, positionering en imago. Het bureau ontwerpt en implementeert corporate design-programma's en individuele communicatie-uitingen. Samen met onze opdrachtgever zoeken wij naar een heldere profilering in business-to-business- en arbeidsmarktcommunicatie, in consumenteninformatie en in interne communicatie.

Company profile

Total Design evaluates, realises and preserves the image desired by its customers by offering strategic design and identity management and recommendations to communicate corporate identity, positioning and image. The agency designs and implements corporate design programmes and individual publications. Working with our customers, we seek clear profiling in business-to-business and labour market communications, consumer information and internal communications.

Een aantal opdrachtgevers / Some of our customers

Zakelijke dienstverlening / Corporate Services
AMEV, Bouwfonds, Inbo, KLM, Odyssee, Twynstra, Westland/Utrecht Hypotheekbank
Industrie / Industry
Koninklijke BAM Groep, DSM, Organon Teknika, Océ, Pon
(Semi-)overheid / (Semi-)government
Amsterdam Stadsdeel Oud Zuid, Ministerie van Buitenlandse Zaken, Gemeente Maastricht, WML
Gezondheidszorg / Health Care Industry
AZM, Pantheon Zorggroep, Stichting Sanquin Bloedvoorziening

1 Jaarverslag 'de dialoog' van Westland/Utrecht / 'The Dialogue' annual report for Westland/Utrecht.

2 Corporate merk en beeldtalen op verschillende uitingen van Odyssee / Corporate brand and image for various Odyssee products

1

[**Westland Utrecht**] *Total Design heeft een positioneringsonderzoek voor Westland/Utrecht uitgevoerd. Een geïntegreerde communicatie in het intern op gang brengen van gesprekken, tot en met de corporate uitingen als het jaarverslag 'de dialoog'. De pay-off die de essentie uitdr meerde organisaties in de training- en advieswereld zijn gefuseerd en varen onder een nieuwe naam en een nieuwe vlag. Om de verscheidenhe een beeldtaal naast het corporate beeldmerk te ontwikkelen, waarmee de rode draad voor elke werkmaatschappij werd gelegd. [***Westland Ut**** constructed. Resources developed to express the values range from place-mats to promote internal dialogue to corporate communications up corporate identity programme with an extensive pictorial language. Four reputable organizations in the training and consultancy world hav services package to the various target groups. This was achieved by developing for each operating company a pictorial language in addition*

...eld, waarbij wordt uitgegaan van de kernwaarden van de bank wordt nu opgebouwd. Ontwikkelde middelen om de waarden manifest te maken variëren van placemats voor ...and/Utrecht, verrassend inventief. [**Odyssee**] Voor Odyssee heeft Total Design een nieuw corporate identity-programma ontwikkeld met een uitgebreide beeldtaal. Vier gerenom-...ienstenpakket aan de verschillende doelgroepen te communiceren is de eigenheid van de werkmaatschappijen bewaard. Dit werd bereikt door voor elke werkmaatschappij ...

... Design carried out a positioning study for Westland/Utrecht. Integrated communications in pictures and text, based on the core values of the bank, are now being ...nnual report 'The Dialogue'. The pay-off that expresses the essence is: Westland/Utrecht, surprisingly inventive. [**Odyssee**] For Odyssee, Total Design has developed a new ...ed and now sail under a new name and a new flag. The individual character of the operating companies has been preserved in order to communicate the diversity of the ...rate logo, which established the leitmotif for each company.

Uittenhout Design Studio

Galerij 15 / 4261 DG Wijk en Aalburg
Postbus 23 / 4260 AA Wijk en Aalburg
T 0416-69 25 07 / F 0416-69 28 57
mobile 06-51 31 81 67 / e-mail uittenhout @uittenhout.nl
website www.uittenhout.nl

Zie ook Verpakkingsontwerp p.46, Nieuwe media p.116

Directie / Management Frank Hermens, Nico van Cromvoirt,
Mik Wolkers, Kees Uittenhout
Contactpersonen / Contacts Frank Hermens, Nico van Cromvoirt,
Mik Wolkers, Kees Uittenhout
Vaste medewerkers / Staff 13
Opgericht / Founded 1977
Lidmaatschappen / Memberships BNO, BCC,
Communicatieplatform Brabant

Bedrijfsprofiel

Corporate identity projecten in de ruimste zin van het woord
vormen de basis van het creatieve werk van de studio.
Huisstijlen, brochures, folders, illustraties, productdesign,
branddesign, verpakkingen, 3D visuals, animaties, websites,
videoproducties, commercials en sales promoties vormen een
voor de klant profijtelijke werkcyclus van hoge kwaliteit in elk
onderdeel, van design tot complete implementatie.
Typografische, illustratieve, electronische, conceptuele en
driedimensionale vaardigheden culmineren zo tot een
allesomvattend studiowerk van zeer hoog kwaliteitsniveau.

Agency profile

The studio's creative work focuses on the full range of corporate
identity projects: housestyles, brochures, folders, illustrations,
product design, brand design, packaging, 3D visuals, animations,
websites, video productions, commercials and sales promotions
proceed from a succession of profitable, state-of-the-art phases,
through each stage from design to complete implementation.
Typographical, illustrative, electronic, conceptual and three-
dimensional skills culminate in state-of-the-art comprehensive
studio work.

Opdrachtgevers / Clients

ABN AMRO, Avang, Chalet Fontaine, Daidalos, Demarcon, Early
Learning Center, Efteling, Euretco, ILC, Iolan, Isoschelp, Jonker
Petfood, Lego, Lust, LVO, Maxifoto, MSG, NVPf, Otto Simon,
Pearle, Peijnenburg, Philips, Profile Tyrecenter, Profile de
Fietsspecialist, Pheidis, Repair Vision, Sealskin, SGN,
Speelboom, Techno Hobby, Thermaflex, Top 1 Toys, Versteeg,
Vugts consultancy, Wigwam, VIV, Window Care Systems, ZKA

1 Corporate identity Lust

2 Profile de Fiets specialist magazine 1999

3 Profile Tyrecenter Smart

*4 Lego: concept, ontwerp, sales promotion, schatkaartactie /
Lego: concept, design, sales promotion, treasure hunt*

5 In Balance brochure

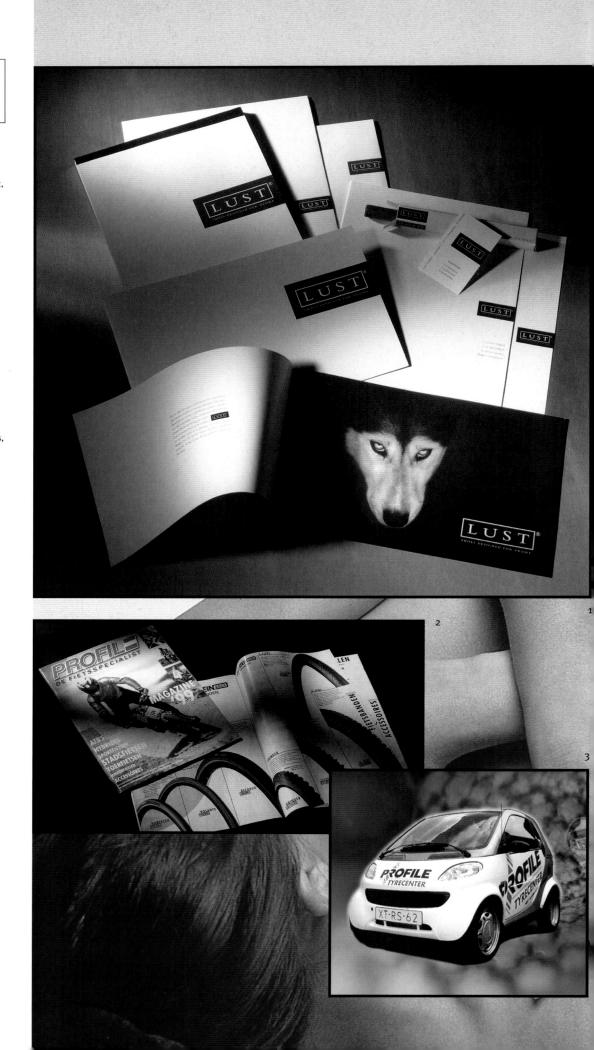

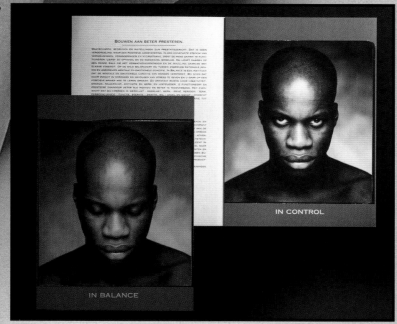

4

5

UNA (Amsterdam) designers

Mauritskade 55 / 1092 AD Amsterdam
T 020-668 62 16 / F 020-668 55 09
e-mail amsterdam@una-design.nl
website www.una-design.nl

UNA (London) designers
5.5 Alaska 500 Building
61 Grange Road / London SE1 3BA, UK
T +44 171-394 88 38 / F +44 171-394 88 65
e-mail london@una-design.nl

Zie ook Nieuwe media p.118

Directie / Management Hans Bockting,
Will de l'Ecluse (Amsterdam)
Contactpersonen / Contacts Hans Bockting,
Will de l'Ecluse (Amsterdam), Nick Bell (London)
Vaste medewerkers / Staff 10
Opgericht / Founded 1987
Lidmaatschappen / Memberships BNO, D&AD, STD
Samenwerkingsverband met / Associated with UNA (London)
designers, S+D ontwerpers, Amsterdam

Opdrachtgevers / Clients

Zakelijke en financiële dienstverlening /
Business and financial services

Arthur D. Little International
Delta Lloyd Verzekeringsgroep
F. van Lanschot Bankiers
Nauta Dutilh
Randstad
TreBruk Benelux

Overige dienstverlening / Other services

CAOS (Conference Administration Organisation Services)
Design Zentrum Nordrhein Westfalen
Koninklijke Vereniging van het Boekenvak KVB
pAn Amsterdam
PTT Post
Stichting Consument en Veiligheid
The European Fine Arts Foundation (TEFAF)
Van + Van Publiciteit
Waddenvereniging

Cultuur / Culture

Amsterdams Historisch Museum
D'ARTS kunsthistorisch advies en organisatiebureau
Koninklijk Kabinet van Schilderijen Mauritshuis
Meervaart Theater / Congressen
Museum für Moderne Kunst Frankfurt
Museum Het Rembrandthuis
Schönberg / ASKO Ensemble
Stedelijk Museum Amsterdam
Stichting De Nieuwe Kerk Amsterdam
Vereniging Rembrandt
Witte de With center for contemporary art

Uitgeverijen / Publishing media

Cambridge University Press
De Arbeiderspers
Martinus Nijhoff uitgevers
Meulenhoff Educatief
Wolters-Noordhoff

Reise in die
Niederlande
Stedelijk Museum
Amsterdam
20.2 | 11.4

V.design

Grafische vormgevers

Minister Nelissenstraat 4 / 4818 HT Breda
Postbus 4841 / 4803 EV Breda
T 076-522 56 57 / F 076-521 58 65
mobile 06-50 66 8 66 6 / e-mail v.design@wxs.nl

Contactpersonen / Contacts Rob Vermolen, Janca Huysmans
Vaste medewerkers / Staff 2
Opgericht / Founded 1991

Sorry, geen bedrijfsprofiel

Wij zijn geen schrijvers, maar vormgevers. Daarom leest u hier
geen verhaal over onze bijzondere talenten, onze betrouwbaarheid, en vertellen we u hier niets over onze jarenlange
ervaring of over de waardering die we krijgen van onze klanten.
Vindt u dat een gemis? Bel ons dan gerust even op, want een
kort gesprek past beter bij ons, ... en kan u ook wijzer maken.

Sorry, no agency profile

We're not copywriters, we're graphic designers. That's why we
haven't written about our special talents or our reliability and
why there's no pitch about how our clients appreciate us.
If you'd like to meet us, why not call. A quick conversation is
more our style ... and you'll probably find out more yourself.

Opdrachtgevers / Clients

BBA (stad- & streekvervoer)
Interbrew Nederland
GGZ Regio Breda
Grote Kerk Breda
NBM Beton & Industriebouw
Westenburg Assurantiën
en anderen / and others

Onderdelen van een uitgebreide huisstijl voor de COKB
Kinderopvang Breda / Elements of the COKB house style

Frank van Veen

Grafisch ontwerper

Pijnboomstraat 47 / 2565 ZJ Den Haag
T 070-346 62 50 / F 070-346 62 49
mobile 06-51 90 54 34 / e-mail frnkmn@wxs.nl

Directie / Management Frank van Veen
Contactpersoon / Contact Frank van Veen
Vaste medewerkers / Staff 1
Opgericht / Founded 1987
Lidmaatschap / Membership BNO

1 *Flyer North Sea Jazz Heats The Hague /*
North Sea Jazz Heats The Hague flyer

2 *Ao poster North Sea Jazz Heats The Hague /*
North Sea Jazz Heats The Hague Ao poster

3 *Programmaboek Midsummer Jazz Gala /*
Midsummer Jazz Gala booklet

4 *Toegangskaarten, North Sea Jazz Festival /*
North Sea Jazz Festival tickets

5 *Cover brochure 1999, North Sea Jazz Festival /*
1999 North Sea Jazz Festival brochure cover

6 *Voorlichtingsbrochures Rutgers Stichting. Folders Taakstraffen*
Seksualiteit, Rutgers Stichting / Educational brochure for Rutgers
stichting

7 *Huisstijl Delta-n, ICT Management & Services*
Omslag- en informatiemap Delta-n, ICT Management & Services /
Delta-n housestyle with cover and information folder for ICT
Management & Services

8 *Lay-out Interfocus magazine, Intergraph Nederland,*
Omslagmap Intergraph Nederland / Interfocus magazine layout
and folder cover for Intergraph Nederland

9 *Lay-out Van der Valk Tours 99, Vakantiemagazine Van der Valk /*
Van der Valk Tours 99 layout for Van der Valk holiday brochure

Frank van Veen

grafisch ontwerper

1

2

4

3

7

8

6

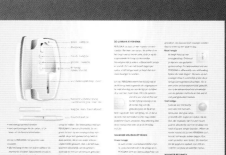

5

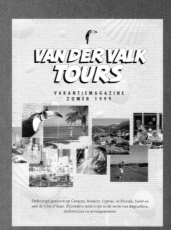

9

Klaas van der Veen

Bloemgracht 156 / 1015 TS Amsterdam
T 020-421 21 28 / F 020-421 21 28
e-mail k.j.vanderveen @cable.a2000.nl

Contactpersoon / Contact Klaas van der Veen
Vaste medewerkers / Staff 1
Opgericht / Founded 1996

Opdrachtgevers / Clients
KPN-Telecom, PTT-Post, IVN Vereniging voor Natuur- en Milieu-
educatie, Uitgeverij 010, NIVON Jeugd en Jongeren, Elsevier
Science, Productschap Tuinbouw, Zorgcentrum De Lindonk,
Uitgeverij Op Lemen Voeten, Troje Training en Theater

1-4 KPN Telecom standaardseries telefoonkaarten
Vaderlandsche Geschiedenis 1999, 2000 en 2001. Onderzoek,
tekst en vormgeving. Afgebeeld: vier kaarten uit de
standaardserie 1999, historische personen, 1: Middeleeuwen -
voorzijde, 2: Franse Tijd - achterzijde, 3: Negentiende Eeuw, -
achterzijde, 4: Twintigste Eeuw - achterzijde /
KPN Telecom Dutch History standard phonecard series for 1999,
2000 and 2001. Research, text and design. Shown here: four
cards from the 1999 standard series of historical characters, 1:
Medieval - front, 2: French period - back, 3: Nineteenth century -
back, 4: Twentieth century - back

5, 6 Omslagen cursusmateriaal IVN, Vereniging voor Natuur- en
Milieu-educatie / Course material covers for IVN Association for
Nature and Environment Education

7 Attitude not Altitude, logo voor jaarlijks terugkerend eigen
project / Attitude not Altitude. Logo for agency's own annual
project

8 Vlag op Schotse bergtop, onderdeel van eigen afstudeer-
project over landschap / Flag on Scottish mountain top, part
of graduation project on landscape

9, 10 Serie herdenkingszegels PTT-Post, 3 x 80 ct: Vrede van
Munster, Grondwet, Universele verklaring Rechten van de Mens.
Afgebeeld: gehele serie en zegel Vrede van Munster /
Series of PTT Post commemorative stamps, 3 x 80 ct, for the
Westphalian Peace, Constitution, Universal Declaration of Human
Rights. Shown here: complete series and Westphalian Peace

11 Logo Stichting Erkenningen Tuinbouw /
Logo for Stichting Erkenningen Tuinbouw

12-15 Silencio en Havana (vier spreads), boekje 63 x 84 mm met
literaire tekst, fotografie en videostills. Fotografie: Vincent van
de Wijngaard / Silencio en Havana (four spreads), booklet,
63 x 84 mm, with literary text, photography and video stills.
Photography: Vincent van de Wijngaard

16 Jaarboekje KPN Jonge Academici (spread). Tekst, redactie
en vormgeving / KPN Jonge Academici yearbook (spread).
Text, editing and design

17 Proefschrift over quantumoptica, omslag /
Dissertation on quantum optics, cover

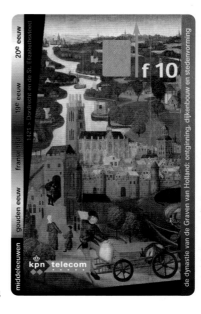

1

2

3

4

5

6

8

stichting **erkenningen** tuinbouw

11

10

harald van kampen

optical properties of dense atomic vapours

an experimental study

16

12

Deseo

Als ik beter zou hebben gewe-
ten wat ik wilde, zou ik nu niet
zo treurig zijn. Maar ik zag
alleen maar chaos, een zee
van ellendige, chaotische rot-
zooi. Ik dacht: 'Als het gaat
stormen, word ik verzwolgen.'

En eigenlijk kon me dat niets
schelen. 'Laat het maar stormen,' dacht ik, 'laat de boel
maar instorten en boven op
mij vallen, ik vind het allemaal
wel best.'
Er werd een vloedgolf verwacht. Ik verschool me achter
een muur van desinteresse.
Maar toen het werkelijk
begon te stormen, was ik ner-
gens op voorbereid.

13

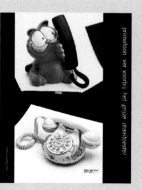

heeft de
consument
dan geen
behoefte
aan mooie
telefoons?

14   15   17

Vermeulen/co

Corporate and packaging design

Marconistraat 13 / 6372 PN Landgraaf
Postbus 6039 / 6401 SB Heerlen
T 045-531 90 90 / F 045-533 03 03
mobile 06-53 50 92 23 / e-mail mail@vermeulen-co.com
website www.vermeulen-co.com

Wachtelweg 14D / 41239 Mönchengladbach

Zie ook Verpakkingsontwerp p.48

Directie / Management Rob & Irma Vermeulen
Contactpersoon / Contact Rob Vermeulen
Vaste medewerkers / Staff 19
Opgericht / Founded 1976
Lidmaatschappen / Memberships BNO, BNO verpakkingsburo's, PDA

Opdrachtgevers / Clients
Campina Melkunie bv
Domicura
DIS, Partners in Contract Filling
Façade Beton bv
Gemeente Heerlen
Gulpener Bierbrouwerij
Hero
Kallen Raeven Accountants & Adviseurs
Lutèce
Provincie Limburg
Seagram
United Distillers
Van der Valk Hotels

1 Logo, optische producten / Logo for optical products

2 Mailing, Limburgs Dagblad / Limburgs Dagblad mailing

3, 4 Periodieken, Vinissimo, Italiaanse wijnimporteur;
Kallen Raeven, adviseurs & accountants /
Periodicals for Vinissimo, Italian wine importer and for; Kallen Raeven advisors & accountants

5 Jaarverslag, Bureau Halt / Bureau Halt annual report

6 Logo, samenwerkingsverband 8 gemeentes /
Logo for eight-city cooperative body

7, 8 Introductie dochteronderneming Nutsbedrijf Heerlen /
Nutsbedrijf Heerlen subsidiary introduction

9 Getrapte mailings, Limburgs Dagblad /
Limburgs Dagblad mailings

10, 11 Logo's; voor biologische sojaproducten en voor
internet-organisatie / Logo's; for biological soya products an for
an Internet organisation

12 Jaarverslag, GGD / GGD annual report

13 Brochures, Museum Industrion / Museum Industrion brochure

14, 15 Advertenties, Melkunie en Hero /
Melkunie and Hero advertisements

1

GRATIS KENNIS MAKEN MET
DE KRANT VAN LIMBURG?
TUURLIJK!

2

3

4

5

Parkstad Limburg

6

7

CC

N.V. NUTSBEDRIJF HEERLEN

HEEFT ER EEN MOOIE

TWEELING BIJ

'ONS EIGEN kerstkindje'

8

98

Coriorent

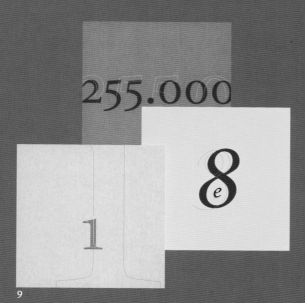

255.000

8
e

1

9

ZUIVER
PLANTAARDIG

SoFine

10

²MB

11

Gemeenschappelijke Gezondheidsdienst Oostelijk Zuid-Limburg - Jaarverslag

1998

12

13

INDUSTRION
BELEEF WAT JOU BEWEEGT

melkunie

FRISMELK NIEUWS

FRIS
MELK

FRIS
MELK

NIEUW:
FRISMELK SINAASAPPEL

14

Hero

15

Lucie Vijverberg
Vormgeving / Art Direction

Dirk Hoogenraadstraat 168 K / 2586 TP Den Haag
T 070-358 78 12 / F 070-358 78 13
mobile 06-26 12 66 96 / e-mail lucieart@wxs.nl

Directie / Management Lucie Vijverberg
Vaste medewerkers / Staff 2
Opgericht / Founded 1990
Lidmaatschap / Membership BNO

Opdrachtgevers / Clients
Afrika Museum, Algemene Haagse Ongediertebestrijding,
Awareness (adviesbureau voor beleidsmarketing /
policy marketing consultants), Bio Implant Services (BIS),
First Financial Communications, Gist Brocades, HVR Bruns van
der Wijk (adviesbureau voor communicatie / communications
consultants), InnovatieCentrum voor Uitvindingen ID-NL,
Netherlands Bone bank Foundation (NBF), Punt Meens
& Varekamp Belastingadviseurs, Recreatie Rotterdam,
Rijksarchiefdienst Den Haag, Ministerie van Verkeer en
Waterstaat

Vraag naar de map van mijn baasje

LUCIE VIJVERBERG | VORMGEVING/ART DIRECTION

logo's   huisstijlen

jaarverslagen   brochures

affiches   folders

advertenties

nieuwsbrieven

VBAT

Assumburg 152 / 1081 GC Amsterdam
Per 1 mei 2000
Stationsplein NO 410 / 1117 CL Luchthaven Schiphol
Postbus 71116 / 1008 BC Amsterdam
T 020-646 25 66 / F 020-646 26 34
e-mail oracle@vbat.nl / website www.vbat.nl

Zie ook Verpakkingsontwerp p.50, Nieuwe media p.120,
Ruimtelijk ontwerp p.68

Directie / Management Teun Anders, Eugene Bay, Pieta Booy
Contactpersoon / Contact Robert Jahn
Vaste medewerkers / Staff 70
Opgericht / Founded 1984
Lidmaatschap / Membership BNO

VBAT

Grenzen vervagen, communicatiedisciplines smelten samen,
de nieuwe economie rukt op. Hoog tijd voor het nieuwe
merkdenken. Een organisch proces waarin het blootleggen,
ontrafelen en in kaart brengen van het DNA van uw onderneming,
product of dienst leidend zal zijn voor uw toekomstige merk-
en communicatiebeleid. Vanuit die visie hebben wij,
VBAT_Identities, twee nieuwe units opgericht: het communicatiebureau VBAT_Brothers en het interactieve marketingbureau
VBAT_Interactive. Samen vormen wij nu VBAT.

Speciaal voor opdrachtgevers die streven naar vergaande
samenhang en integratie van hun merkenbeleid hebben wij The
White Room™ ontwikkeld. Een merkdenktank waarin door onze
drie units gezamenlijk gezocht wordt naar relevante oplossingen
voor uw merkvraagstukken. Dit brainstormproces noemen wij
Osmosis™. Mede door deze nieuwe aanpak zullen wij er in
slagen om bedrijven, producten en diensten een herkenbare
identiteit te geven.

VBAT

Boundaries fade, communication disciplines merge, the new
economy is marching forward. High time for a new way of
thinking about brands. This is an organic process in which the
uncovering, unravelling and charting of the DNA of your
enterprise, product or service are decisive for your future
brand and communication policy. On the basis of this vision,
VBAT_Identities has set up two new units: the communications
bureau VBAT_Brothers and the interactive marketing bureau
VBAT_Interactive. Together they constitute VBAT.

We have developed The White Room™ specially for clients who
strive for far-reaching cohesion and integration of their brand
policy. It is a brand think-tank, where our three units together
come up with relevant solutions to your brand issues. We call
this brain-storming process Osmosis™. This new approach will
facilitate our success time and again in giving companies,
products and services a distinct identity.

Opdrachtgevers / Clients

ADC, BEDA, Brezan Automaterialen, BYK Nederland, Best Foods
Benelux (Knorr), Campina U.K., Cap Gemini, Delta Lloyd, Ebcon,
EDON, Essent, FMO, Frico Cheese International, Friesland
Nutrition, The Greenery, Heineken NL (Brand Bier), Hendrix UTD,
Henzo, HOV Utrecht, ING Bank, Interpolis, ISBW, Libertel,
Menken Dairy Food, Mona, Nestlé Nederland, Noorderdierenpark,
OPG Groep (Samenwerkende Apothekers Nederland), PFI Europe
Group, PNEM, P&O Nedlloyd, Postbank, Quaker Trading, Raad
voor de Transportveiligheid, Koninklijke De Ruijter, Sky Radio,
Smiths Food Group, SNS Reaal Groep, Stichting Sail Amsterdam,
Superunie, VARA, VEA, VNO-NCW, Ministerie van VROM, VSN
Groep, Wehkamp.

corporate tattoos

Als ze zijn aangebracht, krijg je ze niet meer weg.
Niet met een stuk zeep. Ook niet met een hogedrukreiniger.
Corporate identities zijn tatoeages. Net zo definitief.
En net zo gezichtsbepalend.
Wanneer je dat beseft denk je wel twee keer na voordat
je een viltstift pakt.

Wij beschouwen het ontwikkelen van een corporate identity
per definitie als een opdracht, waar je bijzonder goed over
moet nadenken. We gaan op zoek naar de wezenlijke
kenmerken, zeg maar het 'DNA' van een bedrijf.
We maken die zoektocht zichtbaar (dat praat makkelijker).
We houden niet van verzinsels. Onze manier van werken kan
je misschien het best als 'organisch' omschrijven.

Daardoor krijg je corporate identities die ondernemingen op
het lijf geschreven zijn.

VISSER BAY ANDERS TOSCANI IDENTITIES

Volta

Grafisch, Ruimtelijk & Nieuwe Media

Janskerkhof 20 / 3512 BM Utrecht
Postbus 1229 / 3500 BE Utrecht
T 030-236 80 31 / F 030-232 88 94
e-mail to@volta.nl / website www.volta.nl

Milletstraat 32-II / 1077 ZE Amsterdam
T 020-470 38 33

Zie ook Nieuwe media p.122, Ruimtelijk ontwerp p.70

Directie / Management Pieter van den Heuvel, Jan-Paul de Vries
Contactpersonen / Contacts Pieter van den Heuvel,
Jan-Paul de Vries, Sander Tóth
Vaste medewerkers / Staff 10
Opgericht / Founded 1994
Lidmaatschap / Membership BNO

Opdrachtgevers / Clients
Bouwfonds Woningbouw, Ericsson Telecommunicatie, Forbo
Krommenie, Gary's Muffins, Van Gogh Museum Amsterdam,
Manpower Uitzendorganisatie, Nationale Woningraad,
Nederlandse Bond voor Aangepast Sporten, Nedvan, NOB
Interactive, Northern Light CoDesign, NZH, OpdenKamp
Adviesgroep, Origin Nederland, Pensioenfonds Nederlandse
Omroep, Podium Projectcommunicatie, Rabobank Nederland,
Rabobank International, de Rode Hoed, Rijksmuseum
Amsterdam, Rijkswaterstaat / Dept. of Public Works,
Stadsschouwburg Utrecht, SOMMedia, Stichting Behoud
Natuur en Leefmilieu, Stichting SURF, Studio voor Fotografie,
Volksbuurtmuseum Wijk C

1 *Jaaroverzicht, Origin Nederland, 1998 /*
Origin Netherlands annual report 1998

2 *Jubileumboek, NZH, 1998 /*
NZH Public Transport jubilee book, 1998

3 *Advertentiecampagne, De Studio, 1999 /*
De Studio advertising campaign, 1999

4 *Kunstkrant, Rijksmuseum Amsterdam, 1999 /*
Rijksmuseum Amsterdam external art magazine, 1999

5 *Jongeren Museumkrant, Van Gogh Museum, 1999 /*
Van Gogh Museum youth magazine, 1999

6 *CKV-wijzer, Rijksmuseum Amsterdam 1998 /*
Teaching material CKV guide for Rijksmuseum Amsterdam 1998

7 *Klantenmagazine, Origin Nederland, 1999 /*
Origin Netherlands client magazine, 1999

8 *Segment brochures, Forbo Krommenie, 1998 /*
Forbo Krommenie segment brochures,1998

9 *Huisstijl & Seizoenbrochure, Stadsschouwburg Utrecht, 1999 /*
Utrecht municipal theatre housestyle and season programme
brochure, 1999

10 *Tentenboekje, Origin Nederland, 1998 /*
Origin Netherlands, a book on tents, 1998

Jaarverslagen

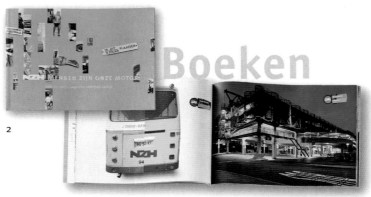
1

Boeken

2

3

Advertenties

appels met peren

4

Magazines

7

8

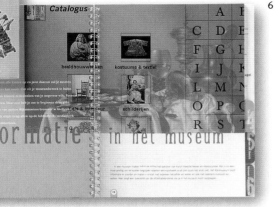

6

Stads **schouwburg** Utrecht

9

10

Voorheen De Toekomst

Kunst en vormgeving

Spijk 5 / 6701 DT Wageningen
Postbus 432 / 6700 AK Wageningen
T 0317-41 33 99 / F 0317-42 63 21
e-mail alg@vhdt.nl / website www.vhdt.nl

Contactpersonen / Contacts Robbert Kamphuis, Arie de Groot
Vaste medewerkers / Staff 5
Opgericht / Founded 1994
Lidmaatschap / Membership BNO

Bureauprofiel

Wij verdienen ons brood met het ontwerpen en vervaardigen
van advertenties, affiches, beeldmerken, boeken, bouwplaten,
briefpapieren, brochures, cd-verpakkingen, decors, enveloppen,
formulieren, fotografie, gevelduidingen, huisstijlen, ideeën,
illustraties, installaties, jaarverslagen, kalenders, kunstwerken,
mailings, meubilair, omslagen, performances, plechtigheden,
presentaties, rapporten, relatiegeschenken, schilderijen,
schoenen, tassen, teksten, tentoonstellingen, tijdschriften,
uitnodigingen, verlichting, verpakkingen, video's, vlaggen,
voertuigbelettering, websites, wegwijzering en meer.

Agency profile

We earn our money by designing and producing adverts, posters,
logos, books, cut and paste puzzles, stationary, brochures, cd
covers, decors, envelopes, forms, photography, wall graphics,
corporate identities, ideas, illustrations, installations, annual
reports, calendars, art, mailings, furniture, covers, performances,
ceremonies, presentations, reports, promotional gifts, paintings,
shoes, bags, texts, exhibitions, magazines, invitations, lighting,
package design, videos, flags, vehicle graphics, websites,
signposts and more.

Opdrachtgevers / Clients

CTA (Technical centre for agricultural and rural cooperation),
Theatergroep Delta, European MSc, Gemeente Wageningen,
ISBS (International Society for Biochemical Systematics), KNPV
(Koninklijke Nederlandse Plantenziektekundige Vereniging),
KNSB (Koninklijke Nederlandse Schaatsenrijders Bond),
Adviesbureau Tertium, Alfa Accountants, Novio Consult, Kamer
van Koophandel voor Rivierenland, Wageningen Universiteit,
Wageningen UR, Ministerie van Binnenlandse Zaken,
Rijkswaterstaat, Schouwburg Junushoff, DLO, Staatsbosbeheer
en De Woningstichting

daar danst de tijd zij rept zich voort en voordat men zich keren kan is de toekomst reeds vervlogen

Vorm Vijf Ontwerpteam

Kazernestraat 41 / 2514 CS Den Haag
T 070-346 95 73 / F 070-360 08 37
e-mail ontwerpteam@vormvijf.nl / website www.vormvijf.nl

Zie ook Nieuwe media p.124

Directie / Management Bart de Groot, Fred van Ham,
Hans Leijdekkers
Contactpersonen / Contacts Fred van Ham, Paul Scholte
Vaste medewerkers / Staff 12
Opgericht / Founded 1974
Lidmaatschap / Membership BNO

Vorm Vijf Ontwerpteam bestaat uit 12 vaste medewerkers die
garant staan voor een grote variatie in ontwerp en uitvoering,
waarbij gezocht wordt naar verrassende, eigenzinnige en
duurzame oplossingen. De werkgebieden, al dan niet in
samenwerking met derden, van Vorm Vijf Ontwerpteam:
grafisch ontwerp, illustratie, fotografie, multimedia,
commercials, tentoonstellingsontwerp, ruimtelijke vormgeving,
projectbegeleiding

Vorm Vijf brengt deze verschillende disciplines samen om te
voldoen aan de hogere eisen die opdrachtgevers stellen aan
het ontwerp en de afwikkeling hiervan.

Vorm Vijf Ontwerpteam has a permanent staff of twelve who
guarantee a diversity of design and execution of solutions in
which the key criteria are surprise, individuality and durability.
Vorm Vijf works in a variety of fields, where necessary with
outside assistance: graphic design, illustration, photography,
multimedia, commercials, exhibition design, spatial design,
project management

Vorm Vijf joins these different disciplines together to meet
the high expectations that clients have for their design and the
implementation.

Recente opdrachtgevers / Recent clients
Bouwontwerpgroep Kokon, Rotterdam
Gemeente Den Haag
ING Groep
InterXion
IGG
Koninklijke KPN Telecom bv
Koninklijke PTT Post bv
Ministerie van Justitie
Ministerie van Verkeer en Waterstaat
Ministerie van OCenW
Millennium Platform
Ministerie van BZK
Nederland Distributieland
Platform Millennium Overheid
Postkantoren bv
Rijkswaterstaat
Sanders Zeilstra & Partners
TPG

*1 Jaarlijks verslag Meldpunt Ongebruikelijke Transacties,
in opdracht van het Ministerie van Justitie, 1999 /
Meldpunt Ongebruikelijke Transacties annual report for
Ministerie van Justitie, 1999*

2 Jaarverslag ING Groep, 1998 / ING Groep annual report, 1998

*3 Jaarverslag Nederland Distributie Land, 1997-1998 /
Nederland Distributie Land annual report, 1997-1998*

*4 Serie omslagen van het bulletin Cultuur & School, in opdracht
van het Ministerie van OCenW / Series of covers of Cultuur &
School bulletin for Ministerie van OCenW*

*5 Sociaal jaarverslag Personeel & Organisatie, in opdracht van
het Ministerie van Justitie, 1998 / Personnel & Organisation
social annual report for Ministerie van Justitie, 1998*

*6 RWS de Balans, in opdracht van Rijkswaterstaat, 1998 /
RWS de Balans, for Rijkswaterstaat, 1998*

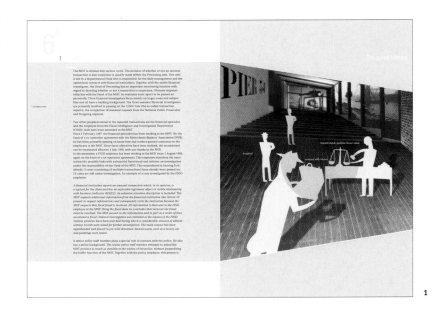

1

2

3

4

5

6

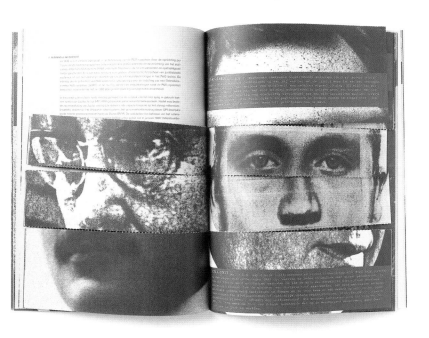

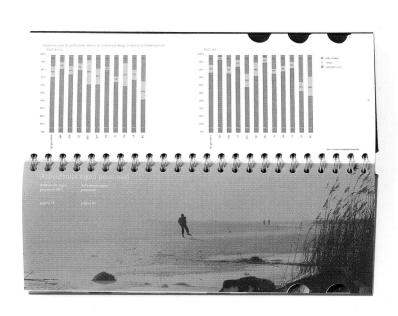

Vormgeversassociatie

Maatschap voor grafisch en industrieel ontwerp

Jonker Emilweg 9 A / 6997 CB Hoog-Keppel
Postbus 10 / 6997 ZG Hoog-Keppel
T 0314-38 92 22 / F 0314-38 22 86
e-mail V.A @ inter.nl.net

Directie / Management Wouter Botman, Loek Kemming,
Noudi Spönhoff
Contactpersonen / Contacts Wouter Botman, Noudi Spönhoff
Vaste medewerkers / Staff 15
Opgericht / Founded 1974
Lidmaatschap / Membership BNO

Mooi gevestigd in de Gelderse Achterhoek, ontwerpt de
Vormgeversassociatie al gedurende 25 jaar voor het
bedrijfsleven, de overheid en de culturele sector. Continuïteit,
duurzaamheid en een streven naar de hoogste kwaliteit vormen
de basis van de bedrijfscultuur. Als u wilt weten of de
Vormgeversassociatie ook voor u kan werken, kunt u beginnen
met het aanvragen van onze bureaubrochure.

Located in the beautiful Achterhoek area of Gelderland, in the
Netherlands, Vormgeversassociatie has been designing for
business, government and the cultural sector for some 25 years
now. Continuity, durability and the drive for exceptional quality
are the basis of our company culture. To find out whether
Vormgeversassociatie could work for you too, please apply for
our brochure.

*1 Chipcard reader, Siemens Nederland, Zoetermeer, 1996 /
Chipcard reader for Siemens Nederland, Zoetermeer, 1996*

*2 Plafondklok Axis, Designum, Laag-Keppel, 1991 / Axis ceiling
clock for Designum, Laag-Keppel, 1991*

*3 Brochures herfst- en wintercollectie, Wolky, Houten, 1998 /
Autumn/winter collection brochures for Wolky, Houten, 1998*

*4 Affiche 'Michele De Lucchi + Team', 1997, Kembo, Veenendaal /
Michele De Lucchi + Team poster, Kembo, Veenendaal, 1997*

*5 Bureau-agenda 1999, NOS, Hilversum, 1998 / 1999 Diary, NOS,
Hilversum, 1998*

*6 Dubbele pagina uit company brochure, Arcadis, Arnhem, 1999
/ Spread from company brochure, Arcadis, Arnhem, 1999*

*7 Uitnodiging en brochure 'Voortschrijdend Innovatie Proces',
Provincie Gelderland, Arnhem, 1999 / 'Ongoing Innovation
Process' invitation and brochure, Provincie Gelderland, Arnhem,
1999*

*8 Trofee en verpakking 'De Gouden Noot', Nederlands
Verpakkingscentrum, Gouda, 1997 / 'Gouden Noot' trophy and
packaging for Nederlands Verpakkingscentrum, Gouda, 1997*

*9 Buitenbord, Daad Architecten, Borger, 1999 / Sign for Daad
Architecten, Borger, 1999*

1

4

7

2

3

6

Sporen van de NOS

[agenda 1999]

5

8

9

Vormgeversmaatschap Harsta, Crouwel.

Poulinkstraat 3 / 7607 GS Almelo
T 0546-81 44 55 / F 0546-82 89 83
e-mail info@harstacrouwelbno.nl
website www.harstacrouwelbno.nl

Zie ook Ruimtelijk ontwerp p.72

Directie / Management Ben Harsta, Remco Crouwel
Contactpersonen / Contacts Ben Harsta, Remco Crouwel
Vaste medewerkers / Staff 6
Opgericht / Founded 1986

Binnen huisstijlprojecten ontwerpen wij, in samenhang, alle uitingen van een organisatie. De presentatie van de in- en exterieurontwerpen behorende bij de hier afgebeelde huisstijlen vindt u in het boekdeel 'Ruimtelijk ontwerp'.

When working on a housestyle we consult and tackle every aspect of the organisation. The presentation of in-house and external designs for the housestyles shown here are illustrated in the 'Environmental design' section.

1 Huisstijl Stedelijke Musea Zutphen, a: Briefpapier en vervolgvel 1998, b: Briefpapier en vervolgvel 1995, c: Presentatiefolder 1999 / Zutphen museums housestyle, a: Stationary 1998, b: Stationary 1995, c: Presentation folder 1999

2 Huisstijl Ambré bv, atelier voor ruimtelijke en economische ontwikkeling, Enschede, a: Briefpapier en vervolgvel 1998, b: Basisvormgeving nota's 1999, c: o-nummer eindejaarsgeschenk 'Oud+nieuw' 1998 / Housestyle for Ambré bv, spatial and economic development agency, Enschede, a: Stationary 1998, b: Basic budget design 1999, c: o number New Year gift 'Oud+Nieuw' 1998

3 Jaarverslag 1998 Koninklijke Ten Cate nv, Almelo, 1999 / Koninklijke Ten Cate nv 1998 annual report, Almelo, 1999

4 Restyling huisstijl de Jong & Laan accountants belastingadviseurs, Noord- en Oost-Nederland, 1999 / Restyling of housestyle for de Jong & Laan Accountants Belastingadviseurs, Noord- en Oost-Nederland, 1999

5 Huisstijl Nationaal Natuurhistorisch Museum Naturalis, Leiden, 1997, a: Briefpapier en vervolgvel, b: Basisvormgeving omslag wetenschappelijke tijdschriften, c: Basisvormgeving publiekskrant 'Naturalis' / Housestyle for Naturalis, Netherlands Natural History Museum, Leiden, 1997, a: Stationary, b: Basic design for cover of scientific periodicals, c: Basic design for visitor newspaper 'Naturalis'

6 Jaarverslag 1998 OPG, Utrecht, 1999 / OPG 1998 annual report, Utrecht, 1999

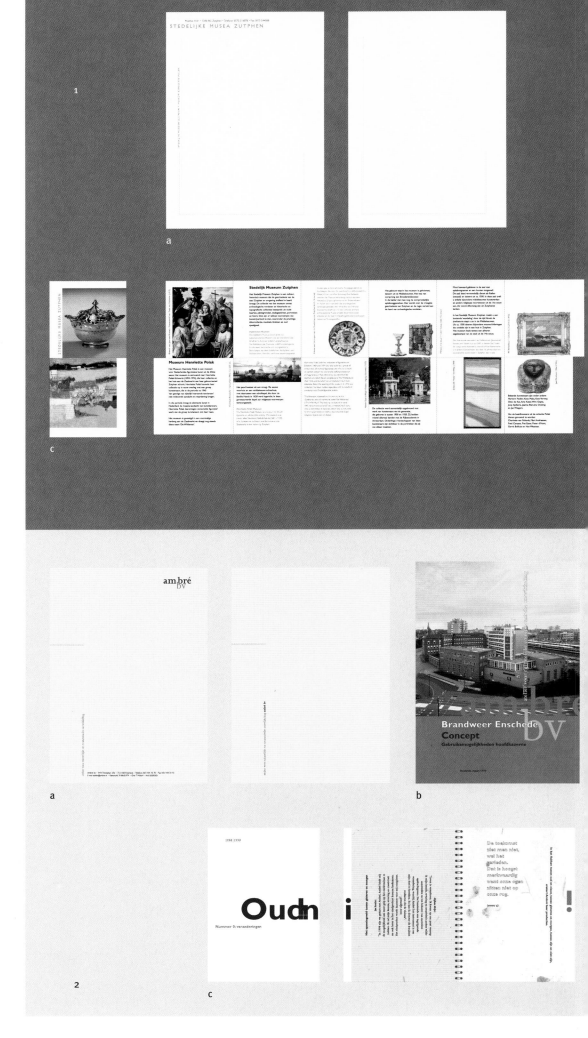

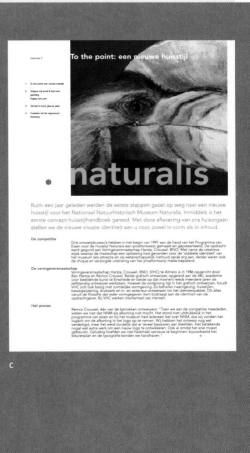

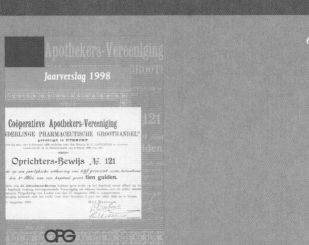

b

3

4

5

a

6

c

b

Vormplan Design

Prinsengracht 247 / 1016 GV Amsterdam
T 020-639 26 52 / F 020-639 22 20
e-mail info@vormplan.nl / website www.vormplan.nl

Directie / Management Derk Hoeksema, Egbert Wildbret
Contactpersonen / Contacts Derk Hoeksema, Egbert Wildbret
Vaste medewerkers / Staff 10
Opgericht / Founded 1987
Lidmaatschap / Membership BNO

Bedrijfsprofiel

Wat maakt een bedrijf of product onderscheidend? Het antwoord
op deze vraag vormt de basis van uw communicatie. U bewaakt
de kwaliteit van uw onderneming en uw producten of diensten.
Maar die kwaliteit moet ook over het voetlicht komen. Er zijn
immers vele aanbieders op de markt. Vormplan Design maakt
die kwaliteit zichtbaar en gebruikt daarbij vormgeving als
expressiemiddel. Hierbij zoeken we naar een sterk evenwicht
tussen enerzijds de herkenbaarheid van wat u biedt en
anderzijds het onderscheidende ervan, waarin de kwaliteit
duidelijk tot uitdrukking komt. Zo wordt vorm de toegevoegde
waarde van uw onderneming of product. Iets wat u sterkt in
de concurrentiestrijd. Creativiteit is de kern van onze
dienstverlening. Maar die creativiteit laten we altijd sporen
met de commerciële realiteit. Wat voorop staat, is dat wat
u wilt communiceren. Om daar een zowel herkenbare als
onderscheidende vorm aan te geven, dat is onze uitdaging.

Agency profile

What makes a company or a product different? The answer to
this question is the basis for your communication. You guard the
quality of your company and your product or services. A quality
that has to be marketed. After all, there are plenty of others out
there. Vormplan Design makes that quality visible and uses
design as a means of expression. We try to strike a powerful
balance between the recognisability of what you offer and the
distinctiveness that shows its quality. Thus form provides added
value to your company or product, empowering you in a
competitive market. Creativity is the key element of our service.
But we always align that creativity with the commercial reality.
First and foremost is what you want to communicate. Our
challenge is to shape this as recognisably and as distinctively
as possible.

Opdrachtgevers / Clients

C&A Nederland, Coca-Cola Enterprises Nederland, Endemol,
Golden Tulip Hotels, Heuvelman Sound & Vision, Hooge Huys
Verzekeringen, KPN Telecom, Marriott Hotels, Rubinstein Media,
VNU Tijdschriften, Vroom en Dreesmann Warenhuizen

Studio de Wal

Grafisch ontwerp

Rechtestraat 60 / 5611 GR Eindhoven
T 040-245 79 47 / F 040-293 90 38
e-mail studiodewal@chello.nl

Directie / Management Marcel Sloots, Monique Priem
Vaste medewerkers / Staff 2
Opgericht / Founded 1997

Opdrachtgevers / Clients
Vormgeversoverleg Eindhoven, Mu Art Foundation, Orbis,
Kendix Textiles, Interpay, van Mierlo ingenieursbureau,
Hogeschool Brabant Bedrijfsopleidingen en Advisering,
Greve Offset, Gemeente Eindhoven, Haddon Hall, Mo'Media,
VOC eetcafé, Architectuurcentrum Eindhoven, Willems van
den Brink Architecten en anderen / and others

Mart. Warmerdam
Bureau voor grafische vormgeving

Houtrijkstraat 1 / 1165 LL Halfweg
T 020-497 62 56 / F 020-497 03 19
e-mail warmerda @euronet.nl

Directie / Management Mart. Warmerdam
Contactpersoon / Contact Mart. Warmerdam
Vaste medewerkers / Staff 2
Opgericht / Founded 1986
Lidmaatschap / Membership BNO

Bureauprofiel

In de nabije toekomst dienen organisaties en bedrijven zich in hun communicatie meer dan voorheen op een persoonlijke wijze te onderscheiden. Bureau Mart. Warmerdam helpt opdrachtgevers om zichtbaar te worden en te blijven. Doeltreffende analyse, krachtige ideeën en een helder handschrift zijn daarbij sleutelkwalificaties. Het bureau beschikt over een uitgebreid netwerk van specialisten in verschillende communicatiedisciplines en heeft de expertise om het totale ontwerptraject te coördineren.

Agency profile

In the near future, companies will increasingly need to differentiate themselves by projecting their personalities in more sophisticated ways than in the past. Bureau Mart. Warmerdam helps to make its clients visible – and to keep them that way. Thorough analysis, powerful ideas and a distinct stylistic signature are key qualifications in this work. The agency draws on an extensive network of specialists in various communication disciplines and has the in-house expertise needed to coordinate the design process as a whole.

Opdrachtgevers / Clients

De Bussy Amsterdam, Fonds voor Beeldende Kunsten, vormgeving en bouwkunst, Galerie Nouvelles Images, Gemeentemuseum Den Haag, Houthoff Buruma Advocaten Notarissen Belastingadviseurs, Museum Jan Cunen Oss, Museum voor Communicatie Den Haag, NAi Uitgevers, NIC (Nederlands Inkoopcentrum nv), SBK Kunstcentrum Haarlem, Stadsdeel Amsterdam-Noord, Stroom HCBK

1, 2 Affiches / posters Festival Est-Ouest, 1999

3, 4 Brochures Stadsdeel Amsterdam-Noord, 1999

5 Brochure Kunsten '92, 1999

6 Affiche / poster Museum voor Volkenkunde Rotterdam, 1999

7 Brochure Johan Matser Projectontwikkeling, 1999

8 Briefpapier / letterhead Bureau Richard Rooze, 1998

9 Boek / book KPN Juridische Afdeling, 1997

10 Banier / banner & logo SBK Kunstcentrum Haarlem, 1999

11 Illustratie / illustration 'African flower', 1997

12 Logo No-No, Mode Design bv, 1996

13, 14 Brochure(1998) & jaarverslag / annual report (1999), Fonds voor Beeldende Kunsten, Vormgeving en Bouwkunst

15 Catalogus / catalogue Erik Andriesse, 1998

16 Affiche / poster Museum Jan Cunen Oss, 1999

17 Corporate brochure NIC, Zwolle, 1999

18 Logo Museum voor Communicatie, Den Haag, 1999

19 Logo Houthoff Buruma (advocaten / lawyers), 1999

1

2

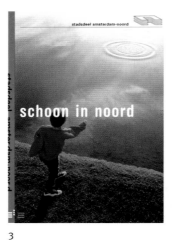

3

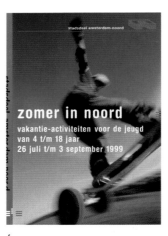

4

5

6

7

8

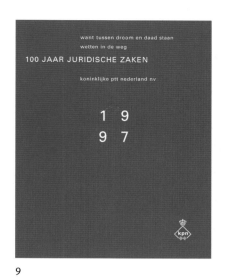

want tussen droom en daad staan
wetten in de weg

100 JAAR JURIDISCHE ZAKEN

koninklijke ptt nederland nv

1 9
9 7

kpn

9

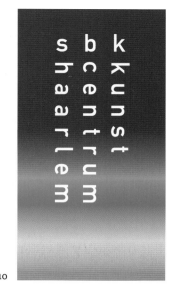

10

11

NO-NO

12

s kunst
b centrum
k haarlem

fonds
voor
beeldende
kunsten
vormgeving
en
bouwkunst

algemene informatie

individuele subsidies voor beeldend
kunstenaars, vormgevers en architecten

basisstipendia voor beeldend kunstenaars

oeuvreprijzen

13

jaarverslag

stichting fonds voor beeldende kunsten, vormgeving en bouwkunst

14

erik andriesse

15

J H WEIS
SENB
RUCH

Voorbij de Haagse School

Museum Jan Cunen Oss
7.11.1999 - 7.2.2000

16

nic

nic b.v.

nic services b.v.

kantic b.v.

17

museum
voor -communicatie

18

HOUTHOFF BURUMA

19

Well Strategic Design
Strategic design and brand development

Rapenburg 1 / 1011 TT Amsterdam
T 020-530 63 73 / F 020-530 63 83
e-mail info@wellcreative.com / website www.wellcreative.com

Zie ook Nieuwe media p.84

Well Strategic Design is part of the Well Design Associates network.

*Directie / **Management*** Hans Lormans, Karen Schoolland, Stephen Hancock
*Contactpersoon / **Contact*** Hans Lormans
*Vaste medewerkers / **Staff*** 12
*Opgericht / **Founded*** 1996
*Lidmaatschappen / **Memberships*** BNO, NIMA, Design Management Association

Well Strategic Design is een ontwerpbureau met een hoge mate van specialisatie op het gebied van brand image ontwikkeling en retail design. Het bureau is gevestigd in Amsterdam en heeft steunpunten in Duitsland en Taiwan. Ons team van specialisten bestaat uit grafisch ontwerpers, interieur ontwerpers en marketing adviseurs. Binnen Well is er een uitgebreide ervaring op het gebied van luxe consumentenproducten en met name op het gebied van mode, moderetail en hieraan verwante opdrachten. Onze creatieve concepten worden gebaseerd op de merkidentiteit en merkstrategie welke wij in nauwe samen-werking met de opdrachtgever ontwikkelen. Op basis van deze uitgangspunten komt er een onderscheidend creatief fundament tot stand waar alle verdere communicatie van afgeleid kan worden. Onze aanpak is succesvol gebleken in geheel Europa.

Well Strategic Design is a design agency which is highly specialised in the field of brand-image development and retail design. The agency has its main offices in Amsterdam and support offices in Germany and Taiwan. Our designers and marketeers have extensive experience in developing luxury consumer brands, in particular fashion and fashion-related brands and retail concepts. The concepts we develop are based on the brand identity and brand strategy which are developed in close co-operation with the client. On the bases of this we develop a distinctive creative fundament from which all communications can derive. Our approach has proven successful throughout Europe.

1 BMA Ergonomics: brand identity development Axia brand and the design of all graphics and communication

2 Web Computers International: brand identity development Web•it brand and the design of all graphics and communication

3 Scanfashion: re-positioning and brand identity Dobber Jeans; design of all graphics and communication

4 Achthoven Sports: brand identity development and positioning of CVL/structure; design of all graphics and communication

5 Maglificio Magir: re-positioning and brand identity Alan Red & Co; design of all graphics and communication

6 Aspa Kantoorinrichting: brand identity development and design of graphics and corporate literature

7 K•Swiss Europe: brand identity development K•Swiss and the design of all communication

8 Palladium Worldwide: brand identity development and positioning of Palladium; concept for graphics and communication

9 Other clients include: Asics Europe, Falcon International, Robeco, VNU Tijdschriften, Vroom & Dreesmann

WPLL®

Bobbert van Wezel

Boscheind 55 / 5575 AA Luyksgestel
Postbus 63 / 5575 ZH Luyksgestel
T 0497-54 20 00 / F 0497-54 20 00
e-mail bvwezel@chello.nl / website http://go.to/bvwezel

Zie ook Nieuwe media p.126

Directie / Management Bobbert van Wezel, Bep Broos
Contactpersonen / Contacts Bobbert van Wezel, Bep Broos
Vaste medewerkers / Staff 2
Opgericht / Founded 1982

1 Boek, Atlas van windenergie in Nederland, Elsevier
bedrijfsinformatie / 'Atlas of wind energy in the Netherlands',
Elsevier bedrijfsinformatie

2 Beeldmerk en brochures, warmtedistributie, Novem,
de Nederlandse onderneming voor energie en milieu bv /
Logo and brochures on district heating for Novem, Netherlands
agency for energy and the environment

3 Geboortekaartjes / Birth announcement cards

4 Logo, Almalöv museum, Zweden / Logo for Almalöv museum,
Sweden

5 Huisstijl, E-commerce business solutions / Housestyle for
E-commerce business solutions

6 Boek, Website Graphics Now, Uitgeverij BIS / Book,
'Website Graphics Now', BIS Publishers

1

2

3

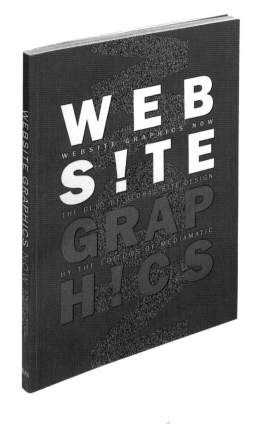

6

4

5

De Wilde Zeeuw

Grafische & illustratieve talenten

Emmabaan 30 / 4576 ED Koewacht
T 0114-36 22 14 / F 0114-36 22 24
mobile 06-51 27 95 00 / e-mail wdezeeuw@zeelandnet.nl
website www.dewildezeeuw.nl

Directie / Management Ronès Wielinga, Sophie Noens
Contactpersonen / Contacts Ronès Wielinga, Sophie Noens
Vaste medewerkers / Staff 2
Opgericht / Founded 1999
Lidmaatschap / Membership BNO

Uit de brochure van dWZ: De legende van de wilde zeeuw

'...Voordat hij het goed en wel in de gaten heeft droomt hij...
Voorzichtig ziet hij zich van boord gaan. Van alle galjoendekken
klimmen en klauteren de manschappen naar beneden. Via
touwladders springen ze in het water. Even zwemmen en
spartelen ze. Maar al snel voelen ze vaste grond onder hun
voeten. Zandplaten. Via deze ondiepten doorwaden zij het water.
In korte tijd bereiken zij het vaste land en gaan meteen op weg.
Tijdens de eerste schreden verschijnt in de lucht boven de
manschappen een hoofd. Een vaag, vreemd hoofd met wilde,
lange haren. Toen werd de vlootvoogd wakker...'

Opdrachtgevers

Wij werken voor eigen klanten in de regio Zeeland. Daarnaast
werken wij (inter)nationaal samen met collega's op het gebied
van conceptontwikkeling, illustratie en verpakking.

The legend of de Wilde Zeeuw (from dWZ pamphlet)

'...Even before he realised he was dreaming ... Carefully he
leaves. From all the decks of the gallion the crew come down.
By rope-ladders they jump in the water. For a moment they
swim and flounder. But soon they feel the soil under their feet.
Through the shoals they wade in the water. In a while they arrive
on shore and go their way. From that first moment, high in the
sky, above the crew a head appears. A vague, strange head,
with wild, long hair. Suddenly the admiral awoke...'

Clients

We work for our own customers in and around Zeeland. We also
work on national and international projects with colleagues on
concept development, illustration and packaging.

1-7 Huisstijl Bakkerij 'De Boulangerie' /
Bakkery 'De Boulangerie' housestyle

1 Logo / Logo

2 Briefhoofd / Letterhead

3 Visitekaartje / Business card

4 Taartdoos / Cake box

5 Sluitzegel / Stamp

6 Kindertaartdoos / Children's cake box

7 Schapstrook / Shelf card

8 Persoonlijke pictogrammen voor een gezamenlijk project van
zes fotografen / Personal pictograms of a joint project of six
photographers

9 Logo huisstijl Cindy de Maesschalck, interieur vormgeving /
Logo (housestyle) for Cindy de Maesschalck, interior design

10 Illustratie 'lamsoren', Tip Culinair /
'Lamb's ear' seaweed illustration, Tip Culinair

11 Logo huisstijl 'milieu in bedrijf', Gemeente Terneuzen / Logo
(housestyle) for environment in business, Terneuzen town hall

12 Logo huisstijl oriëntaals restaurant, Antwerpen /
Logo (housestyle) for oriental restaurant, Antwerp

13 Boekillustratie 'Bekvogel' / Book illustration 'Bekvogel'

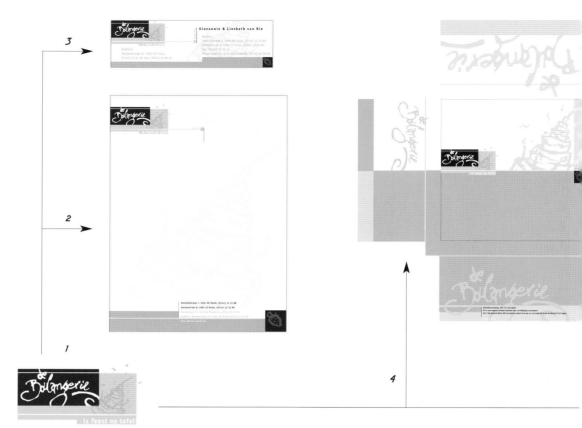

Communicatie

is feest op tafel!

Cappuccino
met slagroom

CINDY de MAESSCHALCK
INTERIEUR VORMGEVING

9

8

5

6

7

die prikkelt...

de Wilde Zeeuw

Milieu in Bedrijf

11

10

13

12

Studio Eric Wondergem bv

Bureau voor Grafische vormgeving

Eemnesserweg 94 / 3741 GC Baarn
Postbus 202 / 3740 AE Baarn
T 035-541 63 76 / F 035-542 30 87
mobile 06-51 31 44 32 / e-mail wndrgm @euronet.nl

Zie ook Verpakkingsontwerp p.54

Directie / Management J.H.N. van Os, J.W.G. de Weijer
Contactpersoon / Contact J.W.G. de Weijer
Vaste medewerkers / Staff 12
Opgericht / Founded 1969
Lidmaatschap / Membership BNO

Bedrijfsprofiel

Studio Eric Wondergem BNO is een eigentijds ontwerpbureau met twaalf vaste medewerkers en een eigen lithografieafdeling. Een ontwerp is pas dan geslaagd wanneer het niet alleen voldoet aan esthetische maar ook aan functionele en commerciële criteria die door ons, in nauw overleg met de opdrachtgever, worden vastgesteld.

Agency profile

Studio Eric Wondergem BNO is a contemporary design agency with a permanent staff of twelve and its own lithography department. We do not consider a design to be succesfully completed until it satisfies the criteria - not only aesthetically but functionally and commercially - that we draw up in close consultation with the client.

Opdrachtgevers / Clients

Ajax Brandbeveiliging bv, Ajax Fire Protection Systems bv, Amsterdam University Press, Ambo/Anthos, Arbeiderspers, Arcade Movie Company, Arcade Music Company, AT&C, Gemeente Baarn, Uitgeverij Bekadidact, Below the Line, Bennis Porter Novelli, Blaricum Music Group, BMG Nederland, Uitgeverij De Boekerij, Boekel De Nerée advocaten, Bosch & Keuning nv, A.W.Bruna uitgevers, Centrum Nederlandse Muziek, Dino Music, Disky Communications Europe, ECI voor boeken en platen, EMI Music Holland, Epitaph Europe, Uitgeverij De Fontein, Hogeschool van Utrecht, Uitgeverij Hollandia, Uitgeverij Intro, Kinkonk producties, Koch MM Music, Koninklijk Nederlands Watersport Verbond, Stichting voor Kraamzorg in de provincie Utrecht e.o., Katholieke Bijbel Stichting, Gemeente Lelystad, Lifa fijnmechanica, MARAC, Jan Menu Productions, Meulenhoff & Co, Meulenhoff Educatief, Uitgeverij Maarten Muntinga, Novapress, Notariskantoor Van der Heide, Uitgeverij Podium, Uitgeverij Van Reemst, Rubinstein Media, Woon- en zorgcentrum Santvoorde, Gemeente Sliedrecht, Stichting Task Force Sydney 2000, Uitgeverij Het Spectrum, Uitgeverij Tirion, Uitgeverij Unieboek, Universal Music/TV & Catalogue, Universal Music/Classics & Jazz, Universal Music/Media & Advertising, Koninklijke Vermande, Wolters Noordhoff, Wijn & Stael advocaten, Zomba Records en anderen / and others

1 Boekomslagen / Book covers

2 CD verpakkingen / CD packages

3 Boekomslag (i.s.m. Wouter Roemaat)) / Book cover (with Wouter Roemaat)

4 Huisstijlen / Corporate identities

5 Catalogi / Catalogues

6 Folders / Folders

7 CD verpakkingen / CD packages

8 Speciale producten / Special products

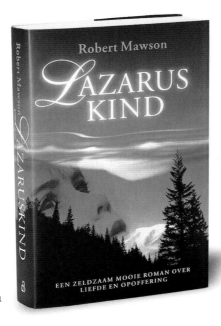
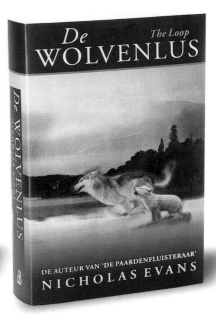

1

2

3

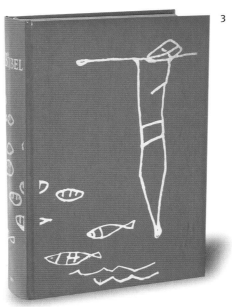

4

5

6

7

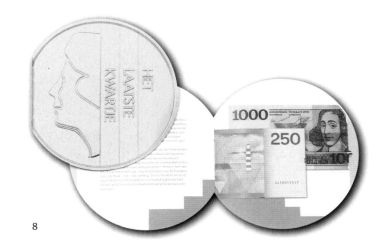

8

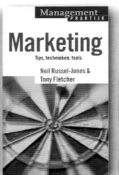

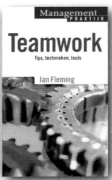

9

10

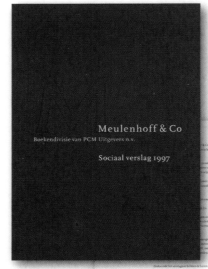

11

12

13

14

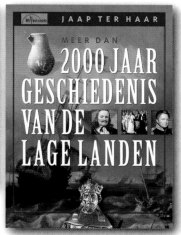

15

16

Works

ontwerpers

Schietbaanlaan 36b / 3021 LK Rotterdam
T 010-285 82 22 / F 010-285 82 28
e-mail info@works.nl / website www.works.nl

Contactpersoon / Contact Jan Bolle
Vaste medewerkers / Staff 6
Opgericht / Founded 1994
Lidmaatschap / Membership BNO

Opdrachtgevers o.a.
Gemeente Rotterdam, NV ENECO (Energie en Communicatie),
Akomar shipping bv, CTSV (College van Toezicht Sociale
Verzekeringen), Maritiem Museum Rotterdam, De Delfshaven Aan
de Maas Evenementen Stichting, Jongerenpool Rotterdam Werkt,
Werkstad, dienst Stedebouw en Volkshuisvesting, Uitgeverij 010,
Hogeschool Rotterdam, Uitgeverij Renard, Rotterdam Marketing,
Dudok Holding, American Dutch Energy Company,
Ontwikkelingsbedrijf Rotterdam, Galerie Mandos, Bronovo
ziekenhuis, Bureau HALT, Gemeente Schiedam, Gemeente
Vlaardingen, Novem, Rotterdam Festivals, Gemeente Dordrecht,
Rotterdamse Schouwburg, Nutsbedrijf Schiedam

Accounts a.o.
Rotterdam City Council, NV ENECO (Energy and Communications),
Akomar shipping bv, CTSV (Board of supervision of Social
Insurance), Maritime Museum Rotterdam, The Delfshaven
Events Association, Jongerenpool Rotterdam Werkt, Werkstad,
Department of Urban Planning and Housing, 010 Editors,
Hogeschool Rotterdam, Renard Editors, Rotterdam Marketing,
Dudok Holding, American Dutch Energy Company,
Ontwikkelingsbedrijf Rotterdam, Galerie Mandos, Bronovo
hospital, Bureau HALT,Schiedam City Council ,Vlaardingen City
Council, Novem, Rotterdam Festivals, City Council of Dordrecht,
Rotterdam Theatre, Energy company Schiedam

1 Boek over 'EGM architecten' / Book on 'EGM Architects'

*2 Posters voor festiviteiten in Historisch Delfshaven /
Posters for Festivals in Historic Delfshaven*

*3 Boek over de kunstenaar Henk van Vessem /
Book on the artist Henk van Vessem*

*4 Jaarverslag voor NV ENECO (energie en communicatie) /
NV ENECO (Energy and communications) brochures*

5 Posters voor Rotterdam Festivals / Rotterdam Festival posters

*6 Brochure over de Stadsregio Rotterdam /
Metropolitan Rotterdam brochure*

7 Jaarverslag Bureau Halt / Bureau Halt annual report

*8 Jaarverslag Jongerenpool Rotterdam /
Jongerenpool Rotterdam annual report*

*9 Brochure 'For You Too promotions' /
'For You Too promotions' brochure*

*10 Corporate Brochure NV ENECO /
NV ENECO corporate brochure*

*11 Kwartaaltijdschrift voor de dienst Stedebouw en
Volkshuisvesting / Department of Urban Planning and Housing
quarterly*

12 Pagina's uit brochure 'Works' / Pages from 'Works' brochure

*13 Logo's als onderdeel van diverse Huisstijlen of merken /
Logos for various corporate identities*

2

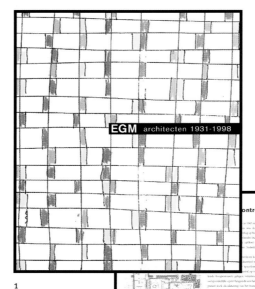

1

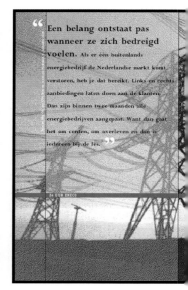

3

Henk van Vessem

Who's afraid of life

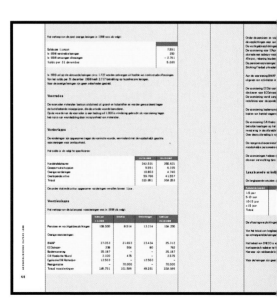

5

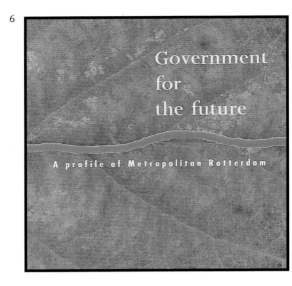

6

ΔBCDEF GHIJKLM

8

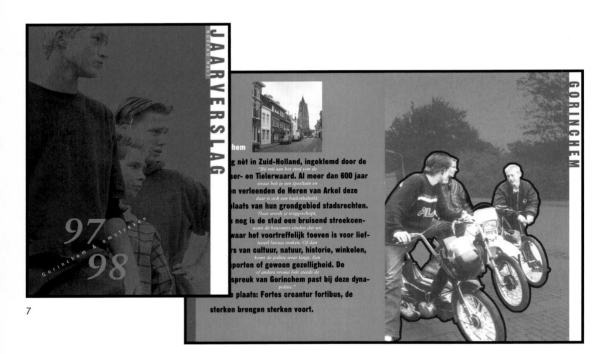

7

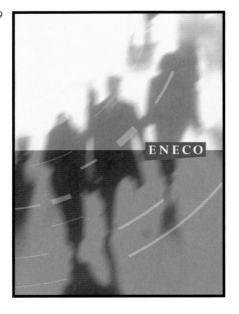

9

10

Jolijn van de Wouw

Grafisch ontwerpen

Prinseneiland 17 / 1013 LL Amsterdam
T 020-624 29 60 / F 020-624 69 49
e-mail wouw @globalview.demon.nl

Opgericht / Founded 1987
Lidmaatschap / Membership BNO
Samenwerkingsverband met / Associated with Freelance
fotografen, tekstschrijvers, nieuwe mediaspecialisten,
afhankelijk van de opdracht

*Grafische uitingen in het kader van de herdenking van de Vrede
van Munster 1648-1998, in opdracht van het Nationaal Comité
Vrede van Munster, Den Haag, 1998 / Graphic items for
350th anniversary of the Treaty of Münster commissioned by
the National Peace of Münster Committee, The Hague, 1998*

*1 Affiche Zomerconcert voor de Gemeente Hengelo,
Universiteit van Twente, 1998 / Summer concert poster for
Hengelo Municipality, University of Twente, 1998*

*2 Homepage Internet www.minocw.nl/vrede /
Internet homepage www.minocw.nl/vrede*

*3 TV-spotje voor de tentoonstelling: De Vrede Verbeeld,
Atlas van Stolk, Rotterdam, 1998 / TV commercial for Peace
Pictured exhibition, Atlas van Stolk, Rotterdam, 1998*

*4 TV-spotje voor de tentoonstelling: Geloven in
verdraagzaamheid?, Museum Catharijneconvent, Utrecht, 1998 /
TV commercial for Believing in tolerance? exhibition, Museum
Catharijneconvent, Utrecht, 1998*

*5 TV-spotje voor de tentoonstelling: Tegen de vrede!, Centraal
Museum/Domkerk, Utrecht, 1998 / TV commercial for Against
Peace! exhibition, Centraal Museum/Domkerk, Utrecht, 1998*

*6 TV-spotje voor de tentoonstelling: Van Maurits naar Munster,
Legermuseum, Delft 1998 / TV commercial for From Maurits
to Münster exhibition, Arms and Army Museum, Delft, 1998*

*7 TV-spotje voor de zomeropenstelling: Een vredesmonument
na tachtig jaar oorlog, Koninklijk Paleis, Amsterdam, 1998 /
TV commercial for Summer Exhibition: A monument to peace
after eighty years of war, Royal Palace, Amsterdam, 1998*

*8 TV-spotje voor de tentoonstelling: Beelden van een strijd,
Stedelijk Museum Het Prinsenhof, Delft, 1998 /
TV commercial for Images of conflict exhibition, Municipal
Museum Het Prinsenhof, Delft, 1998*

*9 Affiche: Beelden van een strijd, Stedelijk Museum
'Het Prinsenhof', Delft, 1998. Foto: Pieter Boersma /
Poster for Images of conflict, Delft, 1998. Photo: Pieter Boersma*

*10 Omslag catalogus: Nederlandse Tekenaars, geboren tussen
1660 en 1745, Amsterdams Historisch Museum, 1999 /
Catalogue cover for Dutch Drawers, born between 1660 and 1745,
Amsterdam Historical Museum, 1999*

*11 Affiche: 3 musea aan 1 halte, gezamenlijke presentatie van
drie gemeentemusea in Delft, 1998. Foto: Paul Huf /
Poster for '3 museums on 1 stop', collective presentation of
three Delft museums, 1998. Photo: Paul Huf*

*12 Boekomslagen in de reeks: Gender, Psychologie,
Hulpverlening, Uitgeverij Van Gennep, Amsterdam, 1997-1999 /
Covers for Gender, Psychology, Social Care series, Uitgeverij
Van Gennep, Amsterdam, 1997-1999*

*13 Etikettenlijn voor keukenflesjes, Flacon de cuisine,
Amsterdam, 1996-1999 / Label line for kitchen bottles,
Flacon de cuisine, Amsterdam, 1996-1999*

*14 Boekomslagen voor de Nederlandse vertalingen van David
Yallops 'De voetbalmaffia' en 'Goddeloze Allianties',
Uitgeverij Van Gennep, 1999 / Book covers for Dutch translations
of David Yallops 'How They Stole the Game' and 'Unholy
Alliance', Uitgeverij Van Gennep, 1999*

1

2

3 6

4 7

5 8

9

10

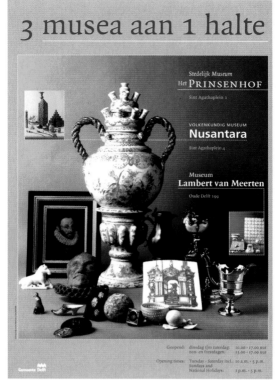

11

12

13

14

Wrik ontwerpbureau

Boothstraat 2a / 3512 BW Utrecht
Postbus 1329 / 3500 BH Utrecht
T 030-231 64 20 / F 030-231 43 25
e-mail wrik@wxs.nl / website www.wrik.com

Directie / Management Anna Garssen, Han Hoekstra,
Elly Hees, Wilma Nekeman
Contactpersoon / Contact Wilma Nekeman
Vaste medewerkers / Staff 7
Opgericht / Founded 1978
Lidmaatschap / Membership BNO

Wrik. Helder in communicatie. Samenspel tussen vorm en
functionaliteit. Inzetten wat nodig is. Vingerwijzing wordt
unieke handreiking. Aandacht voor detail. Concept dat past.
Wrik. Maakt uitstraling tastbaar. Adviseert. Speelt in op
tijdgeest. In contrast en kleur. Beeldvorming en vorm in beeld.
Sterk in korte lijnen en lange contacten. Flexibel en wakker.
Welkom bij Wrik!

Wrik. Clarity in communication. Interplay of form and
functionality. Do what needs to be done. From hint to specific
solution. Attention to detail. Concept that fits. Wrik. Makes
ambience tangible. Advertises. In touch with the spirit of the
age. In contrast and colour. Image forming and form in image.
Good in short term and longterm contacts. Flexible and awake.
Welcome to Wrik!

Universiteit Utrecht / De Volkskrant / Ministerie van Buitenlandse Zaken / Academisch Ziekenhuis U
GGD Rotterdam / Rijkswaterstaat / Universiteitsmuseum Utrecht / Algemene Bond voor Ouderen (A

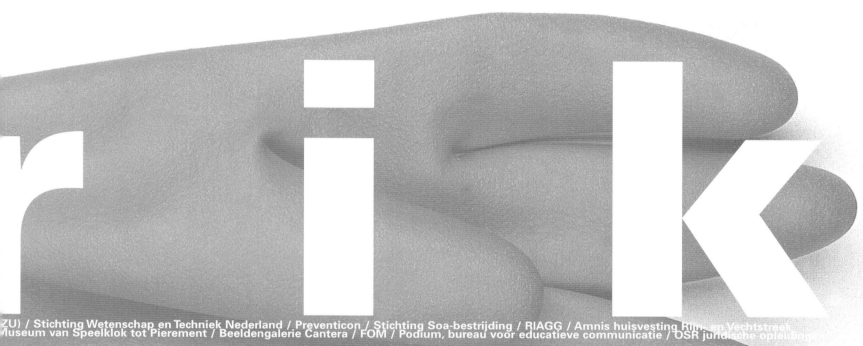

r i k

ZU) / Stichting Wetenschap en Techniek Nederland / Preventicon / Stichting Soa-bestrijding / RIAGG / Amnis huisvesting Rijn- en Vechtstreek / Museum van Speelklok tot Pierement / Beeldengalerie Cantera / FOM / Podium, bureau voor educatieve communicatie / OSR juridische opleidingen

yZ graphic design + photography

Eendrachtsweg 42 / 3012 LD Rotterdam
T 010-213 01 25 / F 010-213 02 72
e-mail info@yz-graphic-design.nl
website www.yz-graphic-design.nl

Directie / Management Maryam Afshar, Sanka Smeets
Vaste medewerkers / Staff 6
Opgericht / Founded 1994
Lidmaatschap / Membership BNO

Onze klanten zijn / Our clients are
Academisch Ziekenhuis Rotterdam
Art of Living Rotterdam
Art Depot Rotterdam
A2O Activering & Advies Rotterdam
BECO Milieumanagement & Advies
Bestuursdienst Gemeente Rotterdam
Centrum Ondergronds Bouwen Gouda
Communicatiebureau Qua Talis Utrecht
Dienst Landelijk Gebied
Gazelle Book Services Den Haag
Gevudo Afvalverwerking Dordrecht
GGD Rotterdam
Groeten uit Rotterdam
Henk van Bruggen Rotterdam
Hivos Den Haag
IM-Team Netherlands
Indonesia Holding Rotterdam
Jeugdwerk Adviesbureau de Heuvel
Kopersvereniging Stadstuinen Rotterdam
Milieudienst Zuid-Holland Zuid
Ministerie van Landbouw, Natuurbeheer en Visserij
Multibedrijven Rotterdam
Multifacilities Rotterdam
Museum van Volkenkunde Rotterdam
Podium Bureau vooor Educatieve Communicatie Rotterdam
Robbert de Nijs Interieurarchitecten Rotterdam
Rotterdam Festivals
Rotterdam Zomercarnaval
Stads Service Centrum Gemeente Dordrecht
September in Rotterdam
Stichting Risicofonds Zeist
Stichting Vluchteling Den Haag
Theater Zuidplein Rotterdam
University Assistance Fund Utrecht
Van der Veen Communicatie Utrecht
Van der Vorm Vastgoed Rotterdam
Vlieger Marketing & Communicatie Rotterdam
VVE Maasdam Rotterdam
Wereldmuseum Rotterdam
Wereldwijs Festival voor Ouderen Rotterdam

1 Jubileumuitgave voor Jobsupport van het UAF, 1998 /
UAF job support anniversary publication, 1998

2 Affiche Peter de Grote Manifestatie Rotterdam, 1997 /
Peter the Great poster, Rotterdam, 1997

3 Brochure Centrum Ondergronds Bouwen, 1998 /
Centrum Ondergronds Bouwen brochure, 1998

4, 5 Jaarverslag van Hivos en Van Der Vorm Vastgoed.
Fotografie Hivos: Angèle Etoundi Essamba, Amsterdam /
Hivos en Van Der Vorm Vastgoed annual report.
Photos: Hivos: Angèle Etoundi Essamba, Amsterdam

6-8 Ministerie van Landbouw, Natuurbeheer en Visserij
Brochure- en rapportlijn voor Dienst Landelijk Gebied,
gecompleteerd met een uitgebreid handboek voor opmaak
door derden / Ministry of Agriculture, Environment and
Fishery brochure and report line for Dienst Landelijk Gebied,
with an extensive design manual

9-13 September in Rotterdam
Publiciteitslijn voor het kunst- en cultuurfestival 'September in
Rotterdam' in opdracht van Rotterdam Festivals. Concept en
uitvoering worden bepaald door de onmogelijkheid alle
onderdelen gelijktijdig af te beelden. De waaiervorm geeft de
suggestie van 'veel en divers' / Publicity line for 'September in
Rotterdam' art and culture festival for Rotterdam Festivals;
concept and implementation were governed by inability to show
all parts simultaneously - the fan shape suggests a sense of
copious and diverse

9

10

11

12

13

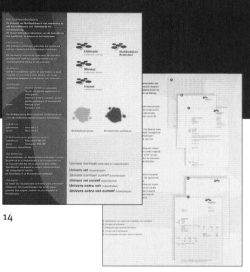

14

15

Impact sterk in grote volumes, precies in secuur werk

verpakkingen
machinaal en handmatig
actieverpakkingen
labelen en stickeren
sealen en krimpen
assemblage

16

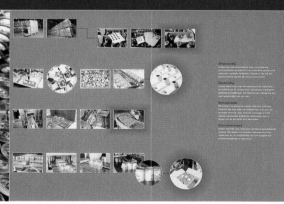

17

14-17 Multibedrijven Rotterdam
Restyling van het logo en implementatie ervan in een nieuwe
huisstijl voor Multibedrijven Holding en haar tien werkbedrijven.
Projecten: correspondentiereeks, brochures, nieuwsbrieven,
personeelsblad, jaarverslagen, advertentieopmaak, wagenpark,
belettering en gebruikswijzer voor medewerkers.
Fotografie August Swietkowiak, Tilburg / Restyling and
implementation of logo in new housestyle for Multibedrijven
Holding and subsidiaries. Projects: stationary, brochures,
newsletters, staff magazine, annual reports, advertising design,
car park signs and directions for staff.
Photography by August Swietkowiak, Tilburg

Zero

Grafisch ontwerp

Generaal Vetterstraat 77 / 1059 BT Amsterdam
Postbus 75301 / 1070 AH Amsterdam
T 020-408 20 76 / F 020-408 26 38
mobile 06-22 00 09 08 / e-mail zero@xs4all.nl
website www.xs4all.nl/~zero

Directie / Management M. van Leeuwen
Opgericht / Founded 1995

Opdrachtgevers / Clients

3WF Concerts & Theatre, Ampco-TM Audio Holland, Bassotto
Schoenen, Circus Pop, Crossing Border, Dockers Europe, JCM
Textile Design, Linssen ID communicatie creatie, Marc Tilli
interieurarchitect, Melkweg, Meubelwerk, Otto Cramwinckel
Uitgever, RCV film distribution, Samponé Music Productions

1 Visitekaartje, Zero, 1998 / Business card, Zero, 1998

2, 3 Productcatalogus, lente 2000, Dockers Europe, 1999 /
Product catalogue, spring 2000, Dockers Europe, 1999

4, 9 Uitnodiging en logo, Het Leukste Millenniumfeest, 1999 /
Invitation and logo, Millenium party, 1999 (in co-operation with
B. Spuij)

5, 6, 14 Diverse affiches, 1998 / Various posters, 1998

7 Verhuisbericht, Zero, 1998 /
Change of address card, Zero, 1998

8 Programma - aanplakbiljet, Melkweg, 1997 /
Programme - poster, Melkweg, 1997

10, 11, 13 Diverse huisstijlen, 1997-1999 /
Various corporate identities, 1997-1999

12 Personeelsblad, Melkweg, 1998 /
In-house magazine, Melkweg, 1998

15 Concertaankondiging, 3WF Concerts & Theatre, 1999 /
Concert announcement, 3WF Concerts & Theatre, 1999

16 'VIP'-toegangskaart feest, Ampco-TM Audio Holland, 1998 /
'VIP' ticket party, Ampco-TM Audio Holland, 1998

zero

1

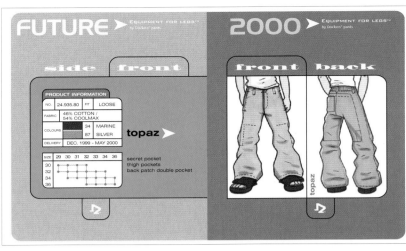

2

5

3

4

6

7

8

9

12

14

13

15

16

Ziggurat design bv

Bureau voor advertising, communicatie en vormgeving

's-Gravendijkwal 66 / 3014 EG Rotterdam
T 010-436 50 99 / F 010-436 58 06
mobile 06-51 58 16 59 / e-mail info@ziggurat.nl
website www.ziggurat.nl

Directie / Management D. Berckenkamp
Contactpersonen / Contacts D. Berckenkamp,
A.M. Kuipers, R. Juliët
Vaste medewerkers / Staff 11
Opgericht / Founded 1989
Lidmaatschap / Membership BNO
Samenwerkingsverband met / Associated with Monkey Tale,
BO did it!

Hoofdactiviteiten: communicatie in de volle breedte.

Opdrachtgevers: www.ziggurat.nl

Main activities: communications in every sense.

Clients: www.ziggurat.nl

kill your darling
www.ziggurat.nl

Annemarie Zijl

Grafisch ontwerp

Alkhof 57 b / 3582 AX Utrecht
T 030-254 38 32 / F 030-254 38 36
mobile 06-50 55 19 76 / e-mail az.go@wxs.nl

Contactpersoon / Contact Annemarie Zijl
Opgericht / Founded 1996

Opdrachtgevers / Clients

Architectenburo Van der Meer
Atelier Fabrizi, Parijs
Fysiofitness Schippers-Ottens
Studio Knegtmans
De Kunstfabriek
LInC (Landelijk Instituut voor Conflictmanagement)
De Longte Dordrecht (grafische producties)
Muze op Maat
Nederlandse Hyperventilatie Stichting
Novem
Oostveen Vastgoed Groep
Utrechts Universiteitsfonds

1

2

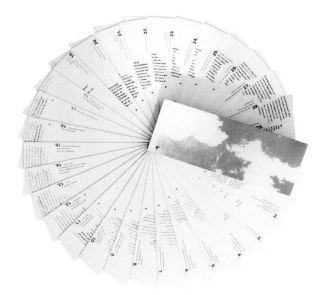

3

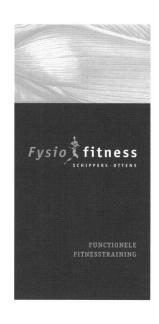

4

1 Affiche voor Théâtre des Jeunes Spectateurs, in samenwerking met Atelier Fabrizi, Parijs / Poster for Théâtre des Jeunes Spectateurs, in collaboration with Atelier Fabrizi, Paris

2 Brochure voor Novem, afdeling verkeer en vervoer, in samenwerking met Angela Damen / Brochure for Novem, department traffic and transport, in collaboration with Angela Damen

3 'Het oog van de wind', een waaiervormig boekje over de wind / 'Wind-eye', a fan-shaped booklet on the wind

4 Huisstijl en 2-in-1 folder voor Fysiofitness Schippers-Ottens / House style and 2-in-1 folder for Fysiofitness Schippers-Ottens

Zizo: creatie en litho

Vissershavenweg 62 / 2583 DL Den Haag
T 070-351 44 82 / F 070-355 95 73
e-mail info@zizo.nl / website www.zizo.nl

Directie / Management Maurice Groen, Robert Lammerding,
John Verheggen, Hein Vredenberg
Contactpersonen / Contacts Maurice Groen,
Robert Lammerding, John Verheggen, Hein Vredenberg
Vaste medewerkers / Staff 10
Opgericht / Founded 1985
Lidmaatschap / Membership BNO

Onze specialiteit is grafische vormgeving in de breedste zin van
het woord en het begeleiden van het traject daarna. Het gaat bij
ons van parfumflesje tot internet, naar gedrukte brochures,
magazines, advertentiecampagnes voor de Europese markt en
een stand voor een beurs. Kortom, je kunt het zo gek niet
bedenken of we hebben het wel eens aan de hand gehad.
Zizo: creatie en litho is een buro dat creatie combineert met
lithografie. Dat heeft als voordeel zeer snel en makkelijk te
kunnen werken en ad hoc orders uit te kunnen voeren.
Experimentele vormgeving is niet uitvoerbaar zonder nauw
overleg tussen creatie en lithografie. Bij ons zijn deze lijnen erg
kort.

Our speciality is graphic design in the widest sense, and
managing the process that follows. At Zizo we handle items from
perfume bottles to Internet for printed brochures, magazines,
advertising campaigns for the European market and stands for
trade fairs. In short, there's very little that we haven't had to deal
with at one time or other. Zizo: Creatie en Litho is an agency that
combines creativity with lithography. The advantage is speed and
ease of work and the ability to deal with ad hoc orders.
Experimental design is impossible to achieve without a close link
between creativity and lithography. At Zizo, the connection is
direct.

Klanten / Clients
ANWB
Body & Mind
Brunotti sportswear
Crums fashionwear
Duncan Jeans
Jeldican en het woord
Kornelius uitgeverij
Maarleveld & co
McGregor fashion
Media Partners
Ministerie van Landbouw en Visserij
Ministerie van Binnenlandse Zaken
O'Neill
OPG
Pointbreak sportswear
Radio 538
Revue Arts
SnowWorld
Stationery team
Stichting Promotie Den Haag
TMF
Visgilde
Winkelman en van Hessen

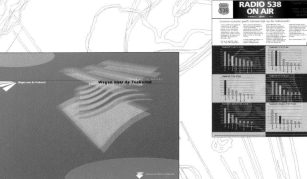

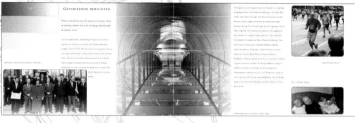

Zuiderlicht

Bureau voor vorm en verhaal

Lage Barakken 31 a / 6221 CH Maastricht
Postbus 3107 / 6202 NC Maastricht
T 043-325 38 23 / F 043-325 37 15
e-mail info@zuiderlicht.nl / website www.zuiderlicht.nl

Zie ook Nieuwe media p.128

Directie / Management Henk Lenting, André Terlingen
Contactpersoon / Contact Peggy van Sebillen
Vaste medewerkers / Staff 11
Opgericht / Founded 1986
Lidmaatschap / Membership BNO

Werk als visitekaartjes

Werk is altijd een visitekaartje. Zelfs als het slechts om een
visitekaartje gaat. Vormgeven aan het verhaal van de klant.
Dat beschouwen we als ons werk. In brede zin. Al dertien jaar.
Van huisstijl tot tijdschrift. Van affiche tot boek. Van ruimtelijke
inrichting tot multimedia. Zuiderlicht geeft vorm aan een verhaal.
Aan inhoud. Nou meent natuurlijk ieder in dit boek dat zijn uil
een valk is. Maar één visitekaartje maakt nog geen zomer.
Vandaar:

Work as business cards

Previous work is like a business card. Even if it's the business
card itself. Design to the client's specifications. That's what we
consider to be our work. In the widest sense. For thirteen years.
From housestyle to magazine. From poster to book. From interior
to multimedia. Zuiderlicht lend shape to the client's wishes.
To the content. Naturally, everyone in this book claims that
their poodle's a pedigree. But one business card doesn't make
a summer. So:

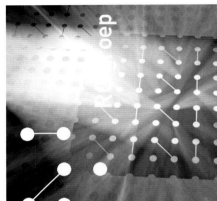

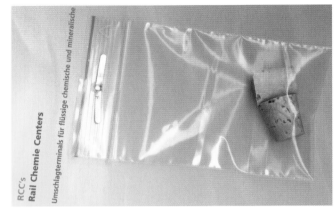

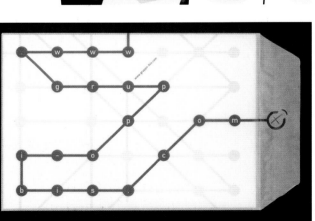

Mooi uitzicht

Trend

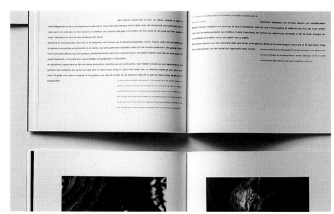

Naturhistorisch Museum Maastricht

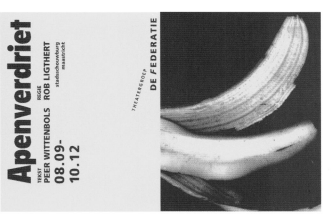

PRIVATE LABEL collection

versie

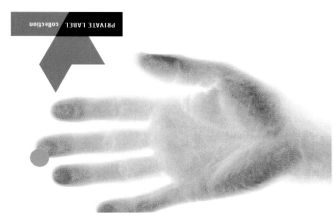

Apenverdriet

TEKST
PEER WITTENBOLS

REGIE
ROB LIGTHERT

stadsschouwburg
maastricht

THEATERGROEP
DE FEDERATIE

08.09-
10.12

VISTA POINTS
NEXT 3 EXITS

Artifort

Jasper Morrison and his late

easy forms, comfort, lightness and economy which may provide a better atmosphere
for the waiting customer, ensuring that he
reaches his meeting in the best possible
condition! Vega's adaptability either as free
standing or more formal group arrangements

allows a variety of
spatial arrange-
ments. Vega propo-
ses a solution for
gallery and museum
situations where
the uncomplicated
forms of the bench
system provide
minimal visual
competition with

Regionale RAIL
Arbeidsmarkt Informatie Limburg

doorge
winterd
landschap
rouke van der
hoek

Stichting tot Bevordering van Architectuur en Stedebouw Limburg

René Zuurendonk

fecit RZ vormgeving

Westfriesedijk 7 / 1719 NK Aartswoud
T 0229-58 22 98 / F 0229-58 12 34
mobile 06-20 85 71 93 / e-mail fecit@rzzz.demon.nl

Directie / Management René Zuurendonk
Opgericht / Founded 1999
Lidmaatschap / Membership BNO
Samenwerkingsverband met / Associated with Ad Service
Printmarketing (Heerhugowaard), PZ Produkties (Amsterdam)

Mijn uitgangspunt is een goed en helder contact met de opdrachtgever. Om een opdracht te laten slagen is duidelijkheid over de doelstellingen een eerste vereiste. Het is een voorwaarde om in welk medium dan ook de communicatie goed vorm te geven. Het is mijn richtlijn bij het ontwerpen van drukwerk voor de zakelijke en particuliere markt, bij het ontwikkelen van communicatievormen, voorlichtingscampagnes en bij ruimtelijke vormgeving. Door mijn opleiding in zowel grafische als ruimtelijke vormgeving ben ik in staat een breed scala aan opdrachten uit te voeren.

Vormgeving 2D
Huisstijlen, logo's, jaarverslagen, formulieren, rapporten, boekomslagen, affiches, tentoonstellingsbrochures, artiestenpresentaties, fotowerk, ex-libri, gravures in koper, staal, glas en hout.

Vormgeving 3D
Sculptuur in steen, brons en hout. Ontwerpen van objecten gebonden aan of speciaal verbonden met een bepaald gebouw, tuin of andere ruimte.

My starting point is a good and clear contact with the client. A perfect understanding regarding the objectives is vital for the success of every commission. It is a prerequisite for good design in every medium. This is my basic premise in providing designs for printed matter for both commercial and private clients, in development of forms of communication and information campaigns and in spatial design. My training in graphic and interior design enables me to deal with a wide range of commissions.

2D design
Housestyles, logos, annual reports, forms, reports, book covers, posters, exhibition brochures, artist presentations, photos, ex-libri, engravings in copper, steel, glass and wood.

3D design
Stone, bronze and wood sculpture. Designing objects relating to or specially connected with particular buildings, gardens or other locations.

Zwartbont

Vormgeversgroep

Beukenlaan 20 / 3741 BP Baarn
T 035-542 91 50 / F 035-542 22 95
mobile 06-53 94 60 75 / e-mail zwartbont@beukenlaan20.com
website www.beukenlaan20.com

Directie / Management Luc Reefman
Contactpersoon / Contact Luc Reefman
Opgericht / Founded 1994
Lidmaatschap / Membership BNO

Meesters in corporate identity: ontwerp, grafische vormgeving,
meubelontwerp, interieurs, verpakkingen, illustraties en
fotografie.

Masters of corporate identity: design, graphic design, furniture
design, interiors, packaging, illustrations and photography.

Corporate Identity Ontwikkelingsbedrijf Vathorst (OBV)
Concept & design: Luc Reefman & Marco Manders

Woon- en werkgebied VATHORST met als thema 'Een Wereld van Verschil'

Het gebied Vathorst is genoemd naar de
historisch waardevolle en karakteristieke
boerderij 'De Vathorst' gelegen even buiten
Hooglanderveen.
De uitgangspunten die van toepassing zijn voor
het gebied Vathorst zijn tevens voorwaarden
geweest bij het ontwikkelen van het logo/beeld-
merk 'Ontwikkelingsbedrijf Vathorst bv', waardoor deze de visuele drager wordt van de totale
corporate identity. Zoals de verscheidenheid in
toe te passen technieken en uitingsvormen, de
verschillen in de programmatische en gefaseerde
aanpak, de ruimtelijke opbouw van het beeldmerk
en een diversiteit aan sferen.

De Boerenzwaluw:
Verbonden aan de Boerderij 'De Vathorst' en
het agrarisch hoevenlandschap, met langgerekte
polderkavels en sloten.
Kortom zijn woon- en leefomgeving.

De zwaluw keert elk jaar terug naar zijn
vertrouwde omgeving; om te bouwen aan zijn
nest (woning) en te paren (bevolkingsgroei)
'één zwaluw maakt nog geen zomer'.
De stand waarop de zwaluw is afgebeeld,
geeft zijn optimale karakteristieke vorm en
typerende kleurstelling weer.
De situering en positionering van de zwaluw
symboliseert de start en voortgang van het
ontwikkelingsplan. De zwaluw vliegt over het
woon- en werkgebied Vathorst (onder de zwaluw
ligt Hooglanderveen).
De Boerenzwaluw introduceert, begeleidt en
ondersteunt het gehele corporate/communicatie
beleid.

Het Nest:
De Boerenzwaluw bouwt zijn nest dat is samengesteld uit diverse (bouw)materialen, die hij vindt
binnen zijn woon- en leefomgeving.
Boerenzwaluwen bouwen hun nesten aan- en in
huizen (boerderijen) Hiermee passen zij zich aan,
als het gaat om stedenbouwkundige projecten
binnen hun leefmilieu.

Het Nest is zowel planmatig (2D) als ruimtelijk
(3D) in aanbouw weergegeven ('een wereld van
verschil'), zo ook het 'fundament' waaraan
gebouwd wordt (stenen).

Bouwtekeningen:
Licht- of blauwdruk zijn vertaalbaar voor
allen die bij het Ontwikkelingsplan betrokken
zijn (stedenbouwkundigen, architecten,
projectontwikkelaars enz.)
Door de monotone- kleurstelling, maatvoering
en de toegepaste legenda krijgt het beeld
(bouwtekening) een zakelijk karakter,
dat in contrast staat met de kleurrijke levendige
afbeelding van de Boerenzwaluw en het
constructieve Nest ('een wereld van verschil').

VATHORST is de naam van het nieuwe

woon-en werkgebied in Amersfoort,

dat is gelegen ten noorden van de A1

nabij Hooglanderveen.

Er worden tussen 1998 en ca. 2015

tenminste 10.000 woningen gerealiseerd

alsmede 100.000 m² kantoren

en 45 ha bedrijfsterrein.

ADVERT

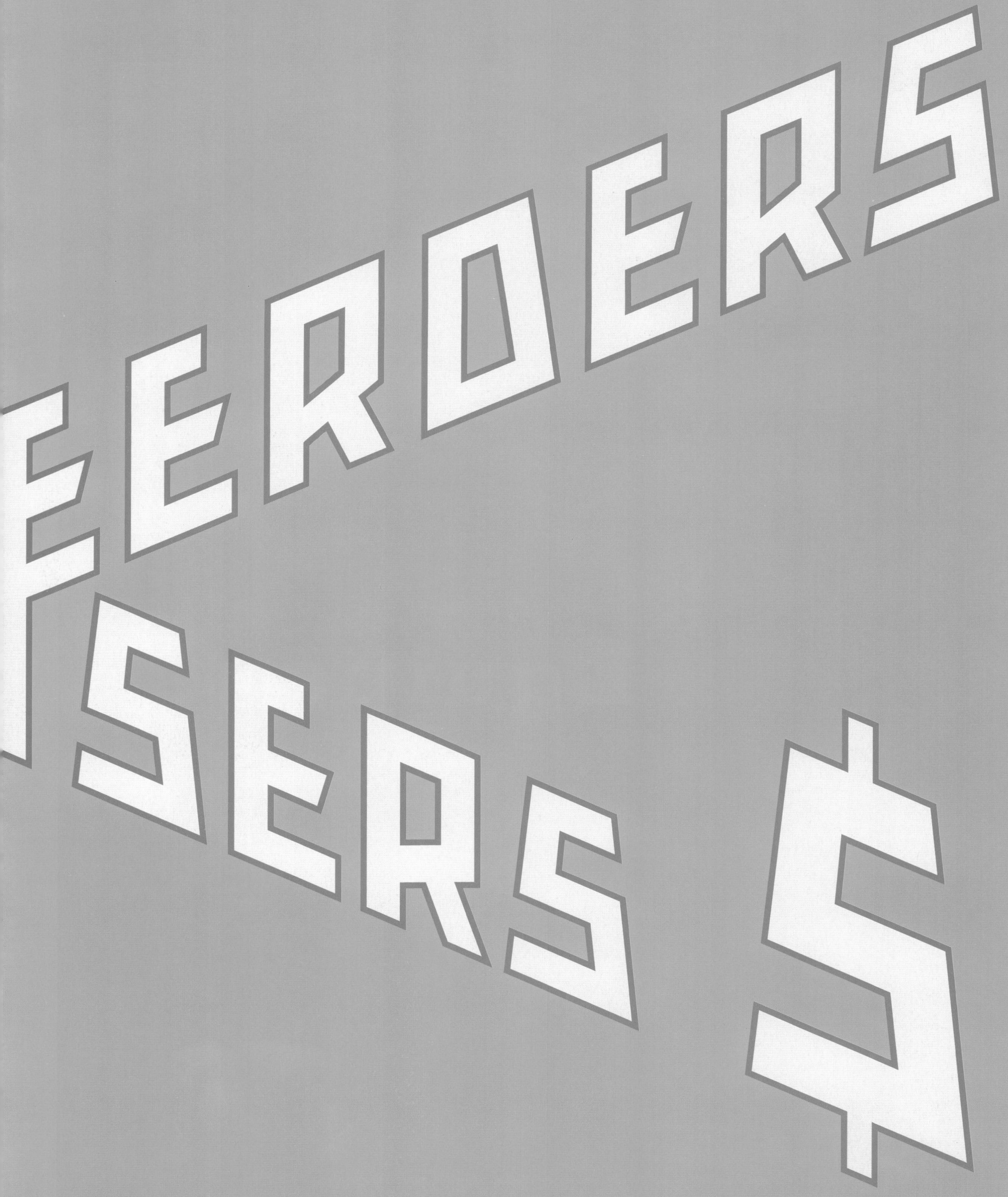
ERDERS
SERS $

Equipage

Equipage

de waterloze drukker

die het water zo liefheeft.

Telkens en telkens

weer innoverend,

met als resultaat

een steeds hogere kwaliteit

tegen een lagere prijs.

Telefoon 075 6213121

Telefax 075 6216097

Waterloze offset is niet duurder, maar wel veel mooier dan conventionele offset en nog minder milieubelastend ook!

Drukkerij Rosbeek werkt al meer dan 55 jaar voor een gevarieerd aantal opdrachtgevers en hun **ontwerpers**. Binnen het scala van uiteenlopende opdrachten worden de specialismen zetten, lithograferen en drukken optimaal ingezet waarbij planning en productie een navenante aandacht krijgen.

Drukkerij
Rosbeek BV
Nuth (L) Indus-
triestraat 6
PO Box 22102,
6360 AC Nuth
telefoon 045-
5 2 4 3 5 3 5 *
Telefax 045-
524 3303 ISDN
045-524 0522

Wat te zeggen van een huisstijl die er tot in lengte van jaren piekfijn bij loopt?

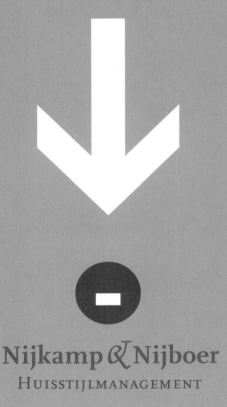

Nijkamp & Nijboer
Huisstijlmanagement

GEBOUWEN EN TERREINEN • VOERTUIGEN EN MATERIEEL • HUISSTIJLAUTOMATISERING • DRUKWERK • PROMOTIONELE EN BEDRIJFSKLEDING • BEDRIJFSPRESENTATIES • INTERNETTOEPASSINGEN

Uw huisstijl is om meer dan een reden een kostbaar goed. Succesvolle communicatiemanagers van grote organisaties weten hoe moeilijk het is een huisstijl goed ingevoerd te krijgen. Ze weten ook hoe onmogelijk het lijkt hem jarenlang in topconditie te houden. Goed implementeren en zorgvuldig onderhouden, dat kan. Maar daar is een club specialisten voor nodig. En die kun je niet allemaal in eigen huis hebben. Daarmee is in een notendop het succes van Nijkamp & Nijboer verklaard.

Nijkamp & Nijboer Huisstijlmanagement implementeert in de negen jaar van zijn bestaan tal van nieuwe huisstijlen op alle mogelijke dragers. Het werk krijgt een internationale dimensie. Huisstijlmanagement wordt een begrip in andere Europese landen en Noord-Amerika. Het aantal medewerkers groeit tot meer dan honderd energieke mannen en vrouwen.

Ervaring maakt wijs. Daarom voeden wij communicatiemanagers en huisstijlontwerpers al tijdens het ontwerpproces met nuttige informatie. Een huisstijl snel en met oog voor kwaliteit doorvoeren kunnen we als geen ander. En een huisstijl er tot in lengte van jaren piekfijn bij laten lopen is voor ons een dagelijkse zorg. Adviseren, implementeren, beheren en onderhouden. Klinkt saai, is enerverend.

Laat ons verhalen vertellen. Over valkuilen. Over perfecte alternatieven en onvermoede kwaliteiten. Over huisstijlimplementatie terwijl úw werk gewoon doorgaat. Over snelheid en effectiviteit. En over hoe een legertje kleine besparingen soms onverwacht grote voordelen kan opleveren.

Haerstraat 125 • postbus 465 • 7570 AL Oldenzaal • telefoon 0541 53 09 00 • fax 0541 53 03 07 • www.nij-nij.nl

Frankfurt • Londen • Mechelen • Oldenzaal • Toronto

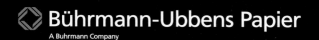

Bührmann-Ubbens Papier
A Buhrmann Company

Kijken

The Finishing Touch

Ontwerpen, een kunst en een vak tegelijk. Het uiteinde-

lijke resultaat moet dus ook goed zijn. Is sterk afhankelijk

Voelen

van de uitvoering. Kies daarom zorgvuldig en precies.

Voor uw papierkeuze bent u in ieder geval verzekerd

van een even deskundige als brede backup.

Ruiken

Paper DESK

professionals in papier

Pollaan 1 • Postbus 33, 7200 AA Zutphen

Telefoon 0575-598398

Internet: www.bup.nl

E-mail: paperdesk@bup.nl

U kunt Paper Desk op verschillende manieren benaderen:
• telefonisch (0575-598398) voor snel en deskundig antwoord op uw directe vragen
• persoonlijk voor een gedetailleerd en ruimer advies, gericht op uw eigen situatie
• materieel: Paper Desk kan u voorzien van individuele papiermonsters.

2000

Ando is een middelgrote drukkerij, waar met visie en inzet, samen met vorm- en opdrachtgever, een perfect product gerealiseerd wordt.

Ando vervaardigt een compleet pakket drukwerk (o.a. kunstcatalogi, jaar-verslagen, affiches, handels-drukwerk, periodieken, brochures en boeken). Maximaal formaat 5-kleurenpersen 74 x 104 cm.

Ando is een servicecentrum voor dtp opmaak, scannen, beeldverwerking, uitdraaien (evt. op inslag), kleurproeven. ICG en Scitex scanners, Purup drumbelichters 82 x 120 cm.

Algemene

Nederlandse

Drukkerij

Onderneming

Ando bv

Nieuwe vormen...
Ando maakt uitstekend geprogrammeerde websites en CD-ROM's voor en in samenwerking met u.

Mercuriusweg 37
2516 AW Den Haag
Telefoon [070] 385 07 08
Telefax [070] 385 07 09
Website www.ando.net
E.mail   ando@ando.net

Een drukkerij sterk in tekst- en beeldverwerking

Drukkerij Elco

Prinsengracht 384

1016 JB Amsterdam

Telefoon 020-530 44 44

Telefax 020-530 44 40

Elco Extension

Prinsengracht 380

1016 JA Amsterdam

Telefoon 020-530 44 55

Telefax 020-530 44 50

ISDN 020-530 44 53

E-mail elcoxten@wxs.nl

ELCO

over ... Men ... staande

zoals ... Vakbekwame medewerkers,

zorgen voor ... grafisch ontwerp en ...

staat ... voor nieuwe ideeën. Oplossingen in de

vinden en originele antwoorden bedenken de

Zorgen voor ... En bij Elco ...

andere sectoren. We ... krijg de het

vandaag. Bel Elco voor een afspraak of kom

zelf te kijken. binnenkort.

DRUKKERIJ ELCO ELCO EXTENSION ELCO DIGITAL PRINT

LIBERTÉ - EGALITÉ - CONSUME

010-244 99 96 - WWW.LETSGOSHOPPINGAROUND.COM

'Yes'
negative

Being a senior creative recruiter at Janou Pakter, Inc., I'm in touch with the fiercest creative agencies in Europe and the U.S. I love walking down the streets and seeing a huge billboard, knowing I put together the team that created it.

Leonardo Lawson
Executive Recruiter,
Janou Pakter, Inc.

recruiting the future:

global creative recruitment. design partnerships. consulting for graphic design. fashion design. interactive media. environmental/store design. packaging. product design. brand identity management

european office: europe@jpakter.com: t:+31 70 396 2858: f:+31 70 394 9876;

europe@jpakter.com: info@jpakter.com: t:212 989 1288: f:212 989 9079

new york. san francisco. atlanta.

Janou Pakter Inc.

Mevr. Hondema-De Jong (72).
Heeft nog alle albums van Verkade.

NEE Geen ongeadresseerd reklamedrukwerk | **NEE** Geen Huis aan Huis bladen

Alleen kwaliteit blijft.

1 Het loopt al 67 jaar op rolletjes.

2 Nu komen we met een nieuwe vondst.

Een ingenieus dispensersysteem waaruit kant-en-klare plakbandstrips

te voorschijn komen. Met de nieuwe Scotch™ Plakband Strips gaat het

inpakken van cadeaus veel gemakkelijker, omdat er altijd één of twee

handen vrij zijn. Plakband gebruiken wordt dus nóg 'handiger'.

We maakten voor u de vertaalslag **van probleempje**

naar oplossing...

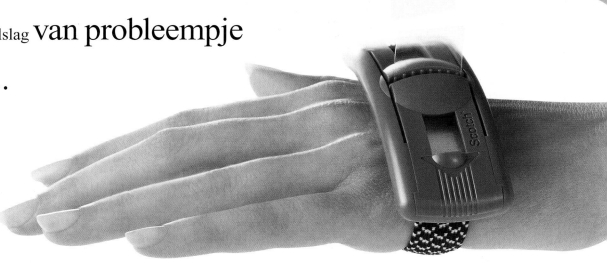

3M *Innovation*

Wilt u meer weten over de verrassende innovaties van 3M, dan kunt u ons 24 uur per dag telefonisch (071 – 54 50 705) of via het internet (www.3m.com/nl/innovation) bereiken.

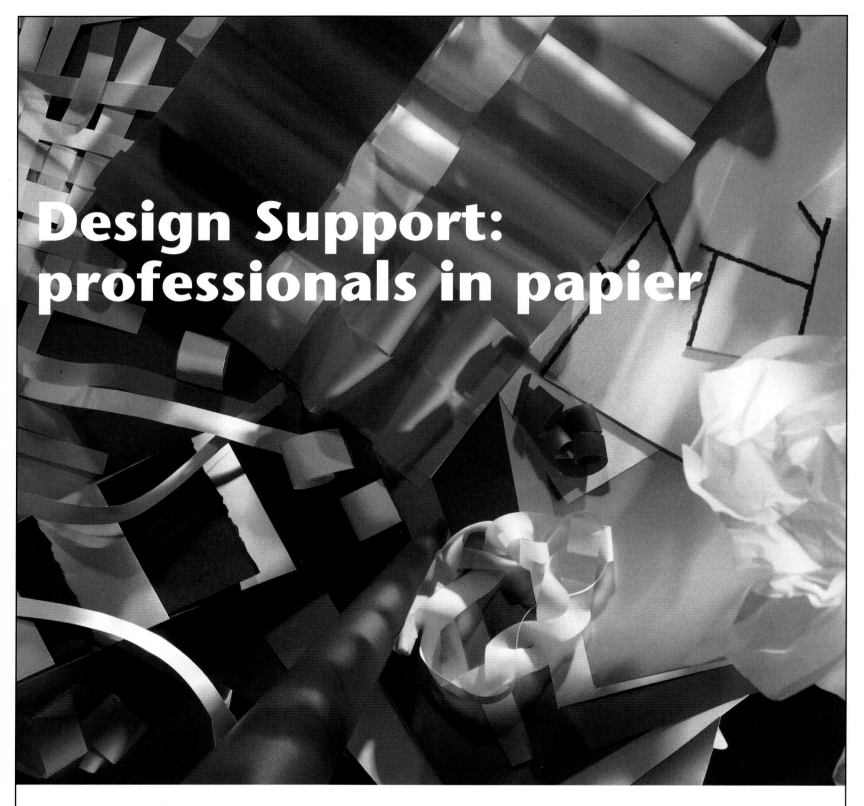

Design Support:
professionals in papier

De ervaren papierdeskundigen van onze afdeling Design Support beschikken over ruime kennis en ervaring op het gebied van papier en al haar creatieve en technische toepassingsmogelijkheden. Deze afdeling is hèt aanspreekpunt voor ontwerpers en reclamebureaus. Design Support ondersteunt u bij de keuze van papier, karton of enveloppen vanuit

uw wensen ten aanzien van bedrukking, afwerking, kosten enz.. Ook voor monstermateriaal is Design Support het aanspreekpunt: op verzoek ontvangt u per ommegaande monsters van al onze kwaliteiten papier, karton, enveloppen en etiketten. Meer weten? Bel: 0345 477 177.

PAPYRUS Y

Papyrus Design Support • Postbus 160, 4100 AD Culemborg • Telefoon 0345-477100 • Telefax 0345-517264 • E-mail designsupport@papyrus.com

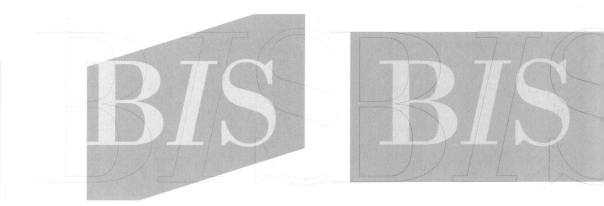

BIS Publishers, Amsterdam

BIS Publishers, Amsterdam

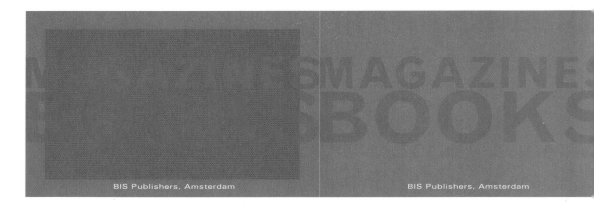

BIS Publishers, Amsterdam

BIS Publishers, Amsterdam

Amsterdam BIS

MAGAZINES
BOOKS

GRAPHIC DESIGN
MAGAZINES
BOOKS
VISUAL COMMUNICATION
BIS Publishers, Amsterdam

INTERACTION DESIGN
MAGAZINES
BOOKS
INTERIOR
BIS Publishers, Amsterdam

TYPOGRAPHY
MAGAZINES
BOOKS
BIS Publishers, Amsterdam

ARCHITECTURE
MAGAZINES
BOOKS
BIS Publishers, Amsterdam

ARCHITECTURE
MAGAZINES
BOOKS
BIS Publishers, Amsterdam

ENTER

www.bispublishers.nl

Website design: Bobbert van Wezel BNO | bvwezel@chello.nl

COLOFON

Uitgever / Publisher
BIS Publishers
Nieuwe Spiegelstraat 36
1017 DG Amsterdam
T 020-620 51 71
F 020-627 92 51
E bis@bispublishers.nl
www.bispublishers.nl

Redactie / Editorial board
BIS Publishers, Amsterdam
Beroepsorganisatie Nederlandse Ontwerpers BNO, Amsterdam

Grafisch ontwerp / Graphic design
Atelier René Knip, Amsterdam

Opmaak / Layout
Backup grafisch werktekenen, Amsterdam
Greetje de Graaff, Amsterdam
Jos B. Koene grafische dienstverlening, Amsterdam
Studio Swaalf & Winkelmann dtp en grafische vormgeving, Amsterdam Zuidoost
te producties, Amsterdam

Database publishing
Formaat, bureau voor prepress, Amsterdam

Vertaling / Translation
Sam Herman, Amsterdam

Lithografie / Lithography
Universal Graphics, Singapore

Druk / Printing
Tien Wah Press, Singapore

Papier / Paper
Biberist Furioso mat 130 g/m2

Omslagen / Covers
Linnen / linen: Brillianta, Van Heek-Scholco International bv, Losser
Folies / foils: Luxor & Alufin, Leonhard Kurz Benelux bv, Nijmegen

Lettertypen / Typefaces
Except for Meta all 'types' by René Knip

Productie cd-rom / Production cd-rom
Full Moon Productions, Amsterdam

Met dank aan / Acknowledgements
3M Nederland bv, Zoeterwoude
Van Heek-Scholco International bv, Losser
Leonhard Kurz Benelux bv, Nijmegen
Voorzieningsfonds voor Kunstenaars, Amsterdam / Den Haag